经济管理类课程教材·国际贸易系列

U0794889

对外经济贸易大学国际贸易教材编写组

国际投资学

卢进勇　郜志雄　彭　静　编著

第二版

中国人民大学出版社
·北京·

图书在版编目（CIP）数据

国际投资学 / 卢进勇，郜志雄，彭静编著. --2 版
. --北京：中国人民大学出版社，2023.4
经济管理类课程教材. 国际贸易系列
ISBN 978-7-300-31581-2

Ⅰ.①国… Ⅱ.①卢… ②郜… ③彭… Ⅲ.①国际投
资-高等学校-教材 Ⅳ.①F831.6

中国国家版本馆 CIP 数据核字（2023）第 057191 号

对外经济贸易大学国际贸易教材编写组
经济管理类课程教材·国际贸易系列
国际投资学（第二版）
卢进勇　郜志雄　彭　静　编著
Guoji Touzixue

出版发行	中国人民大学出版社		
社　　址	北京中关村大街 31 号	**邮政编码**	100080
电　　话	010－62511242（总编室）		010－62511770（质管部）
	010－82501766（邮购部）		010－62514148（门市部）
	010－62515195（发行公司）		010－62515275（盗版举报）
网　　址	http://www.crup.com.cn		
经　　销	新华书店		
印　　刷	天津鑫丰华印务有限公司	**版　　次**	2014 年 9 月第 1 版
开　　本	787 mm×1092 mm　1/16		2023 年 4 月第 2 版
印　　张	23.5 插页 1	**印　　次**	2024 年 11 月第 2 次印刷
字　　数	537 000	**定　　价**	54.00 元

版权所有　侵权必究　　印装差错　负责调换

内容简介

随着经济全球化和区域经济一体化的深入发展，资本要素的国际移动日益频繁，国际投资对全球经济和国别经济的影响越来越大，在各国对外经济活动中已占据重要地位。为了对丰富多彩的国际投资活动进行系统的研究和概括，也为了更好地传播国际投资知识和指导国际投资实践活动，推进中国高水平对外开放，特修订了本教材。本书内容既包括国际直接投资，也包括国际间接投资。本书注重理论与实际相结合，在论述基本概念和基本理论的同时，也对实用性的操作知识进行了介绍。此外，采用反映数字经济与数字贸易新发展的经典案例来解释、佐证和检验书中的内容，也是本书的一大亮点。

作者简介

卢进勇，对外经济贸易大学二级教授、博士生导师、外国直接投资研究中心主任，享受国务院政府特殊津贴专家，国家级重点学科国际贸易学学科带头人、国家社会科学基金重大项目首席专家。主要研究方向为国际投资与跨国公司、中国利用外资与对外投资等。曾被评为北京市高等学校“优秀青年骨干教师”、北京市高等学校（青年）学科带头人，入选北京市培养跨世纪中青年社科理论人才“百人工程”。单独或合作发表学术论文 270 多篇；编著已正式出版的专著、教材或辞书达 80 余部；获得各种科研和教学奖励 40 余次，如高等学校科学研究优秀成果奖、安子介国际贸易研究奖和全国商务发展研究成果奖等。

郜志雄，经济学博士，台州学院副教授、硕士生导师（兼），教育部全国高校教师网络培训中心特聘教授，对外经济贸易大学外国直接投资研究中心兼职研究员。主要研究方向为跨国公司与外国直接投资、数字贸易等。

彭静，经济学硕士，宁波工程学院经济与管理学院副教授，主讲国际投资学等课程。

总序

PREFACE

在全球经济一体化的大背景之下，尽快培养出我国国际贸易方面的专业化、国际化人才，已经成为当前市场经济发展迫在眉睫的任务。

本着加强国际贸易学科建设、努力培养能满足社会需求的贸易人才的理念，由对外经济贸易大学牵头，中国人民大学等校鼎力合作，并经过联合攻关，编写了这套适应新时期教学需要的国际贸易教材。

纵观本套教材，其特点主要有三：

第一，内容前瞻新颖。本套教材立足于市场经济发展的前沿，借鉴了国际上先进的贸易工作经验，采用新结构、新内容、新观点、新方法，并紧跟时代发展的步伐。

第二，知识丰富实用。本套教材对国际贸易工作从理论到实践的方方面面做了介绍，以实务为中心，将应掌握的知识和技能贯穿于每一个案例中，可以帮助学生明确在工作中应做什么、怎样才能做好以及怎样不断提高工作效率。

第三，架构系统全面。本套教材是由多本教材组成的相互关联、衔接有序的动态系统，囊括了国际贸易的全部内容。

总之，我们集思广益，在教材的先进性、实用性、规范性等方面做了大量的工作。真诚地期待广大师生和其他读者提出宝贵的意见和建议。

对外经济贸易大学国际贸易教材编写组

第二版前言

PREFACE

国际投资是世界经济发展的引擎，是继国际贸易、跨国公司之后又一股推动全球经济相融共成长、同频共发展的驱动力。资本是经济全球化进程中最活跃的生产要素，资本的跨境流动把各国各地区的经济活动紧密联系了起来。随着生产的全球布局，跨境贸易的广泛开展，技术、信息交流与人员往来的日益频繁，各经济体深度融入了全球生产网络。开放的出口导向型政策、新技术的广泛应用与发展，以及基于经济因素的投资决策推动着国际生产网络不断扩张，导致全球生产格局发生了显著变化。世界银行的研究报告指出，中国在全球生产网络中的崛起可能是过去 30 年最值得注意的变化：2019 年全球价值链的三大枢纽为德国、中国、美国，而 1990 年世界跨洲贸易三大中心是德国、美国和日本。中国 2015 年实现资本净流出，2020 年对外直接投资流量首次居世界第一位，吸引外商投资额居世界第二位，2015—2021 年对外证券投资累计额居世界第十一位，创造了人类历史上的“经济奇迹”。

全球金融危机的爆发引起了贸易保护主义的抬头，新冠疫情的影响、民族主义情绪的抬头与单边主义的兴起使国际投资与全球贸易趋向区域化，全球协调机制由多边向区域、双边方向发展。2010 年以来，国际贸易、全球投资的增长速度放缓，作为国际投资主体的全球最大的 5 000 家跨国公司的收益大幅下调，部分产业甚至出现亏损。俄乌冲突引发的世界粮食、能源和金融危机以及飙升的全球通胀率抑制了国际项目融资，这又对国际投资的发展产生了消极影响。数字技术催生的轻资产化等新模式、被压抑的需求的释放、政府激励政策等因素又成为新时代国际投资发展的新动力，全球跨国投资的挑战与机遇并存。党的二十大报告指出：“中国坚持对外开放的基本国策，坚定奉行互利共赢的开放战略，不断以中国新发展为世界提供新机遇，推动建设开放型世界经济，更好惠及各国人民。中国坚持经济全球化正确方向，推动贸易和投资自由化便利化，推进双边、区域和多边合作，促进国际宏观经济政策协调，共同营造有利于发展的国际环境，共同培育全球发展新动能，反对保护主义，反对‘筑墙设垒’、‘脱钩断链’，反对单边制裁、极限施压。中国愿加大对全球发展合作的资源投入，致力于缩小南北差距，坚定支持和帮助广大发展中国家加快发展。”

针对国际投资领域出现的新现象，我们在第一版内容的基础上更新了相关章节，增加了国际直接投资及跨国公司的新特征、世界银行对投资环境的定量评估方法及发布的新的商业赋能环境（Business Enabling Environment，BEE）项目等内容，并对全书中涉及的统计数据进行了更新，以期把最前沿的研究成果、最新的发展动态呈现给关爱本书的广大师生。本次修订由对外经济贸易大学的卢进勇教授、台州学院的郜志雄副教授、宁波工程学院的彭静副教授总负责，对外经济贸易大学的杜奇华教授、商务部国际贸易经济合作研究院的闫实强博士参与了有关章节内容的修订。本次修订的具体分工是：第一章：杜奇华、卢进勇、郜志雄；第二章：郜志雄、卢进勇；第三章：卢进勇；第四章：卢进勇、郜志雄、闫实强；第五章：卢进勇、郜志雄；第六章：郜志雄、杜奇华；第七章：卢进勇、彭静；第八章：郜志雄；第九章：杜奇华；第十章：郜志雄、彭静；第十一章：郜志雄；第十二章：卢进勇、郜志雄。

在本书的修订过程中，佘思阅、李彦彬、刘泽园、卢颖洁、黎一鸣、周娟、万吉超等参与了资料的收集与整理工作。中国人民大学出版社朱含蓄编辑对本教材的修订与出版给予了许多帮助与支持，在此表示衷心的感谢。修订过程参阅了一些论文、论著及国际组织与中国政府各部委的官方出版物，在此向各位作者致谢！因水平所限，本书难免存在错误与疏漏，敬请广大读者批评指正，以便再版时修正。

编著者

2022 年 11 月 7 日

第一版前言

PREFACE

随着经济全球化和区域经济一体化的深入发展，资本要素的国际移动日益频繁，国际投资对全球经济和国别经济的影响越来越大，在各国对外经济活动中已占据重要地位。跨国公司、跨国银行、证券公司和各类机构投资者是当今国际投资活动的主体。

国际投资主要包括国际直接投资和国际间接投资。国际直接投资自20世纪70年代以来呈现加速增长态势，尤其是进入20世纪90年代中后期以后，随着规模空前的第五次跨境并购浪潮的兴起，国际直接投资发展更加迅猛。根据联合国贸发会议（UNCTAD）出版的《世界投资报告2013》提供的数据，2012年国际直接投资流量达1.35万亿美元，截至2012年底国际直接投资存量达22.81万亿美元。近年来，中国利用外商直接投资和境外直接投资的规模也在不断扩大，2013年分别达到1 187.21亿美元和901.7亿美元。由此可见，中国已逐步成为国际投资领域的一颗新星。在国际直接投资快速发展的同时，国际间接投资的作用也不容忽视。据国际清算银行统计，截至2012年底仅全球未偿付的债务证券就达21.94万亿美元。在国际间接投资中，包含股票和债券在内的国际证券投资增长快于国际信贷投资，这反映了国际间接投资证券化的趋势。

为了对丰富多彩的国际投资活动进行系统的研究和概括，也为了更好地传播国际投资知识和指导国际投资实践活动，特编写了这本《国际投资学》教材。本书内容既包括国际直接投资，也包括国际间接投资。本书注重理论与实际相结合，在论述基本概念和基本理论的同时，也对实用性的操作知识进行了介绍。本书采用了生动翔实的经典案例来解释、佐证和检验书中的内容，这是本书的一大亮点。本书中的经典案例分析不仅丰富了本书内容，而且有利于读者更好地把握相关知识和开阔视野。

本书由对外经济贸易大学的卢进勇教授和宁波工程学院的郜志雄副教授联合编著，对外经济贸易大学的杜奇华教授和商务部国际贸易经济合作研究院的闫实强博士参与了部分章节的编写。本书各章的具体分工是：第一章：杜奇华、卢进勇；第二章：卢进勇、郜志雄；第三章：卢进勇；第四章：卢进勇、郜志雄、闫实强；第五章：卢进勇；第六章：郜志雄、杜奇华；第七章：卢进勇；第八章：郜志雄；第九章：杜奇华；第十章：郜志雄；第十一章：郜志雄；第十二章：卢进勇、郜志雄。中国人民大学出版社的编辑为本书的出版提供了大量支持和帮助，在此深表谢意。在本书的编写过程中，岳云霞、杨立强、王勇、于峰、刘辉群、赵囡囡、黄珊珊、李锋、李秀娥、温丽琴、张超、裴秋蕊、陈静、邵海燕、邹赫、田云华、杨杰、邹佳莉、梅冰馨等协助收集了一些资料，在此表示诚挚的感谢。

本书既可以作为高等院校涉外经济、贸易、商务、金融、投资、管理和法律等专业学生的教科书，也可以供相关政府部门或企业培训员工时选用，当然还可以供业界同仁参考。限于作者的知识水平和经验，书中难免存在错误和不足之处，敬请广大读者批评指正，以便今后修订时更正。

编著者

2014 年 8 月 1 日

目录

CONTENTS

第一章
国际投资总论

学习要点

资本是经济全球化进程中最活跃的生产要素，资本的跨境流动把各国各地区经济紧密联系了起来。继国际贸易、跨国公司之后，国际投资成为全球经济发展的另一引擎。本章介绍了国际投资的概念、类型与特征，分析了国际投资学的研究范畴和研究方法，以案例形式研究了主权财富基金和中国国际投资的发展状况。通过本章的学习，读者能够熟悉国际投资的内涵、基本分类与相关术语；了解国际投资学的基本范畴与研究方法；掌握国际直接投资与国际间接投资的概念和区别。

第一节　国际投资概述

一、投资的含义

（一）资本

资本是投资的源泉，其含义较为广泛。根据《辞源》的解释，资本在中国的原意为本金和本钱。西方国家所说的“资本”一词来源于拉丁文，其原意指人的“主要财产”“主要款项”。根据马克思主义政治经济学的观点，资本是一种可以带来剩余价值的价值。资本的具体形式有货币资本、生产资本、商品资本、固定资本、流通资本、预付资本、可变资本、商品经营资本、货币经营资本、生息资本、借贷资本、产业资本等。[①] 萨缪尔森认为："资本是一种不同形式的生产要素。资本是一种生产出来的生产要素，一种本身就是经济产出的耐用投入品。"[②] 资本分为最狭义资本、狭义资本、中义资本和广义资本。最狭义资本特指企业的注册资本或所有者权益；狭义资本是指期限在 1 年以上的金融资产；中义资本指那些可用货币单位计量且被其所有者或使用者用于增值目的的资源，可划分为现金资产和非现金资产两大类；广义资本则泛指一切可以为所有者带来价值增值的生产要素。

（二）投资

作为人类进行和组织社会生产与再生产的主要行为之一，投资（investment）一般是指投资主体为获得预期收益而将资源（货币、实物或其他形式的资产）转化为资本并投入经济活动的行为过程，其特点主要表现在以下四个方面：

（1）投资是经济主体进行的一种有意识的经济活动。经济主体即投资主体，它可以是自然人（以生命为存在特征的个人，包括公民、外国人和无国籍人）、法人（法律上具有人格的组织，如公司等），也可以是其他组织（自然人、法人之外的不具有法人资格但可以独立承担民事责任的组织，如行业协会、财团、基金会等）。投资可以是私人投资，也可以是公共投资。

（2）投资的本质在于这一经济行为的获利性。也就是说，投资者的目的是投入一定量的货币或其他资产以获得经济回报，即能够使资本增值或得到经济利益。

（3）投资是把一定量的收入转换为资产的过程。其中，收入泛指政府的财政收入、企事业单位的利润和个人的工资收入等；资产泛指实物资产（机器设备、原材料、厂房用地等）和金融资产（现金及其他货币形式）、有形资产和无形资产（专利、商标、技术诀窍等）。因此，收入转化为资产可以泛指剩余价值转化为资本、剩余产品转化为积累、消费基金转化为积累基金、储蓄转化为投资等各类情况。

（4）投资的过程存在风险。由于投资者的预期收益要未来才能获得，所以在预期收益实现之前，可能会出现各种难以预料的情况并遭受损失，这就是与投资行为形影不离的投资风险。也就是说，投资必然同时具备收益性和风险性，而且二者呈正相关关系，即预期收益越大，风险也越大。

（三）投资与投机

与投资相近的一个概念为投机（speculation）。长期以来，"投机"一词在我国一直被作为贬义词来使用，被普遍认为是一种非法获取利益的行为。但在西方国家，"投机"则是中性词，是指在做出大胆预测的前提下冒较大风险去追求较大利益的行为。

在金融和投资领域中，投机行为大量存在。国内许多媒体和一些学者倾向于将证券市场中以获取买卖价差为目的的短线操作行为称作投机，而将兼顾资本利得和红利分配

---

① 刘志伟. 国际投资学. 北京：对外经济贸易大学出版社，2017：7.

② 刘诗白，邹广严. 新世纪企业家百科全书：第 2 卷. 北京：中国言实出版社，1999：1259.

的长线操作行为称作投资。从获取收益和承担亏损的角度而言，投资和投机并无实质区别，只是在证券投资领域，经济学者约定俗成地使用投机、套期保值（hedge）和套利（arbitrage）这三个概念来区分三种不同的投资行为。在现实经济生活中，我们也很难把投资行为与投机行为明确地区分开，因为二者都是为了获得一定的收益，并希望收益率越高越好；二者又都要冒一定的风险，并希望风险越小越好。

尽管如此，但投资与投机仍然是两个不同的概念，它们在以下几个方面有所不同：

（1）投资活动既有金融投资也有实际投资，其交易多表现为实际的交割；而投机活动基本上只存在于金融投资领域和期货交易中，其交易多表现为买空卖空的信用交易。

（2）投资者的行为具有长期性，因为他们往往以获取长期而稳定的收益为目标；而投机者的行为具有短期性，因为他们往往急功近利，想抓住市场价格短期涨落的机会迅速出击，其目的仅在于获取短期利益。

（3）投资者由于着眼于获取长期的稳定收益，因而所冒的风险相对较小；而投机者由于着眼于获取短期的厚利，因而所冒的风险相对较大。

二、国际投资的相关概念

（一）国际投资

从投资学的角度讲，投资本身是没有国际国内之分的，但由于各国经济制度和经济政策的不同，以及各国政府对外国资本流入或本国资本流出的态度不同，所以投资收益和风险受到了人为的而非经济本身的因素的影响，于是投资就有了国内投资和国际投资两个概念之分。许多经济学家根据历史的沿袭，从不同侧面如从投资源于储蓄即延期消费的角度，从投资源于不同对象的角度，从投资的收益与风险成正比的角度等，对国际投资进行了探讨并做出了不同的定义。从现代国际投资的实践来看，《中国-韩国自由贸易协定》、《区域全面经济伙伴关系协定》（RCEP）、《全面与进步跨太平洋伙伴关系协定》（CPTPP）及《美墨加协定》（USMCA）中的投资是指一个投资者直接或间接拥有或控制的具有投资特征的各种资产，投资特征包括资本或其他资源的投入、收益或利润的期待或风险的承担等。这里关于投资的定义就是指国际投资。

所谓国际投资，是指各类具有独立投资决策权，并对投资结果承担责任的投资主体（自然人、法人或其他组织）将其拥有的货币、实物及其他形式的资产或生产要素，通过跨境流动与配置形成实物资产、无形资产或金融资产，并通过运营以实现价值增值的经济行为。

作为跨国性经济行为，国际投资涉及两类国家，即投资国和东道国。投资国亦称资本流出国或对外投资国，指从事对外投资活动的经济主体所在的国家。东道国亦称资本流入国、资本接受国或被投资国，是指允许和吸收外国资本在本国进行投资和接受外国资本贷款的国家。因此，国际投资一般由两部分构成：一是向国外投资，对投资国，特别是对发达经济体来说，这是为过剩资本寻找出路，以谋求海外高额利润的重要途径；二是从国外筹资，即引进海外资金，对东道国，特别是对发展中经济体来说，这是吸引并利用外资，解决国内资金短缺问题，引进国外先进技术和管理经验，以促进本国经济发展的重要渠道之一。就一个国家而言，参与国际投资活动时可以以两种不同的身份出现：当以投资国的身份出现时，其经济行为表现为对外投资；当以东道国的身份出现时，其经济行为表现为引进外资。因此，就一国参与国际投资整体而言，它可能既是投资国，也是东道国，兼有投资国与东道国的双重身份；就某一项国际投资来说，一国是投资国还是东道国，则是确定的。

（二）国际资本流动、资本输出与国际投资

1. 国际资本流动与国际投资

国际资本流动是指资本在国际上的转移、输出或输入，也就是资本的跨境流动，即资本从一个国家（地区）转移到另一个国家（地区）。国家间为了某种经济目的所进行的经济交易是国际资本流动的原因。广义上，国际资本流动包括了国际货币资本、国际商品资本和国际生产资本的流动，以及它们不断相互转化所引起的综合流动；狭义上，国际资本流动主要是指国际间接投资的货币资本与国际直接投资的货币资本、实物资本、无形资产的流动。

国际资本流动和国际投资有很多相同之处，都表现为资本在国家间的转移，但是绝不能把二者完全等同看待。首先，国际资本流动所包含的内容比较广泛，它构成了国际投资的基础；而国际投资是国际资本流动的主要表现形式。也就是说，在观察同一现象时，国际资本流动的角度要比国际投资更广，包括的范围也更大。其次，国际资本流动只是从一国与他国资金往来的角度划分的，它并不完全以营利为目的，其中既包含了趋利性的国际投资，也包含了带有跨境资金融通性质的非投资内容。比如，一国从另一国得到的长期贷款可能被用于进口，并没有形成国际投资。而国际投资的本质特征在于它的趋利性，即现期的投入是为了在未来获得更大的产出。

2. 资本输出与国际投资

资本输出（capital export）是资本主义国家或私人资本家为了获取高额利润（或利息）和对外扩张而在国外进行的投资和贷款。从历史上看，资本输出是在民族生产力不断发展的基础上产生和发展的，它包括货币输出、商品输出、技术输出、劳务输出等多种形态，对世界经济的形成和发展具有重要的促进作用。按照资本输出主体的不同，资本输出可以分为私人资本输出和国家资本输出；按照输出资本类型的不同，资本输出可以分为借贷资本输出（向外国政府及私人企业提供贷款）和生产资本输出（在外国投资开办各类企业）。总之，资本输出是国际投资的最初表现形式，二者之间既有联系，又有区别。

（1）资本输出与国际投资的联系。从表现形式来看，二者都是资本从一国（地区）流向另一个国家（地区）的经济行为；从目的来看，二者都是为了追求利润最大化。

（2）资本输出与国际投资的区别。首先，二者的性质不同。资本输出一般指垄断资本主义国家将其过剩资本输出到落后殖民地国家，带有明显的不平等性质；而国际投资则泛指国家间的投资活动，更能体现主权国家之间平等互利地进行投资以及资本双向流动等特点。其次，二者所体现的经济关系不同。资本输出所体现的是资本主义国家与殖

民地半殖民地国家之间的剥削与被剥削关系；而国际投资则体现了投资国与东道国之间的平等合作关系。再次，二者的直接目的不同。资本输出的直接目的是追求高额利润；而国际投资的直接目的是带动商品出口、降低产品成本、分散投资风险、引进先进技术和设备等。最后，二者所造成的经济后果不同。资本输出造成的是资本输出国与接受国之间剥削关系加深以及资本输入国经济发展加速的双重后果；而国际投资所带来的是增强投资国的国际竞争力以及缓解东道国的资本短缺，进而促进东道国经济发展的双重后果。

（三）国际投资与国内投资的区别

投资就要讲究投入产出。从这一点来看，国际投资与国内投资的本质是一致的，最终目标均为利润最大化，只是投资活动所涉及的区域划分不同而已。但是，国际投资主要是资本在主权国家间的流动，其基本特征体现为它的跨国性。由于投资主体和投资对象都发生了变化，因此国际投资的实际运作更复杂了，目标更多元了，风险也更大了。具体来看，国际投资与国内投资的区别主要表现在以下七个方面：

1. 国际投资的领域呈现不完全竞争性

国际投资活动体现着一定的国家利益和民族利益，受各主权国家政治、经济、自然、文化、社会等各方面因素的影响。因此，尽管国际投资是为了实现双方的一致利益而发生的，但也必然包含了双方利益的矛盾或冲突之处。在这种情况下，国家作为社会的主权代表，就必须对国际投资的领域进行干预与协调，以利于它的发展。从这个角度来看，国际投资的领域具有不完全竞争性。

2. 国际投资的目的呈现多样性

国内投资的主要目的是获利和促进本国经济的发展，它的直接目标和最终目标是一致的，即追求利润最大化；而国际投资的目的则比较复杂，其直接目标一般包括开拓和维护出口市场、降低成本、分散投资风险、学习国外先进技术、获得东道国资源和建立全球生产体系等。在实现资本保值增值的总体目标的前提下，有的国际投资活动侧重于建立和改善与东道国的双边或多边经济关系，有的国际投资活动侧重于带动两国间的贸易往来和其他合作项目的开展，还有一些国际投资活动则带有明显的政治目的。总之，国际投资除了获利这一目的外，还常常有其他方面的考虑，这与其追求利润最大化的最终目标是不完全一致的。

3. 国际投资的主体面临双重关系

投资主体是指独立做出投资决策并对投资结果负有主要责任的法人或自然人。国内投资的主体主要是各级政府、企业和个人，他们之间并不涉及国家与国家之间的关系；而国际投资的主体主要是跨国公司和跨国银行，这些投资主体不仅拥有雄厚的资金实力、先进的技术、现代化的管理制度，以及独特的运行机制和经营方式，而且在世界各地设有众多的分支机构，无论其投资代表的是官方还是私人，都面临与投资对象和投资国的双重关系。

4. 国际投资所使用的货币呈现多元化

国内投资一般使用本国货币，因此，其评价标准是单一货币；国际投资一般使用在国际货币市场上可自由兑换的货币，如美元、欧元、英镑、日元等。由于各国货币管理制度的不同和汇率的变化，投资者的活动常受到不同程度的制约。即使发行硬通货的国家的投资者在进行国际投资时，也必然会面临投资者所在国货币与投资对象国（地区）货币的相互兑换问题，这是因为在投资对象国（地区）往往只流通本国（地区）货币。各国所使用的货币不同，其货币制度也千差万别，特别是汇率的变动、货币本位的差别等都会影响到国际投资的规模、流向和形式等。

5. 国际投资的环境呈现差异性

投资环境是指影响投资活动整个过程的各种外部条件，即自然资源、经济政策、社会文化等诸多因素的有机统一体。进行国内投资时，投资者所面临的投资环境具有单一性，加之投资者对本国的环境比较熟悉，因而具有较强的适应能力；进行国际投资时，由于各国的政治环境不同，经济环境差异较大，法律环境也很复杂，加之语言不同、风俗习惯各异等，投资者所面临的投资环境往往与国内相差极大，而且呈现出多样化和复杂化的特点。能否全面了解并很快适应差异较大的投资环境，直接影响着投资者的投资效益。

6. 国际投资的运行呈现曲折性

投资本身是一项综合性的、复杂的事业，涉及经济生活的各个方面。与国内投资相比，国际投资的运行更为复杂和曲折。这种曲折性一方面表现在投资前期的准备工作上。比如，需对东道国的投资环境进行全面细致的调查研究，与东道国政府或合作者进行详尽的商务谈判等。另一方面表现在对投资项目运行过程中诸多问题的处理上。比如，资金的调动、产品的销售等常会受到东道国的种种限制，各种经济纠纷的解决也常常会因为受到非经济因素的影响而困难重重。

7. 国际投资的风险更大

国内投资的环境单一，投资风险一般也比较小，故国内投资仅需要考虑安全性、收益性和变现性这三项基本因素即可；而国际投资面临的投资环境复杂多变，所以进行国际投资时还需要考虑若干在国内投资过程中不会遇到的风险因素：（1）汇率风险。国际投资必然会涉及不同货币间的兑换问题，由于汇率经常变动，投资者有可能因手中的货币大幅贬值而遭受非经营性损失。（2）国家风险。例如，由于东道国政府更迭，对外政策发生巨变；由于东道国的民族纠纷和内战，外资企业的安全性难以得到保障；由于国际社会对东道国的经济封锁，外资企业的经营难以正常进行；等等。这些都会给投资者造成预期之外的经济损失，使国际投资的决策变得更加复杂。

三、国际投资的特征

随着国际投资的发展，国际投资的内容和形式不断丰富，已不能被简单地视为国内投资在跨国层面上的自然延伸。除了具有一般国内投资的基本特征（收益性、风险性）以外，国际投资还具有以下四个方面的特征：

(一)国际投资包含对资产的跨境运营

国际投资包含对资产的跨境运营，这是国际投资区别于其他国际经济交往方式的重要特征：首先，国际投资不同于国际贸易，因为国际贸易主要是商品的流通与交换；其次，国际投资不同于国际金融，因为国际金融反映的是货币在国家间的运动和转移；最后，国际投资也不完全等同于国际资本流动，因为国际资本流动泛指资本的跨境输入或输出。国际投资需要将投资客体加以整合运营，即还具有经营性。正是因为国际投资包含对资产的跨境运营，所以国际投资面临着更为复杂的投资环境，从而具有比一般的国内投资更高的风险。

(二)国际投资的根本目的是实现价值增值

投资的目的是获取预期收益，国际投资自然也不例外。鉴于国际投资相对于一般投资更加复杂和多样化，国际投资的预期收益的内涵可理解为价值增值，其中包括多重的价值目标，既可能是一般意义上的经济价值，也可能是政治价值、社会价值和公益价值等。但是不管国际投资的直接目标多么复杂，其根本目的仍然是实现价值增值。

(三)国际投资的主体呈现多元化

国际投资的主体可以分为以下四大类：

1. 跨国公司

跨国公司（transnational corporation）是国际直接投资的重要主体。本书主要围绕这一投资主体进行分析，有关的具体内容将在后面的章节中详细介绍。

2. 国际金融机构

国际金融机构（international financial institution）包括跨国银行及非银行金融机构，它是指由会员国认购股份组成的专门从事某些特殊的国际金融业务的金融机构。根据其会员国的组成及其所从事的业务范围的不同，国际金融机构可以大致分为全球性国际金融机构和区域性国际金融机构两大类。它们是参与国际证券投资和金融服务业直接投资的主体，主要从事某些较为特殊的国际信贷业务。

3. 官方机构与半官方机构

官方机构是指一国政府，半官方机构是指超国家的国际性组织。这类投资主体包括各国政府部门及各类国际性组织，它们主要承担某些具有国际经济援助性质的基础性、公益性的国际投资，如向东道国政府发放政府贷款（government loan）[或称政府优惠贷款（government concession loan）]、出口信贷、世界银行贷款等。当然，政府贷款一般要以两国外交关系良好、有合作诚意为前提条件，放贷国政府往往还会给政府贷款附加一些条件。

4. 个人投资者

自然人或个人作为国际投资主体一般参与国际间接投资，参与国际直接投资的个人相对较少。其中，个人参与国际间接投资的方式一般是国际证券投资，适合个人买卖或持有的国际证券投资品种或工具主要有国际投资基金（international investment fund）、外国债券（foreign bond）和存托凭证（depositary receipt）等品种，买卖这些国际证券投资品种时，作为投资主体的个人一般并不需要离开自己的母国。而个人参与国际直接投资的方式一般是在东道国设立个人独资企业（individual proprietorship）或者与其他个人或/和企业合作，在东道国设立合伙制企业（partnership）或公司制企业（corporation），采取这些方式时投资者一般不得不离开自己的母国。

（四）国际投资的客体呈现多样化

投资客体是投资主体通过经营实现投资目标的对象。随着世界经济的发展与进步，它不再单指货币资产，还包括实物资产、无形资产等多种形式的资产。

1. 货币资产

货币资产（monetary asset）包括现金、银行存款、应收账款、国际债券、股票、金融衍生工具等其他货币形式的资产。其中股票、债券等有价证券本身具有资本属性，它们自身没有任何价值，仅代表取得收益的权利，故称为虚拟资本（fictitious capital）。不过，虚拟资本也可以用来进行再投资，比如将债券转换为股票或以一个公司的股票换取另一个公司的股票等。

2. 实物资产

实物资产（real asset）包括土地、建筑物、机器设备、零部件和原材料等，其中建筑物和机器设备等用于投资的较多，被称为资本货物（capital goods）或生产者货物（producer goods）。货币资产和实物资产都属于有形资产（tangible asset）。

3. 无形资产

无形资产（intangible asset）包括生产诀窍、管理经验、技术、商标、商誉、技术专利、情报信息、销售渠道等可以带来经济利益的各方面优势。

总之，上述各类资产和劳动力一起构成了生产要素（factor of production），而国际投资所从事的跨境资本交易活动具有带动各种生产要素和产品转化的功能。正是由于国际投资的主体既可能采用一种客体投资形式，又可能同时采用多种客体投资形式，所以国际投资才具备了多样化和复杂性等各种特征。

第二节 国际投资学的基本范畴

一、国际投资学的研究内容

国际投资学是研究资本在国家间的运动过程及其对世界经济的影响的学科。由于国际投资活动是整个国际经济活动的一个有机组成部分，毫无疑问，不能孤立地研究国际投资活动，而必须同时研究它和其他国际经济活动以及有关国家的国内经济活动的相互关系和影响。

具体地说，国际投资学研究的基本内容主要包括国际投资理论、国际投资主体、国际投资客体以及国际投资管理等。国际投资理论研究主要是指对国际投资的基本概念、国际投资的分类、国际投资的动机以及国际投资理论问题的研究；国际投资主体研究主要是指对跨国公司的发展、组织结构、经营战略以及各类从事国际投资活动的国际机构的研究；国际投资客体研究主要是指对国际投资方式，其中包括直接投资方式和各种类型的间接投资方式的研究；国际投资管理研究主要是指对投资环境、投资项目的可行性及投资活动面临的各种风险的研究。

总之，作为一门应用学科，国际投资学对国际投资活动，特别是国际投资活动的理论和实务方面的研究均是建立在理论与实践相结合、宏观与微观相联系的基础之上的。随着世界经济的快速发展和区域经济一体化的不断深入，国际投资学领域将会出现更多值得研究的问题。

二、国际投资学与相关学科的关系

国际投资学作为一门新兴学科的出现，是人类社会实践发展和知识深化的必然结果。但是长期以来，国际投资学的有关内容都被包括在相关的学科之中。随着国际投资实践的发展和国际投资理论研究的深入，国际投资学已成为一门独立的经济学科。为了更准确地把握国际投资学的研究对象，我们必须进一步分析国际投资学与相关学科的关系。

（一）西方投资学与国际投资学的关系

西方投资学的研究对象主要是证券投资微观理论，如证券投资组合理论、金融资产定价模型等。它与国际投资学之间既有联系，又有区别。二者的联系主要表现为：国际间接投资理论是在西方国内证券投资理论的基础上发展起来的，它是证券投资组合理论向国际领域的延伸与发展。二者的区别体现在以下两个方面：第一，国际投资学的研究范围不仅包括证券投资领域，还包括直接投资领域；第二，贯穿于国际投资学的一个核心问题在于“跨国性”，即为什么不在国内投资，而要去境外投资，而西方投资学的内容中却并没有体现出这一点。

（二）国际贸易学与国际投资学的关系

国际贸易学是研究商品和劳务在国家间的运动过程及其客观规律的学科，它与国际投资学都属于国际经济学的一个分支学科，二者之间既有联系又有区别。

1. 国际贸易学与国际投资学的联系

（1）二者的研究领域都涉及商品和劳务在国家间的流动。

国际贸易学研究商品和劳务的跨国界流动；而国际投资学的研究范围则既包含了商品和劳务的跨国界流动，又包含了货币的跨国界流动。

（2）二者相互影响。

一方面，国际贸易活动往往是国际投资行为的基础和先导。企业通常是先通过产品出口来开辟国外市场，并进一步了解国外市场的需求，当发现某一产品在国外就地生产、就地销售或向本国返销更有利可图时，就会放弃原来向国外出口产品的做法，转而向国外进行投资。这实际上是受成本驱使的。另一方面，国际投资又会对国际贸易产生反作用，因为国际投资行为的发生会引起购买力在国家间的转移，从而带动国际贸易的发展，而当国际直接投资完成，东道国形成生产能力后，又会减少进口。总之，现今的国际贸易大部分是与国际投资有直接或间接关系的，它们对彼此的影响错综复杂。

2. 国际贸易学与国际投资学的区别

（1）二者研究的领域不同。

国际贸易学的研究范围既包含了资本的跨国界流动，又包含了非资本的跨国界流动，侧重点是商品和劳务的非资本特性。而国际投资学仅仅研究那些已转化为资本的商品和劳务的跨国界流动，侧重点是商品和劳务的资本特性。

（2）二者研究的侧重点不同。

国际贸易学对商品流动的研究侧重于交换关系方面。从原则上讲，国际贸易活动是在价值相等的基础上实现使用价值的交换，商品最终进入消费领域；而国际投资学则侧重于对商品的生产属性方面的研究。国际投资活动本质上是把商品作为生产要素投入生产领域并实现价值增值。

（3）二者分析问题的角度不同。

国际贸易学重在研究一国商品的国际竞争力，以及一国如何通过提高商品的国际竞争力获得更大的比较利益；国际投资学重在研究一国参与国际生产的能力，以及一国如何通过提高参与国际生产的能力创造更大的比较利益。

（4）二者对经济活动产生的影响不同。

当代经济实践活动表明，推动国际经济发展的主要动力已经由国际贸易转向国际投资，这已从国际投资的增长速度较长期地快于国际贸易的增长速度的事实得到体现。另外，国际投资作为国际经济往来的一种形式，不仅在国家之间表现出已超过贸易往来的趋势，而且与国际贸易不同的是，国际投资的互补性体现在要素而不是产品方面，尤其是直接投资具有带动资金、技术设备、管理等要素全面转移的功能。因此，从根本上看，国际投资是企业乃至一个国家深入参与国际经济活动的更高级的形式。

（三）国际金融学与国际投资学的关系

国际金融学是研究货币在国家间的运动过程及其客观规律的科学。它与国际投资学同样既有密切联系，又有明确区别。

1. 国际金融学与国际投资学的联系

（1）二者的研究领域都包括货币资本的国家间转移。

国际金融学研究货币的跨国界流动；而国际投资学的研究范围则既包含了货币的跨国界流动，又包含了商品和劳务的跨国界流动。

（2）二者相互影响。

一方面，国际金融领域的利率、汇率变动既会影响国际证券投资的价格和收益分配，也会影响国际直接投资的利润，从而进一步影响国际投资的流向和规模；另一方面，国际投资的效果好坏，也将制约货币的流向，从而引起国际金融领域利率和汇率的变动。设备、专利等非货币形态生产要素被用于投资时，虽然不会立即引起货币的回流，但在资本撤回或利润汇回时，最终会转化为货币形态，从而成为国际金融活动的组成部分。因此，国际金融学和国际投资学在研究中也会涉及一些共同的制约因素。

2. 国际金融学与国际投资学的区别

（1）二者研究的领域不同。

国际金融学仅仅研究货币要素，而国际投资学不仅研究货币要素，还研究各种生产性要素，如设备、原材料、技术、管理、专利等。国际投资学对货币资本进行研究时是将其作为能够带来增值的交易关系的要素之一。

即使同样是对货币进行研究，二者的研究重点也不相同。国际金融学主要研究各种短期资金的流动以及各种非投资活动引起的货币转移，如国际贸易活动引起的货币转移，国际援助引起的国际货币转移，以及利率、汇率变动引起的国际货币转移等；而国际投资学研究的主要是中长期资本的运动以及资本所能取得的经济收益。

（2）二者研究的侧重点及行为主体不同。

国际金融学着重研究资本运动对国际收支平衡、汇率和利率波动及一国长期经济贸易地位的影响等问题，其行为主体是国家或国际组织；国际投资学着重研究资本运动所能取得的经济收益，其最主要的行为主体是私人投资者，即跨国公司。

（3）二者分析问题的角度不同。

国际金融学主要是分析国际资本运动对国际金融市场、国际货币体系、各国国际收支状况等方面的影响；国际投资学主要是分析国际资本运动对国际竞争、国际贸易，以及对投资国和东道国经济发展的影响。

综上所述，尽管国际投资学与西方投资学、国际贸易学和国际金融学在研究领域方面有一些交叉，但作为一门关于投资的学科，它更注重对如何利用资本要素以实现增值这一问题的研究与创新。

三、国际投资学的研究方法

科学的研究方法是人们正确认识事物不可缺少的条件。研究国际投资学，既要重视理论研究的指导原则，又要重视具体的研究方法，要运用马克思主义唯物辩证法去分析和研究国际投资活动中的各种矛盾运动，并揭示其内在规律。为此，研究国际投资学必须坚持以下基本方法：

（一）个量分析与总量分析相结合

个量分析就是把复杂的国际投资活动分解为若干简单的要素和方面，以便单独考察每个要素和方面，认识它们固有的性质和特征；总量分析就是把分解的各个要素和方面综合成一个整体，把国际投资活动作为一个统一的整体来认识，以正确反映国际投资的各个要素和方面之间的内在联系。

通过个量分析和总量分析，既能认识国际投资活动的各个要素和方面的性质和特征，又能将国际投资活动的各个要素和方面综合起来，作为一个有机整体来研究，以全面、正确地认识国际投资活动的规律。也就是说，对于国际投资项目，在分析它给投资者带来的微观效益的同时，还要考虑它给国家的宏观经济总量造成的影响，从而达到最优的政策协调状态。

（二）静态分析与动态分析相结合

静态分析就是在承认国际投资相对稳定的前提下，对某一时点上的国际投资活动的现状进行分析，这种分析方法适用于考察某一时期国际投资活动的发展状况和特点；动态分析就是在承认国际投资总是在不断地运动、变化、发展的前提下，对某一时期国际投资活动所发生的变化进行序列分析，以研究国际投资活动的变化和发展过程，考察其发展的方向和趋势。静态分析与动态分析二者是互为前提、互相补充的。

我们对国际投资进行研究时，不仅要了解其现状，如投资规模存量、行业结构等，而且要分析其发展趋势，如流量、投向变化等，从而及时调整策略，以取得成功。因此，应该把静态分析和动态分析有机地结合起来，这样不仅可以考察国际投资活动的过去，预测其发展趋势和前景，而且对于揭示国际投资活动的发展规律具有重大意义。

（三）定性分析与定量分析相结合

定性分析就是运用正确的立场、观点来揭示国际投资活动中各种质的规律和本质联系；定量分析就是运用统计学、数学或计量经济学模型等方法对国际投资活动中的各种数量关系、数量特征和数量变化进行定量描述，以深化对国际投资从量变到质变的规律的认识。

对于国际投资活动的现象和结果，不仅需要在总体上做出定性的判断和预测，还需要进行定量的计算和分析。对此，西方长期以来形成了一套现代化管理方法，如对投资项目进行可行性研究、对投资效果进行投入产出分析、对金融资产建立定价及风险控制模型等。这些方法广泛深入地运用经济数学，使国际投资活动建立在科学精确的基础上。

（四）历史分析与逻辑分析相结合

国际投资学是对国际投资实践活动的经验总结和理论概括。在国际投资学的研究中，必须运用历史分析的方法，分析国际投资的产生、发展和演变过程，准确描述国际投资发展的客观过程。但是，国际投资的发展不仅表现为一个历史过程，而且遵循其内在的逻辑次序。运用逻辑分析方法进行分析，有助于找出国际投资活动的客观规律。事实上，国际投资活动内在的逻辑次序与其发展的历史进程是一致的。因此，在国际投资学研究中，必须坚持历史分析与逻辑分析相结合的研究方法。

（五）抽象分析与实证分析相结合

作为一门新兴的应用经济学学科，国际投资学必须根据前人揭示的经济学原理，从理论上分析国际投资实践活动，总结国际投资运行的规律。但同时也应看到，国际投资学是在国际投资实践中产生的，而国际投资实践繁杂多样，只有在具体实证分析的基础上才能进行理论分析，否则凭空得出的理论是难以解释国际投资实践活动的。当代一些著名的国际投资学流派的理论都是在具体实证分析某一国（或某类国家）的对外投资活动的基础上得出的。因此，在国际投资学的研究中，必须坚持抽象分析与实证分析相结合的研究方法。

（六）理论总结与实践操作相结合

只有通过具体的国际投资实践活动，才能探求其内在的客观联系，进而将内在的客观联系归纳成理论，再度指导实践过程，并不断修正、发展，形成适合国情的国际投资学。

四、学习和研究国际投资学的意义

学习任何一门学科，都只有在认识到它的实际作用及其所能带来的价值后，才会产生内在的学习兴趣和学习动力。学习国际投资学的意义就在于：

首先，从全球视角看，学习国际投资学是为了满足顺应世界经济趋势的需要。全球价值链是国际化生产的特征。从企业的全球化历程看，国际直接投资是多数企业国际化发展的必然选择。许多学者的研究成果表明，开展对外直接投资是企业国际化发展的必然阶段。随着国际化的深入，一种产品的组件生产分布在多个国家，如苹果手机，在美国设计，在中国组装，零部件则来自美国、德国、日本、韩国等，每个生产环节都创造价值，把这些价值创造点连起来，就形成了价值链。当前，中国仍处于全球价值链的中低端，一方面要提升研发能力，将生产环节向设计、销售等高端延伸；另一方面要掌握资本运营技能，去境外投资。

其次，从国家的需求看，学习国际投资学是为了满足构建更高水平开放型经济新体制的需要。改革开放 40 多年来，中国通过国际贸易和吸引外资融入了全球生产体系，国家综合实力逐渐提高，在 2010 年成为世界第二大经济体。2015 年，中国实现资本净流出，创造了人类历史上的“经济奇迹”。随着“一带一路”建设的发展，未来将有更多的中国企业“走出去”，到境外投资，利用境外资源、市场。因此，对外投资是中国经济未来发展的方向，国家需要一大批有志于祖国更高水平开放型经济新体制建设的高质量跨境投资、运营人才。这些人才需要全面系统地掌握国际投资的基本理论、熟悉国际投资的运营流程，具有国际资本运营方面的技能。

最后，从大家切身利益的角度来说，学习国际投资学是为了满足个人采取适当的投资方式获得最理想的投资收益的需要。比如，你未来工作的企业可能要到境外投资建厂或开展跨国并购，你可以为此提供什么决策建议呢？学习国际投资学，可以帮助你熟悉和掌握各种不同投资方式的特点及利弊，避免投资风险，以最小的代价获得理想的投资结果。

第三节 国际投资的分类

按照不同的标准，我们可以对国际投资进行四种不同的分类。

一、按投资性质不同分为国际直接投资和国际间接投资

按照投资性质的不同，即投资主体是否拥有对海外企业的实际经营管理权，国际投资可以分为国际直接投资和国际间接投资，这是我们在实务和理论研究中最有意义的划分方法。

（一）国际直接投资

国际直接投资（foreign direct investment，FDI），又称外国直接投资、对外直接投资、境外直接投资或海外直接投资，是指以控制国（境）外企业的经营管理权为核心的对外投资。国际货币基金组织（IMF）也给国际直接投资下了一个定义："国际直接投资是指以获取投资者所在国之外的企业的长期利益为目的的投资活动，投资者的目的是对企业的经营管理进行有效的控制。"这个定义反映了当今国际直接投资的实际情况，具有一定的权威性。根据国际货币基金组织的解释，这种控制权是指投资者拥有一定的股权份额（一般认为在10%或10%以上），以及对企业的有效经营管理权。

从这一定义可以看出，国际直接投资是指投资国的自然人、法人或其他经济组织依照东道国的有关法规，在东道国单独出资或合资创立新企业，或通过增加资本扩大原有企业，或收购现有企业形成经营性资产，并按照东道国的有关法规和/或与其他投资者所签订的有关投资协议获取该经营性资产的经营收益或承担其经营亏损的行为或过程。也就是说，国际直接投资是投资者以拥有或控制国外企业经营管理权为核心，以获取利润为主要目的而进行的投资，这种投资不单纯是资金的外投，还包括技术、经营管理知识等生产要素由投资国向东道国的转移。直接投资又可分为股权投资和非股权投资，而股权投资和非股权投资又包括多种方式，具体内容将在第四章中详细介绍。

（二）国际间接投资

国际间接投资（foreign indirect investment，FII），又称对外间接投资或国际金融投资，是指一国的个人、企业或政府通过购买外国的公司股票、企业债券、政府债券、金融衍生工具等金融资产获取股息、利息，或通过买卖这些证券赚取价差收益的投资。国际间接投资的目的不是取得投资企业的经营管理权。是否拥有有效的经营管理权是区分直接投资和间接投资的重要标志。

（三）国际直接投资与国际间接投资的区别与联系

国际直接投资和国际间接投资是国际投资的两种不同方式，其最终目的都是营利。二者既有区别，也有联系。

是否拥有对境外投资企业的有效经营管理权是国际直接投资与国际间接投资的本质区别。有效经营管理权是指投资者拥有企业一定的股权份额，对企业的经营决策和管理享有话语权或表决权，它体现了投资者在企业经营管理中的实际地位。一般来说，投资者对企业的有效经营管理权与其拥有的投资企业的股权份额成正比，拥有的股权份额越高，有效经营管理权也就越大，但也可以双方约定对股权份额低的股东赋予较大的有效经营管理权，如有的企业规定董事会的决议必须一致通过才能生效，这实际上赋予了小股东董事一票否决权。

对于如何界定有效经营管理权，目前还没有比较好的办法。为了便于统计，许多国家以及国际组织都相应地规定了“量的界限”，以划分国际直接投资与国际间接投资，即构成 FDI 所需拥有的最低股权份额，但实际划分标准不尽相同。例如，美国商务部 1956 年规定，如果某国外公司完全受美国公司控制，或者某国外公司 50%的股权由一群相互无关的美国人掌握，或者某国外公司 25%的股权由一个有组织的美国人集团拥有，或者某国外公司 10%的股权由一个美国人（法人）拥有，则对该公司的投资即可被视为美国的国际直接投资；加拿大政府规定，当一个外国企业的 50%或更多的投票股份为加拿大居民所持有时，或就外国在加拿大的投资来说，当一个加拿大企业的 50%或更多的投票股份被外国人持有时，原则上都认为存在控制；《日本外汇及外贸管理法》规定，拥有国外法人发行的股票总数或出资额的 10%以上，或者持有 10%以上的国外法人证券及一年以上的贷款，或者持有 10%以下的股票，但通过拥有国外法人发行的证券或者提供一年以上的贷款而向海外派遣董事长、长期提供原材料或销售产品、提供重要的技术，并为此保持长久关系的投资经营活动，均可视为国际直接投资；相比之下，德国、英国和法国规定的“门槛”则比较高，只有当外国投资者拥有这些国家的企业 25%（德国）或 20%（英国和法国）的股票或债券，才可算是国际直接投资；根据中国国家统计局的定义，如果一个企业全部资本中 25%或以上来自外国或地区（包括我国港、澳、台地区）投资者，该企业就被称为外国（商）投资企业。不满足有效经营管理权标准的国际投资就被视为国际间接投资。国际货币基金组织（IMF）认为，一个紧密结合的集体在其所投资的企业中拥有 25%或更多的投票权，可以作为有效经营管理权的合理标准，一个外国投资者拥有东道国企业 10%或更多的股权份额可以算作 FDI。目前，按照国际惯例，持有企业超过 10%的股权份额的外国投资即可统计为 FDI。

国际直接投资与国际间接投资是可以互相转化的，当投资者购买国外公司股票的数量达到其总股本的一定比例时，间接投资就变成了直接投资。目前，世界各国对这一比例的规定不同，多数国家规定为 10%，也有一些国家规定为 25%。

二、按投资对象不同分为实业投资和金融投资

按照投资对象的不同，国际投资可以分为实业投资（industry investment）和金融投

资（financial investment）。通常来讲，实业投资指生产经营方面的投资，金融投资指购买各种债券或股票的投资以及借贷方面的投资。实业投资与金融投资的主要差异在于是否与自然界有密切关系：实业投资不仅涉及人与人之间的财务关系，而且涉及人与自然界之间的关系，如开办厂矿、商店和开垦农场；而金融投资只涉及人与人之间的财务关系，并不涉及人与自然界之间的关系，如借款或贷款、买卖债券或股票、领取股息等。尽管有了以上区分，但在现代经济社会中，这两类投资之间并不是互斥的，而是互补的，如高度发达的金融投资可以使实业投资更为方便、迅捷。人们对投资行为的认识是逐步深入的。以前，人们把投资行为作为金融活动的一个部分来看待，认为投资主要是通过购买各种债券或股票来实现的。现在，人们开始从更广泛的角度来看待投资，认为一切为获得未来收益而进行的现期投入都可算作投资，而且已开始把更多的注意力转移到与物质生产紧密相连的投资上来。

三、按投资主体不同分为公共投资和私人投资

由于财富可能属于私人，也可能属于官方，因此，按照投资主体的不同或者投资资本来源的不同，国际投资可以分为公共投资和私人投资。

公共投资（官方投资）通常指一国政府或国际组织（如世界银行、国际货币基金组织等）用于社会公共利益的投资。这类投资多为项目贷款，如一国政府投资为东道国兴建机场、铁路和体育场所等。一般情况下，公共投资的流向多是民间资本认为收益低且风险大的国家或领域。这类投资通常不以营利为主要目的，而是带有一定的国际援助性质，以双方关系友好为前提。

私人投资一般是指一国的个人或企业以营利为目的对东道国进行的投资，如私人或私人企业购买其他国家发行的股票或企业债券，或到另一个国家兴办企业。私人投资的主体多为不同规模的私有跨国公司。

四、按投资期限不同分为短期投资和长期投资

按照投资期限的不同，国际投资可以分为短期投资（short-term investment）和长期投资（long-term investment）。

按照国际收支统计分类，投资期限在一年以内的债权称为短期投资，如证券投资者购买股票、债券等国外证券，并在短期内将证券转手出售；投资期限在一年以上的债券、股票以及实物资产等称为长期投资，如投资者在国外投入资本兴建企业等。但在实践中，无论官方还是民间，一般的国际投资项目都以一年以上贷款居多，因此也有另外一种观点，即以投资期限是否超过 5 年作为划分长期投资和短期投资的依据。

除了前面介绍的比较常用的国际投资分类以外，还有一些新兴的国际投资类型，如非股权安排（non-equity mode，NEM）、风险投资（venture capital，VC）、私募股权基金（private equity fund，PEF）和主权财富基金（sovereign wealth fund，SWF）等。

第四节　国际投资常用术语及数据的获取

一、与 FDI 相关的术语

（一）FDI 流量、FDI 存量、FDI 流入和 FDI 流出

1. FDI 流量

FDI 流量（FDI flow）和 FDI 存量（FDI stock）是度量 FDI 规模的两个重要概念。FDI 流量是指外国投资者向其境外投资企业提供的资本，由股权资本、再投资收益和公司内借贷三部分构成。其中，股权资本是指在另一经济体企业内拥有的股份；再投资收益指应归属于境内投资者但境外投资企业未作为红利分配，或未汇给境内投资者而被用于再投资的收益；公司内借贷（债务或借款）是指境内投资者和境外直接投资企业间的短期或长期借贷资金。FDI 流量为负表明：流量的三个组成部分（股权资本、再投资收益和公司内借贷）中至少有一个是负的，并且未被其他组成部分的正值金额所抵消，这也说明出现了反向投资或撤资。

中国官方对 FDI 的规定有些差异。根据商务部、国家统计局和国家外汇管理局联合发布的《中国对外直接投资统计公报》，FDI 流量是指在报告时期内（一般按年度）对外直接投资净额（主要指新增股权投资、当期收益再投资与当期债务工具投资之和，减去境外企业向境内投资者的反向投资[①]）的变化量，即 FDI 流量＝新增股权资本＋当期再投资收益＋当期债务工具投资－反向投资，它有时会出现负值。

2. FDI 存量

FDI 存量是境外投资者在投资企业所拥有的股权资本和准备金（包括留存收益）的价值，加上投资企业对投资者的净负债。FDI 存量与衡量资本的更常用的指标如固定资产存量存在联系：FDI 存量＝FDI 股权资本＋FDI 再投资收益＋FDI 债务＝固定资产＋非固定资产－（非 FDI 股权资本＋非 FDI 债务）。[②]

在《中国对外直接投资统计公报》中，年末对外直接投资存量等于年末对外直接投资总额减去境外企业累计对境内投资者的反向投资。其中，年末对外直接投资总额等于报告期境外企业资产负债表中按中方投资比例计算的股本期末数加上按中方投资比例计算的未分配利润期末数，加上期末对境内投资者的债务工具投资（指境内投资者向境外企业提供的贷款、应收款等）。FDI 存量可以理解为投资者于某一固定时点在所投资企业中拥有的 FDI 各项权益用货币表示出来的现值，侧重度量 FDI 的经营结果。

3. FDI 流入和 FDI 流出

投向（流入）某一经济体的 FDI 称为 FDI 流入，也称吸收外资；反之称为 FDI 流

---

① 反向投资是指境外企业对境内投资者的持股比例低于 10%的投资。

② UNCTAD. *World Investment Report 2004*.

出，也称对外直接投资。流入、流出与 FDI 流量结合起来，就有了 FDI 流入流量、FDI 流出流量的概念，相应地也有 FDI 流出存量、FDI 流入存量的概念。

各国在计量和报告 FDI 的方式方面的差异使得对于 FDI 发展趋势的解释更为复杂：一是东道国和母国的数据收集方法不同、FDI 数据包含的内容不同（如三项构成可能都未包括进去）、记录 FDI 数据的时间段不同、对迂回投资以及对特殊目的实体的 FDI 的处理方法不同等。二是统计方法随着时间的推移而改变，导致 FDI 流量的时间序列数据存在结构方面的突变。例如，日本从 1996 年开始将收益再投资包含进去，而同一年德国的 FDI 流量已开始将公司内部短期贷款包含进去。三是为了简化世界范围内 FDI 的比较，要将以不同货币计量的流量数据转化为以同一货币如美元计量的流量数据，导致得出的 FDI 流量增长率可能不同于用本币计量的增长率。同样，当某个国家的 FDI 流量是以名义价格或当前价格来表示时，将其转换为不变价格将会产生不同结果。

（二）负面清单制度和准入前国民待遇

负面清单制度是指一个国家针对外资与国民待遇、最惠国待遇不符的管理措施或业绩要求、高管要求及禁止外资进入或限定外资比例的行业等方面的管理措施均以清单方式列明的制度。负面清单制度是国际上重要的投资准入制度。

准入前国民待遇是指在企业设立、取得、扩大等阶段给予外国投资者及其投资不低于本国投资者及其投资的待遇。

准入前国民待遇加负面清单管理制度是一种国际通行的外商投资管理办法，中国最早于 2013 年在上海自由贸易试验区实行此制度。2020 年 1 月 1 日《中华人民共和国外商投资法》施行以后，中国对外商投资实行准入前国民待遇加负面清单管理制度。目前国际上有 70 多个国家采用准入前国民待遇加负面清单管理制度。

二、与证券投资相关的几个术语

1. 大盘

大盘是指股票市场上股票的总体概况，常用大盘指数表示。大盘指数是运用统计学方法编制而成的反映股市总体价格或某类股票价格走势的指标。

2. 股票价格指数

股票价格指数（stock price index），简称股票指数，是证券交易所或金融服务机构编制的反映整个股票市场上各种股票市场价格的总体水平及其变动情况的指标。著名的股票指数有美国的道琼斯指数、日本的日经指数、英国的金融时报指数、中国香港的恒生指数。我国常用的有上海证券交易所的上证综合指数和深圳证券交易所的深证成份股指数。

上证综合指数以上海证券交易所挂牌上市的全部股票（包括 A 股和 B 股）为样本，以发行量为权数（包括流通股本和非流通股本），采用加权平均法计算，以 1990 年 12 月 19 日为基日，基日指数定为 100 点。

深证成份股指数以深圳证券交易所挂牌上市的所有股票中具有市场代表性的 40 家上

市公司的股票为样本，以流通股本为权数，采用加权平均法计算，以 1994 年 7 月 20 日为基日，基日指数定为 1 000 点。

三、FDI 数据的获取

1. FDI 数据

使用 FDI 流量和 FDI 存量数据时，一般用官方公布的统计数据。各个经济体的 FDI 流量和存量数据可以在联合国贸发会议下载，也可下载历年《世界投资报告》（*World Investment Report*）的附录表格，以获得相应数据；还可以在国际货币基金组织数据中心下载；经济合作与发展组织（OECD）官网的数据库中也有 FDI 统计数据。当然，在各经济体的官方统计网站上也能找到其 FDI 数据，如中国对外直接投资的流量和存量数据可在商务部等三部门联合发布的各年度《中国对外直接投资统计公报》中查阅，FDI 流量数据也可以从国家外汇管理局官方网站公布的国际收支平衡表中查找，FDI 存量数据可以从该网站公布的国际投资头寸表中查找。

2. 证券投资数据

各国证券投资数据可从各国公布的国际收支平衡表和国际投资头寸表中查询，也可以在 IMF 官方网站的数据库中下载。

第五节 案例研究

案例一

主权财富基金

（一）基本案情

主权财富基金（SWF）通称主权基金，指由一些主权国家政府所建立并拥有的用于长期投资的金融资产或基金，主要来源于国家财政盈余、外汇储备盈余、自然资源出口盈余等，一般由专门的政府投资机构管理。目前，阿拉伯联合酋长国、挪威、沙特阿拉伯、中国、科威特、俄罗斯和新加坡等是世界上主权财富基金规模比较大的几个国家。第一只 SWF 是科威特于 1953 年创立的，目的是将其石油出口收入投资于国际金融市场。1956 年，西太平洋英属吉尔伯特群岛利用其出口富含磷酸盐的鸟粪所获得的收入也创建了一只 SWF；当鸟粪消耗殆尽时，该群岛 SWF 的投资组合价值达到了 5.2 亿美元。SWF 的资金来源包括四类：外汇储备盈余，主要以亚洲地区国家（如新加坡、马来西亚、韩国等）为代表；通过出口自然资源，包括石油、天然气、铜和钻石等获得的外汇盈余，主要以中东、拉美地区国家（如沙特阿拉伯、阿拉伯联合酋长国、俄罗斯、挪威等产油国，铜矿出口国智利和钻石出口国博茨瓦纳）为代表；国际援助基金，以乌干达的贫困援助基金为代表；发行特别国债，以中国为代表。2012 年，全球经认证的 SWF 有 73 个，其中 60%成立于过去十年，21 个国家正在考虑成立自己的 SWF；其管理的资产达到5.3万亿美元，其中80%由发展中国家掌握（《世界投资报告2013》）。SWF已成为国际投资和国际金融市场上一个日益活跃且重要的参与者。无论设立SWF是出于何种初始动因，主权财富基金管理的基本目标都是获取较高的投资收益，以保证国家盈余财富购买力的稳定，这与传统外汇储备管理的流动性、安全性目标迥然不同。SWF的管理主要考虑资产的长期投资价值，对短期波动并不过分关注，因而对投资组合的资产配置、货币构成、风险控制等都有严格要求。SWF的投资策略主要是指按照资产种类、货币、国别、行业、风险承受水平等所进行的投资组合与配置。SWF的投资对象主要包括传统的定息类政府债券，同时也包括股票、企业债券、期货、对冲基金、房地产等非传统投资产品，从而实现了全球范围内的投资组合多样化。SWF也进行FDI，投资行业主要集中于服务业（70%），特别是金融业、房地产业、建筑业和公用事业。截至2012年，SWF的FDI累计达1 270亿美元，大多以并购方式进行。

2007年9月29日，中国投资有限责任公司（以下简称“中投公司”）在北京正式挂牌成立。作为国有独资公司，中投公司的注册资本为2 000亿美元，负责管理我国2 000亿美元的外汇储备，通过其全资子公司汇金公司向国内金融机构注资900亿美元，余下约1 100亿美元用于开展境外投资，旨在对国家外汇资金进行多元化投资，以获取风险调整后较高的长期投资收益。对于如中投公司这样的大型机构投资者来讲，资产配置是投资活动的重中之重，通常决定了投资组合的风险和收益特征。从资产配置的国际经验看，传统模式采用60%配置于股票、40%配置于债券的“60/40”模式，以公开市场投资为主。中投公司成立后，以捐赠基金模式为框架，结合公司自身特点和中国国情，制定了自己的多元化资产配置模式。目前，中投公司的资产分为五类：现金、股票、固定收益资产、绝对收益资产和长期资产。其中，中投公司将泛行业直接投资、泛行业私募股权、资源能源、房地产和基础设施归为长期投资，并赋予它们较高的配置比重。与此同时，中投公司在进行海外投资时也特别关注一些背靠中国的直接投资。成立五年来，面对复杂多变的全球经济和金融形势，中投公司沉着应对，坚持以研究和资产配置驱动投资活动，实现了国家外汇资产管理的多元化和保值增值，取得了较好的投资收益。中投公司成立以后进行的国际投资活动主要包括：2007年5月，出资30亿美元购买美国黑石集团的无投票权股份；2007年12月，投资56亿美元入股摩根士丹利；2009年7月，向加拿大泰克资源有限公司投资15亿美元；2010年3月，向美国爱依斯电力公司投资16亿美元；2011年12月，向法国苏伊士环能集团投资40亿美元。2020年12月31日，中投公司总资产为12 223亿美元，境外投资净收益率为14.07%；截至2020年12月31日，中投公司过去十年累计年化净收益率为6.82%；自成立以来，中投公司累计年化净收益率为6.71%。

（二）案例分析

SWF是一种由政府所有的具有特殊目的的投资基金或投资安排，以投资金融资产为主，少量投资以FDI形式存在。各国SWF的设立动机和投资目标不同，相应的投资策略也不同，并由投资传统的政府债券演变到兼做股票投资，再扩展到房地产投资、股权投资等。有的国家设立SWF是为了修正汇率波动和保持宏观经济稳定，有的是为了应对人口老龄化等长期问题，有的是为了减轻气候变化造成的不利影响，也有的是为后代保留当前收入，等等。

SWF 的资金来源和资金投向具有明显的特征：一是四类来源与主权国家如何管理其外汇和财政盈余有密切联系；二是由政府拥有、控制与支配，并追求风险调整后收益最大化。从流向看，大部分 SWF 以 FDI 形式流入了发达经济体（2012 年欧洲占了 2/3）。未来 SWF 的投资规模必定会快速增长。中国设立中投公司的目的在于提高外汇储备管理绩效和冲销过剩的流动性，在经营上不谋求控股，以投资于境外金融组合产品为主。

案例二

中国对外投资和吸引外资状况

（一）基本案情

国际投资头寸表反映的是在特定时点上一个国家或地区对世界其他国家或地区的金融资产和负债的存量状况。在中国的国际投资头寸表中，中国对外投资表现为资产，外国在华投资则是负债（见表 1-1）。

表 1-1　2012—2021 年末中国国际投资头寸表　　单位：亿美元

项目	2012	2013	2014	2015	2016	2017	2018	2019	2020	2021
净资产	16 781	18 184	16 103	16 989	19 849	20 652	21 075	22 996	22 868	19 833
A. 资产	52 353	60 205	64 839	62 232	65 788	71 915	74 327	78 464	88 791	93 243
1. 我国对外直接投资	5 519	6 913	9 225	11 560	11 423	18 450	20 015	22 366	25 807	25 819
2. 证券投资	2 428	2 620	2 683	2 685	3 724	4 992	5 065	6 575	9 030	9 797
2.1 股本证券	1 320	1 566	1 670	1 692	2 207	3 044	2 786	3 853	6 048	6 484
2.2 债务证券	1 108	1 055	1 012	9 33	1 518	1 948	2 279	2 722	2 982	3 313
3. 其他投资	10 527	11 867	13 938	13 889	16 797	16 055	17 505	17 226	20 184	23 205
3.1 贸易信贷	3 387	3 990	4 677	5 137	6 145	5 319	5 972	5 604	5 972	6 587
3.2 贷款	2 778	3 089	3 747	4 569	5 768	6 373	7 097	6 963	8 432	9 628
3.3 货币和存款	3 906	3 751	4 453	3 598	3 653	3 611	3 896	3 962	4 839	5 489
3.4 其他资产	457	1 038	1 061	412	1 107	597	364	479	685	1 191
4. 储备资产	33 879	38 804	38 993	34 061	30 978	32 359	31 680	32 229	33 565	34 269
4.1 货币黄金	567	408	401	602	679	765	763	954	1 182	1 131
4.2 特别提款权	114	112	105	103	97	110	107	111	115	531
4.3 在国际货币基金组织中的储备头寸	82	71	57	45	96	79	85	84	108	107
4.4 外汇	33 116	38 213	38 430	33 304	30 105	31 399	30 727	31 079	32 165	32 502
B. 负债	35 573	42 021	48 736	45 243	45 940	51 263	53 252	55 468	65 923	73 410
1. 外国来华直接投资	20 680	23 312	25 991	26 963	27 551	27 257	28 271	27 964	32 312	36 238
2. 证券投资	5 467	5 985	8 343	8 583	8 483	11 775	11 628	14 526	19 558	21 554
2.1 股本证券	4 724	5 097	6 893	6 384	6 168	8 405	7 506	9 497	12 607	13 360

续表

项目	2012	2013	2014	2015	2016	2017	2018	2019	2020	2021
2.2 债务证券	742	889	1 449	2 200	2 316	3 370	4 122	5 029	6 951	8 194
3. 其他投资	9 426	12 724	14 402	9 643	9 844	12 197	13 294	12 913	13 923	15 516
3.1 贸易信贷	2 915	3 365	3 344	2 721	2 883	3 523	3 931	3 644	3 719	4 053
3.2 贷款	3 680	5 642	5 720	3 293	3 205	3 922	4 169	4 605	4 414	4 447
3.3 货币和存款	2 446	3 466	5 030	3 267	3 166	4 365	4 833	4 245	5 259	5 971
3.4 其他负债	277	144	207	172	408	188	154	189	263	304

资料来源：国家外汇管理局。

（二）案例分析

（1）我国对外直接投资包括我国境内非金融部门对外直接投资存量和境内银行在境外设立分支机构所拨付的资本金和营运资金存量以及境内外母子公司间的贷款和其他应收及应付款的存量。外国来华直接投资包括我国非金融部门吸收来华直接投资存量和金融部门吸收境外直接投资存量（包括外资金融部门设立分支机构、中资金融部门吸收外资入股和合资金融部门中外方投资存量），以及境内外母子公司间的贷款和其他应收及应付款的存量。从数据看，2012—2021 年，我国对外直接投资和外国来华直接投资的存量逐年增加，且增速较快。

（2）证券投资包括股票、中长期债券和货币市场工具等形式的投资。中国对外证券投资（即证券投资资产）是指中国居民持有的非中国居民发行的股票、债券、货币市场工具、金融衍生工具等有价证券；外国来华证券投资（即证券投资负债）为非中国居民持有的中国居民发行的股票和债券。2012—2021 年，中国对外证券投资存量与外国来华证券投资存量均表现出持续稳定增长的态势，且增速都较快；对外股本证券投资与外国对华股本证券投资也都呈现出相近的增长态势。

复习思考题

1. 什么是国际投资？国际投资与国际资本流动和资本输出是什么关系？
2. 国际投资有哪些主体与客体？
3. 国际投资主要分为哪些类型？
4. 简述国际直接投资与国际间接投资的区别与联系。
5. 主权财富基金的资金来源和资金投向有什么特点？
6. 中投公司进行的境外投资属于国际直接投资还是国际间接投资？
7. 试解释股本证券和债务证券的含义，并比较股本证券资产与股本证券负债的变化趋势。
8. 下载最新年度的中国国际收支平衡表，分析 2004 年以来中国对外直接投资流量及中国对外证券投资具有什么特征。

第二章
国际直接投资概述

学习要点

本章介绍了FDI的发展历程，分析了作为FDI主体的跨国公司的概念与特征，从东道国、母国和全球的角度分析了FDI法律制度，最后以案例的形式研究了FDI中的投资中转和投资迂回现象，以及政府对跨境并购的监管。通过学习，要求了解FDI的发展历程和特征；掌握跨国公司的概念及主要特征；熟悉东道国和母国的FDI法律制度、国际投资协调制度的基本内容，并能够运用所学知识分析现实中遇到的问题。

第一节　国际直接投资的起源与发展

一、国际直接投资的发展历程

国际直接投资（FDI）萌芽于殖民地时代，发展于工业革命时期，壮大于第二次世界大战后的美国经济强大和欧洲经济复苏时期。20世纪80年代后，美国、欧洲和日本成为FDI三大巨头。自20世纪90年代起，发展中经济体的FDI开始兴起与发展。根据《世界投资报告2022》的数据，1990—2021年，流入发展中经济体的FDI的复合增长率为10.6%；2020年流入发展中经济体的FDI首次超过发达经济体，占世界FDI的67%，2021年占53%。

（一）FDI 的萌芽阶段（19 世纪之前）

FDI 起源于大约 16 世纪的宗主国对殖民地国的产业资本输出。16—18 世纪，东印度公司在东南亚建立工厂，如 1610—1647 年在印度建立了 23 家工厂，1711 年在中国广东设立了白银换取茶叶的贸易点。这一时期，威尼斯、丹麦、法国等欧洲国家也对外输出资本。这一阶段，欧洲强国向亚洲的印度、中国、日本和北美洲的美国、加拿大等国输入资本，其中美国是世界上最大的国际资本输入国。

（二）FDI 的兴起阶段（19 世纪至第一次世界大战以前）

19 世纪，FDI 开始增长。19 世纪 20 年代，英国公司开始在巴西、欧洲开采矿产，30 年代，在澳大利亚、加拿大、西印度群岛开设分支机构；70 年代左右，德国西门子公司在俄国建立分厂，美国的胜家缝纫机厂在英国开设分厂，德国的拜耳公司在美国开设苯胺工厂，瑞典的诺贝尔公司在德国开设炸药工厂。大多数西方学者认为，FDI 就是产生于这一时期。但这一时期 FDI 的规模在资本输出中所占比重较小。在第一次世界大战前的 50 多年里，欧洲资本自由地流向澳大利亚、俄国、加拿大、美国等经济体，在鼎盛时期，英国对外投资规模占其国内增加值的 10%，法国、德国、荷兰等国的对外投资占其国内增加值的比重也较大（IMF，1997）。这一阶段，FDI 主要流向生产初级产品的部门和为生产初级产品服务的公共设施部门，较少流向制造业。

（三）缓慢发展阶段（1915—1945 年）

两次世界大战期间，FDI 的发展受到影响，世界 FDI 格局发生了变化。1914 年，全球 FDI 流出存量约为 144.82 亿美元，在英国（占 45.5%）、美国（占 18.5%）、法国（占 12.2%）和德国（占 10.5%）等主要 FDI 流出国中，英国 FDI 流出存量居首位。到 1938 年，全球 FDI 流出存量约为 263.5 亿美元，在主要的 FDI 流出国如英国（占 39.8%）、美国（占 27.7%）、法国（占 9.5%）、日本（占 2.8%）、德国（占 1.3%）中，英国、法国和德国的份额降低，而美国的份额则上升，同时加拿大、意大利、荷兰、瑞典、瑞士、俄国等开始加大 FDI 力度。第二次世界大战期间，英国、法国、荷兰和瑞士等国的企业把资本转移到美国，而德国、意大利和日本则撤回境外资本，用于采购军用物资，美国也撤出在欧洲的投资，其结果是 FDI 锐减。

（四）第二次世界大战以后的恢复增长阶段（1945—1989 年）

第二次世界大战以后，欧洲各国集中财力恢复国内经济，美国加大 FDI 力度，其国际投资地位得到加强。到 20 世纪 60 年代，美国成为第一大 FDI 流出国，1960 年 FDI 流出存量在全球 FDI 流出存量中占 48.3%，而英国占 16.3%，荷兰占 10.6%，法国占 6.2%，联邦德国和日本均占 2%左右。随着欧洲经济的复苏和日本经济的崛起，欧洲和日本的国际投资地位逐渐上升。1960—1973 年期间，在全球新增的 1 440 亿美元 FDI 中，美国占了约 48%，联邦德国和日本共占 14%左右；1974—1983 年期间，在全球新增的 3 623 亿美元 FDI 中，美国的份额下降为 35%左右，联邦德国的份额保持稳定，日本的份额有所提升。1970—1989 年，发达国家的 FDI 稳定增长，总规模不断扩大，美国、英国、荷兰、联邦德国、加拿大和法国等国仍是世界主要 FDI 流出国，但美国、荷兰、加拿大所占份额趋于降低，而日本、法国的份额则增多（见表 2-1）。1989 年，美国、英国、荷兰、联邦德国、加拿大、法国和日本的 FDI 流出存量所占份额分别为 16%、15%、6%、6%、2%、9%、20%。1970 年，FDI 流入量最多的 10 个国家分别是加拿大（占 13.7%）、英国（占 11.1%）、美国（占 9.4%）、澳大利亚（占 6.7%）、联邦德国（占 5.8%）、荷兰（占 5.8%）、意大利（占 4.7%）、法国（占 4.7%）、巴西（占 2.9%）和南非（占 2.5%）；到 1989 年，FDI 流入量最多的 10 个国家分别是美国（占 34.9%）、英国（占 14.4%）、法国（占 6.6%）、西班牙（占 4.3%）、澳大利亚（占 4.0%）、荷兰（占 3.7%）、比利时（占 3.6%）、联邦德国（占 3.0%）、加拿大（占 3.0%）、中国（占 1.7%）。

表 2-1　1970—1989 年主要经济体的 FDI 流出流量在全球流量中所占份额（%）

	1970	1971	1972	1973	1974	1975	1976	1977	1978	1979	1980	1981	1982	1983	1984	1985	1986	1987	1988	1989
美国	54	53	49	44	37	50	42	40	41	42	37	26	4	26	26	22	20	21	10	16
英国	12	14	13	19	18	11	15	15	17	20	15	18	14	14	15	18	18	22	20	15
荷兰	9	9	10	8	11	9	8	11	9	10	8	7	9	6	5	4	4	6	4	6
联邦德国	8	8	12	8	9	8	9	8	10	8	9	9	11	10	10	9	10	6	8	6
加拿大	7	3	1	5	6	4	4	6	6	6	8	11	9	7	7	6	4	5	3	2
法国	3	2	4	4	3	5	6	4	5	3	6	9	11	5	4	4	5	6	7	9
日本	3	3	5	7	8	6	7	6	6	5	5	10	17	10	12	10	15	14	19	20

资料来源：UNCTAD.

（五）快速发展阶段（1990—2000 年）

1990—2000 年，全球吸收 FDI 快速增长，年均复合增长率达 18.7%。其中，发达经济体 FDI 引领全球 FDI 的发展方向，而发展中经济体吸收 FDI 的规模相对平稳（见图 2-1）。2000 年，发达经济体的 FDI 流入流量占世界 FDI 流入流量的 80%以上。

（六）显著波动阶段（2000 年至今）

2000—2021 年，全球 FDI 流入流量波动明显：2000 年开始下降，2003 年降到最低点，此后反弹，2007 年达到高峰，呈现 U 形波动；受金融危机影响，2007—2015 年，FDI 流入流量呈现 W 形波动；受新冠疫情影响，2020 年全球 FDI 流入流量跌至 2003 年后的又一个谷底，2021 年开始增长（见图 2-2），变化轨迹近似 V 形。相比发达经济体，发展中经济体 FDI 流入流量的波动较为平缓。20 世纪 90 年代和 21 世纪的头十年是国际生产（FDI、货物与服务出口、全球价值链）快速增长的 20 年，其后进入停滞期（《世界投资报告 2022》）。其中，2001—2010 年 FDI 流入流量的复合增长率为 6.05%，2011—2021 年则为 −0.16%。

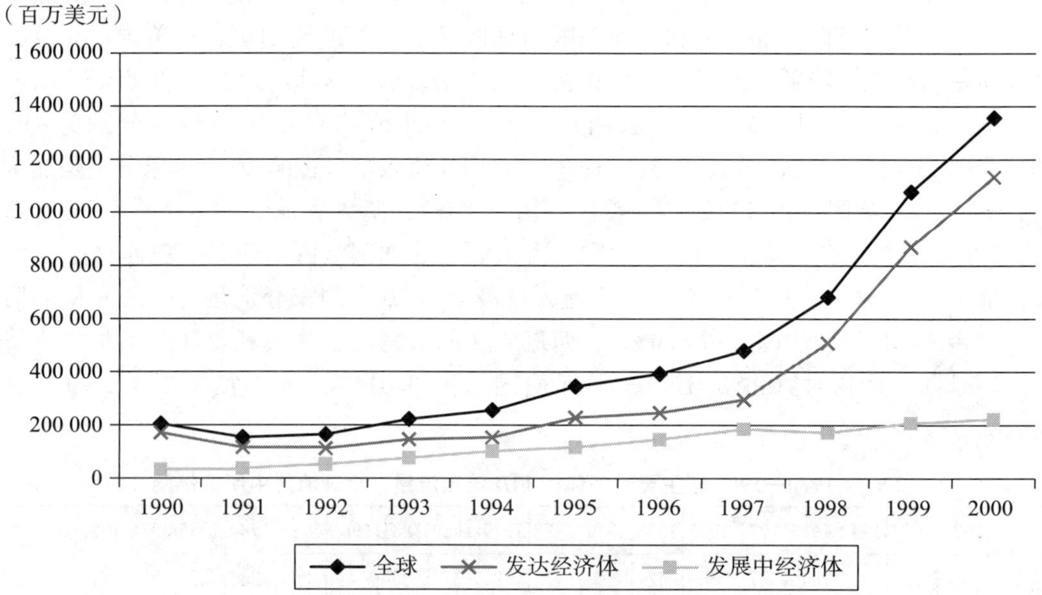

图 2-1 1990—2000 年全球 FDI 流入流量变化趋势

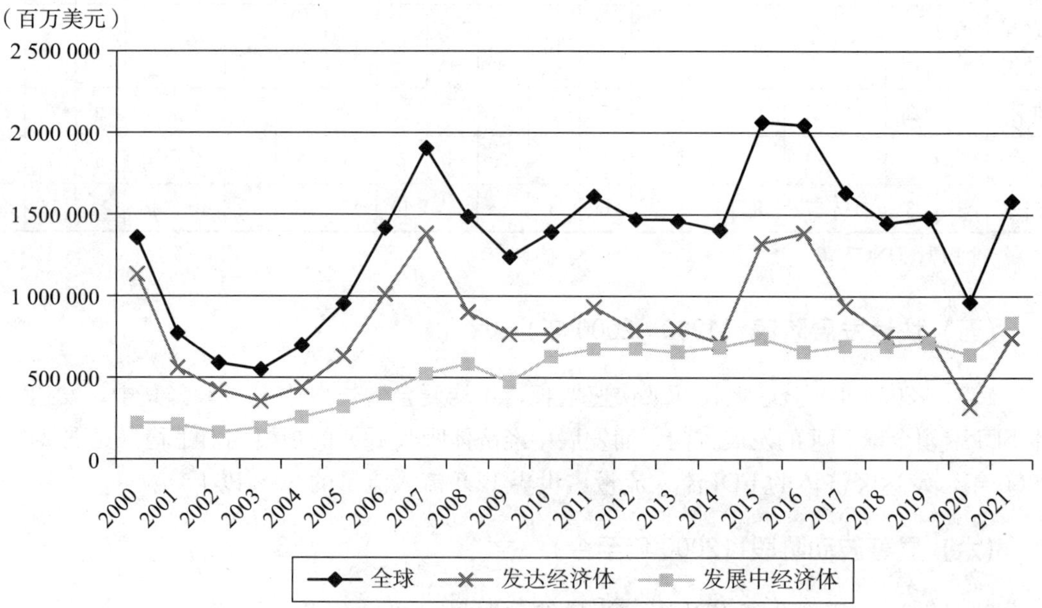

图 2-2 2000—2021 年全球 FDI 流入流量变化趋势

资料来源：联合国贸发会议. 世界投资报告 2022.

从 FDI 流出流量看，2021 年，FDI 流出流量占比最高的 10 个经济体分别是美国、德国、日本、中国、英国、加拿大、中国香港、俄罗斯、爱尔兰、韩国（见表 2-2）。

表 2 - 2　2000—2021 年 FDI 流出流量最多的十个经济体在全球 FDI 流出流量中所占的份额（%）

经济体	2000	2001	2002	2003	2004	2005	2006	2007	2008	2009	2010	2011	2012	2013	2014	2015	2016	2017	2018	2019	2020	2021
美国	12.3	18.3	27.2	24.5	32.3	1.8	16.5	18.0	18.0	24.3	20.0	24.4	24.6	21.0	24.2	15.3	17.8	20.4	−16.7	2.5	30.1	23.6
德国	4.9	5.9	3.8	1.1	2.2	8.9	8.6	7.7	4.2	5.8	9.0	4.8	4.8	2.7	6.1	5.7	4.0	5.4	10.3	12.2	7.8	8.9
日本	2.7	5.6	6.5	5.5	3.4	5.5	3.7	3.4	7.5	6.3	4.0	6.6	9.5	9.4	9.5	7.9	9.8	10.2	15.4	20.7	12.3	8.6
中国	0.1	1.0	0.5	0.5	0.6	1.5	1.3	1.2	3.3	4.8	4.9	4.6	6.8	7.5	8.9	8.5	12.3	9.8	15.2	12.2	19.7	8.5
英国	20.0	8.4	10.8	12.2	11.3	10.6	6.0	15.3	11.6	2.4	3.5	5.9	1.6	2.8	−11.0	−3.9	−2.4	8.8	8.8	−0.5	−8.4	6.3
加拿大	3.8	5.3	5.4	4.3	4.8	3.3	3.4	2.9	4.6	3.3	2.5	3.2	4.3	4.0	4.4	3.9	4.4	4.7	6.2	7.1	6.0	5.3
中国香港	4.7	2.6	2.7	2.3	4.8	3.2	3.3	2.9	2.8	5.0	6.2	5.9	6.5	5.6	9.0	4.2	3.7	5.4	8.7	4.7	12.9	5.1
俄罗斯	0.3	0.4	0.7	1.8	1.5	2.0	2.2	2.0	3.3	2.9	3.0	3.0	2.2	4.9	4.7	1.6	1.7	2.1	3.8	2.0	0.9	3.7
爱尔兰	0.4	0.6	2.2	1.1	2.0	1.7	1.1	1.0	1.1	2.2	1.6	−0.1	1.7	2.0	3.0	9.8	1.9	−0.1	0.5	2.9	−5.8	3.6
韩国	0.4	0.4	0.7	1.0	0.8	1.0	0.9	1.0	1.1	1.5	2.0	1.8	2.4	2.0	2.0	1.4	1.9	2.1	4.1	3.1	4.5	3.6

资料来源：由 UNCTAD 数据计算所得。

二、全球 FDI 发展的特征

近年来 FDI 的发展呈现出下面几个特征：

1. 全球 FDI 流量出现四次波动，总体呈现波动中增长的态势

自 20 世纪 90 年代以来，全球 FDI 存量不断扩大，但流量（流入流量和流出流量）呈现波动。根据 UNCTAD 的统计，全球 FDI 流量分别在 2000 年、2007 年、2011 年和 2015 年达到峰值，2000 年为 25 192 亿美元，2011 年为 32 389 亿美元，2015 年为 37 864 亿美元，2007 年创历史纪录，达 40 963 亿美元。

2. 发达经济体主导全球 FDI 的发展趋势，发展中经济体 FDI 稳健增长

从 FDI 流出和流入的规模来看，总体上，发展中经济体的流出和流入规模呈现稳定增长态势；发达经济体的流出和流入规模从 2007 年后开始下降。2014 年发展中经济体 FDI 流入流量接近发达经济体，2020 年超过发达经济体（见图 2－3）。全球 FDI 流入流量居前 20 位的经济体中，中国内地和中国香港分别位列第二和第三，美国位列第一。

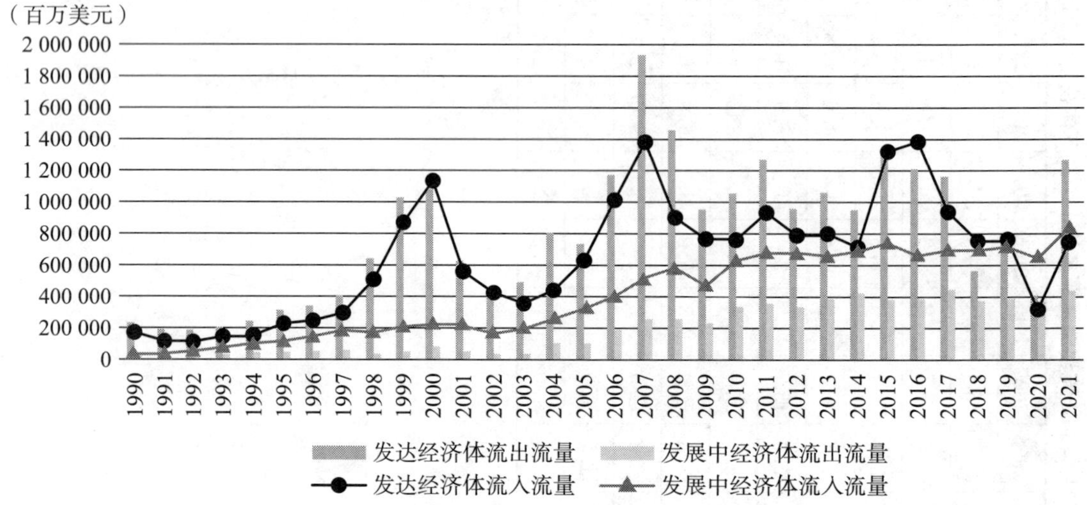

图 2－3　1990—2021 年发达经济体和发展中经济体的 FDI 流量变化趋势

3. 从产业看，全球绝大多数 FDI 流向第二产业和第三产业

如果以并购金额（出售）与宣布绿地投资金额之和来度量三次产业中 FDI 的规模的话，那么 2003—2021 年流向第一产业的 FDI 占比明显趋于下降，流向第二产业的 FDI 占比在 40％附近波动，流向第三产业的 FDI 占比最高（见图 2－4）。

4. 从投资方式看，绿地新建项目金额的占比多数年份高于并购项目

2003—2021 年间，除 2007 年、2016 年和 2021 年绿地新建项目金额低于并购项目金额之外，其他年份绿地新建项目的数量、金额均超过并购项目。2007 年，并购规模达到历史高峰，并购项目数量和金额分别为 7 582 个和 10 327 亿美元。2008 年，绿地新建项目金额创历史纪录，为 12 969 亿美元；2018 年，绿地新建项目数量创历史纪录，为

18 359 个（见图 2－5）。

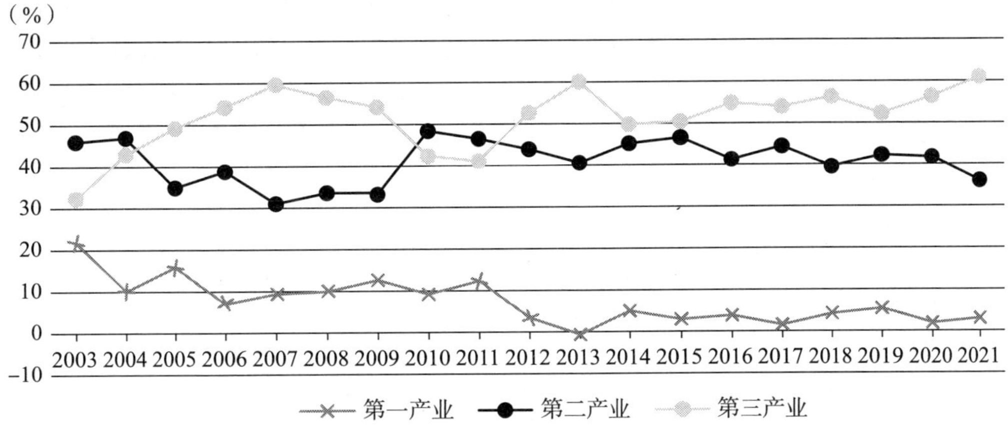

图 2－4　2003—2021 年全球 FDI 在三次产业中的分布

资料来源：根据《世界投资报告 2022》附录表 9 和表 15 整理计算。

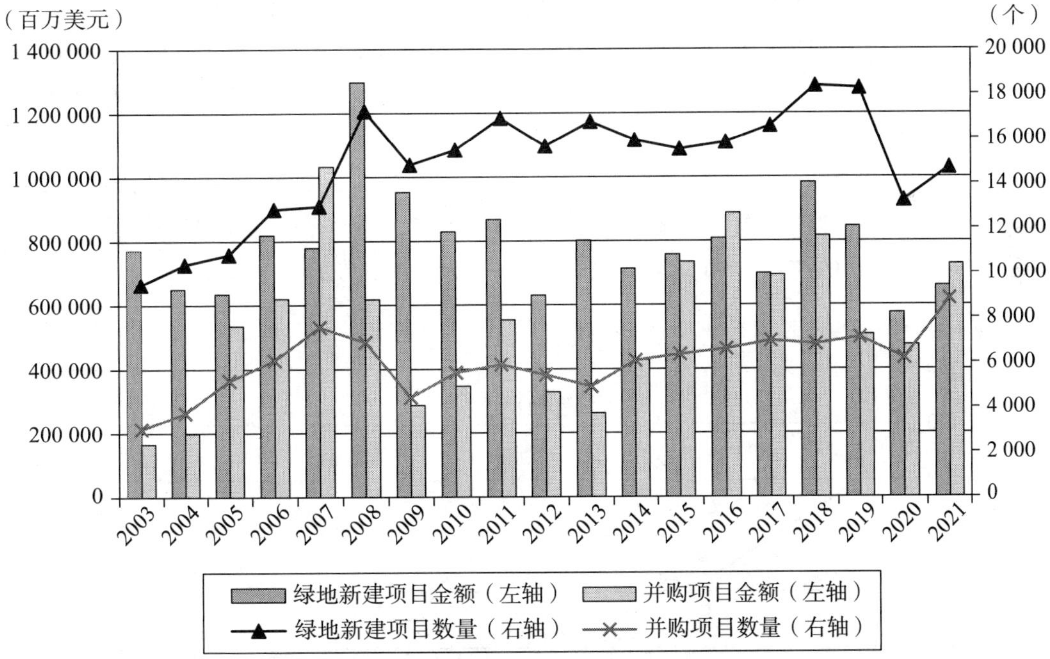

图 2－5　2003—2021 年绿地新建项目和并购项目规模的比较

由于新一代数字技术、新冠疫情在全球范围内推动了对数字基础设施和服务的需求，涉及基础设施投资的项目融资模式引起了关注。2020 年下半年，跨境并购和国际项目融资交易在发达经济体开始复苏。2021 年，以基础设施为导向的国际项目融资增长了 68%，跨境并购增长了 43%，绿地投资仅增长了 11%。受俄乌冲突等因素影响，2022—2023 年全球 FDI 流量可能会呈下降趋势。

5. 避税天堂和特殊目的实体的 FDI 将降低

避税天堂和特殊目的实体（SPE）的作用是充当资金转投第三国的渠道。避税天堂在全球 FDI 流量中所占份额逐渐增多，2007—2012 年，年均 FDI 流入流量为 750 亿美元，占相应年份发展中经济体平均流入流量的 11.6%，比 2000—2006 年的均值高出 150 亿美元，且正以每年 6%左右的速度增加。特殊目的实体是指出于特殊目的（如投融资便利、外汇风险管理等）或以具体结构（如控股公司）设立的境外子公司，一般设在税率低或能为其提供特定税收优惠的国家。在许多重要的投资经济体（如卢森堡、荷兰、中国香港、匈牙利、葡萄牙和丹麦等），SPE 对 FDI 流量和存量的作用越来越重要，为 SPE 提供税收优惠的国家也逐年增多。2015 年，流经 SPE 的投资有所减少，年度总额跌至 2 210 亿美元。2023 年，随着税基侵蚀与利润转移（BEPS）项目的实施，预计全球 FDI 规模将下降约 2%，这也会抑制 FDI 流向避税天堂和特殊目的实体。

6. 新型国际投资者的对外直接投资成为 FDI 的新来源

国有跨国公司、主权财富基金和私募股权基金是重要的新型国际投资者。国有跨国公司（SO-MNEs）是指由政府拥有控股权（包括完全控股、多数股权或重要的少数股权）的母公司和外国子公司组成的企业。2003—2010 年，SO-MNEs 的 FDI 总量达 1 460 亿美元，约占全球 FDI 的 11%。2018 年 SO-MNEs 的数量接近 1 500 家，2020 年 SO-MNEs 的数量增长到约 1 600 家。2009—2013 年，SO-MNEs 的跨境并购价值占全球跨境并购总额的近 10%，其后 5 年，该占比降至不到 7%。2010—2018 年，国有跨国公司跨境并购最多的是公用事业行业的企业，其次是油气、采矿和金融服务行业的企业，这四个行业的跨境并购交易占全球跨境并购交易的 57%。当前，发展中经济体和转型经济体的 SO-MNEs 的跨境并购金额呈现下降趋势（见图 2 - 6）。

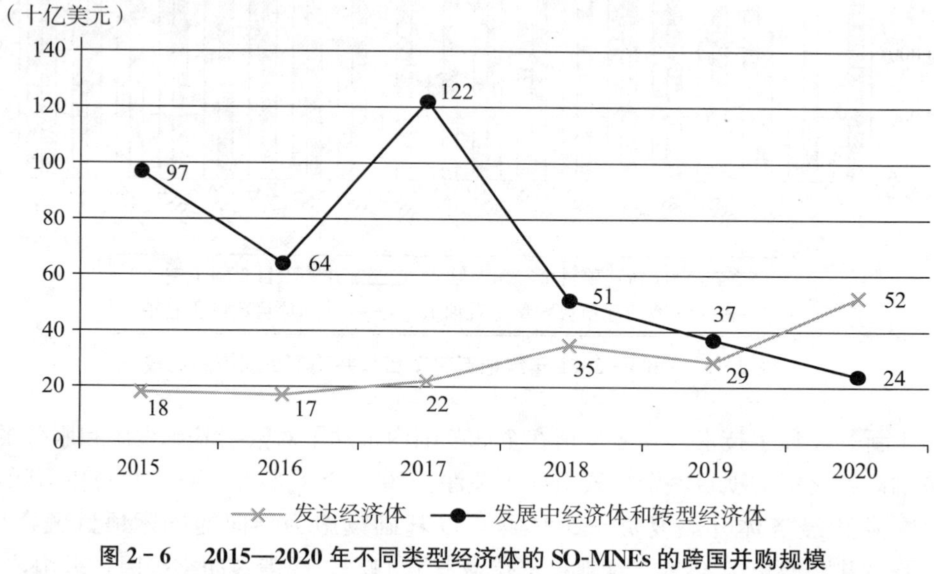

图 2 - 6　2015—2020 年不同类型经济体的 SO-MNEs 的跨国并购规模

2012 年，主权财富基金规模达到 5.3 万亿美元，累计 FDI 约为 1 270 亿美元，主要投向金融、房地产、基础设施建设等领域。2022 年，按资产排名的前 100 家主权财富基金的资产达 10.1 万亿美元。[①]

私募股权基金偏好投资于服务业、金融业及其他服务业。1996—2011 年，私募股权基金跨境并购项目累计达 2 229 个，金额达 1 820 亿美元。

7. 境外工业园区是对外直接投资的新兴载体，是绿地新建的产业集群模式

境外工业园区是指由投资者母国政府战略主导并受母国优惠政策驱动，在境外建立的享有母国政府与东道国政府双边合作安排或母国企业与东道国政府协商的优惠政策，或东道国政府工业园区一般性优惠安排的地理区域，也称特殊经济区、工业园区。设立境外工业园区有助于直接或间接吸引投资，创造就业和促进出口。此外，境外工业园区的激励措施、基础设施支持和便利化的营商环境可以弥补东道国投资环境的不足，对规避保护主义、拓展跨区域大市场、优化母国产业的国际布局和推动集群网络建设具有重要作用。

境外工业园区的类型较多，从不同角度可分为不同类型：从驱动因素的角度，可分为政府间合作驱动型境外工业园区和私营投资驱动型境外工业园区；从开发模式的角度，可分为企业自主开发型境外工业园区、企业合营开发型境外工业园区、PPP 型境外工业园区以及东道国政府开发型境外工业园区；从管理模式角度，可分为母国企业自主运营型境外工业园区、联合运营型境外工业园区和母国企业管理输出型境外工业园区；从发展动因的角度，可分为发展援助导向型境外工业园区、区域合作导向型境外工业园区、贸易壁垒跨越型境外工业园区和产业集群联动型境外工业园区。

20 世纪 80 年代末，日本开始在东南亚与当地财团共同开发建设工业园区，在巴勒斯坦、印度、柬埔寨等地建设政府间合作的工业园区。20 世纪 90 年代初，新加坡的政联企业（government-linked company）在印度尼西亚、越南、中国、印度等地建立了数十个境外工业园区。2010 年以来，中国境外工业园区大幅增长。发达经济体侧重于建设促进贸易物流的基本自由区，发展中经济体倾向于建设以工业发展为目标的综合特区。2019 年，全球共有约 5 400 个经济特区，较 5 年前的 4 000 个有所增长，还有 500 多个新经济特区正在筹建中，其中有三分之一到一半的园区有外资参与，初步估计广义境外工业园区约有 2 000 个。

当前，境外工业园区面临着新工业革命和数字经济，以及国际生产和全球价值链不断变化等所带来的挑战，需要重塑战略定位、改革经营策略、创新价值主张，以实现可持续发展。

第二节　国际直接投资的主体——跨国公司

一、跨国公司的概念与类型

（一）跨国公司的概念

国际上对跨国公司有多种称谓，如全球公司、国际公司、多国公司、宇宙公司等，

---

① 参见主权财富基金研究所（SWFI）网站。

各种机构和学者根据不同的标准对跨国公司下了各种各样的定义。现将给跨国公司下定义的三种主要标准简单介绍如下：

1. 结构标准

结构标准包括地区分布标准、所有权结构标准和股权结构标准三方面的内容。（1）地区分布标准：欧洲共同体（1973）认为，跨国公司应该在两国以上拥有生产设施；美国哈佛大学在"美国多国公司研究项目"中提出，必须在6个以上国家设有子公司或分支机构才算跨国公司；加拿大政府（1972）认为，跨国公司是海外直接投资的实体，它跨越几个国家（至少4国或5国）而存在，将具有世界规模的活动分散在几个不同的国家，以此实现企业的综合目标。目前，一般认为跨国公司至少要在两个或两个以上的经济体设立经营实体。（2）所有权结构标准：公司的所有权为两个以上国籍的人所拥有，或者公司的高级管理人员来自两个以上的国家。（3）股权结构标准：对于要在境外公司中拥有多少股权才能被视为本国的跨国经营企业，各国有不同的规定，如美国规定在10％以上，日本规定在25％以上。

2. 业绩标准

业绩标准是指跨国公司销售额或跨国化指数应达到某个最低数值。美国哈佛大学"美国多国公司研究项目"的主持人雷蒙德·弗农（Raymond Vernon）认为，跨国公司的年销售额应超过1亿美元；UNCTAD（1993）认为，跨国公司的营业额应在10亿美元以上。跨国化指数指国外资产值/总资产值、国外销售额/总销售额、国外雇员数/总雇员数的算术平均值。

3. 行为标准

行为标准是指跨国公司应该具有全球战略目标和动机，以全球范围内的整体利益最大化为原则，用一视同仁的态度对待世界各地的商业机会和分支机构。

综合各种观点，跨国公司是指这样一种企业：它在两个或两个以上的国家从事经营活动，它有一个统一的中央决策体系和全球战略目标，其遍布全球的各个实体共同分享资源和信息并分担相应的责任。

（二）跨国公司的类型

从不同的角度，跨国公司可以被划分成不同的类型。

（1）按运营的空间，跨国公司可以分为传统跨国公司和数字跨国公司（digital MNEs）。传统跨国公司主要在实体物理空间经营业务，而数字跨国公司则主要通过互联网在虚拟空间经营业务。数字跨国公司又分为纯数字跨国公司和混合数字跨国公司。纯数字跨国公司包括互联网平台（如搜索引擎、社交网络和其他平台/共享经济）和数字解决方案提供商（如电子/数字支付运营商、云服务提供商）；混合数字跨国公司是把数字方式与实体形态相结合的跨国公司，包括从事电子商务的跨国公司（如互联网零售商）和经营数据内容（如媒体/娱乐）的跨国公司（见图2-7）。

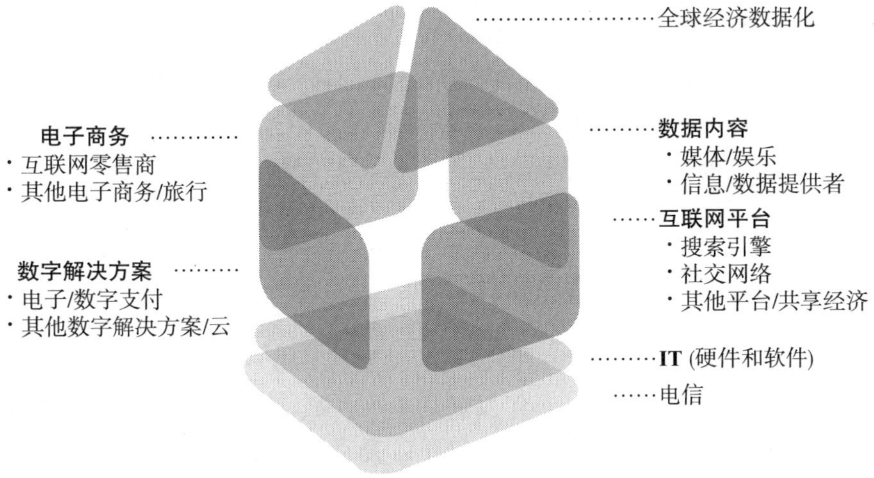

图 2－7　数字经济的框架

资料来源：联合国贸发会议．世界投资报告 2017.

（2）按法律形式，跨国公司可以分为母公司、子公司、分公司和办事处。母公司是指掌握其他公司的股份，实际上控制其他公司业务活动并使它们成为自己的附属公司的公司。根据 UNCTAD 发布的《世界投资报告 2005》，子公司是指另一个实体直接拥有超过一半的股东表决权，有权指派或撤换大多数行政、管理和监督人员的设在东道国的法人企业。子公司按当地法律注册成立，由母公司控制，但在法律上是独立法人，独立承担民事法律责任。分公司是母公司的一个分支机构或附属机构，在法律上和经济上不独立，不是法人，包括以下任一情形：①外国公司在东道国的常设机构或办事处；②对外直接投资者与一个或一个以上第三方的非法人合作企业或合资企业；③外国居民（法人或自然人）直接拥有的土地、建筑物（政府机构拥有的建筑物除外）以及/或者不可移动的设备和物品；④外国投资者（法人或自然人）在其本国以外的国家经营了至少一年的可移动设备（例如船舶、飞机及油气开采设备）。办事处是母公司在海外建立企业的初级形式，是为进一步打开海外市场而设立的一个非法律实体性的机构，它不构成企业，属于分公司范畴。

（3）按行业，跨国公司可以分为矿产资源业跨国公司、制造业跨国公司和服务业跨国公司。矿产资源业跨国公司主要从事采矿业、石油开发业和种植业；制造业跨国公司主要从事最终产品和中间产品，如金属制品、钢材、机械、运输设备和电信设备等的制造；服务业跨国公司是指从事非物质产品生产，在贸易、金融、运输、通信、旅游、房地产、保险、广告、管理咨询、会计法律服务、信息等行业和领域内从事经营活动，提供各种服务的跨国公司。

（4）按决策机构的策略取向，跨国公司可以分为民族中心型跨国公司、民族多元型跨国公司、全球战略型跨国公司。民族中心型跨国公司的所有决策主要考虑母公司的权益；民族多元型跨国公司的决策以众多子公司的权益为主；全球战略型跨国公司的决策以公司的全球利益为主，这种类型的决策较为合理，目前为大多数跨国公司所采用。

（5）按生产经营的空间分布范围，跨国公司可以分为区域型跨国公司和全球型跨国公司。区域型跨国公司的活动范围主要局限在特定区域；而全球型跨国公司是以整个世界市场作为其生产经营活动的空间。

此外，按经营规模，跨国公司可以分为大型跨国公司、中型跨国公司和小型跨国公司；按所在母国，跨国公司可以分为美国跨国公司、中国跨国公司、德国跨国公司等；按所有权性质，跨国公司可以分为国有跨国公司、私营跨国公司和家族跨国公司；按发展的先后顺序，跨国公司可以分为先发展型跨国公司和后发展型跨国公司。

二、当前跨国公司发展的新特点和新动向

跨国公司是 FDI 发展的产物，跨国公司的发展与 FDI 密切相关。据估计，1970 年大约有 7 000 家跨国公司母公司，2000 年发展到 3.8 万家，2011 年估计超过 10 万家。2019 年底，全球跨国公司海外分支机构的 92.2 万亿美元资产创造了 32.9 万亿美元销售额，实现价值增值 6.5 万亿美元，提供了 8 359.7 万个就业岗位。当前，全球跨国公司的发展呈现出了一些新特点与新动向。

1. 跨国公司的发展战略出现了回归高度专业化，即归核化的趋势

传统的跨国公司理论认为，多元化经营是跨国公司的一种重要的扩张战略，大型跨国公司生产多种产品，拥有多种技术并占有多种市场。20 世纪 80 年代是欧美跨国公司多元化经营的鼎盛时期。但近些年来，许多跨国公司纷纷从多元化经营回归专业化经营，集中发展自己的核心产业。所谓归核化，其要点是跨国公司把自己的业务集中在最具竞争优势的行业上；把经营重点放在核心行业价值链中自己优势最大的环节上；强调核心竞争力的培育、维护和发展；对非核心业务实施战略性外包。实施归核化战略的主要措施有：出售和撤销、收购及剥离、分拆和战略性外包。

2. 投资方式多样化，跨境并购、非股权投资成为跨国公司对外投资的重要手段

经济全球化打破了原来不同国家、不同市场之间的界限，使跨国公司的经营进入全球化战略时代，由此导致的新趋势是跨国公司必须在全球市场范围内争取行业领先地位。为了在本行业达到全球规模，追求在全球范围内以最低成本生产和以最高价格销售，从而提高全球市场占有率并取得全球利润，跨国公司主要采取了同业跨国战略兼并和强强联合等手段。由于跨境并购方式具有迅速打进国外市场、扩大产品种类、充分利用现有营销渠道、获得目标公司的市场份额等优点，跨国公司在对外投资中倾向于更多地采用并购的方式。伴随着大规模跨境并购活动的进行，跨国公司也更加重视提高本企业在资本市场上的价值。

随着数字技术的广泛应用及出于规避地缘政治风险和投资保护主义的需要，跨国公司的股权投资需求减少，非股权投资需求增加。协议生产、服务外包、订单农业、特许经营等非股权投资成为跨国企业进入全球市场，尤其是农业生产、高科技产业研发等较敏感行业的另一重要方式。每年全球涉及非股权投资方式的跨境交易额超过 2 万亿美元，相当于全球跨国公司海外分支机构年销售额的 1/3。①

① 詹晓宁，欧阳永福. 数字经济下全球投资的新趋势与中国利用外资的新战略. 管理世界，2018（3）：78－86.

3. 本地化战略成为跨国公司的重要选择

本地化的实质是跨国公司将产品制造、产品品牌、人力资源、营销方式、资本运作、研发（R&D）、公司风格和经营管理等各个方面全方位融入东道国经济中的过程。这种“入乡随俗”的经营方式可以减少东道国国内对外来资本的抵触情绪，有助于跨国公司树立良好的公司形象，灵活应对市场变化，更好地满足消费者需求，同时还能够降低综合生产成本，增强盈利能力。进入 20 世纪 90 年代以来，随着经济的全球化和国际竞争的白热化，为了维持并扩大其在东道国的市场份额，这种强调企业生产经营活动与东道国社会经济环境的融合的战略也为越来越多的跨国公司所推崇。

4. 战略联盟成为跨国公司的重要发展模式

所谓战略联盟是指两家或两家以上的跨国公司在共同投入、互补优势的基础上，在某些方面（如研发、生产、开拓市场等方面）形成战略合作伙伴关系。目前跨国公司战略联盟主要有三种形态：一是合作式联盟。这是两个以上的跨国公司为了满足自身对整个国际市场的预期目标和公司总体经营目标的要求所形成的一种长期性合作联盟。二是互补式联盟。这通常是跨国公司为了将各自的优势结合起来，既充分发挥各自的优势，又与联盟伙伴密切配合，以便共同对付其他竞争对手而形成的联盟。三是项目式联盟。这通常是跨国公司为了获取高附加值及实现高科技领域发展，采取单个项目或多个项目合作的形式，以分摊巨额的项目研发费用并从中分享战略利益而形成的联盟。

自 20 世纪 80 年代以来，大约 60%的跨国公司已经建立了战略联盟。高科技领域的战略联盟尤其多，其中研究与开发型战略联盟占了 80%。如摩托罗拉公司、索尼公司、三菱公司和加拿大贝尔公司签订联合协议，共同开发新一代芯片；波音公司和空中客车公司联合开发新型技术；等等。

目前，跨国公司战略联盟涉及的领域十分广泛，主要集中于国际竞争异常激烈的半导体、信息技术、电子、生物工程、汽车制造、仪器、食品饮料、航运和银行等资本技术密集型行业，并且其战略合作覆盖的领域包括从科研开发到生产、销售、服务的全过程。跨国公司战略联盟所形成的新寡头垄断正在改变世界产业格局，并在世界范围内对各国资源进行重新配置。

5. 跨国公司的直接投资加速向服务业和附加值高的技术密集型行业倾斜

全球对现代化服务的需求增长很快。由于服务业能在生产、就业、贸易和消费等方面产生良好效应，因而它在整个国民经济中发挥着积极作用，加之服务业的投资面广、影响范围大，所以投资于服务业可以获得比制造业更高的投资收益。许多发展中国家也调整利用外资的政策，扩大市场准入，鼓励跨国公司进入商业、金融、保险、房地产等行业，加之 20 世纪 90 年代以来信息技术突飞猛进，互联网迅速延伸和扩展，服务活动的贸易性不断提高，这都在一定程度上增大了跨国公司对发展中国家服务业的投资比重，促进了对外直接投资向第三产业和技术密集型行业倾斜。近年来，制造业跨国公司服务化已成为趋势。

6. 互联网等现代技术的出现促使跨国公司开始采用新型管理体制和组织结构

自 20 世纪 90 年代以来，基于互联网和现代信息技术的新型管理体制与组织结构在许多大公司中开始得到应用。新型管理体制以扁平化、分权化和管理总部小型化，即网络化为特征。网络化具体包括两个方面：

首先，跨国公司管理体制向扁平化和多元化发展。跨国公司的母公司或总部逐渐由传统的决策中心转化为支持性机构，专门负责整个企业系统的目标设定和战略规划及企业产权变动等重大决策，而子公司的具体生产经营决策、对市场变化的应对措施等都放权给子公司自身独立负责，子公司的独立性和自主性因此得到了较大发展。跨国公司母公司或总部和子公司之间的关系由“命令-执行”式转化为“协商-交易”式。

其次，跨国公司组织结构向内部市场化发展。许多跨国公司开始注重建立企业内部市场化机制，以强化下级组织的企业家意识。随着子公司与母公司之间的“命令—执行”关系被讨价还价关系和激励关系取代，子公司之间也出现了竞争关系，这就使得跨国公司系统内部的关系具有了市场关系的色彩。

网络化的管理体制与组织结构允许人力资源、信息等在跨国公司母公司及其设在全球的子公司网络内跨国界、跨行业自由流动，它强调信息的开发与共享，使同量的信息为更多的子公司所共有，大大减少了子公司独立开发信息的成本。跨国公司对互联网的发展采取了积极的欢迎态度，并且纷纷“触电上网”，制定并实施本企业的网络发展战略。

当前，平台经营的商业模式在数字跨国公司中运用广泛。脸书（Facebook）、谷歌（Google）等数字跨国公司通过网络平台将不同类型的用户连接起来，并促成它们之间的交易；亚马逊（Amazon）、阿里巴巴把买家与卖家连接起来；苹果公司的应用商店把软件开发商与 iPhone 及 iPad 用户连接起来；优步（Uber）和爱彼迎（Airbnb）也是以平台业务起家。许多中小微型跨国公司也借助平台实现跨国经营，这在一定程度上加快了跨国公司平台战略的发展。

7. 跨国公司是全球研发的驱动者

跨国公司一改以往以母国为技术研发（R&D）中心的传统布局，根据不同东道国在人才、科技实力以及科研基础设施方面的比较优势，在全球范围内有组织地安排科研机构，以更高效地从事新技术、新产品的研发工作，从而促使跨国公司的研发活动朝着国际化、本地化方向发展。跨国公司在境外开展研发活动是为了获得成本较低的资源，或靠近市场，使产品能更好地适应不同消费者的需要。此外，其大多数研发活动是附加值相对较低的设计、开发和测试活动，而不是基础研究。

全球绿地投资的研发项目增长很快。2010—2018 年，跨国公司宣布的在境外投资的研发项目有 5 300 个，占绿地投资项目总数的 6%以上。其中，发展中和转型经济体吸收了 45%，包括新加坡、中国香港、印度和马来西亚在内的一些经济体转变为全球应用研究中心。[①] 欧、美、日等发达经济体的跨国公司通过建立技术创新网络提高了跨国公司创新资源的利用效率。日本丰田汽车制造公司在日本、英国、美国、德国等地建立了跨国联网的 R&D 体系。在每一次研制新产品时，由美国的 R&D 部门负责车型设计、德国的 R&D 部门负责内部设计、英国的 R&D 部门负责传动系统设计，而丰田公司总部除了进

---

① 联合国贸发会议. 世界投资报告 2019.

行动力装置的设计外，还负责协调各 R&D 部门的关系；爱立信公司的 40 个研究中心分布在 20 个国家，其拥有的 1.7 万名工程师通过网络联结为一体。从行业角度看，2010—2018 年，制药行业的研发项目约占绿地投资项目总数的 17%，软件和 IT 服务行业的研发项目占 15%。

数字及科技型跨国公司的研发投入最高。根据欧盟发布的*2021 EU Industrial R&D Scoreboard*，全球研发投入连续 11 年实现显著增长，2020 年度全球 R&D 投入最多的 2 500 家公司的研发投入合计达到 9 089 亿欧元，相当于全球 R&D 总支出的 90%。在 2 500 家企业中，Alphabet、华为、微软、三星、苹果的 R&D 投入位居前 5 名，其 R&D 费用分别为 224.7 亿欧元、174.6 亿欧元、168.8 亿欧元、159.0 亿欧元、152.8 亿欧元，研发密度分别为 15.1%、15.7%、12.3%、9.0%和 6.8%。华为公司的 R&D 支出列世界第 2 位。

8. 数字跨国公司轻资产运营，资产流动性增强

数字跨国公司是全球数字经济发展的重要推动力，数字技术推动着数字跨国公司快速发展，也促进了传统跨国公司的数字化转型。为分析其发展情况，UNCTAD 设计了 FDI 轻资产指数[①]（FDI lightness indicator），以揭示一家跨国公司在拥有海外资产存量的情况下所能够创造的海外销售额。2016 年以来，排名前 100 的数字跨国公司的境外资产占比下降，境外销售额占比上升，FDI 轻资产指数提高（见图 2－8）。互联网平台型数字跨国公司、数字解决方案型数字跨国公司、电子商务型数字跨国公司和数字内容型数字跨国公司的 FDI 轻资产指数也有差异，其中，互联网平台型数字跨国公司和数字解决方

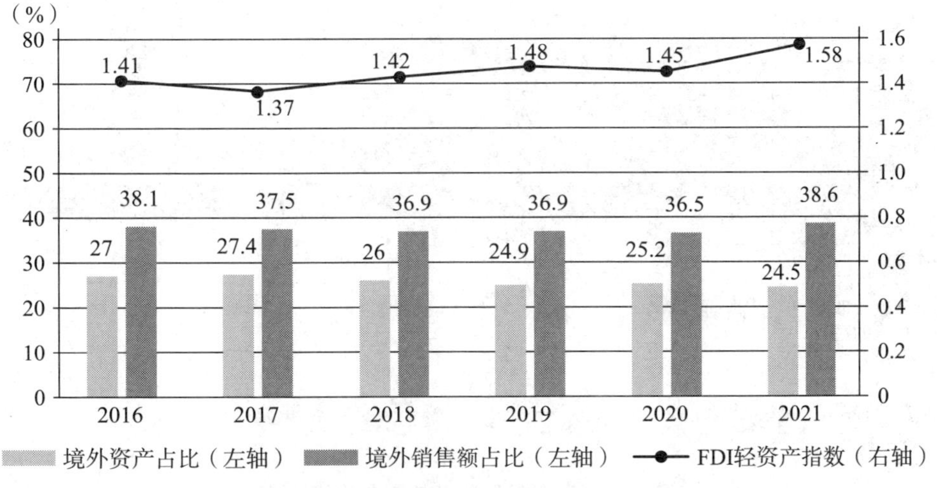

图 2－8　2016—2021 年排名前 100 的数字跨国公司境外资产占比、境外销售额占比和 FDI 轻资产指数的变化

资料来源：UNCTAD 官方网站.

① 该指数指一家跨国公司的境外附属公司的销售额在公司总销售额中所占份额（境外销售额占比）与相应的境外资产所占份额（境外资产占比）之比。当境外资产占比高于境外销售额占比时，该指数介于 0 和 1 之间，是重资产的表现；当两个占比相同时，该指数为 1；当境外销售额占比高于境外资产占比时，该指数大于 1，是轻资产的表现。

案型数字跨国公司较高，2021 年分别为 2.32 和 2.21；电子商务型数字跨国公司和数字内容型数字跨国公司较低，但都高于传统跨国公司，如 2021 年前两者的 FDI 轻资产指数分别为 1.21 和 1.12，而传统跨国公司为 1.01。① 电子商务型数字跨国公司的 FDI 轻资产指数低的原因是：它们的发展越来越依赖全球的大规模配送中心，需要投资建设自己的仓库和配送网络，这推高了它们的海外资产份额。数字跨国公司资产构成的显著特征是现金和现金等价物所占份额较大，2015 年数字跨国公司的现金与现金等价物占其总资产账面价值的 28%，是其他跨国公司现金占比的 3 倍多②，这些现金中有相当一部分留在了海外，资产的强流动性推动了数字跨国公司的高速发展。

9. 跨国公司的国际发展呈现产业回流、生产布局多元化、价值链区域化和生产复制化四条路径

20 世纪 90 年代以来，跨国公司的国际化发展经历了 2009 年之前 20 年的快速增长期和 2010—2019 年的停滞期。在 1990—1999 年这一时期，跨国公司的跨境运营目标由占领资源和国际市场演变为降低劳动力成本和提高生产效率；在 2000—2009 年这一时期，并购成为跨国公司海外扩张的主要方式，新兴市场经济体成为重要的对外投资来源地；2010 年后，商品和服务出口的增长明显放缓，跨境投资增长乏力，跨国公司的国际生产进入转型期，未来 10 年跨国公司的发展呈现出产业回流、生产布局多元化、价值链区域化和生产复制化四条发展路径（见图 2-9）。

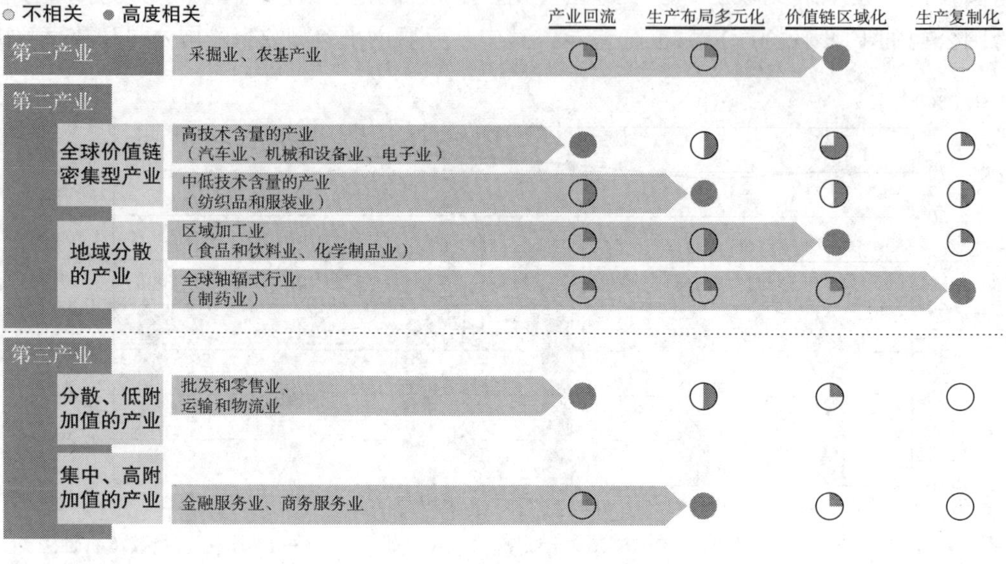

图 2-9 四条发展路径与产业的相关性

资料来源：联合国贸发会议. 世界投资报告 2020.

产业回流是指跨国公司通过撤资、搬迁和转移投资实现本土化发展，这往往受发达经济体实施再工业化战略或为应对过早地去工业化而采取的措施的影响，它可能会导致

① 联合国贸发会议. 世界投资报告 2022.
② 联合国贸发会议. 世界投资报告 2017.

高科技产业的地域更集中，追求效率的外国直接投资减少，发展中经济体融入全球价值链并寻求升级变得更加困难。

生产布局多样化指跨国公司在价值链中纳入更多的生产地点和供应商，建立有韧性的供应链。新一代数字技术的广泛应用推动了供应链的数字化，使得企业可以通过数字技术对生产过程中各个价值增加点的生产、运营状况进行控制和协调，对生产活动进行重新评估和计划，提高国际生产网络的效率。生产布局多样化为发展中经济体及企业融入全球价值链提供了更多的机会，使技术含量较低的纺织品和服装业等行业可以获得低成本的劳动力，也推动了服务业的发展。

价值链区域化是指将全球价值链收缩至某一地理区域，或者将国际生产环节配置在某一地理区域。出于对原材料保鲜、运输成本或产业配套等因素的考虑，食品和饮料业的生产多安排在距离原材料近的区域，纺织品等廉价消费品的生产也常安排在距离消费者近的区域或产业集聚区。新冠疫情暴发后，许多国家为保障供给，也加大了生产的区域化布局力度，以增强产业链韧性。

生产复制化是指跨国公司增强对高附加值活动的设计和协调阶段的控制，而将高度商品化、可复制的生产过程交由本地厂商承担。生产复制化适用于制药业。制药业的特点是采用集中研发、境外配送中心生产的"轴辐式"结构，即药品的大部分增值集中在少数几个地点，大量最终销售地提供的价值增值少，但份额不可忽视。未来药品的供应呈现品种多、周期短和批量小的特点，这将催生接近消费点按订单生产，甚至根据个别患者的医疗需求定制生产的模式。成衣或食品的定制生产也适用这种模式。

第三节　国际直接投资的政策法规与协调制度

任何投资活动都是在一定的政策体系和法律框架下进行的，投资者需要了解并适应相关的政策法规。国际直接投资的政策法规主要包括三方面的内容：东道国有关外国投资的政策法规、母国有关对外投资的政策法规和国际直接投资的协调制度。

一、东道国有关外国投资的政策法规

东道国有关外国投资的政策法规指的是资本输入国制定的关于调整外国私人直接投资关系的法律规范。目前，世界上各国和地区关于外资立法的做法不一致，主要有三种：第一种是制定比较系统的统一的外国投资法律，作为调整外国投资的基本法律或法典，并辅之以其他有关的可适用于外国投资的法律，如中国、阿根廷等国家；第二种是不制定统一的外资法，而是制定一个或几个关于外国投资的专门的法律法规，由此构成关于外国投资的基本法律体系，并辅之以其他相关的法律，如毛里求斯等国家；第三种是不制定关于外国投资的基本法律或专门法律，而是借助一般的国内法律法规调整外国投资关系与活动，外国投资者与本国投资者享受同等待遇，美国等发达市场经济国家基本上采取的是这种做法。

（一）东道国外资立法的基本要点

1. 外商投资的领域、期限和出资比例

外商投资的领域也称外商投资的范围，是指允许外商投资的行业部门。世界各国法律一般是将本国的所有行业和部门分为四类，即明确规定出禁止、限制、允许和鼓励外商投资的部门。发达经济体对外商投资的领域限制较少，只是对国防、军事、通信、传媒、矿产、能源等部门有不同程度的限制；发展中经济体对外商投资领域的限制正在经历一个逐步放宽的过程，近年来发展中国家对外资进入的限制已经大幅减少，特别是服务业的门槛正在降低。随着数字技术的发展、工业 4.0 时代的来临，以及发达经济体巩固霸权的需要，美国、欧盟等发达经济体对关键设施因素（敏感政府设施附近的土地和房地产、数据处理等）、关键技术（如人工智能、半导体、网络安全、量子、纳米和生物技术等）、关键资源（能源或原材料以及粮食）的外国直接投资的限制日益严格。

关于外商投资的期限，发达国家的投资法规中基本没有明确规定，而发展中国家的投资法规中一般都做出了具体规定，以防止外国企业做出短期行为或在本国建立永久性公司。

外商投资的出资比例涉及对投资的参与程度，进而涉及企业的经营管理权和投资者权益的分配，各国在这方面的规定并不一样，有的无限制，有的则明确规定了上限或下限（如上限不得高于 49%或下限不得低于 25%等）。发达经济体在股权问题上一般采取开放政策，只对特定行业有所限制。发展中经济体对允许外商投资领域内的外国股权参与比例有的不予规定（如允许设立独资企业），但多数予以一定限制，其限制的方式有以下三种：一是在其外资立法中明确规定；二是在国家的相关政策中予以规定；三是在政府审批外资项目时具体加以限制。通常，对于国家鼓励发展而又缺乏技术的领域、面向出口的领域、能发挥本国劳动力资源优势的领域、政府确定优先开发的地区和偏远地区，发展中国家政府允许外国投资者占有较大股权比例甚至允许外商独资，以便通过利用外资促进本国经济更快更均衡地发展。

2. 外商投资的审查与批准

世界上多数国家对外商投资实行准入前国民待遇加负面清单的管理制度，即负面清单上没有禁止的都可以做，“法无禁止皆可为”。大多数国家对外国投资的进入都采取审查与批准的制度，但各国在审查与批准时掌握的尺度有宽有严，审批的程序有繁有简。一般来说，发达经济体的外资审查与批准较宽松，手续较简便，有的国家在不涉及敏感领域及国家安全领域时对外资与内资一视同仁；发展中经济体的审查与批准较严格，但也出现了不断放宽的趋势。

对外商投资的审查与批准标准，可以分为积极标准和消极标准两种。积极标准用于审查与批准机构鉴定外资的积极作用，如所带来的就业机会、对扩大出口和国际收支的正面影响、引进的技术的先进性、对当地市场的积极影响、对经济落后地区发展的贡献、对当地雇员的培训情况、对进口替代的贡献、对当地中间品和零部件的采购、对当地价格水平和产品质量的影响等。外国投资若满足一项或几项积极标准，就可获得批准。消极标准是指不予批准外国投资的标准，包括违反当地法律、有损东道国主权、不符合利用外资的产业导向政策、可能造成环境污染等。

近几年，美国、欧盟等加强了外资安全审查制度。一是扩大了外资审查的范围和领域。2018 年美国出台的《外国投资风险评估现代化法案》（FIRRMA）进一步扩大了美国外国投资委员会（CFIUS）的管辖范围：只要外国投资涉及敏感信息、董事会权利、关键基础设施和技术、军事区房地产，或是投资存在规避行为，就要受到审查，哪怕外国投资者的持股不超过 10%，而按该法案出台之前的规定，持股比例低于 10%的投资不会受到审查；把人工智能和机器学习等 14 项新兴及基础技术增列为重点监测领域。《欧盟外国直接投资审查框架条例》将涉及关键基础设施、关键技术、关键原料供给、敏感信息访问与控制、媒体自由和多元化等领域的投资纳入审查范畴。二是关注外国投资本身的属性，审查中把是否来自“特别关注国家”、是否“由第三国政府直接或间接控制”作为影响国家安全的关键考量因素。①

3. 外商投资利润和本金的汇出及股份转让

在国际投资领域，保证外资利润、本金及其他合法收益的自由汇出，是国际投资法律保护的重要内容之一。原则上应允许投资利润及本金等的自由汇出，当然，发展中国家东道国基于国家利益，特别是从解决外汇资金短缺和平衡国际收支的角度考虑，在承认自由汇出的原则下，对投资者利润和本金的汇出给予一定程度的限制，也是合理合法的。总体来说，对外国投资者利润和本金等汇出的限制，发展中经济体较严，发达经济体较松。为了兼顾外国投资者的利益，促进吸收外资，东道国必须在实行外汇管制的同时，为外国投资者取得的合法收益与本金的汇出提供保障。

对于外籍职工工资的汇出，多数国家只做原则性规定，允许在纳税后自由汇出；但也有一些国家附有某些条件，如规定需经批准才能汇出或规定了汇出限额。

关于外资股份的转让，多数国家的外资立法中做出了明文规定。规定的宗旨是：既保证外国投资者有权转让其股份，又附加一定条件，如规定合营企业他方有优先购买权，向其他购买者转让股份的条件不得优于向合营企业他方转让的条件等。一般来说，在发达国家，外国投资者转让其股份较自由，受到的管制较少，而在发展中国家，则受到的管制相对较多。

4. 外商投资的税收及税收优惠

在国际投资活动中，税收是投资者要考虑的一个重要问题，同时，它也是构成东道国投资环境的一个重要因素。各国对外商投资的税收的规定主要有两个方面：一是企业所得税税率问题；二是税收优惠问题。总的来看，发展中经济体比之发达经济体，税收从轻，优惠从重。

发达经济体对外资和内资基本上同等看待，对外资实行国民待遇，除个别地区（如在国内设立的各种类型的经济特区）和个别行业外，对外商投资企业一般都实行与内资企业同等的税负。发展中经济体制定税收优惠政策的依据通常包括产业政策、技术政策

---

① 王保民，袁博．美国外资安全审查的政治化趋势及我国的法律应对．国际贸易，2020（10）；褚晓，熊灵．欧盟外资安全审查制度：比较、影响及中国对策．国际贸易，2022（6）．

和地区政策等，因此其优惠政策主要集中在以下几个方面：一是对国家优先鼓励发展的行业和部门给予优惠；二是对国家支持发展的地区（一般为边远和落后地区）给予优惠；三是对国家划定的特定地区（实行特殊管理政策的各类经济特区）给予优惠；四是对出口型企业给予优惠；五是对利润再投资给予优惠；六是对提供就业机会多的企业给予优惠。

5. 外商投资企业的员工雇佣

有关外商投资企业的员工雇佣问题，有的国家通过制定统一的劳动法（或就业保障法）予以规定，有的国家则通过外资立法加以解决。外国投资者在东道国雇用当地员工时所遇到的问题主要有三个：一是普通员工的雇佣问题。大多数国家的政策和法律都要求外资企业尽可能雇用当地员工，规定外资企业应对当地员工进行培训。二是技术员工与管理员工的雇佣问题。对此问题，发达经济体由企业自主选择，一些发展中经济体有所规定。三是尊重和保障被雇用员工权益的问题。对此问题，不论是发达经济体还是发展中经济体都很重视，但相较而言，发达国家的相关政策法规规定得更详细。

此外，关于外资企业雇用外国员工问题，多数国家都有一些限制，特别是限制它们雇用外国非技术员工，当然这种限制又有一定的弹性。一般来说，外资企业在雇用外国专业技术员工和管理员工时要符合以下几个条件：第一，只有本地人胜任不了的管理职位和专业职位，才能聘请和雇用外国人；第二，可以雇用外国人，但要留出一定比例的职位给本地人；第三，应逐步提高本地员工的比例，让越来越多的本地人走上专业技术岗位和中高层管理岗位。

6. 土地使用期限及土地使用费（税）

土地使用期限与土地所有权能否自由买卖密切相关。若土地所有权可以自由买卖，则土地使用期限就可以无限长；若土地所有权不能自由买卖，则土地使用必定会面临期限问题。目前，在土地所有权能否自由买卖的问题上，世界各国的规定分为两大类：一类是土地可以自由买卖，实行土地私有制，以美国和日本为代表；另一类是土地所有权不能自由买卖，只能自由买卖一定期限的土地使用权，实行土地国家所有制或公有制，以英国和英联邦国家为代表。在实行土地私有制的国家，外国投资者如果不购买土地，就要交纳地租，还要向所在国交纳土地税、地产税，以便取得营业权、建筑权和使用权。同时，土地是商品，可以自由买卖，外国投资者也可以做地产生意。在实行土地国家所有制或公有制的国家，外国投资者不能购买土地的所有权，对土地使用权的取得也需要经过一定的法律程序，取得的土地使用权有较长期限（如 70 年）。一些国家为了改善投资环境，吸引外资，会在土地使用费（税）上给予外商一定的优惠。另外，还有一些国家规定，土地使用权可以作为东道国合营方的出资，即以土地使用权折价入股，从而解决外商投资企业的土地或场地使用问题。

7. 对外商投资企业的国有化与征用及投资争议的解决

对外商投资企业的国有化与征用问题既关系到安全与利益问题，也关系到东道国的主权问题，所以历来为外国投资者所关注，也是影响其对外投资决策的一个重要因素。近些年来，随着国际经济与政治形势的变化，对外商投资企业予以强制性的国有化与征用的现象已越来越少见，绝大多数国家都通过外资政策和立法等形式对外商投资企业予以安全保障。

发达国家一般不对外商投资企业采取国有化措施，这一点在有些国家的外资政策或立法中有明确表述。但也有一些发达国家如美国或英国不在外资政策或立法中对国有化问题做出明确规定，而是在友好、通商、航海条约或双边投资保护协定中对其加以阐明。当然，也有的发达国家规定，在必要时可对外商投资企业实行征用并可改变外商投资企业的所有权，在发生这种情况时对外国投资者给予充分、及时和有效的补偿。大多数发展中国家都在外资法或国家宪法中明确规定不对外商投资企业实行国有化、征用或没收，以消除外国投资者的顾虑。同时还规定，万一在特殊情况下出于社会公共利益的需要，依照法定程序对外商投资企业实行了国有化或征用，将给予合理和适当的补偿。对外商投资企业实行国有化或征用必然会涉及补偿问题，发达国家和发展中国家的补偿标准存在差异：发达国家一般要求充分、及时和有效的补偿；发展中国家则坚持合理和适当的补偿。

外国投资者在东道国进行生产经营活动，不可避免地会与东道国的有关当事人发生争议。一旦发生争议，双方就可以根据投资协议，依据相关的国内法和国际法，选择一种适当的方式，如协商、调解、仲裁和司法诉讼等加以解决。

（二）各国投资政策的变化趋势

各国投资政策主要有两种：一种是促进 FDI 自由化、便利化的激励政策；另一种是加强对 FDI 的限制和监管的管制政策①。2003—2021 年，全球采取的激励政策多于管制政策。一般来说，发展中经济体多实施各种激励政策，如放宽外国投资者持股比例限制、引入市场准入负面清单、实施特别经济区及税收优惠、优化外资注册程序、精简监管程序、开放更多行业等，以吸引更多的外国直接投资，这是一个长期的趋势。发达经济体采取的大多是管制政策，目的是保护敏感的国内企业不被外国收购。如澳大利亚修订了《外国收购和接管法案》，审查所有与国家安全有关的敏感土地或企业的外国投资项目；加拿大加强了对敏感个人数据、特定敏感技术领域、关键矿物和国有或受国家影响的外国投资者的投资；还有的国家在对外国直接投资的管理中增加了国家安全审查。2021 年，为了保证国家安全而采用了外国直接投资审查机制的经济体达 36 个，这些经济体的 FDI 流量、存量分别占全球 FDI 流量、存量的 63%和 70%，高于 2020 年的 52%和 67%。但也有个别发展中经济体增加当地成分要求、提高外国投资者持股比例。

二、母国有关对外投资的政策法规

（一）母国对本国对外投资的管理政策与法规

应当说，对外直接投资的开展对母国可以起到多方面的积极作用，但是，投资者追

① 限制指针对外国投资设立（还没有进入东道国）所做出的有关法律规定；监管是针对已设立的外国投资（无论是国内企业控股还是国外企业控股）引入相关义务的政策措施。

求的目标有时与母国的总体利益并不一致，因此，为了确保对外投资有利于本国的国际收支平衡和经济发展，母国会对海外投资实行一些管制政策，包括：（1）规定对外投资企业需定期公开信息，以便于政府有关部门了解和监督它们的经营状况。从事海外投资的企业很多都是上市公司，所以母国政府根据公司法和证券法要求它们定期披露有关信息。（2）控制和防止对外投资企业逃避税收，目的是防止对外投资企业截留海外利润所得，督促它们将利润及时汇回国内，以免影响母国的国际收支和财政收入。控制的依据是税法或国内收入法等。控制的措施主要有两个：一是采取避税地（港）对策税制，防止企业利用国际避税地逃避税收，即防止它们将应汇回国内的所得留存在受控制的避税地公司；二是采取转移价格税制，要求关联企业之间的交易也按"正常交易"原则进行，即按照与独立的第三方达成的公平的市场交易价格计算，防止关联企业利用转移定价逃避税收。（3）其他政策法规。一些国家还通过反垄断法、进出口管制法、刑法和审批备案制度等政策法规对本国的对外投资企业进行管理。例如美国的反垄断法规定，如果美国某些海外投资企业的生产和销售排除或限制了其他美国公司在美国市场的竞争，那么它们就有可能受到反垄断法的追究。美国还根据进出口管制法对海外投资进行管制，限制本国企业向特定国家出口某些高科技产品或技术，并发布禁令，禁止美国人投资于美国政府认为由中国军队拥有或控制的中国公司。美国还不允许企业以被列入限制范围的技术作为海外投资的出资，或向当地转让这些技术。美国的《反海外贿赂行为法》规定，任何人直接或间接贿赂外国政府官员均为违法。若投资者通过贿赂东道国政府官员而取得投资项目，就有可能受到美国法律的制裁。另外，有些发展中国家出于控制资本外流和平衡国际收支等方面的考虑，对本国的对外投资采取审批备案制度，以调控对外投资的规模和结构。

（二）母国对本国对外投资的鼓励政策与法规

对于母国来讲，对外直接投资可以起到开拓国外市场、获取国外资源、输出本国技术设备、为饱和与过剩的产能寻找新的市场、平衡国际收支、加快本国跨国公司发展和提升本国国际地位等多方面的积极作用。所以，母国大都制定了鼓励本国对外直接投资的政策和法规。概括而言，这些鼓励政策与法规主要包括：（1）资金扶持。例如，有些国家的政府会对企业开展的对外投资给予项目资助。（2）技术扶持。例如，母国政府直接为本国海外投资企业培训技术人员，或支持民间团体开展类似活动。（3）税收扶持。例如，母国政府采取税收抵免、税收豁免和税收饶让等方式给予本国海外投资者税收优惠。（4）信息支持。有些国家会通过政府机构或驻外使领馆等为本国海外投资者提供东道国投资环境和投资机会等方面的信息以及研究分析报告，如我国商务部每年发布《对外投资合作国别（地区）指南》。（5）保险扶持。例如，有些国家建立了本国的海外投资保险制度，接受政治风险等方面的投保申请，以保护和鼓励本国的对外投资。

三、国际直接投资的协调制度

国际直接投资协调指的是国家间通过制定和签署国际投资协定等形式对国际直接投资活动当事各方的财产、权利、利益等给予保护并协调彼此间的关系。目前，国际直接投资协调有双边层次、区域层次和多边层次等几个层次。

开展国际投资协调具有以下几方面的作用：一是可以保障投资者与投资企业、东道国与投资母国的权利和利益，促进国际投资业务的健康发展；二是可以缓解东道国与跨国公司的利益冲突；三是有利于克服东道国彼此之间的优惠政策竞争；四是可以缩小不同国家间的国内政策差异，形成统一的国际投资规则。

（一）双边投资协定

双边投资协定（BIT）是两个国家之间签订的针对相互投资的一系列特别协议和条款，其目的在于促进和保护签约国彼此之间的投资活动。在国际投资法律体系中，双边投资协定占据着重要的地位。在保护与促进私人直接投资活动方面，它是迄今为止最有效的国际法规。1959 年，德国与巴基斯坦签订了世界上第一个 BIT，此后 BIT 快速发展，20 世纪 70 年代末 BIT 的总数为 167 个，到 80 年代末达到 380 多个，到 90 年代末增长到 1 857 个。2001 年以来，BIT 的发展有所放缓。截至 2018 年底，国际投资协定（IIA）累计数量为 3 317 个，其中包括 2 932 个 BIT 和 385 个有投资条款的国际协定。2020 年底，实施中的国际投资协定的数量为 2 646 个（见图 2－10）。截至 2022 年 9 月 20 日，UNCTAD 投资政策中心数据库中有 234 个经济体签订的 3 291 个国际投资协定，其中 BIT 2 861 个，生效的 2 219 个；有投资条款的国际协定 430 个，生效的 336 个。

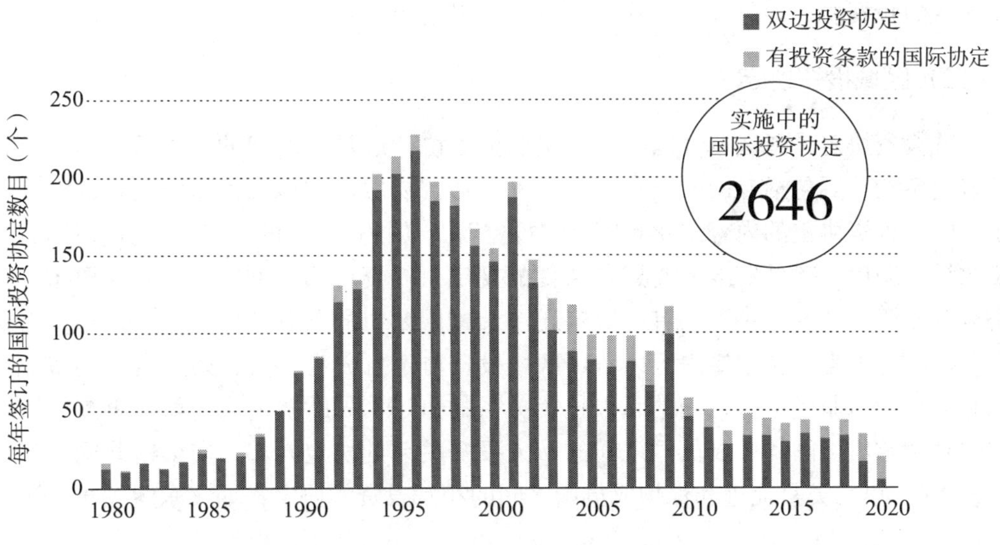

图 2－10　1980—2020 年双边投资协定和有投资条款的国际协定的发展趋势

资料来源：联合国贸发会议．世界投资报告 2021.

双边投资协定主要有四种类型：第一种为投资保证协定。投资保证协定由美国创立，后被某些建立了海外投资保险制度的国家仿效，所以也称为美式 BIT。它的特点是重在为国际投资活动中的政策风险提供保证，其主要内容包括承保范围、代位求偿权和争端解决等。第二种为促进与保护投资协定。促进与保护投资协定由联邦德国首创，所以也称为欧式 BIT。其特点是内容详尽具体，以促进和保护两国间私人国际直接投资为中心内容，既包含了促进和保护投资的实体性规定，也包含了关于代位求偿权、争端解决等的程序性规定。相比之下，欧式BIT对市场准入、外汇转移、履行要求以及国有化和征收等方面的要求较为宽松，美式BIT对外资保护的要求较为苛刻；欧式BIT比较符合发展中国家的需要，美式BIT则代表了未来国际投资规则发展的方向。第三种为友好通商航海条约。友好通商航海条约是在相互友好的政治前提下，针对通商航海等事宜全面规定两国间经济、贸易关系的一种贸易条约。这种条约本来不属于双边投资协定，但是20世纪60年代以后，在美国等国家的推动下，这类条约中增加了保护国际投资的原则性规定，所以也被纳入了双边投资协定。第四种为双边税收协定。双边税收协定与国际直接投资有直接关系，其主要作用是协调不同国家间在处理对跨国纳税人征税事务和其他有关税收的事务方面的关系。

双边投资协定是国际投资法的重要组成部分，在保护外国投资方面发挥着重要的作用。其主要内容一般包括：受保护的投资、收益和投资者；外国投资的待遇，包括公正与合理待遇、最惠国待遇和国民待遇；对政治风险的保证，包括国有化和征用（国有化和征用的条件、方式及补偿）、汇兑与转移；代位求偿权；争端与仲裁；等等。

通常来说，签订双边投资协定有两个目的：一是保护投资者的利益，这主要是通过限制东道国对外资的任意处置权来实现的；二是促进FDI自由化发展。从实施效果看，双边投资协定能够较好地达到保护投资的目的，也就是说，签订双边投资协定的国家的投资者可以享受到比未签署双边投资协定的国家的投资者更高的保护程度。但实证研究表明，双边投资协定促进FDI自由化发展的效果较弱。

（二）区域投资协定

区域投资协定是指区域性国际经济组织为了协调成员国之间的投资活动而签订的区域性多边条约，既包括专门的投资协定，也包括贸易协定或包含了投资条款的经济合作协定。区域投资协定的内容主要有：对“投资”及“投资者”的定义、投资政策自由化、外资政策透明度、对外资准入与运营条件的规定、外资待遇标准、外汇转移要求、投资保护以及投资争端的解决等。有的协定还涉及跨国公司的限制性商业行为、消费者保护及劳工标准等内容。从主要内容来看，区域投资协定可分为三类：第一类是调整成员国之间和成员国与非成员国之间的私人投资关系的协定，如欧盟的《马斯特里赫特条约》；第二类是调整成员国和非成员国之间的私人投资关系的协定，如《安第斯共同市场外国投资规则》；第三类是促进和保护成员国之间的相互投资的协定，如《东盟关于促进和保护投资的协议》。

区域投资协定在协调国际直接投资活动中有着重要的作用，是区域经济一体化发展的产物。据统计，全球存在70多个区域性投资协定，这些区域多是发达国家之间或发展中国家之间签订的，近几年南北之间的投资协定也开始呈增多的趋势（见表2-3）。

区域投资协定产生的效果主要有投资创造和投资转移。投资创造是指区域投资协定的生效能够促进区域内相互投资及区域外国家对区域内的投资。投资转移是指区域协定必然对区域外国家产生歧视性影响，由此引起区域内直接投资布局的调整。同时，区域性投资协定中往往还规定，区域内国家不得对区域外国家设置新的贸易及投资壁垒以减少区域外FDI的流入，因此，区域投资协定也会增加区域外FDI的流入。

表 2-3 2008 年以来签订的主要区域投资协定（议）

年份	名称	签订主体	是否有约束力	是否通过或生效
2008	《投资便利化行动计划》	亚太经合组织（APEC）	无	通过
2009	《中国-东盟投资协议》	中国与东盟	有	通过
2018	《全面与进步跨太平洋伙伴关系协定》	亚太地区国家（不包括中国）	有	生效
2018	《美墨加协定》	美国、加拿大、墨西哥	有	生效
2020	《区域全面经济伙伴关系协定》	中国、日本、韩国、澳大利亚、新西兰、东盟 10 国	有	生效
2020	《欧盟-英国贸易与合作协议》	欧盟、英国	有	生效
2020	《中欧双边投资协定》	中国、欧盟	有	暂停审议

（三）多边投资协定

多边投资协定是指在全球范围内签订的旨在促进和规范世界 FDI 发展的国际投资规则，又称多边投资框架。

随着 FDI 和跨国公司的快速发展，国际组织与机构为了协调国际直接投资关系，起草和制定了一些与多边投资有关的协议、协定和公约（见表 2-4）。根据实际效果，这些协议、协定和公约可概括为三种类型：一是有约束力且生效的协议、协定和公约；二是有约束力但未生效的协议、协定和公约；三是没有约束力的协议、协定和公约（包括生效和没有生效两种情况）。由于多边投资协定的复杂性、广泛性和具有不同发展水平的国家利益的差异性等，目前签订的协议、协定和公约中还没有一个全面的、为各方所接受的、约束力广泛的多边投资协定。现行的与多边投资有关的协议、协定和公约主要有《关于解决国家和他国国民之间的投资争端的公约》（又称《华盛顿公约》）、《多边投资担保机构公约》（又称《汉城公约》）和《与贸易有关的投资措施协定》（《TRIM 协定》）、《服务贸易总协定》(GATS)、《与贸易有关的知识产权协定》（《TRIP 协定》）以及虽未通过但比较有影响力的《多边投资协定》。

表 2-4 第二次世界大战以来与多边投资有关的主要协议、协定和公约

时间	名 称	制定者	是否有约束力	是否通过	备 注
1949	《关于外国投资的公正待遇的国际守则》	国际商会	无约束力	通过	
1965	《关于解决国家和他国国民之间的投资争端的公约》（《华盛顿公约》）	世界银行	有约束力	通过	中国已参加
1972	《国际投资准则》	国际商会	无约束力	通过	
1976	《国际投资和多国企业宣言》	OECD	无约束力	通过	
1976	《联合国国际贸易法委员会仲裁规则》	联合国	示范	通过	
1977	《关于多国企业和社会政策原则的三方宣言》	国际劳工组织	无约束力	通过	

续表

时间	名　称	制定者	是否有约束力	是否通过	备　注
1977	《对付勒索和贿赂行为守则》	国际商会	无约束力	未通过	
1979	《联合国关于发达国家和发展中国家避免双重征税的协定》	联合国	无约束力	通过	
1979	《国际不正当支付协议（草案）》	联合国	示范	通过	
1980	《关于控制限制性商业惯例的公平原则和规则的多边协议》	联合国	无约束力	未通过	
1983	《跨国公司行为守则（草案）》	联合国	无约束力	未通过	
1985	《国际技术转让行为守则（草案）》	联合国	无约束力	未通过	
1985	《多边投资担保机构公约》(MIGA)（《汉城公约》）	世界银行	有约束力	通过	中国已参加
1992	《关于外国直接投资的待遇标准》	世界银行/IMF	无约束力	通过	
1994	《与贸易有关的投资措施协定》（《TRIM 协定》）	GATT/WTO	有约束力	通过	中国已参加
1994	《服务贸易总协定》(GATS)	GATT/WTO	有约束力	通过	中国已参加
1994	《与贸易有关的知识产权协定》（《TRIPS 协定》）	GATT/WTO	有约束力	通过	中国已参加
1996	《多边投资协定》(MAI)	OECD	无约束力	未通过	
2001	《多边投资框架》(MFI)	WTO	无约束力	未通过	
2016	《二十国集团全球投资指导原则》	二十国集团（G20）	无约束力	通过	

1.《关于解决国家和他国国民之间的投资争端的公约》

《关于解决国家和他国国民之间的投资争端的公约》于 1965 年 3 月签订，1966 年 10 月生效。由根据该公约设立的解决投资争端国际中心专门处理各国与其他国家国民之间的投资争端。该国际中心的法律地位与多边投资担保机构相同，也具有完全法律人格，并同样有资格订立合同、取得及处置动产和不动产、进行法律诉讼。该国际中心设有一个行政理事会和一个秘书处，秘书处由秘书长负责领导。中国于 1990 年 2 月签署了该公约，于 1993 年 2 月正式加入该公约。

该公约第二十五条第一款规定：解决投资争端国际中心的管辖适用于缔约国与另一缔约国国民之间直接因投资而产生并经双方书面同意提交给中心的任何法律争端。当双方表示同意后，任何一方不得单方面撤销其同意。中心的管辖条件是：（1）争端必须发生在缔约国国民或机构与另一缔约国国民或机构之间。（2）争端的性质必须是直接因投资引起的法律争端。（3）争议双方书面同意将争端提交中心。中心管辖还具有排他性，这主要表现在两个方面：（1）排除其他救济方法。该公约规定，双方同意根据公约交付仲裁，应视为同意排除任何其他救济方法。（2）排除外交保护。即缔约国对于其国民和另一缔约国根据该公约已同意交付或已交付仲裁的争端，不得给予外交保护或提出国际诉讼，除非另一缔约国未能遵守和履行对此项争端所做出的裁决。在这里，外交保护不包括纯粹为了促进争端的解决而进行的非正式的外交上的交往。

解决一国与其他国家国民之间的投资争端的形式主要有调解和仲裁两种。

2. 《多边投资担保机构公约》

《多边投资担保机构公约》于 1985 年 10 月在世界银行年会上通过，1988 年 4 月 12 日正式生效。同时，这次会议还成立了多边投资担保机构（MIGA）作为世界银行下属的分支机构，该机构是具有完全法人资格的独立的国际组织。中国于 1988 年 4 月加入该公约，成为该公约的创始国之一。

多边投资担保机构的目标和宗旨是鼓励会员国（特别是发展中国家）之间的生产性投资，以补充国际复兴开发银行、国际金融公司以及其他国际开发性金融机构的活动。为了达到这些目标，多边投资担保机构应履行下列职能：为会员国内来自另一会员国的投资的非商业性风险提供担保，包括共同保险和再保险；开展恰当的补充性活动，以促进投资向发展中国家会员国流动及在发展中国家会员国之间流动；为推进其目标的实现而行使其他必要的或适宜的附带权利。

多边投资担保机构承保的险别主要有：（1）货币汇兑险。这是对因东道国政府采取的任何限制外国投资者将货币兑换成可自由使用的货币或可接受的另一种货币，并汇出东道国境外的措施，包括东道国政府未能在合理的时间内对投资者提出的此类汇兑申请付诸行动而可能造成的损失提供补偿的保险。（2）征收及类似措施险。这是对因东道国政府的立法行为或行政上的作为或不作为剥夺了投资者对其投资或投资收益的所有权或控制权（但政府为管理其境内的经济活动而通常采取的普遍适用的非歧视性措施不在此列）而可能造成的损失提供补偿的保险。（3）违约险。这是对因东道国政府拒绝履行合同或违反与投资者签订的合同，从而导致投资者可能遭受的损失提供补偿的保险。（4）战争和内乱险。这是指对因东道国领土内发生任何军事行动或社会动乱而给投资者造成的损失提供补偿的保险。

3. 《TRIM 协定》、GATS、《TRIPS 协定》、《SCM 协定》等对国际投资的规定

《TRIM 协定》主要解决的是与货物贸易有关的投资措施问题；GATS 主要解决的是服务贸易领域的投资问题，即市场准入（商业存在）和国民待遇问题；《TRIPS 协定》主要解决的是与投资有关的知识产权保护问题；《补贴与反补贴协定》（《SCM 协定》）主要解决的是有关对国际投资的补贴与反补贴问题（见表 2－5）。

表 2－5 WTO 与投资相关的主要协定

协定名称	规范的对象	主要内容
《TRIM 协定》	与货物贸易有关的投资措施	将最惠国待遇、国民待遇、透明度、取消数量限制等原则引入投资领域；明确禁止当地成分要求、贸易平衡要求、进口用汇要求和国内销售要求等与贸易有关的投资措施

续表

协定名称	规范的对象	主要内容
GATS	服务贸易领域的国际投资行为（即作为服务提供的四种方式之一的商业存在方式）	将最惠国待遇和透明度原则作为一般义务，将市场准入和国民待遇作为具体义务，由各成员方以“肯定式列表”的模式就各自的开放义务做出承诺
《TRIPS 协定》	与货物贸易有关的知识产权保护（涉及对外商直接投资企业知识产权的保护）	要求在知识产权保护方面实施最惠国待遇和国民待遇，且提供了最低保护标准和争端解决程序
《SCM 协定》	补贴等投资激励措施	对给予某个特定企业或产业或者一组企业或产业的补贴及反补贴措施进行了规范

这四个协定都不是严格意义上的多边投资协定，也不是直接针对投资问题而制定的，而且这些协定的内容较为分散、涉及的范围很有限，并未过多涉及农业和制造业领域的投资行为，协定之间也缺乏协调性。但是，它们把 WTO 框架下的最惠国待遇、国民待遇、市场准入、透明度规则等概念引入投资领域，扩展了国际投资规则体系的内涵。

4.《多边投资框架》的谈判

自第二次世界大战结束以来，包括联合国、世界银行、关税与贸易总协定（GATT）、世界贸易组织（WTO）以及经合组织等在内的多边国际组织在协调国际投资方面做出了不懈的努力。虽然这些努力大多不是为了制定全面的多边投资协定，但客观上为未来的多边投资协定谈判做了充分的准备，提供了难得的经验和教训。

自 1991 年开始，经合组织下属的国际投资与多国公司委员会和资本流动与无形交易委员会一直在就多边投资协定问题进行研究。1994 年，在经合组织部长级会议上，与会各方讨论了建立全面的投资协定框架的积极作用和可行性。1995 年 5 月，经合组织部长级会议决定启动多边投资协定的谈判，并为协定准备了框架草案。该谈判原定于 1997 年 5 月前达成协定，但经过两年的谈判，各方的观点仍难以统一，于是决定将达成协定的时间推迟到 1998 年 4 月。在 1998 年 4 月的会议上，由于存在各种分歧（主要集中在劳工和环境标准、例外和保留、法律的域外适用、再投资障碍、知识产权和争端解决等方面），协定仍未最终达成。经合组织起草的多边投资协定的特点是标准高、范围广、约束力强、侧重考虑投资者利益、未充分考虑发展中国家的利益与要求、具有开放性。

5.《二十国集团全球投资指导原则》对国际投资的相关规范

2016 年 9 月，二十国集团杭州峰会上提出了世界首份关于投资政策制定的多边纲领性文件，即《二十国集团全球投资指导原则》（以下简称《指导原则》）。《指导原则》确立了反对跨境投资保护主义，营建开放、非歧视、透明和可预见的投资政策环境的导向，为各国协调制定国内投资政策和商谈对外投资协定提供了重要指导，同时有利于弥合国家间投资政策利益分化，加强多边投资政策协调。《指导原则》中提出的 9 项非约束性原则包括：（1）政府应认识到全球投资作为经济增长引擎的关键作用，避免与跨境投资有关的保护主义。（2）投资政策应设置开放、非歧视、透明和可预见的投资条件。（3）投资政策应为投资者和投资提供有形、无形的法律确定性和强有力的保护，包括可使用有效的预防机制、争端解决机制和实施程序。争端解决程序应公平、开放、透明，有适当的保障措施来防止滥用权力。(4) 投资相关规定的制定应保证透明及所有利益相关方有机会参与，并纳入以法律为基础的机制性框架。(5) 投资及对投资产生影响的政策应在国际、国内层面保持协调，以促进投资为宗旨，与可持续发展和包容性增长的目标相一致。(6) 政府重申有权出于合法的公共政策目的而管制投资。(7) 投资促进政策应使经济效益最大化，具备效用和效率，以吸引、维持投资为目标，同时与促进透明的便利化举措相配合，有助于投资者开创、经营并扩大业务。(8) 投资政策应促进和便利投资者遵循负责任的企业行为和公司治理方面的国际最佳范例。(9) 国际社会应继续合作，开展对话，以维护开放、有益的投资政策环境，解决共同面临的投资政策挑战。

《指导原则》为全球多边投资机制的构建提供了新契机，但需要更多经济体在其框架下形成更多共识，并把共识落实在多边投资协定中，从而推进全球投资体制的形成。

总之，迅猛发展的国际直接投资要求建立多边投资框架以实现投资的自由化、规范化和便利化，投资者、投资东道国和投资母国三方都有建立多边投资框架的要求，而目前现有的投资协定（无论是双边的还是区域的）均无法满足这一要求。多边投资框架谈判的前景是光明的，尽管道路是曲折的。

第四节　案例研究

案例一

FDI 和投资中转、投资迂回

（一）基本案情

发展中经济体（尤其是避税天堂和一些离岸金融中心）和发达经济体均有巨额 FDI 投资特殊目的实体（special purpose entity，SPE）。即使在一些大的发达东道国，投向控股公司（一种特殊目的实体）的资金在全部 FDI 流入存量中所占的比例也是很高的（见表 2-6）。在许多发达经济体，人们通常很难说清楚来自特殊目的实体的 FDI 中有多少会再转向别的国家，但是在金融中心，这些 FDI 中的大部分很可能会如此。

表 2-6　2003 年某些国家控股公司的 FDI 流入存量

经济体	FDI 流入存量（百万美元）	在全部 FDI 流入存量中所占的比例（%）
法国	196 860	38
德国	87 363	23
葡萄牙	11 762	20
美国	84 361	6

据卢森堡（如果包括特殊目的实体的 FDI 或中转的 FDI，则卢森堡为 2002—2003 年度最大的 FDI 接受国）的统计，2002—2005 年 FDI 流入量中有超过 90%是这种中转投

资（见表 2-7）。此外，2000—2005 年位于加勒比海离岸金融中心的 FDI 在发展中经济体 FDI 流入量中占到约 10%。据统计，2004 年中国香港的 FDI 流出存量中有 27%投向了离岸金融中心（主要是英属维尔京群岛）的非经营公司。在一些主要经济体，来自避税港的 FDI 在总的 FDI 流入量中所占的比例也很高。例如，流入新加坡、中国香港和巴西的 FDI 中来自避税港的 FDI 所占的比例分别为 14%、39%和 15%。

表 2-7 卢森堡的 FDI 流入量、SPE 或转入的 FDI 以及非 SPE 或非转入的 FDI

单位：百万美元

年份	2002	2003	2004	2005
FDI 流入量	117 218	83 814	77 215	43 755
SPE 或转入的 FDI	113 226	79 871	73 257	40 070
非 SPE 或非转入的 FDI	3 992	3 943	3 958	3 685

资料来源：联合国贸发会议. 世界投资报告 2006. 北京：中国财政经济出版社，2007.

此外，在国际投资活动中，也存在当地基金的直接投资者先把资金流入 SPE，然后又以直接投资的形式将资金返回当地的现象，这种现象称为投资迂回。如流入中国内地的 FDI 中有一部分是经由香港地区中转的迂回投资，这部分 FDI 占 25%～50%。

（二）案例分析

（1）在国际投资活动中，投资中转、投资迂回是客观存在的现象。例如，多年来，中国香港、英属维尔京群岛和开曼群岛都是中国对外直接投资和引进外资较多的地区，这其中必定有部分 FDI 属于投资中转和投资迂回。这两种现象对一些国家和地区的 FDI 活动有着重要影响，如上述案例中所提及的国家和地区。对于 SPE 有多少 FDI 留在东道国，又有多少经中转后投向其他经济体，目前难以度量。因此，这两种现象的存在必然造成 FDI 统计中存在重复，导致 FDI 的影响和作用被夸大，也对提高资本流动的透明度及减少国际避税提出了挑战。

（2）避税港多设立在发展中经济体，SPE 常出现在发达经济体。两者的设立地有共同的特点：可以免税或享受税收优惠。FDI 流入避税港或 SPE 的目的主要有以下四个：一是迂回投资；二是经中转后投向目的地，达到直接投资无法达到的目的；三是享受免税或税收优惠待遇；四是规避联合国对 FDI 的统计。

案例二

2008—2020 年政府否决或一定条件下同意的跨境并购案例

（一）基本案情

近年来，各国政府在审查跨境并购案例时，主要考虑竞争政策、经济效益和国家安全等。其中，一些裁定适用于发生在第三国的并购项目，政策具有跨境效应。

2008 年，加拿大政府拒绝美国 Alliant Techsystems 公司收购加拿大 MacDonald-Dettwiler 公司的航天技术部门，理由是加拿大的这家公司从事的是航空航天、信息服务及产品的生产，其所出售的全球信息系统及地球空间服务业务中的雷达 2 号卫星（Radarsat-2）涉及国家安全。

2010 年 11 月，加拿大拒绝了必和必拓以 386 亿美元收购加拿大钾肥公司的并购申请。加拿大工业部部长认为，此次收购不能给加方带来净收益。虽然必和必拓有 30 天时间重新制定出满足加拿大政府要求的计划书，但公司最后选择放弃收购。

2011 年，澳大利亚拒绝新加坡交易所并购澳大利亚证交所。澳大利亚认为，澳大利亚证交所主管清算及交割业务，该并购交易会增大实体风险，引发监管问题，削弱澳大利亚经济和监管主权，还会阻碍资本流入澳大利亚企业。同时，澳大利亚也阻止了荷兰皇家壳牌石油公司投标伍德赛石油公司。

2011 年，南非竞争委员会以解决就业问题为条件，批准罗兹食品集团收购其竞争者蒙特水果公司。如果没有这一附加条件，那么在两公司合并后下一个罐头加工季将会有约 1 000 名工人失业。

2012 年，德国证交所欲并购纽约泛欧交易所，建立世界最大的交易所。欧盟监管部门否决了该并购案的申请，理由是合并将有损竞争。

2012 年，在马来西亚国家石油公司就企业监管、商业动向、促进就业以及资本投资方面做出重大承诺之后，加拿大政府认为马来西亚国家石油公司收购加拿大普罗格罗斯能源公司（Progress Energy Resources Corporation）将增加加拿大的净利益，这些承诺将促进加拿大长期经济发展。最后，加拿大政府同意马来西亚国家石油公司收购加拿大普罗格罗斯能源公司。

2012 年，中国商务部有条件批准日本丸红株式会社收购美国谷物巨头高鸿控股(Gavilon)，条件是增加对中国大豆市场的保障条件，包括：两公司继续独立向中国出售大豆；两公司的团队必须独立运营；必须构建公司间市场信息防火墙，以防止信息交换。

2020 年 2 月，加拿大政府根据国家安全审查机制行使权力，否决中国国有企业山东黄金矿业股份有限公司收购加拿大黄金生产商特麦克资源公司。

（二）案例分析

（1）目前，国际投资保护主义抬头，政府对跨境并购强化了管制、审查和监管。东道国及被并购公司业务所涉及的第三国在对外资并购予以审查时所用的政策工具有正式的政策工具和非正式的政策工具两大类。正式的政策工具又有两种：一种政策工具不考虑收购公司的国籍，仅审查并购产生的影响，如分析并购是否阻碍竞争，还可通过控制可转让股票或发行“金股”（golden share）赋予所有者（通常是国家）少数有否决权的股份，以此阻止国内外的恶意收购；另一种政策工具针对外资并购，如设立外资控股的上限、建立外资并购审查机制、制定产业政策、进行国家安全审查等，也可以对特殊的投资者（如国有企业）或特殊的并购活动（如并购基础设施）实施特殊的监管。政府在否决并购之前，还可设置一些特定的条件，让并购方修改并购方案，待新的并购方案符合国家利益时再予以同意。

除以正式的方式阻止外资并购外，还可以通过一些非正式的方式阻止外资并购。一种做法是对并购方施加潜在的政治压力，让其主动退出并购，如暗示并购后公司政策环境不利于其经营，或者在国内寻找收购者参与竞购；另一种做法是拖延审批，或为国内竞标者提供融资服务。此外，政府还有可能让被并购公司与国内另一家公司合并成规模更大的新公司，增加外资并购的难度。

（2）在上述案例中，针对跨境并购，既有出于反垄断目的的并购审查，也有基于国家安全的审查，还有附加条件的批准。跨境并购不仅要接受东道国政府的审查，而且要接受被并购公司业务所涉及的第三国的审查。细读上述案例，会增加对当前全球跨境并购审查的认识。

复习思考题

1. 什么是境外工业园区？它对吸收 FDI 有哪些作用？
2. 简述数字跨国公司的概念及其发展特征。
3. 根据 2020 年世界投资报告，20 世纪 90 年代以来的 30 多年间，跨国公司的国际化发展状况如何？未来 10 年跨国公司将可能沿着哪四条路径发展？
4. 当前，各国 FDI 政策有什么变化趋势？
5. 简述《二十国集团全球投资指导原则》的内容。
6. 简述全球 FDI 的发展历程。
7. 从 https://worldinvestmentreport.unctad.org/annex-tables/ 下载 Annex table 01 和 Annex table 02，分析 2000 年以来全球发展中经济体的 FDI 流入和 FDI 流出分别有哪些特点。

第三章
国际直接投资理论

学习要点

本章介绍了国际直接投资的动机以及发达经济体、发展中经济体的国际直接投资理论，最后用 FDI 理论分析了施乐公司和欧洲迪士尼乐园两个案例。通过学习，要求了解 FDI 的主要动机，掌握 FDI 理论，并能运用相关理论分析现实问题。

第一节　国际直接投资的动机

一、国际直接投资的主要动机

国际直接投资的动机有时也称为国际直接投资的目的，它主要是从必要性的角度阐明投资者在进行投资决策时所考虑的主要因素，也就是说明投资者为什么要进行某一特定类型的投资。由于投资者在进行对外投资时既受企业本身特有的优势（资金、技术、管理、规模经济、市场技能等）的影响，也受企业所处的客观社会经济环境（自然资源禀赋、国内市场规模、经济发展水平、产业结构、技术水平、劳动力成本、政府政策等）的制约，而这两方面在内容上存在相当大的差异，所以不同企业的对外投资动机以及同一企业对不同项目的投资动机都不同。一般来说，国际直接投资的主要动机有以下几种：

（一）市场导向型动机

这种类型的投资主要以巩固、扩大和开辟市场为目的，具体又可分为几种不同的情况：

（1）投资企业本来是出口型企业，它在本国进行生产，通过出口使商品进入国外市场，但由于东道国或区域性经济集团实行了贸易保护主义，影响和阻碍了企业的正常出口，因而企业转为对外投资，在当地设厂，就地生产就地销售，以维持原有的市场或开辟新的市场。有时，企业也会转向没有受到出口限制的第三国投资生产，再出口到原有市场所在国。

（2）企业对国外某一特定市场的开拓已达到一定程度，为了给顾客提供更多的服务，巩固和扩大其市场份额，在当地直接投资进行生产和销售或者在当地投资建立维修服务和零部件供应网点会更为有利。例如，机电产品制造商在国外某一市场的销售达到一定规模后，就有必要加强售后服务，建立一些维修服务和零部件供应网点。又如食品制造商或汽车制造商在国外有足够规模的生产设施后，需要就地取得食品容器或汽车零配件，这时，制造容器或零配件的公司就会配合需要，在国外投资建厂，以便就地供应，以免失去顾客或买主。

（3）企业为了更好地接近目标市场，满足当地消费者的需要而进行对外直接投资。如快餐食品、饮料和食品原料等商品不能久储或不耐长途运输，而其顾客却分散在世界各地，为了更好地接近或维持国外销售市场，企业就不得不在国外投资设立网点，以利于就近提供新鲜食品；无形商品服务几乎无法储存与运输，所以要想出口一般只能通过对外投资在国外设立企业，边生产边出售边消费。

（4）企业产品在国内市场的份额已接近饱和或面临其他企业产品的有力竞争，因而企业在国内的进一步发展受到限制，冲破限制的有效办法之一就是对外投资，开发国外市场。总之，市场方面的考虑在对外投资决策中占据主导地位。

（二）成本导向型动机

这种类型的投资主要是为了利用国外相对廉价的原材料和各种生产要素等，降低企业的综合生产成本，提高经营效益，保持或提高企业的竞争能力，具体可以分为几种情况：

（1）出于获取自然资源方面的考虑。如果原料来自国外，最终产品又销往原料来源国，那么在原料产地从事生产经营活动可节省与原料进口和产品出口相关的运输费用。此外，企业为了获得稳定的原料供应，也会在资源丰富的国家投资建立原料开采和生产企业，以满足本企业的需要。

（2）出于利用国外便宜的劳动力和土地等生产要素方面的考虑。发达国家对外投资于劳动密集型产业，主要是想利用发展中国家廉价但有保证的劳动力来降低生产成本。如果本国土地要素价格偏高，企业就有可能通过对外投资将生产经营转移到价格较低的国家去。

（3）出于减少汇率变动所带来的影响方面的考虑。汇率变动会直接导致出口商品价格的变动。当一国的货币升值时，其出口商品以外币表示的价格会升高，在国际市场上的竞争力会减弱。在这种情况下，该国企业往往会扩大对外直接投资，以克服本币升值的不利影响。

（4）出于利用各国关税税率的不同来降低生产成本的考虑。如果一个国家的关税税率高，那么其他国家的企业就可能为了降低产品成本而在该国投资进行生产；反之，如果一个国家的关税税率低，进口商品在该国市场上竞争力强，那么该国企业可能就会去生产成本更低的国家投资建厂。

（5）出于利用闲置的设备和工业产权与专有技术等技术资源方面的考虑。以对外投资形式向国外输出闲置的设备与技术资源，可减少在国外的企业的生产与经营成本，并可实现规模生产，提高经营效益。

（三）技术与管理导向型动机

这种投资主要是为了获取和利用国外先进的技术、生产工艺、新产品设计和先进的管理知识等。有些先进的技术和管理经验通过公开购买的方式不易得到，但可以通过在国外设立合营企业或兼并与收购当地企业的方式获取。获取并充分利用这些先进的技术和管理经验，可促进投资企业的发展，提高投资企业的竞争力。这种投资具有较强的趋向性，一般集中在发达国家和发达地区。美国的一份报告指出，日本通过与美国公司和大学建立合资项目，获取了美国大量的尖端生物工程技术。

（四）投资风险导向型动机

这种投资主要是为了分散企业所面临的各种风险。投资者在社会稳定的国家投资，以寻求政治上的安全感，因为社会稳定的国家一般不会采取没收、干预私有经济等不利于企业的措施，企业在这类国家从事生产经营决策的灵活性较大。再有，这些国家一般不会出现给企业的生产经营活动造成极大影响的国内骚动或影响市场销售状况的突发性变动。很明显，企业如果将投资过分集中在某个国家或某个地区或某个行业，那么一旦发生风险事件，就会由于回旋余地不大而遭受较大损失。一般而言，这类企业所要分散的风险主要是国际投资风险，包括政治风险，同时也包括经济风险、自然风险和社会文化方面的风险，但在某些情况下，也有为了分散国内风险而进行对外投资的。例如，一家企业在世界各地进行投资生产与经营活动，不仅可以起到扩大销售的积极作用，而且可以实现原材料、技术、人员以及资金等的多元化供应，从而使企业不受一国国内条件的限制。

（五）优惠政策导向型动机

这种投资主要是为了利用东道国政府的优惠政策以及母国政府的鼓励性政策。东道国政府为了吸引外来投资常会制定一些对外来投资者的优惠政策，如优惠的税收和金融政策、优惠的土地使用政策等，这些优惠政策尤其是税收上的优惠政策会吸引外国投资者做出投资决策。同样，母国政府对对外投资的鼓励性政策，如鼓励性的税收政策、金融政策、保险政策以及海外企业产品的进口政策等也会刺激本国企业或个人做出对外投资决策。

除了以上五种较普遍的国际直接投资动机之外，还有一些不太普遍的动机，如全球战略导向型动机（进行对外投资的主要目的是提高企业的知名度，在世界范围内树立良好的企业形象，以实现其全球发展战略）、信息导向型动机（进行对外投资的主要目的是获取国际经济贸易方面的最新信息和最新动态）、"随大流"型动机（进行对外投资的主要目的是跟随本企业的竞争对手或本行业的带头企业）、公司决策者个人偏好型动机（进行对外投资的主要目的是满足公司决策者对某个国家或地区某事物的个人偏好）、为股东争利导向型动机（进行对外投资的主要目的是给企业的股东特别是普通股股东争取更多的利益）等。

二、在分析和理解国际直接投资的动机时应注意的几个问题

第一，国际直接投资的动机多是从必要性的角度分析的，而对可能性方面考虑得比较少。把必要性与可能性结合起来进行分析的是国际直接投资理论，因此，为了加强对国际直接投资动机的理解，还应进一步学习和研究国际直接投资的主要理论。

第二，上述各种投资的动机都是国际直接投资的经济动机，并未考虑政治与军事方面的动机。

第三，国际直接投资的根本动机和目的是实现利润最大化。国际直接投资的不同动机体现了追求利润最大化的不同途径与方式。在获取利润的问题上，有直接与间接、局部与整体、近期与远期之分，这也导致投资动机呈现多样化。另外，不同企业的内外部条件与所处环境之间存在相当大的差异性，这也使得不同企业在追求相同的目标时采取了不同的手段。

第四，国际直接投资的动机是可以相互交叉的。一笔对外投资可以有一个动机，也可以有两三个动机。动机越多，投资完成之后给投资者带来的利益就越大。例如，一家美国企业在中国深圳投资建立了一家劳动密集型企业，其产品 90%以上在国内市场销售，那么这家美国企业的在华投资可能同时具有这样几个动机：成本导向型动机、市场导向型动机和优惠政策导向型动机等。

第五，不同类型国家进行国际直接投资的主要动机是不相同的。发达国家之间出于市场导向型动机和投资风险导向型动机的相互投资相对较多；发展中国家之间的投资更多是出于市场导向型动机和成本导向型动机；发达国家向发展中国家的投资主要是出于市场导向型动机和成本导向型动机；发展中国家向发达国家的投资多数是出于市场导向型动机、技术与管理导向型动机和风险导向型动机。

第二节　主要的国际直接投资理论

第二次世界大战后，尤其是进入 20 世纪 60 年代以后，随着各国对外直接投资和跨国公司的迅速发展，西方经济学界对这一领域进行了大量探讨和研究，形成了许多观点

各异的理论。这些理论一般统称为国际直接投资理论或对外直接投资理论，因提出的时间较长也被称为传统的国际直接投资理论，有时又因其多涉及跨国公司的对外投资行为而被称为跨国公司对外直接投资理论。下面对其中一些有代表性的理论做一简要的介绍。

一、垄断优势理论

垄断优势理论（monopolistic advantage theory）是最早研究对外直接投资的独立理论，它产生于20世纪60年代初，在这以前基本上没有独立的对外直接投资理论。1960年，美国学者海默（Stephen H. Hymer）在他的博士学位论文《国内企业的国际经营：对外直接投资研究》中首次提出了以垄断优势来解释对外直接投资的理论。此后，海默的导师金德尔伯格（Charles P. Kindleberger）在《对外直接投资的垄断理论》等文章中又对该理论进行了补充和系统阐述。由于两人在理论上开创了以国际直接投资为研究对象的新的研究领域，故学术界将他们二人并列为这一理论的创立者。后来，又有一些学者对垄断优势理论做了发展和补充。由于该理论主要是以产业组织学说为基础展开分析，因此它也被称为产业组织理论分析法。

海默研究了美国企业对外直接投资的工业部门构成，发现对外直接投资与垄断的工业部门结构有关。他认为，跨国公司拥有的垄断优势是它们开展对外直接投资的决定因素。美国从事对外直接投资的企业主要集中在具有独特优势的少数部门。美国企业走向国际化的主要动机是充分利用自己具有独占性的生产要素优势，以谋取高额利润。海默认为，其他国家的对外直接投资也与部门的垄断程度较高有关。

垄断优势理论把跨国公司从事对外直接投资所凭借的垄断优势分为以下几类：

（1）来自产品市场不完全的垄断优势：跨国公司拥有产品差异化能力、商标、销售技术和渠道或其他市场特殊技能，以及包括价格联盟在内的各种操纵价格的条件。

（2）来自要素市场不完全的垄断优势：技术的专有和垄断既可以使跨国公司的产品与众不同，又可以限制竞争者进入市场；充足的研发费用加快了大公司的技术创新步伐；跨国公司可凭借其拥有的较高的金融信用等级在资本市场上以较低的成本较多较快地筹集到资金；等等。

（3）来自规模经济的垄断优势：大企业为谋求规模经济而投入的巨额初始资本对欲进入市场与之竞争的新企业来说无疑是一道难以逾越的门槛，而且伴随着很大的风险。另外，跨国公司可以利用国际专业化生产来合理配置生产经营的区位，避免母国和东道国对公司经营规模的限制，扩大市场份额。

（4）来自政府干预的垄断优势：东道国和母国政府可以通过市场准入、关税、利率、税率、外汇及进出口管理等方面的政策法规对跨国公司的直接投资进行干预，跨国公司可以从政府提供的税收减免、补贴、优先贷款等方面的干预措施中获得某种垄断优势。

海默还分析了产品和生产要素市场的不完全竞争性对对外直接投资的影响。在市场完全竞争的情况下，国际贸易是企业参与和进入国际市场或对外扩张的唯一方式，企业将根据比较利益原则从事进出口活动。但在现实生活中，市场是不完全的，这种不完全是指竞争是不完全的，市场上存在一些障碍和干扰，例如，关税和非关税壁垒、少数卖主或买主通过控制产量或购买量对市场价格施加的影响、政府对价格和利润的管制等。正是上述障碍和干扰的存在严重阻碍了国际贸易的顺利进行，减少了贸易带来的利益，从而促使企业利用自己所拥有的垄断优势通过对外直接投资进入并参与国际市场。

在海默之前，并没有成型的国际直接投资或跨国公司理论，当时是将国际直接投资与国际证券投资混为一谈的。海默是第一个将市场不完全竞争与国际直接投资和跨国公司联系起来的人，他使国际直接投资理论成为一个独立的研究领域，开创了 FDI 理论研究的先河，他的研究具有里程碑意义。当然，垄断优势理论也存在局限性：一方面，该理论主要是对美国对外直接投资进行研究得出的结果，研究的对象是经济技术实力雄厚、具有对外扩张能力的大型跨国公司，因此只能解释第二次世界大战后美国企业急剧向海外扩张的动机和原因，缺乏普遍适用性；另一方面，该理论将竞争优势作为既成事实来研究，没有深入探讨企业如何才能获得竞争优势。

二、内部化理论

内部化理论（theory of internalization）也称市场内部化理论，它是 20 世纪 70 年代以后西方跨国公司研究者为了建立所谓的跨国公司一般理论而提出和形成的，是解释对外直接投资的一种比较流行的理论，但不足以称为“通论”。这一理论是由英国学者巴克利（Peter Buckley）、卡森（Mark Casson）和加拿大学者鲁格曼（Allan M. Rugman）共同提出的。巴克利和卡森在 1976 年合著的《多国企业的未来》及 1978 年合著的《国际经营论》中，对跨国公司的内部化形成过程的基本条件、成本与收益等问题进行了明确的阐述，促使人们重新审视内部化概念。1979 年，卡森在《多国企业的选择》中对内部化概念进行了进一步的理论分析。鲁格曼在《在多国企业内部》一书中对内部化理论进行了更为深入的探讨，扩大了内部化理论的研究范围。

内部化是指企业在内部建立市场，以企业的内部市场代替外部市场，从而解决市场不完全带来的不能保证供需双方的交易正常进行的问题。企业内部的转移价格起着润滑剂的作用，它使内部市场能像外部市场一样有效地发挥作用。跨国化是企业内部化超越国界的表现。

内部化理论认为，由于市场存在不完全性，交易成本上升，企业通过外部市场的买卖关系不能保证自身获利，甚至会导致许多附加成本，因此，企业选择通过对外直接投资建立企业内部市场，即通过跨国公司内部形成的公司内市场，克服外部市场的交易障碍，弥补市场不完全这一缺陷所造成的风险与损失。该理论认为，市场不完全并非由于规模经济、寡占或关税壁垒，而是由于市场失灵（market failure）、某些产品的特殊性质或垄断势力的存在。

内部化理论建立在三个假设的基础上：一是企业在不完全市场上从事经营的目的是追求利润的最大化；二是当生产要素特别是中间产品的市场不完全时，企业就有可能以内部市场取代外部市场，统一管理经营活动；三是内部化超越国界时就产生了多国公司。

市场内部化的过程取决于四个因素：一是产业特定因素（industry-specific factor），指与产品性质、外部市场结构和规模经济等有关的因素；二是区位特定因素（region-specific factor)，指地理距离、文化差异和社会特点等引起交易成本变动的因素；三是国家特定因素（country-specific factor)，指东道国的政治、法律和财经制度等对跨国公司业务产生影响的因素；四是公司特定因素（firm-specific factor)，指不同企业组织对内部市场的管理能力。在这几个因素中，产业特定因素是最关键的因素，因为如果某一产业的生产活动存在多阶段生产的特点，那么就必然存在中间产品（原材料、零部件、信息、技术、管理技能等）。若中间产品的供需双方在外部市场进行交易，则供需双方无论如何协调，都难以排除外部市场供需间的摩擦和波动，为了克服中间产品市场的不完全性，就可能出现市场内部化。市场内部化会给企业带来多方面的利益。

垄断优势理论主要是从市场的不完全竞争和寡占的角度分析发达国家对外直接投资的动机和决定因素，而内部化理论则从企业国际分工、不同国家企业之间的产品交换形式和国际生产组织形式等角度来研究国际直接投资的动机和行为，可以说内部化理论的出现标志着国际直接投资理论研究进入了一个新的阶段。内部化理论不仅可以解释发达国家的对外投资行为，也可以说明发展中国家为什么要开展对外投资。内部化理论还较好地解释了跨国公司在出口贸易、技术许可安排和对外直接投资这三种参与国际经济的方式之间进行选择的依据。内部化理论的不足之处主要是在力图解释各国企业开展对外投资的动机和决定因素时，忽略了对跨国公司这种典型的垄断组织的行为特征的深入研究；此外，这一理论缺乏对国际投资的地理和区域分布的原因分析。

三、产品生命周期理论

产品生命周期理论（theory of product life cycle）是美国哈佛大学教授弗农（Raymond Vernon）在 1966 年发表的《产品周期中的国际投资与国际贸易》一文中提出的。在该文中，他强调了创新的时机、规模经济和不稳定性等因素的重要性。弗农认为，美国企业对外直接投资的变动与产品的生命周期有密切的联系，他把国际直接投资同国际贸易和产品的生命周期结合起来，利用产品生命周期的变化，解释了美国战后对外直接投资的动机与生产区位选择。这一理论既可以用来解释新产品的国际贸易问题，也可以用来解释对外直接投资。

弗农把一种产品的生命周期划分为创新、成熟和标准化三个阶段，不同的阶段有不同的生产成本和不同的生产区位选择，决定了公司应该有不同的贸易和投资战略。

在产品创新阶段，由于创新国垄断着新产品的生产技术，产品的需求价格弹性很小，即使价格偏高也有需求，生产成本的差异对公司生产区位选择的影响不大，这时最有利的安排就是在国内生产。企业主要利用产品差别等竞争手段，或力图垄断技术与产品生产来占领市场。这一阶段，新产品的需求主要在国内，如果其他经济结构和消费水平与美国类似的国家对这种新产品有需求，则美国企业主要通过出口而不是直接投资来满足这些国家（如西欧国家）的市场需求。

在产品成熟阶段，产品逐渐标准化，最有效的生产工序已经形成，产品的生产技术基本稳定，市场上出现了仿制品和替代品，在国内市场需求扩大的同时市场竞争也日趋激烈，新产品生产企业的技术垄断地位和寡占市场结构被削弱。此时，产品的需求价格弹性逐步增大，降低成本对提高竞争力的作用增强，因而如何降低生产成本成为企业考虑的首要因素。为此，一方面，企业通过规模经济来降低成本，通过价格竞争来维持和占领国际市场；另一方面，在国内竞争日趋激烈、国内市场日趋饱和以及国外市场对这类产品的需求不断扩大的条件下，创新国企业开始进行对外直接投资，在国外建立子公司进行生产。被投资地区一般是那些消费水平与创新国相似但劳动力成本略低于创新国的地区。到国外投资办厂的另一个好处就是可以避开进口国关税与非关税壁垒。

在产品标准化阶段，产品的生产技术、工艺、规格等都已完全标准化，产品已完全成熟，创新国企业的技术优势已经丧失，企业之间的竞争更加激烈。由于竞争的焦点和基础是成本和价格，因此，企业将在世界范围内寻找适当的产品生产区位，通过对外直接投资将产品的生产转移到工资最低的国家和地区（一般是发展中国家和地区），以降低生产成本，继续参与市场竞争。最初的创新国将从发展中国家运回最终产品以满足国内需求，原来的新产品生产企业也将由于产品生命周期的终结而必须转向另一新产品的研究和开发。

产品生命周期理论的独到之处在于将企业所拥有的优势同该企业所生产的产品的生命周期的变化联系起来，这样就为当时的对外直接投资理论增添了时间因素和动态分析。这一理论把美国的经济结构、美国企业的产品创新取向以及美国跨国公司海外生产的动机和生产区位选择三者较好地联系了起来，一方面解释了美国跨国公司从事对外直接投资的特点，另一方面也说明了这些公司先向西欧再向发展中国家投资的原因。这一理论将对外直接投资与对外贸易活动及相关的理论分析有机地结合起来，为分析产品生命周期不同阶段的生产区位选择和市场选择梯次提供了一个基础和框架。由于产品生命周期理论是以特定时期美国制造业企业的对外直接投资活动为背景展开研究的，所以这一理论无法对非制造业企业、发展中国家、非出口替代领域和高科技领域的对外投资行为做出科学的解释，这是该理论的局限性所在。

四、比较优势理论

比较优势理论（theory of comparative advantage）有时也称为边际产业扩张论，是日本一桥大学小岛清（Kiyoshi Kojima）教授在20世纪70年代提出来的。从第二次世界大战后到20世纪70年代中期，日本理论界接受和流行的对外直接投资理论主要是海默和金德尔伯格的垄断优势理论以及弗农的产品生命周期理论。但后来，日本理论界提出了不同的看法，认为上述两个理论只研究了美国跨国公司的对外直接投资问题，而没有考虑其他国家对外直接投资的特点，不能解释日本的对外直接投资问题。因此，应创立符合日本国情的对外直接投资理论，用以说明和指导日本企业的对外直接投资活动。在此背景下，小岛清在其于1979年出版的《对外直接投资论》和1981年出版的《跨国公司的对外直接投资》及《对外贸易论》等书中提出了新的观点。

小岛清的投资理论有三个基本命题：第一，国际贸易理论中的赫克歇尔-俄林模型（H-O模型）的基本假定是合理的，即资源禀赋或资本-劳动要素比例的假定是对的，但在运用其分析对外直接投资时可使用比资本更广义的经营资源（managerial resource）的概念来代替资本要素。第二，凡是具有比较成本优势的行业其比较利润率也较高，建立在比较成本或比较利润率基础上的国际分工原理不仅可以解释国际贸易的发生，也可以说明国际投资的原因。小岛清甚至认为可以将国际贸易和对外直接投资的综合理论建立在比较优势（成本）的基础上。第三，日本式的对外直接投资与美国式的对外直接投资是不同的。

小岛清认为，由于各国的经济状况不同，因此，根据美国对外直接投资状况而推断出来的理论无法解释日本的对外直接投资。日本的对外直接投资与美国相比有四个明显的不同：一是美国的海外企业大多分布在制造业部门，从事海外投资的企业多处于国内具有比较优势的行业或部门；而日本对外直接投资主要分布在自然资源开发和劳动力密集型行业，这些行业是日本已失去或即将失去比较优势的行业，对外投资是按照这些行业的比较成本从高到低的顺序依次进行的。二是美国从事对外直接投资的多是拥有先进技术的大型企业；而日本的对外直接投资以中小企业为主体，所转让的技术也多为适用技术，比较符合当地的生产要素结构及水平，对当地发展具有比较优势的劳动密集型产业、增加就业和扩大出口等都有积极的促进作用。三是美国对外直接投资是贸易替代型的（反贸易导向），由于一些行业对外直接投资的增加，这些行业产品的出口减少了；与此相反，日本的对外直接投资行业是在本国已经处于比较劣势而在东道国正在形成比较优势或具有潜在的比较优势的行业，所以对外直接投资的增加会引起国际贸易量的扩大，这种投资是贸易创造型的（顺贸易导向）。四是美国公司设立的海外企业一般采用独资形式，与当地的联系较少，类似“飞地”；而日本的对外直接投资多采用合资形式，注意吸收东道国企业参加，有时还采用非股权安排（non-equity arrangement）方式。

比较优势理论的基本内容是：对外直接投资应该从本国已经处于或即将处于比较劣势的产业（边际产业）依次进行。这些产业是指已处于比较劣势的劳动密集型产业或者某些行业中装配或生产特定部件的劳动力密集的生产环节或工序。这些产业虽然在投资国已处于不利地位，但在东道国却拥有比较优势。凡是在本国已趋于比较劣势的生产活动都应通过直接投资依次向国外转移。

小岛清认为，国际贸易是按既定的比较成本进行的，根据上述原则所进行的对外投资也可以扩大两国的比较成本差距，创造出新的比较成本格局。据此，小岛清认为，日本的传统工业部门很容易在海外找到立足点，传统工业部门到国外生产要素和技术水平相适应的地区进行投资，其优势远比在国内新行业投资要大。

比较优势理论不同于垄断优势理论、内部化理论和产品生命周期理论，它从宏观的角度，结合日本企业对外投资的具体情况进行了研究，指出只有比较利益原则才是企业开展对外直接投资的决定因素，对外投资应从边际产业开始依次进行。比较优势理论认为，对外投资的主体是中小企业，因为中小企业拥有的技术更适合东道国当地的生产要素结构，因而较好地解释了中小企业对外投资的原因和动机。这一理论还认为，投资国和东道国都不需要拥有垄断市场，所以并非只有拥有垄断优势的企业才能进行对外直接投资，而是具有比较优势和寻求比较优势的企业都能开展对外投资，即从国际分工的角度来分析日本式的对外投资行为。当然，没有任何理论是万能的和完美无缺的，比较优势理论在具有上述积极意义的同时，也存在以下不足：比较优势理论符合 20 世纪 80 年代以前日本大量向发展中国家投资的情况，但它却无法解释 20 世纪 80 年代以后日本企业对欧美等发达国家制造业的大量投资，这种投资大部分是贸易替代型的而非贸易创造型的；此外，这一理论也无法说明发达国家服务业对外投资的迅速增加以及发展中国家向发达国家的逆向投资。

五、国际生产折中理论

国际生产折中理论（eclectic theory of international production）又称国际生产综合理论，是 20 世纪 70 年代由英国里丁大学国际投资和国际企业教授邓宁（John H. Dunning）提出的。邓宁是当代著名的研究跨国公司与国际直接投资的专家，他的代表作是于 1981 年出版的《国际生产和跨国公司》，该书汇集了一系列阐述其折中理论的论文。

国际生产是指跨国公司对外直接投资所形成的生产活动。邓宁认为，导致其提出这一理论的原因主要有两个：其一是第二次世界大战后尤其是 20 世纪 60 年代以后国际生产格局发生了变化。在 60 年代以前，国际生产格局是比较单一的，那时以美国为基地的跨国公司在国际生产中占有重要地位，国际生产主要集中在技术密集的制造业部门和资本密集的初级工业部门，投资主要流向西欧、加拿大及拉美国家，海外子公司大多采用独资形式。进入 20 世纪 60 年代以后，国际生产格局出现复杂化趋势，西欧和日本的跨国公司兴起，发达国家间出现相互交叉投资现象，一些跨国公司开始向新兴工业化国家（地区）和其他发展中国家投资，一些发展中国家的企业也开始加入对外直接投资的行列之中，与东道国企业合资成为它们建立海外企业的主要途径。其二是缺乏统一的国际生产理论。传统的理论只注重资本流动方面的研究，而缺乏将直接投资、国际贸易和生产区位选择综合起来加以考虑的研究方法。在邓宁看来，他的理论将企业的特定垄断优势、国家的区位优势与资源优势结合了起来，为国际经济活动提供了一种综合分析的方法，从而弥补了过去的不足，所以他的理论也可称为综合理论。

邓宁认为，自 20 世纪 60 年代开始，国际生产理论主要沿着三个方向发展：一是以海默等人的垄断优势理论为代表的产业组织理论；二是以阿利伯的安全通货论和鲁格曼的证券投资分散风险论为代表的金融理论；三是以巴克利和卡森等人的内部化理论为代表的厂商理论。但是，这三种理论对国际生产和投资的解释都是片面的，没有把国际生产与贸易或其他资源转让形式结合起来分析，特别是忽视了对区位因素的考虑。国际生产折中理论吸收了上述三个理论的主要观点，并结合区位理论解释了跨国公司从事国际生产的能力和意愿，解释了它们为什么在对外直接投资、出口或许可证安排这三种参与国际市场的方式中选择了对外直接投资。

国际生产折中理论认为，一家企业要从事对外直接投资必须同时具有三种优势，即所有权优势、内部化优势和区位优势。

（1）所有权优势主要是指企业所拥有的在某些方面超过外国企业的优势。它主要包括技术优势、企业规模优势、组织管理能力优势、金融和货币优势以及市场销售优势等。邓宁认为，对外直接投资和海外生产必然会引起成本的提高与风险的增加，在这种情况下，跨国公司之所以还愿意且能够发展海外直接投资并获得利益，是因为跨国公司拥有一种当地竞争者所没有的比较优势，这种比较优势能够克服国外生产所引起的附加成本和政治风险。他把这种比较优势称为所有权优势。这类优势要在跨国生产中发挥作用，就必须是这家公司所特有的、独占的，在公司内部能够自由移动，并且能够跨越一定的距离。

（2）内部化优势是指企业在通过对外直接投资将其资产或所有权内部化的过程中所拥有的优势。也就是说，企业将拥有的资产通过内部化转移给国外子公司，可以比通过交易转移给其他企业获得更多的利益。一家企业拥有了所有权优势，还不能说明它必然进行对外投资活动，因为它可以通过其他途径发挥这些优势。一般而言，企业有两条途径发挥这些优势：其一，将所有权资产或资产的使用权出售给别国企业，即把资产的使用外部化；其二，企业自己利用这些所有权资产，即把资产的使用内部化。企业到底是选择资产内部化还是资产外部化取决于对二者所带来的利益的比较。由于外部市场是不完善的，所以企业在对所拥有的各种优势进行外部化使用时有丧失这些优势的危险，因此，为了保持垄断优势，企业就存在对其优势进行内部化使用的强大动力。国际直接投资就是企业利用它的所有权优势直接到国外办厂开店，建立企业内部的国际生产和运营体系的过程。

（3）区位优势是指可供投资的地区在某些方面较国内优越。在邓宁看来，一家企业具备了所有权优势，并有能力将这些优势内部化，还不能完全解释清楚直接投资活动，必须加上区位优势。区位优势涉及劳动力成本，市场需求，地理距离，自然资源，基础设施，运输与通信成本，关税和非关税壁垒，政府对外国投资的政策，因历史、文化、风俗、商业惯例差异而形成的心理距离等。企业进行国际生产时必然受到生产区位因素的影响，只有在国外区位优势大时，企业才可能从事国际生产。

如果一家企业同时具有上述三种优势，那么它就可以进行对外直接投资。这三种优势的不同组合还决定了企业进入国际市场和从事国际经济活动的不同方式。

国际生产折中理论的特点和贡献在于：第一，它吸收借鉴了在此之前20年中出现的新的国际直接投资理论，采用了折中和归纳的方法，对各家之长兼容并蓄，并在区位理论方面做出了独到贡献。第二，它与国际直接投资的所有形式都有联系，涵盖和应用的范围宽。第三，它能够较好地解释企业选择不同的国际化经营模式的原因：如果企业仅具有所有权优势，则应选择许可模式（也称契约或技术转让）进入国际市场；如果企业既具有所有权优势，也具有内部化优势，则应选择出口模式进入国际市场；如果企业同时具有所有权、内部化和区位三种优势，则应选择对外直接投资模式开展国际化经营（国际生产折中理论与企业国际化经营模式选择的关系见表3-1）。第四，邓宁将这一理论同各国经济发展的阶段与结构联系起来进行了动态分析，还提出了“投资发展周期”学说。国际生产折中理论有时也被称作OIL（ownership-internalization-location）理论，因其概括性、综合性和适用性强而获得了对外直接投资“通论”的称号。目前，这一理论已成为世界上对外直接投资和跨国公司研究中最有影响力的理论，被人们广泛认同并用来分析跨国公司的对外直接投资活动。但也有一些学者对国际生产折中理论提出了批评意见，认为该理论将利润最大化作为跨国公司对外直接投资的主要目标与近年来对外直接投资目标多元化的现实不符，而且该理论几乎综合了其他各种对外直接投资理论，缺乏一个统一的理论基础，缺乏独创性。

表 3-1 国际生产折中理论与企业国际化经营模式选择的关系

模式	优势		
	所有权优势	内部化优势	区位优势
许可模式	√		
出口模式	√	√	
投资模式	√	√	√

以上我们分析和介绍了西方学者在研究国际直接投资时提出的五种主要理论。除此之外，还有其他一些国际直接投资理论，如投资诱发要素组合理论、寡占反映理论、产业内双向直接投资理论、纵向一体化直接投资理论、横向一体化直接投资理论、核心资产论、投资与贸易替代论、公司战略理论、动态化比较优势论等。这些理论有的是从微观角度，有的则是从宏观角度研究和分析国际直接投资现象，力图找到东道国为什么要利用外资、资本为什么会发生国际移动等问题的答案。国际直接投资理论是在 20 世纪 60 年代从国际间接投资（国际证券投资）理论中独立出来的。理论的发展源于实践的发展和丰富，可以相信，随着各国对外直接投资活动的不断开展和跨国公司影响的进一步扩大，有关这方面的理论研究也必将不断创新和发展。

六、国际直接投资理论的共同出发点

不同的国际直接投资理论都是采用不同的方法从不同的角度研究企业的国际投资活动，对同一现象或不同现象做出自己的解释。尽管各种理论的体系和方法不尽相同，但它们有着一些共同的出发点：第一，直接投资不同于证券投资，无法用传统的国际资本移动理论来解释，因为直接投资中除包含资本要素的国际移动外，还包含投资企业的技术、设备、品牌、信息和管理才能等生产要素的转移。第二，国际直接投资是企业在国内市场发展到一定规模和具有某些绝对或相对优势时的海外扩张行为，跨国公司是企业海外扩张的产物，所以学者们在进行理论阐述时一般都以不完全竞争的假设取代完全竞争的假设。第三，除阿利伯和邓宁等学者在从事微观研究的同时也力图进行一些宏观的分析以外，大多数学者侧重研究微观的企业行为，如研究跨国公司对外直接投资的决定因素、动机、竞争优势、条件及方式等。第四，总的来看，现有的对外直接投资理论的研究主要涉及以下几个基本问题：采用什么样的理论模式和研究方法来研究与解释跨国公司的对外直接投资行为？如何用成本与收益分析方法去分析和评价跨国公司对外直接投资的效益？对外直接投资的决定因素或制约条件是什么？企业开展对外直接投资的主要动机是什么？企业的竞争优势到底在哪里？企业怎样选择国外的区位？等等。

第三节　针对服务业的国际直接投资理论

一、传统国际直接投资理论在服务业的适用性

服务业的国际化过程有其特殊性，其发展的内在动力和外部环境与工业企业有所不同。第二次世界大战后，对外直接投资的发展和跨国公司的扩张主要发生在制造业部门，因此有关理论研究也一直集中于此，相较而言，对服务业对外直接投资的分析比较少。随着服务业在发达国家国民收入、就业和国际收支平衡等方面发挥的作用越来越大，服务部门的国内和国际地位迅速提高，对服务业跨国生产和经营的研究也开始发展起来，首先是对传统对外直接投资理论在服务业的适用性的讨论。通过对不同传统国际直接投资理论在服务业的适用性的检验，越来越多的经济学家相信，制造业对外直接投资理论经过修正，是完全可以用于分析服务业对外直接投资行为的。其中有代表性的研究主要有以下几个：

鲍德温（Boddewyn，1989）试图使用主流理论来解释服务业跨国公司的行为。他发现，由于服务产品的特殊性会引发一些问题，如违背理论的假设前提、难以区分服务业特定优势等，他认为应该对这些问题进行进一步的深入探讨，但不需要做特别的定义和理论解释，只需通过简单的条件限制和详细说明就能较为容易地运用现有的理论。

邓宁（1989）将其以制造业为基础建立的国际生产折中理论扩展到了服务业。他在《跨国企业和服务增长：一些概念和理论问题》这篇代表性文章中，解释了服务业跨国公司行为的有关概念和理论问题，指出国际生产折中理论的基本框架是适用于服务业跨国公司的，并对原有的所有权优势、内部化优势和区位优势在服务业中的具体表现进行了阐述，还列举出一些特定服务业进行对外直接投资所需要具备的优势。在其分析的基础之上，恩德韦克（Enderwick，1989）又分析了将该理论模型应用于服务业时要特别注意的一些问题，譬如服务业很多部门的技术复杂性较低，确定特定优势较难；又如跨国经营的非股权方式，如许可证、管理合同、特许经营等在服务业中广泛使用，而这些以市场交换为基础的经营方式对于跨国公司理论中谈及的内部化的作用有着重要的含义。

鲁格曼（1981）以银行业为基础分析了内部化理论的适用性。他认为，按照内部化理论，跨国公司通过创造内部市场来克服世界商品市场和要素市场的不完全性，同样，跨国银行也可以实现交易内部化，从而克服国际金融市场的不完全性。亚诺普洛斯（Yannopoulos，1983）、格雷（Gray，1981）、考（Cho，1983）、格鲁伯（Grube，1977）、佩克乔利（Pecchioli，1983）和威尔斯（Wells，1983）等也以银行业为分析对象，阐明了邓宁的国际生产折中理论在解释跨国银行业发展方面的合理性。不过，这些分析假定银行的外国子公司在国际金融市场实现运作。格雷指出，当一个银行选择在超国家市场，例如欧洲货币市场经营时，不必拥有相同的优势，因为在超国家金融市场，没有当地银行，

不需要以所有权优势作为补偿优势。这实际上相当于重新定义了区位优势，将其范畴从某一特定国家扩展到了超国家市场，此时，区位优势具有更重要的意义。此外，上述分析还指出，在银行业之外的一些服务部门，如国际饭店业、商业服务业、商业服务公司的外国机构等，所有权优势、内部化优势和区位优势也同样适用，只不过需要根据行业特点做一些限制和详细说明。

弗农对于传统直接投资理论的适用性问题没有做过多说明。他直接指明，既然知识的转移可以代替物品的转移，那么有关制造业跨国公司的理论就可以用于对服务业跨国公司的解释。

二、服务业的国际直接投资理论的内容

目前涉及服务业的国际直接投资理论已有了一定的发展，比较典型的如巴克利和卡森的内部化理论，他们在原来的内部化理论的基础上，说明了服务业也有内部化中间市场的优势。卡森强调，服务消费中买者的不确定性是市场不完善的来源之一，将会导致较高的交易成本，从而使企业的对外直接投资成为一种必要。作为对外直接投资理论的集大成者，邓宁在服务业对外直接投资方面也有比较系统的论述。他指出，服务业对外直接投资应同时具备所有权优势、内部化优势和区位优势三个条件。相对而言，该理论体系比较完善，也最具代表性，因此本书将以此为基础，对服务业对外直接投资的基础和动因做出解释。

（一）所有权优势

服务业所有权优势可以理解为企业满足当前或潜在顾客需求的能力，它一般有三个重要的评判标准：（1）服务的特征和范围，如服务的构思、舒适度、实用性、可靠性、专业化程度等；（2）服务的价格和成本；（3）有关售前、售中及售后服务。具体来讲，服务业跨国公司的所有权优势主要体现在以下几个方面：

1. 质量

由于服务一般具有不可存储性、异质性等特点，所以保证服务质量对企业尤为重要，特别是随着收入水平的提高和企业之间竞争的加剧，质量日益成为影响消费者服务和生产者服务需求的重要变量，在许多情况下，它是决定服务业跨国公司竞争力的一个最重要的变量。在一些服务行业中，企业创造和保持一个成功的品牌形象的能力，或者在多个地区提供服务时对服务质量进行监控的能力和降低购买者交易成本的能力，是其保持形象和竞争优势的关键。

2. 范围经济

范围经济是指服务提供者可以满足消费者对产品种类和价格的多种不同需求。在运输、商业等服务行业中，都不同程度地存在范围经济。典型的是零售业，零售商储存商品的范围越宽、数量越大，它们在与供应商交易时的议价能力就越强，就越能通过讨价还价方式以较低价格从供应商处获得商品；同时，供货品种和数量的增加使得其有能力降低消费者的交易成本，因为后者只需去一个地方就可以买到多种商品；此外，议价能

力的提高使零售商能够加强对其买卖的产品和服务的质量控制，因而也有助于增强其所有权优势。

3. 规模经济

从本质上讲，规模经济和专业化在制造业与一些服务业企业间并无太大区别，比如，相比小医院，大医院能够通过扩大规模有效降低单位成本。类似地，大型咨询机构和投资银行等可以在机构内部调动人员、资金和信息，实现人事和管理的专业化，从而可以针对不同的经营环境来调整价格以实现利润最大化。此外，大型服务业公司还往往容易得到优惠的融资条件和折扣等。至于规模经济和范围经济产生的分散风险优势，在保险、再保险和投资银行业表现得更为突出。在这三个行业中，规模达到某一水平是成功进行对外直接投资的前提条件。

4. 技术和信息

在制造业中，衡量生产技术和产品知识成分的指标通常包括 R&D 占销售额的比重，专业人员、科技人员和工程人员占总就业人数的比重，以及取得的专利数量等。在服务业中，与上述衡量标准类似的指标是对信息的把握和处理能力。在许多服务业中，以尽可能低的成本对信息进行收集、加工、储存、监控、解释和分析的能力是关键的无形资产或核心竞争优势。对于证券、咨询这类以数据处理为主要内容的服务业，情况更是如此。随着知识经济时代的发展，知识密集型服务业的跨国公司数量增多，信息和技术对于它们维持竞争地位日益重要，而且能为规模经济、范围经济以及垂直一体化提供机会，特别有利于经营多样化的大型跨国公司。但是，由于数据技术往往需要有昂贵的辅助资产、固定成本或基础设施才能发挥作用，因此拥有这两种优势的服务业企业也就占据了竞争中的有利地位。

5. 企业的信誉和品牌

服务是典型的“经验产品”，只有在消费之后才能对其性能予以评价，而且由于服务的主体是人，所以其性能还往往呈现出多面性，因此如信誉和商标品牌这样的非价格因素往往是服务业企业向消费者传递信息的有力手段，也成为企业主要的竞争优势之一。对于许多成功的服务业跨国公司来说，其卓越服务和优良品牌的扩散往往成为对外直接投资的先导。

6. 人力资源

服务的提供者和接受者都是人，人力资源素质的提高无疑将使服务的质量和数量大大提升，这有利于增强企业的优势。另外，在人力资源的使用过程中还普遍存在“干中学”和“溢出效应”这样的动态效应，这些动态效应为服务业企业创造、保持和发展优势奠定了基础。所以，人力资源对于服务业企业来讲尤为重要。

7. 创新

在许多情况下，创新形成了服务业跨国公司的竞争优势，例如，有些国际医疗服务连锁经营公司通过把现代管理方式运用到传统上一直缺乏商品敏感度的领域而取得了竞争利益。把商品和服务结合在一起进行创新，例如，提供计算机辅助设计、数据传递、娱乐服务等，也可以得到竞争利益。不断在生产、经营和管理等方面进行创新，是现代企业恒久竞争力的源泉。

此外，所有权优势还可以表现在服务业企业利用自身在劳动力、自然资源、金融、数据处理和传送设备等投入方面的优势或对国际市场的了解进入产品市场等方面。

（二）内部化优势

内部化优势指服务业企业为了克服外部市场的不完全性和不确定性、防止外国竞争对手模仿，将其无形资产使用内部化而形成的特定优势。一般而言，与服务业跨国公司有关的内部化优势包括以下几个方面：

（1）因为无须寻找交易对象并与其进行谈判而节约的成本。服务业国际贸易的起始点是跨越国境寻求合适的客户资源，这其中必然会产生包括寻租成本、协商成本等在内的一系列交易成本。跨国公司通过将外部交易内部化，可以有效地降低交易成本，尤其是当跨国投资的启动成本低于外部交易成本时，对外直接投资就是有利可图的，企业也能因此取得竞争优势。

（2）弱化或消除要素投入在性质和价值等方面的不确定性。由于服务产品的差异性较大，又具有量身定做的特征，信息的不对称性使得买方对产品的了解程度远低于卖方，容易出现服务业的买方出价过低或卖方要价过高的现象。内部化可以克服以上弊端，消除投入方面的不确定性，这一点对于中间性服务产品尤为重要。

（3）中间产品或最终产品质量的保证。产品质量控制是服务业企业对外直接投资的主要动力之一，通过将服务交易内部化，服务企业可以用统一的衡量标准，实现在全球范围内对产品质量的监控，使其所有权优势得以保持和发挥。

（4）避免政府干预。目前，对服务产品跨国交易的严格管制普遍存在，配额、关税、价格管制、税收差异等干预手段层出不穷。相对来讲，外商投资由于其在一国经济发展中所产生的积极影响而易于被东道国接受。因而，通过跨越国境投资设厂可以减少服务业国际交易中的政策性因素干扰，而且能得到东道国的一些优惠待遇，有利于企业在当地市场展开竞争。

邓宁认为，以下几种类型的服务业企业具有内部化开发利用优势和从事对外直接投资的强烈倾向：

（1）信息密集型服务业部门，如银行业和商业服务业的企业。这类企业以拥有的信息和知识为主要优势，这些知识带有默示性质，生产费用高、复杂且特征性强，但易于复制，只有在企业内部才能得到更好的保护和更充分的利用。

（2）以产品品牌或形象著称的企业，如建筑业、汽车租赁业、广告业和商业服务业的一些企业。当企业想要保持质量和维护商誉时，就需要为服务产品设定严格的、直接的质量标准，此时就会出现水平一体化，因为内部化比外部市场交易对于质量标准的控制更加有效。

（3）以知识为基础的创新型服务企业。实现生产和消费的垂直一体化有利于新型服务产品的推广，这是因为在创造服务需求和普及服务产品时，需要引导购买者消费服务，而创新者对其产品所具备的知识使其成为最优引导者。

（4）拥有商标和版权等无形资产的企业。这类企业会在国外建立保护其资产权利的分支机构。

（5）跨国制造业公司拥有股权的服务业附属企业。这些企业的设立是为了保证制造业公司以最优条件获得投入物，帮助母公司发展生产、扩大出口、拓展海外市场。

（三）区位优势

区位优势与所有权优势及内部化优势不同，它是东道国的特定优势，企业无法自行支配这种优势，只能适应和利用这种优势。区位优势主要表现在以下三个方面：

（1）东道国不可移动的要素禀赋所产生的优势，如自然资源丰富、地理位置方便、人口众多等。不同的服务业部门在对外直接投资时对区位优势的要求也不同。比如，旅游业服务点的选址显然与金融业大不相同，前者需要考虑气候、自然风光、名胜古迹等，后者则集中在工商业中心。除了区位约束性服务外，跨国公司东道国的区位选择主要受服务消费者需求的支配，因此东道国人口数量、人口素质、习惯性的消费偏好等因素也决定了跨国公司的对外直接投资行为。除此之外，东道国较大的市场规模、良好的资源质量、较为完善的基础设施以及地理相邻、语言相通、文化相近的地缘优势等因素，也构成了重要的区位优势。

（2）东道国的政治体制和政策法规灵活、优惠而形成的有利条件。东道国政府在服务领域的政策干预可能会给投资者创造更好的竞争机会。例如，美国废除了对金融业混业经营的限制，这不仅有利于其境内的金融机构扩大规模，也有利于外资金融机构扩大其在美经营范围，从而有利于吸引外国投资。又如，我国台湾地区由于逐渐放宽了对服务业外资的限制，因而成为东南亚地区服务业直接投资流入的一个热点区域。

（3）聚集经济。竞争者集中的地方往往会应市场发展需求而产生新的服务机会。例如，国际银行在竞争者集中的大金融中心创立了银行间市场；严重依赖专业信息来源和专门技巧的服务业企业大多选择同类企业相对集中的领域。

获得区位优势往往是服务业对外直接投资的关键原因之一。当企业投资的产业选择与东道国的区位特色融合时，会强化产业比较优势和区位比较优势，促进对外直接投资的发展；反之，则会使两者的优势相互抵消、衰减乃至丧失。应注意的是，区位因素会直接影响跨国公司对外直接投资的选址及其国际化生产体系的布局，但它并非对外直接投资的充要条件。

邓宁的内部化优势理论源于巴克利和卡森等人的分析，但他认为，拥有无形资产所有权优势的企业通过扩大组织和经营活动，将这些优势的使用内部化，可以带来比非股权转让更多的潜在或现实利益；然而，拥有所有权内部化优势的企业也可以扩大国内的规模，并通过出口来获得充分的补偿，并非一定要进行对外直接投资。所以，这两种优势只是企业对外直接投资的必要条件，而非充分条件。

邓宁关于服务业对外直接投资理论的核心是“三优势模型”。他认为，所有权优势、区位优势和内部化优势，加之服务和服务业的特性使对外直接投资、跨国经营成为服务业企业的必然选择。但是该理论强调，企业只有同时具有上述三大优势，才能进行有利的对外直接投资。如果只有所有权优势和内部化优势，而无区位优势，企业就缺乏优越的投资场所，只能在国内利用有关优势，即在国内进行生产，然后出口。如果没有内部化优势和区位优势，仅有所有权优势，企业就难以在内部发挥其自身拥有的无形资产优势，只能通过特许转让等方式来获取收益。

1993 年，索旺（Sauvant）主持的“服务业跨国化”研究对服务业跨国公司进行了综合实证分析。他用包括不同国家 11 个部门中最大的 210 家企业在 10 年间（1976—1986 年）的数据进行了回归分析，以测定影响服务业跨国公司对外直接投资的决定因素。回归分析结果确定了 9 个决定服务业对外直接投资的主要因素，即市场规模、东道国的商业存在、文化差距、政府法规、服务业的竞争优势、全球寡头的反应、产业集中度、服务业的可贸易性以及企业规模与增长。这一结果充分证实了邓宁的理论在现实中的解释力。

第四节　针对发展中国家的国际直接投资理论

20 世纪 80 年代以来，随着发展中国家跨国公司的形成和发展，陆续出现了一些专门用来解释发展中国家企业的对外直接投资行为的理论。

一、小规模技术理论

小规模技术理论是由美国学者威尔斯针对发展中国家的对外直接投资提出的。威尔斯注意到发展中投资母国对发展中国家跨国公司的“特定优势”的影响，认为发展中国家跨国公司的技术优势具有十分特殊的性质，是投资母国的市场环境的反映。具体来说，发展中国家跨国公司具有如下三种优势：

1. 小规模技术优势

由于发展中投资母国大多市场规模不大、需求多样化，所以发展中国家的企业不得不将引进的技术加以改造，使其生产技术更具有灵活性，能够提供品种繁多的产品，以适应本国小规模、多样化的市场需求。其生产技术因而体现出小规模技术的特征。这些经过改造的小规模技术成为发展中国家跨国公司到类似市场开展对外直接投资的特殊优势之一。

2. 当地采购和特殊产品优势

威尔斯发现，发展中国家引进发达国家的技术后，往往需要对其加以改造，以便适应发展中国家当地的原料供应和零部件配套生产能力，而这一优势同样成为发展中国家企业对外直接投资的特殊优势之一。另外，发展中国家的对外直接投资往往还带有鲜明的民族特色，能够提供具有民族文化特点的特殊产品，在某些时候这一点甚至可以成为企业压倒性的经营优势。

3. 物美价廉优势

发展中国家跨国公司之所以有可能做到物美价廉，主要原因有二：一是与发达国家相比，发展中国家的劳动力成本普遍较低；二是发展中国家跨国公司的广告支出较少。

威尔斯的小规模技术理论的贡献在于：将发展中国家跨国公司的竞争优势与其投资母国自身的市场特征结合起来，能够解释发展中国家对外直接投资的部分行为。但该理论也存在明显的缺陷，如威尔斯始终将发展中国家在技术上的创新活动局限于对现有技术的继承和使用，从而限制了该理论的适用范围。

二、技术地方化理论

拉尔（S. Lall）在对印度跨国公司的竞争优势和投资动机进行深入研究之后，提出了关于发展中国家跨国公司的技术地方化理论。和小规模技术理论一样，技术地方化理论也是从技术角度来分析发展中国家跨国公司的竞争优势的。

所谓技术地方化，是指发展中国家跨国公司可以对外国技术进行消化、改进和创新，从而使得产品更适合自身的经济条件和需求。拉尔强调，发展中国家跨国公司的这种创新过程是企业技术引进的再生过程，而非单纯的被动模仿和复制过程。所产生的技术在小规模生产条件下具有更高的经济效益，且效果会由于民族或语言等因素而得到加强。另外，拉尔还认为：当发展中国家的国内市场较大、存在特殊的市场需求（如消费者的不同口味和购买力）时，发展中国家的跨国公司有可能填补这些市场，从而使其产品具有一定的竞争力。

三、技术创新产业升级理论

英国学者坎特韦尔（J. Cantwell）和托伦蒂诺（P. E. Tolentino）对发展中国家对外直接投资问题进行了系统的考察，提出了发展中国家技术创新产业升级理论。

技术创新产业升级理论强调技术创新是一国产业、企业发展的根本动力。与发达国家跨国公司的技术创新活动有所不同，发展中国家跨国公司的技术创新活动具有明显的“学习”特征。换句话说，这种技术创新活动主要利用特有的“学习经验”和组织能力，掌握和开发现有的生产技术。坎特韦尔和托伦蒂诺认为，技术的不断积累和提高可以促进一国经济的发展和产业结构的升级，而且与企业的对外直接投资直接相关，它影响着发展中国家跨国公司对外直接投资的形式和增长速度。

四、投资发展周期理论

（一）主要内容

投资发展周期理论最早由邓宁于 20 世纪 80 年代初提出，后经过了两次修订与完善，并且由 UNCTAD 进行了检验。该理论是国际生产折中理论在发展中经济体的运用和延伸。该理论认为，一个经济体的 FDI 流入量和流出量与其经济发展阶段和经济结构存在系统的关系，反映了投资国企业所有权优势不断变化的状况，体现了母国相对于潜在东道国在经济优势方面所发生的变化。一个经济体的 FDI 发展一般要经历五个阶段，每个阶段的 FDI 流入量和 FDI 流出量与该经济体的人均 GNP（GDP）相关。在发展过程中，不同经济体的演进路径、发展模式及采取的政策可能存在差异。此外，该理论还断言了FDI的结构变化，认为FDI首先集中在低技术密集型或者以资源为基础的产业，之后转移到高技术密集型产业，并且会出现效率寻求型FDI。

（二）发展

1981年，邓宁在其论文《运用动态和发展的方法解释国家的国际直接投资所处地位》（Explaining the International Direct Investment Position of Countries：Towards a Dynamic or Developmental Approach）中阐述了一国的国际直接投资流量及变化可以用国际生产折中理论进行有效的解释，并初步提出了投资发展周期的四个阶段。邓宁根据1967—1978年的国际直接投资流量和1971年的人均GNP，把67个经济体分为人均GNP在400美元以下的最贫穷的经济体（25个）、人均GNP为400～1 500美元的经济体（25个）、人均GNP为2 000～4 750美元的经济体（11个）、人均GNP为2 600～5 600美元的经济体（6个）这四组，按每组的FDI流入量和流出量的共性特征和对应的人均GNP（见表3-2），归纳了经济体投资发展周期的四个阶段。但各组经济体的人均GNP与其所处的阶段的对应关系也有例外，如第一组中的印度的FDI不存在第一组的共性特征，第三组和第四组经济体的人均GNP范围存在交叉。这意味着（特别是在后期阶段）投资行为已经无法完全用人均GNP来解释，有的人均GNP相近的经济体所处的阶段也可能不一样。如邓宁（1981）提到，人均GNP在4 000美元以上的6个经济体中，只有美国和瑞典处于第四阶段（但处于第四阶段的6个发达经济体的人均GNP也不全在4 000美元之上，除了美国和瑞典之外，英国和日本等其余4个经济体的人均GNP均在4 000美元以下）；虽然英国和新西兰的人均GNP基本处于相同水平，但英国处于FDI净额为正值的第四阶段，而新西兰的FDI净额为负值，至多处于第三阶段；澳大利亚当年人均GNP为4 099美元，却不处于第四阶段，而是大体处于第二阶段。

表3-2　投资发展周期理论的五个阶段FDI的特征及对应人均GNP（GDP）数额

阶段	FDI的特征	人均GNP（GDP）（美元）	
		邓宁（1981）	《世界投资报告（2006）》
第一阶段	FDI流入量很少，没有FDI流出，FDI净额为负值但很小	400以下	低于2 500
第二阶段	FDI流入量增加，FDI流出量仍较少，FDI净额仍为负值但变大	[400，1 500]	[2 500，10 000)
第三阶段	FDI流出量持续增加，而FDI流入量下降，FDI净额仍为负值但变小	[2 000，4 750]（部分经济体）	[10 000，25 000]
第四阶段	只有6个国家。FDI流出量的增长速度大于FDI流入量，FDI净额变为正值且在增加	[2 600，5 600]（部分经济体）	(25 000，36 000]
第五阶段	FDI流入量和FDI流出量可能都继续增加，FDI净额开始下降且以后会围绕零值上下波动		36 000以上

资料来源：闫实强．浅析部分文献关于投资发展周期理论表述与应用的谬误．亚太经济，2011（5）；联合国贸发会议．世界投资报告2006.

1986年，邓宁在《再议投资发展周期》（The Investment Development Cycle Revisited）一文中，通过对 25 个发展经济体的实证研究，揭示了每类经济体在不同的投资发展阶段的演绎过程的差异。邓宁根据这些经济体 FDI 的特征，将其分为三类，并通过研究发现，这三类经济体的投资发展路径是有差异的。

第一类经济体由富庶的城邦经济体构成，包括中国香港和新加坡。这类经济体用 20 年左右的时间实现了从投资发展周期理论的第一阶段到第三阶段的迅速跨越。

第二类经济体是指 20 世纪 60 年代借助进口替代政策从第一阶段转向第二阶段的国家和地区，包括韩国和中国台湾（这两个经济体迅速转向第一组经济体实行的经济制度），以及巴西、马来西亚、菲律宾和泰国。

第三类经济体继续实行进口替代政策，同时政府在影响经济活动的水平和模式方面发挥关键作用。印度和肯尼亚是典型例子，墨西哥和阿根廷也属于该类经济体。

1996 年，邓宁和纳鲁拉（Narula）在《再议投资发展路径：一些出现的问题》（The Investment Development Path Revisited：Some Emerging Issues）中提出了投资发展周期的五阶段理论，即在 1981 年提出的四个阶段之后增加了第五个阶段，该阶段的特征是 FDI 净额开始下降且围绕着零值上下波动。

2006 年，UNCTAD 将 135 个经济体 2004 年的人均净投资流出（用流出存量减去流入存量表示）与人均 GDP 进行了关联，证明了投资发展周期理论仍然成立，只是 UNCTAD 使用的是 2004 年的人均 GDP 数据，比邓宁当年使用的 1971 年数据晚了 30 多年。在这 30 多年里，随着世界经济发展水平的普遍提高，投资发展周期各阶段对应的反映经济发展水平的人均 GDP 明显“水涨船高”了（见表 3－2）。这充分显示了投资发展周期理论的动态特征，也充分告诫我们：如果继续用邓宁几十年前做实证研究得出的具体数字来判断现在某个经济体处于投资发展周期的哪个阶段，我们就会犯刻舟求剑那样的方法论错误。同时，UNCTAD 的该研究也充分说明了：各阶段对应的具体人均 GDP 数据可以变化，但投资发展周期的阶段与经济发展水平之间的联系是客观存在的。

投资发展周期理论是少有的从宏观经济角度分析发展中国家对外直接投资的理论。这一理论将一国吸收外资和对外投资的能力与其经济发展水平结合起来，动态地描述了跨国投资与经济发展的辩证关系，扩大了理论的解释范围。虽然该理论存在很大的局限性，但它从理论上指出了发展中国家对外直接投资发展的一般轨迹，阐明了发展中国家跨国公司发展的可能性，因而获得了理论界较为广泛的重视。

投资发展周期理论的精髓主要在于其动态化和发展的分析方法。我们应用邓宁的投资发展周期理论解释问题时，应主要运用其分析方法。判断一国处于投资发展周期的哪个阶段时，不仅要看其人均 GDP 的数据，而且要看该国经济是否符合投资发展周期某个阶段的特征。比如，某国当前 FDI 流出量的增长速度快于 FDI 流入量的增长速度，FDI 净额变为正值且不断扩大，那么不管该国人均 GDP 数据是多少，我们都可以大致判断该国处于投资发展周期的第四阶段。

第五节 案例研究

案例一

用产品生命周期理论分析施乐公司的对外投资行为

（一）基本案情

20世纪60年代初，美国施乐公司研发出了复印机，并在美国本土市场销售。后来，施乐公司开始向日本、西欧的一些发达国家出口复印机。随着这些国家市场需求的增长，施乐公司开始在日本和英国建立合资企业。合资协议规定，在合资期间，施乐公司拥有复印机生产技术和工艺的专利权。期满，外国合作伙伴，如日本的佳能可以使用这些技术和工艺，进入复印机市场。

随着国外合资企业的发展，美国复印机的出口量下降，美国开始从成本更低的外国渠道，特别是日本购买复印机。后来，日本公司发现在本土生产复印机的成本大幅上涨，于是它们又将生产基地转移到泰国等发展中经济体。

（二）案例分析

（1）产品的生命周期指的是一种产品从推出、流行到退出市场的整个兴衰过程。弗农把一种产品的生命周期划分为创新、成熟和标准化三个阶段。产品所处的不同阶段决定了不同的生产成本和生产区位选择。在产品创新阶段，创新国垄断了新产品的生产技术，新产品的需求主要在国内，最有利的方式是在创新国生产，通过出口满足有相似消费能力的国家的需求；在产品成熟阶段，生产技术基本稳定，产品应在消费水平与创新国相似但劳动力成本略低的次创新国生产；在产品标准化阶段，产品生产技术已完全标准化，生产成本是生产区位选择的决定因素，产品生产应在劳动力成本低的发展中经济体进行。

（2）施乐公司在复印机生产发展的三个阶段分别把产品生产布局在美国本土、次创新国和发展中经济体，其对外直接投资的过程符合产品生命周期理论。在产品创新阶段，即复印机刚推向市场时，施乐公司将生产地点放在创新国美国，以出口的方式满足具有相似需求的国家或地区的消费需求；在产品成熟阶段，施乐公司以合资的方式，向次创新国日本和英国等转让技术，在英国、日本设立合资企业，生产复印机；在产品标准化阶段，施乐公司又把复印机的生产基地转移到生产成本更低的发展中经济体如泰国等，然后通过贸易满足美国、日本、英国等经济体的市场需求。

案例二

试用邓宁的OIL理论的有关原理分析欧洲迪士尼乐园失败的原因

（一）基本案情

1984年，美国的迪士尼公司在美国加利福尼亚州和佛罗里达州迪士尼乐园经营成功的基础上，通过许可转让技术的方式，开设了东京迪士尼乐园，获得了巨大的成功。东京迪士尼乐园获得成功后，迪士尼公司采取直接投资方式，投资18亿美元在巴黎郊外开办了占地4 800公顷的大型游乐场（即欧洲迪士尼乐园），占有49%股权。欧洲迪士尼乐园的经营不理想，第一年经营亏损达到了9亿美元，不得不关闭了一家旅馆，并解雇了950名雇员，全面推迟第二线工程项目的开发。欧洲迪士尼乐园的股票价格也从164法郎跌到84法郎，欧洲舆论界戏称欧洲迪士尼乐园为“欧洲倒霉地”。

（二）案例分析

（1）邓宁的OIL理论认为，一家企业要从事对外直接投资，必须同时具有三种优势，即所有权优势、内部化优势和区位优势。如果企业仅具有所有权优势，则应选择以契约方式进入国际市场；如果企业既具有所有权优势，也具有内部化优势，则应选择以出口方式进入国际市场。邓宁的OIL理论为企业在跨国经营过程中选择出口方式、许可贸易方式还是FDI方式提供了理论基础。

（2）从OIL理论的角度来看，欧洲迪士尼乐园经营失败的原因主要在于选择了错误的进入方式，在不具备区位优势的条件下，选择以FDI方式进入欧洲市场。由于欧洲和美国在闲暇时间的支配方式、娱乐习惯、文化习俗等方面有明显的差异，迪士尼在没有区位优势的情形下，以FDI方式进入欧洲市场，而在经营策略上又没有采取相应对策来弥补区位优势的不足，最终导致了投资失败。如果迪士尼公司选择以技术许可方式进入欧洲市场，那么可能经营效果会好一些。

复习思考题

1. 国际直接投资的主要动机有哪些？试分析中国国有企业和民营企业海外投资动机的异同点。
2. 垄断优势理论的中心思想是什么？它能够解释中国的对外直接投资现象吗？
3. 内部化理论认为是什么导致了企业对外直接投资？你赞同这种观点吗？
4. 国际生产折中理论认为一家企业从事对外直接投资必须同时具有哪些优势？
5. 针对发展中国家的国际直接投资理论有哪些？其内容分别是什么？

第四章
国际直接投资方式

学习要点

本章主要介绍了FDI方式，其中侧重分析了新建投资方式、跨境并购方式和非股权投资方式，并分析了影响FDI方式选择的因素，最后研究了可口可乐公司收购汇源果汁和中海油收购加拿大尼克森公司的案例。通过学习，要求熟悉FDI的主要方式，掌握新建投资、跨境并购这两种FDI方式，了解影响FDI方式选择的因素和非股权方式FDI的发展趋势。

第一节　国际直接投资方式概述

国际直接投资方式（以下简称FDI方式）是指投资主体将企业资源直接投到境外，通过运营实现价值增值的具体方式。根据不同的划分标准，FDI方式可分为不同类型。人们通常从股权、设立方式、合作方式和投资企业的产品与产业的关联等角度来划分FDI方式的类型（见图4-1）。

一、按照是否拥有东道国企业的股权或控制权，可以分为股权投资和非股权投资

（1）股权投资（equity investment）是指境外投资主体通过直接投资占有其海外子公司一定比例的股权，以所有权为基础，以经营决策权为途径（持有普通股），以实现对企

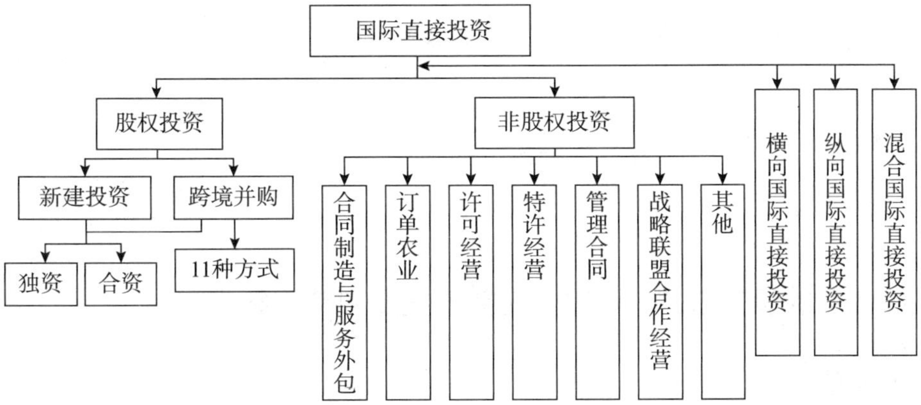

图 4-1　FDI 方式的不同类型

业的有效控制或影响为目的的直接投资方式。其中，股权投资又包括全部拥有（拥有95%以上股权）、多数占有（拥有50%以上股权）、对等占有（各拥有50%股权）和少数占有（拥有50%以下股权）四种类型。

（2）非股权投资（non-equity investment）是指投资主体通过与东道国企业签订有关技术、服务或工程承包等方面的合约，以获取利润或取得对该东道国企业的某种管理控制权的投资方式。按照UNCTAD的分类方法，非股权投资包括合同制造与服务外包、订单农业、许可经营、特许经营、管理合同、战略联盟合作经营等具体形式。与股权投资相比，非股权投资是一种合约投资，控制权较小，风险也较小。表4-1对股权投资与非股权投资这两种FDI方式进行了比较。

表 4-1　股权投资与非股权投资的比较

	股权投资		非股权投资
	新建投资	跨境并购	
控制程度	高	中	低
资源投入	高	中	低
进入障碍	小	大	小
进入速度	慢	中	快
文化差异影响	大	大	小
技术扩散风险	低	中	高
投资风险	高	中	低
后续工作	简单	复杂	简单
灵活性	小	中	大
创造就业	中	小	大
政策优惠	多	少	不定

续表

	股权投资		非股权投资
	新建投资	跨境并购	
引进东道国技术	难	易	不定
竞争效应	大	小	不定

二、按照企业的设立方式，可以分为新建投资和跨境并购

（一）新建投资

新建投资是指投资主体在国外设立分支机构、附属机构、子公司或与东道国合资创办新企业等。这种创建新企业的投资行为也称为“绿地投资”（greenfield investment）。如海尔集团1999年4月在美国南卡罗来纳州开姆顿市通过新建投资方式建设电冰箱工厂，使海尔在美国的年销售额由建厂前的不足3 000万美元增长到2010年的5.9亿美元。

（二）跨境并购

跨境并购（cross-border merger & acquisition）是跨境兼并和跨境收购的合称。跨境兼并是指一国企业购买另一国企业的全部资产，合并组成另一家企业；跨境收购是指一国企业通过以现金或股票等收购另一国企业的资产或股份的方式，取得对另一国企业的控制权和管理权。据UNCTAD的统计，跨境并购有11种方式。如海尔集团收购日本三洋电机在日本、印度尼西亚、马来西亚、菲律宾和越南的洗衣机、家用冰箱等业务，爱默生全资收购华为子公司，柯达收购国内六家感光材料厂等都属于跨境并购。

跨境并购与新建投资相比，既有优点，也有缺点（见表4－2）。

表4－2　跨境并购与新建投资的优缺点比较

跨境并购		新建投资	
优点	缺点	优点	缺点
1. 建设周期较短 2. 进入市场的速度较快 3. 可以利用原有销售渠道和网络，有利于开展本地化经营 4. 可迅速扩大经营范围，实现产品或服务的多样化 5. 可以消灭竞争对手，获得原企业的品牌、专利、技术等无形资产	1. 涉及对原企业的人员和管理制度等的整合，难度较大 2. 手续较为复杂 3. 东道国法律和政策限制较多 4. 当数量和金额较大时，常受到当地舆论抵制 5. 资产估价较烦琐且难以做到准确，从而存在一定风险	1. 不涉及对原企业的人员和管理制度的整合问题 2. 手续较简单 3. 东道国法律和政策限制较少，且常有优惠政策 4. 受当地舆论抵制较少 5. 一般能准确评估资金投入，把握主动权	1. 建设周期较长 2. 进入市场的速度较慢 3. 需重新构建销售网络，管理成本较高 4. 不利于迅速进行跨行业经营以及实现产品或服务的多样化 5. 易激起竞争对手的报复，如设置行业进入壁垒等 6. 一般不能获得既有品牌、专利、技术等无形资产

三、按照合作方式，可以分为独资经营、合资经营和合作经营

（一）独资经营

独资经营是指根据有关法律规定在东道国境内设立由境外投资者全部出资并独立经营的企业的国际直接投资方式。在这种投资方式下，企业的全部资本都由境外投资者提供，独立经营，自担风险，不参与投资与经营的东道国不能分享收益，只能获得税收、土地使用费、公共基础设施管理费等收入。如法国 A 企业与美国 B 企业在中国境内成立的 C 企业就是独资企业。

（二）合资经营

合资经营又称股权式经营，是指两个或两个以上国家的投资者（其中至少有一个东道国的投资方）共同投资创办企业，并共同经营、共担风险，按照股权比例分享收益的 FDI 方式。投资各方既可以用货币性资产作为投资股本，也可以用实物资产和无形资产作为投资股本。不管以什么出资，都要按同一种货币计算其各自的投资比例和股权，按相应的股权比例分享收益和承担风险。如外商在与北京某汽车厂合资时，以 97 项专利技术入股，折合股金 1 600 万美元。

表 4-3 对独资经营与合资经营进行了比较。

表 4-3　独资经营与合资经营的比较

独资经营		合资经营	
优点	缺点	优点	缺点
1. 拥有绝对的控制权，可以较好地执行母公司的经营战略，且利润、价格和税收等均由母公司统一控制，可取得最大的总体效益 2. 可以较好地维护自身的技术垄断地位，减少和避免技术泄露 3. 可以独享经营成果 4. 可以避免费力寻找合作伙伴	1. 受东道国法律和政策的严格限制，有时甚至会受到歧视性待遇，且可能会受到当地舆论的抵制 2. 需重新构建销售网络，管理成本较高 3. 资本投入较多，风险较大 4. 政策优惠较少	1. 较易实现与当地人的合作，且可规避东道国政府对外国投资者的歧视性待遇 2. 可利用当地合资伙伴在销售渠道方面的优势，更快地占领当地市场 3. 资本投入较少，风险共担 4. 政策优惠较多	1. 合作双方长短期利益可能不同，故管理决策容易出现冲突，可能阻碍长期经营战略的制定和实施 2. 无法保证技术垄断地位，容易导致技术泄露 3. 要让利于合作伙伴 4. 不易找到合适的合作伙伴

（三）合作经营

合作经营又称契约式经营，是指两个或两个以上国家的投资者通过谈判签订契约（或合同、协议），共同投资组成合作企业，并共同管理、共担风险的 FDI 方式。在这种 FDI 方式下，合作双方的责任、义务与权利不是以股权比例而是以契约为基础，即根据

契约规定的投资方式和分配比例享受收益或承担风险。

四、按照投资企业的产品与产业的关联，可以分为横向国际直接投资、纵向国际直接投资和混合国际直接投资

（一）横向国际直接投资

横向国际直接投资又被称为水平型国际直接投资，指企业在境外投资与母公司的生产和经营业务相同或相近的企业，并独立完成产品的生产和销售的 FDI 方式。横向 FDI 又可分为横向新建和横向并购，其目的主要是节约运输成本。如雀巢公司在全球 74 个国家拥有工厂，每个工厂生产的产品基本没有差异，工厂在当地采购原材料，也在当地销售产品。雀巢公司的这种 FDI 方式就是横向 FDI。这种 FDI 方式一般适用于机械制造业、食品加工业等。

（二）纵向国际直接投资

纵向国际直接投资是企业把产品的不同生产环节分别配置在成本相对较低的不同国家的一种 FDI 方式，又称垂直型 FDI。纵向 FDI 又可分为纵向新建和纵向并购，其基本动机是充分利用国家间的要素禀赋差异，多见于汽车行业、电子行业、资源开采和加工行业。英特尔公司就主要采用了纵向 FDI，把技术密集型生产环节（如晶片生产）放在美国、以色列和爱尔兰的工厂，而把劳动密集型生产环节（产品的组装、测试）放在中国、马来西亚、菲律宾等国的工厂。

（三）混合国际直接投资

混合国际直接投资是指既具有纵向 FDI 动机，也具有横向 FDI 动机的 FDI 方式，也包括不关联行业之间的 FDI。根据范伯格和基恩（Feinberg and Keane，2006）的研究，跨国公司的横向 FDI、纵向 FDI 和混合 FDI 分别占 12%、19%和 69%。

上述这几种划分方法有时候是交叉使用的。比如，新建投资和跨境并购这两种方式实际上都属于股权投资方式；新建投资又可以分为独资新建投资与合资新建投资；按新建企业产品与产业的关联，新建投资可以进一步划分为横向新建投资、纵向新建投资和混合新建投资；同样，跨境并购也可以分为横向跨境并购、纵向跨境并购和混合跨境并购。

第二节　新建投资方式

一、新建投资的概念

新建投资又叫绿地投资或新设投资，是国际直接投资的主要方式之一，指某一个境外投资主体依照东道国的法律或相关政策，在东道国设立新企业，拥有该企业的全部或

部分资产的投资方式。新建投资可以由境外投资者投入全部资本，在东道国设立一个拥有全部控制权的企业，也可以由外国投资者与东道国的投资者共同出资，在东道国设立一家合资企业，但二者都是在原来没有的基础上新建企业。新建投资是早期跨国公司海外拓展业务的主要方式。

二、新建投资的分类

（一）独资新建投资和合资新建投资

按照所有权比例和控制权的不同，新建投资可以分为独资新建投资和合资新建投资。其中，独资新建投资是指境外投资主体如跨国公司全资在海外建立企业，并自行管理、独享企业利润和独自承担风险的新建投资方式。合资新建投资是指跨国公司与东道国企业根据东道国的法律，按照一定的投资比例，设立新企业，共同经营管理，共负盈亏的新建投资方式。此外，还有合作新建投资，即跨国公司与东道国企业通过契约联合设立新企业的新建投资方式。

（二）横向新建投资、纵向新建投资和混合新建投资

按新建企业的产品与产业的关联，新建投资可以划分为横向新建投资、纵向新建投资和混合新建投资。

横向新建投资又称为水平新建投资和产业内新建投资，是指跨国公司在东道国新建的企业与母公司生产或销售相同或相似的产品的新建投资方式。大部分新建投资都属于此类，如福耀集团是中国规模最大、技术水平最高、出口量最大的汽车玻璃生产供应商，该公司在俄罗斯新建了独资子公司，主营汽车安全玻璃的生产和销售。

纵向新建投资又称为垂直新建投资，是指跨国公司在东道国新建的企业生产的产品与母公司的产品处于不同生产阶段的新建投资方式。如 2007 年烟台万华在美国设立全资子公司——万华美国研发有限公司，东方电气 2008 年在印度设立东方电气（印度）服务中心，就是纵向新建投资。

混合新建投资多指跨国公司在东道国新建属于不同行业的企业。

三、新建投资的条件

新建投资意味着东道国社会资本总量增加、生产力扩大和就业人数增多，也能为东道国带来先进的技术和管理经验，并为东道国经济发展提供新的增长点。因此，东道国有时偏爱这种 FDI 方式。新建投资方式需要满足以下条件：一是企业要拥有先进的技术或其他垄断性优势，或者具有本土文化特色；二是 FDI 进入的行业符合东道国的新兴产业政策，能促进东道国产业的发展或增加就业；三是在东道国投资是跨国投资企业全球战略布局中的重要一环，东道国的区位优势符合其投资动机，如获得劳动力资源、自然资源或战略资源，接近产品消费市场等；四是从公司掌控能力、东道国的外资政策、投入产出等角度来看，该企业采用新建投资方式要好于采用跨境并购方式。

四、新建投资的流程

一般来说，我国企业新建投资要经过七个步骤：一是对境外拟新建投资的项目进行调研；二是履行国内核准或备案程序；三是公司注册前的准备；四是完成公司境外注册；五是新注册企业生产前的筹备；六是产品的生产与销售；七是向中国驻外使领馆报到（见图 4-2）。

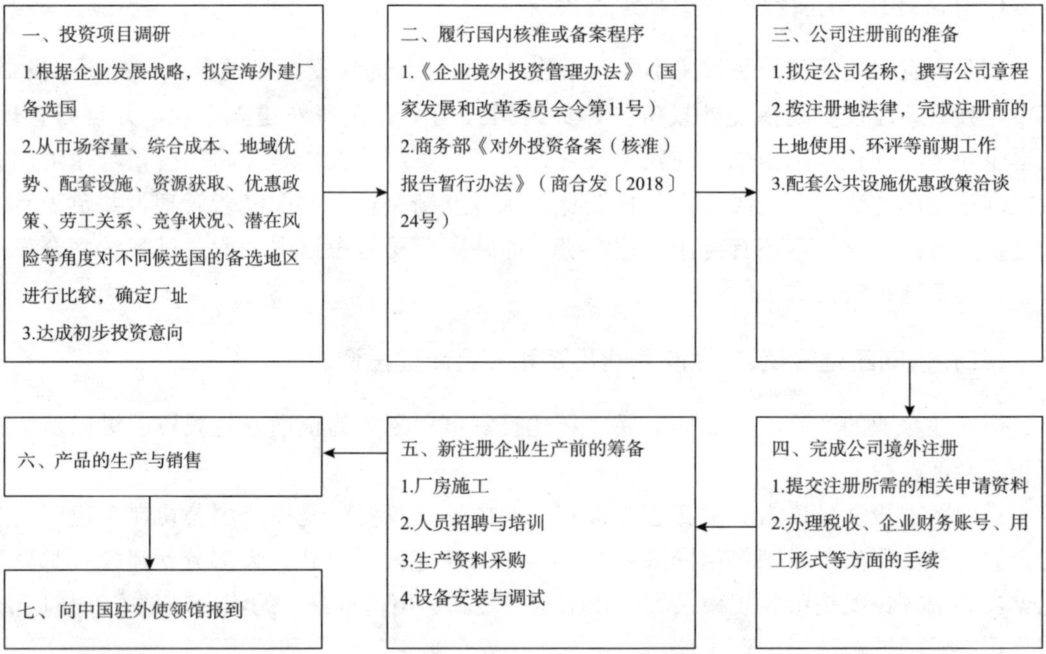

图 4-2　我国境外新建投资的流程

第三节　跨境并购方式

一、跨境并购的概念

（一）并购

从字面上看，并购（mergers & acquisition，M&A）可以分为兼并和收购两部分，有时也可以称为购并，是指一家企业通过一定的方式和支付手段，将另一家正在运营中的企业纳入自己的企业之中或实现对其的控制的行为。在并购活动中，出资并购的企业称为并购企业（公司），被并购的企业称为目标企业（公司）。

（二）跨境并购

跨境并购是跨越国界（关境）的并购，指境外投资主体通过一定的方式按照一定的法律程序取得东道国某企业的全部或部分所有权的投资行为。跨境并购涉及两个以上国家（地区）的企业，其中境外投资主体一般是实力比较强的跨国公司，也称为并购企业，而东道国企业为被并购企业或目标企业。跨境并购在国际直接投资中发挥着重要的作用，现在已发展成为设立海外企业的一种主要方式。跨境并购行为有投资者单独出资进行的，也有联合出资进行的。

二、跨境并购的分类

跨境并购的形式多种多样，按照不同的分类标准可以划分为不同的类型。

（一）横向跨境并购、纵向跨境并购和混合跨境并购

根据双方产品与产业的并联程度，跨境并购可以分为横向跨境并购（cross-border horizontal M&A）、纵向跨境并购（cross-border vertical M&A）和混合跨境并购（cross-border conglomerate M&A）。

1. 横向跨境并购

横向跨境并购又称为水平跨境并购或产业内跨境并购，是指两个以上的国家（地区）同一行业领域内生产或销售相同或相似产品的企业间的并购，如一个国家的一家汽车制造企业并购另外一个国家的一家汽车制造企业。例如，1998 年德国的戴姆勒-奔驰公司以 450 亿美元并购美国第三大汽车制造公司克莱斯勒公司，2004 年中国上汽集团收购韩国双龙汽车，都属于横向跨境并购。这种横向跨境并购一般是为了扩大企业的国际市场份额或增强企业的国际竞争力，但是容易被监管部门以反垄断为由拒绝。

2. 纵向跨境并购

纵向跨境并购又称为垂直跨境并购或产业间跨境并购，是指两个以上国家（地区）处于同一产品不同生产阶段的企业间的并购。纵向并购可以是企业对其产业链前的企业的并购，也可以是对其产业链后的企业的并购。前者如一个国家的一家钢铁企业并购另外一个国家的一家铁矿企业；后者如一个国家的一家钢铁企业并购另外一个国家的一家钢材贸易企业。纵向跨境并购的主要意图是控制某个行业的上下游，减少交易费用，降低成本，获得一体化的效益，提高竞争力。

3. 混合跨境并购

混合跨境并购多指两个以上国家（地区）的既非竞争对手又非现实中潜在的客户或供应商的企业间的并购，比如一个国家的一家家电企业并购另外一个国家的一家石化企业或一家银行。混合跨境并购的意图一般没有横向跨境并购或纵向跨境并购那么明显，可能是为了扩大产品，也有可能是为了扩大市场，或者是为了获得规模经济效应以降低风险和生产成本。

（二）协议跨境并购和要约跨境并购

根据是否通过交易所交易，跨境并购可以分为协议跨境并购和要约跨境并购。

1. 协议跨境并购

协议跨境并购是指跨境并购的公司事先与目标公司联系，或者目标公司由于经营不善主动提出转让所有权，双方通过谈判达成一致的收购条件，并签订协议完成收购的一种并购方式。一般来说，当目标公司为非上市公司时，多采用协议跨境并购方式完成收购。

2. 要约跨境并购

要约跨境并购一般是指一个国家（地区）的公司在收购另外一个国家（地区）的目标公司的股权时，通过在证券交易所收购目标上市公司已经发行流通的股份达到一定法定比例，依法向目标公司股东发出公开收购要约，按照收购要约中的规定收购目标公司股份的收购方式。要约跨境并购是目前全球证券市场最主要的收购方式，其收购成本比协议跨境并购要高。

（三）不同动机的跨境并购

根据跨境并购公司的动机，跨境并购可以分为所有权优势寻求型跨境并购、内部优势寻求型跨境并购、区位优势寻求型跨境并购、多因素寻求型跨境并购。

1. 所有权优势寻求型跨境并购

所有权优势寻求型跨境并购是指以增强本企业的所有权优势为动机，具体来说，是为了获得技术、商标、组织管理、规模、融资等方面的优势的并购方式。

2. 内部优势寻求型跨境并购

内部优势寻求型跨境并购主要是指为了避免结构性市场不完全和自然性市场不完全，通过市场内部化降低交易成本并获得或保持竞争优势的并购形式。结构性市场不完全是指各种贸易壁垒、政府干预、法律不健全等；自然性市场不完全主要是指与生产和销售有关的信息不容易获得或者需要付出比较高的代价才能获得。

3. 区位优势寻求型跨境并购

区位优势寻求型跨境并购是指以获取东道国丰富的自然资源和人力资源、广阔的销售市场、低廉的生产要素、当地政府各种优惠的投资政策等为动机的并购方式。

4. 多因素寻求型跨境并购

多因素寻求型跨境并购是指动机往往并不单一，而是多种多样的，比如获得所有权优势、内部化优势和区位优势中的两种或全部的并购方式。

（四）杠杆并购和非杠杆并购

按融资手段，跨境并购可以分为杠杆并购和非杠杆并购。

1. 杠杆并购

杠杆并购（leveraged buy-out，LBO）是指并购方利用少量资金，主要以并购的目标公司的资产及未来收益作为借贷抵押，并以目标公司的未来利润作为偿债付息来源的并购方式，它实质上是一种以较少的投入融得数倍资金的举债收购。杠杆并购是 20 世纪 80 年代开始盛行的一种并购方式，风险相对较大。

2. 非杠杆并购

非杠杆并购是指不用并购目标公司的资产或未来收益来支付或担保支付并购金的收购方式。

（五）不同支付方式的跨境并购

按支付方式，跨境并购可以分为现金并购、换股并购和混合支付并购三类。

1. 现金并购

现金并购是指并购公司按照确定的收购价格，一次性或分期用现金偿付的跨境并购方式。现金并购的好处是估价简单，不必承担证券风险，但是加重了并购发起者的现金负担和目标公司的税收负担。

2. 换股并购

换股并购是指并购公司将本公司的股票按一定比例兑换成目标公司的股票，目标公司成为并购公司的子公司或终止的跨境并购方式。换股并购的好处是不需要支付大量的现金，不涉及巨额现金的国际流动，缺点是程序比较复杂，费时费力，而且会使企业股本结构发生变化，股东股权被稀释。惠普并购康柏就是以换股并购方式完成的：惠普与康柏董事会达成一致协议，同意惠普以 0.63 股交换康柏 1 股，整个交易完成后，惠普股东拥有新公司 64%的股份，而康柏股东拥有新公司 36%的股份。此外，波音并购麦道、时代华纳并购美国在线、奔驰与克莱斯勒合并等大型跨国公司之间的并购大多是通过上市公司之间的换股完成的。

3. 混合支付并购

混合支付并购是指通过运用多种支付工具的组合并购境外目标企业的跨境并购方式。支付方式不仅有现金和股票支付方式，还包括企业债券、认股权证等多种支付方式。这种并购方式综合了前两种方式，可以扬长避短，降低风险。如联想以现金和股票支付方式并购了 IBM 的个人电脑事业部。

（六）UNCTAD 的 11 种并购方式

UNCTAD 在《世界投资报告（2009）》中对 1987—2007 年的全球收购案例进行了总结，归纳了 11 种并购方式（见表 4-4）。这 11 种并购方式分别为：（1）X 国的国内公司收购（或合并）Y 国的国内公司；（2）X 国的国内公司收购（或合并）X 国的外国公司（母国在 Y 国）；（3）X 国的外国公司（母国在 Y 国）收购（或合并）X 国的国内公司；（4）X 国的国内公司收购（或合并）Y 国的外国公司（母国在 Z 国）；（5）X 国的国内公司收购（或合并）Y 国的外国公司（母国在 X 国）；（6）X 国的外国公司（母国在 Z 国）收购（或合并）Y 国的国内公司；（7）X 国的外国公司（母国在 Y 国）收购（或合并）Y 国的外国公司（母国在 X 国）；（8）X 国的外国公司（母国在 Y 国）收购（或合并）X 国的外国公司（母国在 Z 国）；（9）X 国的外国公司（母国在 Y 国）收购（或合并）Y 国的国内公司；（10）X 国的外国公司（母国在 W 国）收购（或合并）Y 国的外国公司（母国在 Z 国）；（11）X 国的外国公司（母国在 Z 国）收购（或合并）Y 国的外国公司

（母国在 Z 国）。

表 4－4　UNCTAD 数据库中列出的收购类型（1987—2007 年）

序号	并购图示	描述	数量（起）	价值（百万美元）	东道国流入
1	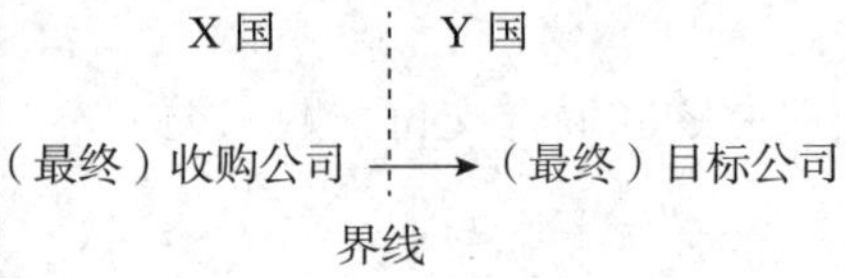	X 国的国内公司收购（或合并）Y 国的国内公司	66 903	5 983 754	＋（Y 国）
2	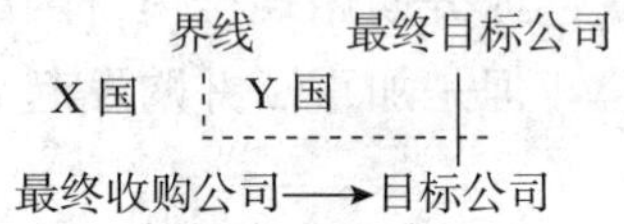	X 国的国内公司收购（或合并）X 国的外国公司（母国在 Y 国）	15 872	1 230 026	－（X 国）
3	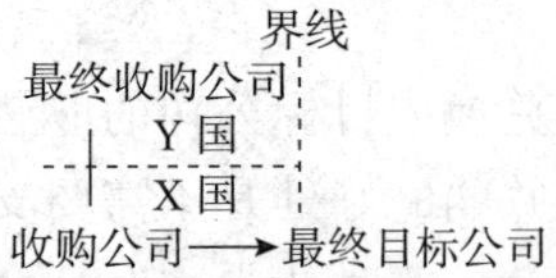	X 国的外国公司（母国在 Y 国）收购（或合并）X 国的国内公司	15 817	1 075 049	＋（X 国）
4	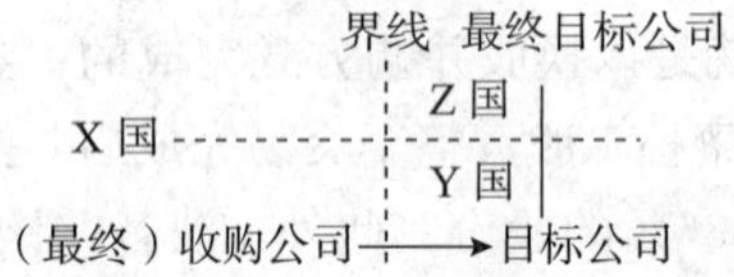	X 国的国内公司收购（或合并）Y 国的外国公司（母国在 Z 国）	8 564	834 640	＋（Y 国）
5	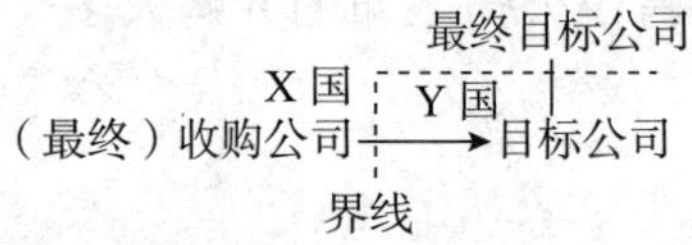	X 国的国内公司收购（或合并）Y 国的外国公司（母国在 X 国）	7 943	843 752	＋（Y 国）
6	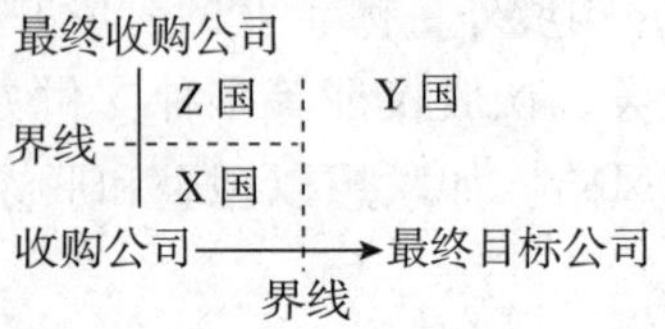	X 国的外国公司（母国在 Z 国）收购（或合并）Y 国的国内公司	4 927	288 822	＋（Y 国）
7	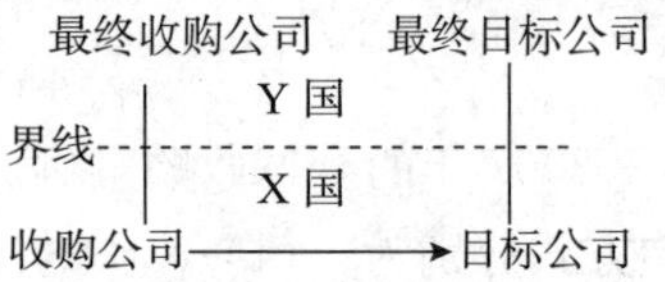	X 国的外国公司（母国在 Y 国）收购（或合并）Y 国的外国公司（母国在 X 国）	1 997	150 565	＋/－（X 国）
8	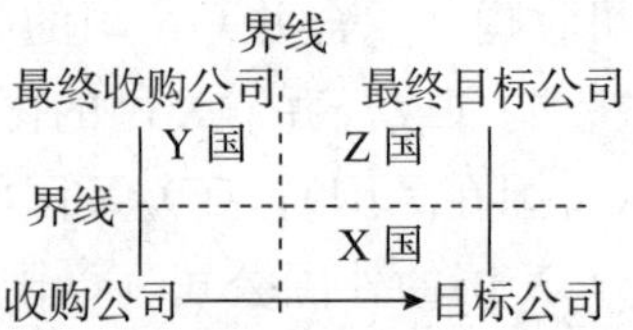	X 国的外国公司（母国在 Y 国）收购（或合并）X 国的外国公司（母国在 Z 国）	1 644	113 467	＋/－（X 国）
9	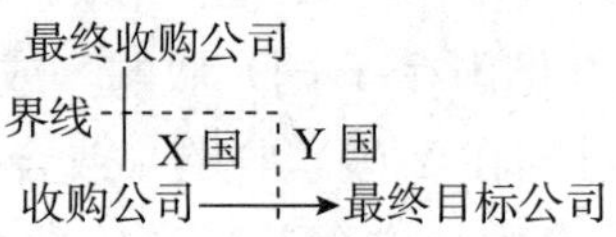	X 国的外国公司（母国在 Y 国）收购（或合并）Y 国的国内公司	1 499	166 766	＋（Y 国）

续表

序号	并购图示	描述	数量（起）	价值（百万美元）	东道国流入
10	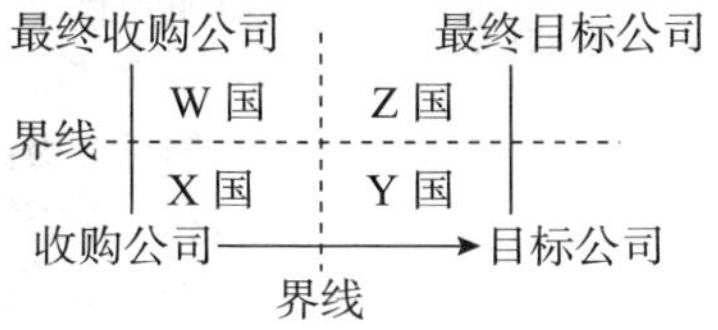	X 国的外国公司（母国在 W 国）收购（或合并）Y 国的外国公司（母国在 Z 国）	965	73 141	+（Y 国）
11	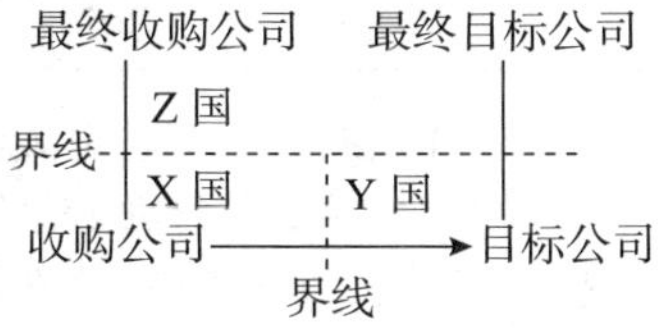	X 国的外国公司（母国在 Z 国）收购（或合并）Y 国的外国公司（母国在 Z 国）	745	55 682	+（Y 国）
总计			126 876	10 815 664	

说明："+"代表东道国 FDI 流入，"-"代表东道国 FDI 流出。
资料来源：联合国贸发会议. 世界投资报告 2008.

（七）其他跨境并购方式

对于跨境并购方式，还有一些其他的分类方法。例如，按涉及的被并购企业的范围，跨境并购可分为整体并购和部分并购；按是否受到法律规范强制，跨境并购可分为强制并购和自由并购；按并购行为，跨境并购可分为友好式并购和敌意式并购。此外，还有收购股权与收购资产之分。

三、跨境并购的流程与审查

（一）跨境并购的流程

一般来说，跨境并购的实施要经过九个步骤：一是并购企业评价自身的需求与能力；二是从众多潜在的出售企业中筛选目标企业；三是聘请专业机构对目标企业进行尽职调查；四是与目标企业磋商并购价格，确定交易方案；五是双方签订并购交易的意向书；六是双方正式签订并购协议；七是提请相关政府部门审批；八是进行正式移交工作；九是并购后进行企业整合（见图 4-3）。

（二）跨境并购审查

跨境并购审查是指东道国和被并购企业业务所涉及的国家（地区）对可能威胁其国家安全或可能形成市场垄断的跨境并购由专门机构或依据相关法律制度进行审查，并对确实有可能产生损害或造成垄断的并购活动予以阻止或采取措施迫使并购方变更甚至撤销并购活动的行为过程。一般来说，跨境并购审查的内容包括国家安全审查、反垄断审查和产业准入审查三方面。

1. 国家安全审查

跨境并购国家安全审查也称外资并购国家安全审查，是指东道国或业务所涉及的国

图 4－3　跨境并购的流程

家（地区）依据其境内的标准和程序，对外资并购中可能影响国家安全的因素进行调查，以决定是否批准并购活动的行为过程。各国跨境并购国家安全审查的立法大体可分为两种类型：一种是通过专门的法律规范外资并购审查，如美国、加拿大等国的做法；另一种是借助其他法律对外资并购进行国家安全审查，如德国的做法。各国跨境并购审查机构的设立方式主要有两种：一是设立专门审查跨境并购的机构，如美国的外国投资委员会①，该机构的职责是监督与评估外资在美并购行为，根据其对美国国家安全的影响程度，授权相关调查，并将调查结果上报美国总统，由总统决定是否阻止外资并购；二是由某一部门具体负责审查，如加拿大由工业部和文化部分别负责外资并购其工业企业和文化企业的国家安全审查工作；德国经济技术部有权审查外资并购交易并在获得联邦政

① 美国外国投资委员会（CFIUS）是按照 1975 年福特总统签署的第 11858 号行政令成立的。1988 年，第 12661 号行政令赋予了外国投资委员会审查外资并购对国家安全的影响的权力。2007 年的《外国投资和国家安全法》加强了对外资并购的审查。

府批准的情况下阻止和取消并购交易。

（1）审查的标准。目前，对国家安全的概念界定比较模糊，有的国家称之为国家利益、公共利益、公共安全、净利益，并不断赋予其新的含义，但各国在对外资并购进行国家安全审查时，也有一定的具体标准。如美国 1988 年颁布的《埃克森-佛罗里奥修正案》列举了 11 条判断是否有损国家安全的参考标准，分别是：①预计满足国防需求所要求的产量；②国内产业达到满足国防需求所要求的产量所需要的人力资源、产品、原材料、其他供应和服务；③外国公民对国内产业和商业活动的控制，及其对美国满足国防需求所要求的产量的影响；④交易是否有可能导致军用货物、装备、扩散性导弹、生化武器或技术被售予某一支持恐怖主义的国家或地区，使国防部长认为会对美国造成“地区军事威胁”；⑤交易是否可能使美国丧失其在美国国家安全相关领域内的技术领导地位；⑥交易是否会对美国的重要基础设施产生安全方面的影响；⑦交易对美国关键技术的影响；⑧交易是否与外国政府的控制有关；⑨在交易与外国政府控制有关的情况下，审查（a）该外国是否遵循导弹不扩散的控制机制，（b）该外国在反恐合作方面的记录，（c）将军用技术转运或转移的可能；⑩对美国能源需求及其他重要资源和原材料需求的长期影响；⑪总统或委员会成员认为适用的其他因素。美国 2007 年的《外商投资与国家安全法案》（FINSA）扩大了 CFIUS 的管辖范围，规定对任何外国人所为或参与的可能造成外国人控制的在美国跨州经营的合并、收购或接管交易，CFIUS 都可以审查。2018 年的《外国投资风险审查现代化法案》（FIRRMA）又赋予了 CFIUS 审查以下四类投资交易的权力：一是外国人在美国境内的航空站、港口、军用设施等敏感政府设施附近购买、租借或特许经营的房地产；二是外国人对拥有和运营关键基础设施、关键技术或收集美国公民个人敏感信息的企业所进行的任何投资；三是因外国投资人治理权变化，致使外国人控制美国企业或投资涉及关键基础设施、关键技术、敏感个人信息的企业；四是任何意图规避 CFIUS 审查的其他交易、转让、协议或安排。2020 年 2 月生效的 FIRRMA 的实施细则将 CFIUS 的管辖范围扩展至外国投资者未获控制权的特定涵盖投资，对关键基础设施、关键技术和敏感个人信息进行了定义，对不动产交易规定了细则。同时，FIRRMA 还把“特别关注国家”设定为国家安全考量因素。再如，加拿大以“净利益”作为审查外资并购的判断标准，包括六方面因素：①加拿大人对加拿大企业或新加拿大企业参与的程度和重要性，以及对这些企业所属或将所属的产业的股权参与程度和重要性；②外国投资对加拿大经济活动的水平和性质的影响，包括对就业、资源开发、加工和出口的影响；③外国投资对加拿大产业内部竞争的影响；④外国投资对加拿大生产力、生产效率、技术开发、产品创新、产品种类的影响；⑤外国投资与国家政策、经济政策及产业政策的一致性；⑥外国投资对加拿大在国际市场上的竞争力的贡献。2021 年 3 月，加拿大修订《投资国家安全审查指南》，加大了对以下四个领域的外国投资的审查力度：敏感个人信息；特定的敏感技术领域①；关键矿产；“国有或受到国家影响的”

---

① 敏感技术清单包括但不限于 15 个领域：先进材料与制造，先进海洋技术，先进传感与监控，先进武器，航天，人工智能，生物技术，能源生产、储存与传输，医疗技术，神经技术与人机交互，下一代技术与数字基础设施，导航定位与授时，量子科学，机器人与自动化系统，太空技术。

外国投资者的投资。[①]

（2）审查的程序。美国对外国投资的国家安全审查程序的启动实行的是自愿申报或相关部门通报两种方式。其中，自愿申报是指并购交易的一方或者多方，本着自愿原则，向外国投资委员会提交书面申报；相关部门通报是指外国投资委员会的任何成员如果认为某项外资并购可能会对国家安全产生不利影响，即可向委员会主席提交机构通报，委员会在接到通报后会通知并购双方接受审查，但委员会成员极少动用这一权力。美国的审查申报是非强制的，且在交易前和交易中都可以申报。外资并购的国家安全审查必须经过四个阶段：一是申报/通报；二是审查；三是调查；四是总统决定。整个审查期限最长为 90 天。

加拿大和法国对外资并购的国家安全审查的申报是强制性的，且要求在并购前申报。根据 2009 年加拿大修订的《加拿大投资法》，外国投资者直接收购加拿大企业的资产，即“企业价值”等于或大于 10 亿加拿大元时，需审查（除收购文化企业外）。同时，加拿大还规定了特定并购公告制度，即在非加拿大人收购一现有商业控制权的三种情况下[②]，需要履行公告程序。

小案例

中国企业在数字经济领域的跨境并购

当前，中国企业在数字经济领域的跨境并购发展快速，无论在并购金额还是在并购项目数量上均领先于其他国家。根据 PitchBook 数据库，中国企业在电子商务、金融科技、网络安全、数字健康等 26 个数字经济行业完成的跨境并购交易逐年增多，从 2009 年的 33 例增加至 2018 年的 178 例。其中，2013—2015 年跨境并购交易数量在中国跨境并购交易总数中的占比由 12.04%增至 26.18%（见图 4－4）。另据富而德律师事务所的调研，2009—2017 年，中国在数字和科技产业的跨境并购交易金额达 14.7 亿美元/例，参与并购的企业的平均并购交易数量为 4.6 例。

中国企业在数字经济领域的并购动机主要有四个：一是从东道国获取先进的数字技术等新型无形资产，抢占数字尖端领域；二是获取互补型研发资源，以弥补企业研发所需要的要素，营造数字领域新竞争优势；三是搭建企业海外数字销售网络，构建区域乃至全球的跨境电商生态网络体系，如阿里巴巴集团收购 Lazada、Daraz。四是传统跨国企业通过并购数字企业实现数字化转型。

作为新兴战略资源，数字领域的跨境并购不仅受国别间文化差异、制度因素等宏观因素制约（如美国叫停中国企业在美国数字领域的商业目的并购活动，这显然是出于政治目的，以“脱钩断链”的手段遏制中国企业的发展），而且受微观因素的影响，如并购

① 联合国贸发会议. 世界投资报告 2022.

② 三种情况分别是指：（1）收购者直接收购资产在 500 万加拿大元以上的加拿大企业（并非借收购一家非加拿大人所拥有的公司而间接取得一个加拿大商业机构的控制权）；（2）收购者间接收购资产价值在 5 000 万加拿大元以上的加拿大企业；（3）间接收购资产价值在 500 万～5 000 万加拿大元的加拿大企业，且该企业资产占整个投资交易总额的 50%以上。

审查更关注国有企业背景以及首席数字官和首席信息官等新职位。当前，很多国家加强了对数字领域外资并购的监管与审查，这无疑增加了跨境并购的变数，提高了跨境并购的难度。

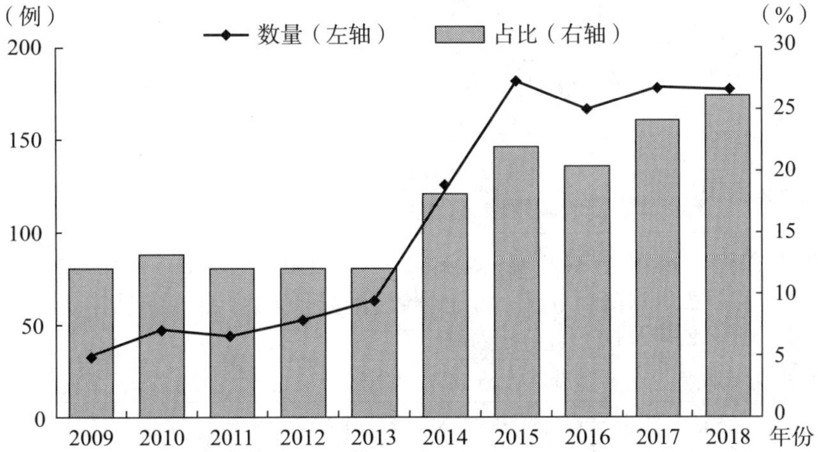

图 4-4　中国企业在数字经济领域完成的跨境并购交易数量及其在中国跨境并购交易总数中的占比

资料来源：蒋殿春和唐浩丹（2021）.

---

2. 反垄断审查

对跨境并购的反垄断审查是指由独立的反垄断审查机构依据反垄断法或相关法律对可能抑制竞争的跨境并购进行审查。对反垄断的判断是采取"事前规制"方式，即通常不是根据已经出现的限制竞争的结果来判断，而是推断并购完成后企业在市场上能够占有的份额是否会导致市场过分集中以及该企业在市场上是否会形成绝对的控制地位等。各国在初审并购是否会产生抑制竞争的结果时，常会观察并购前后与市场集中度相关的指标的变化状况，以此确定是否需要进行进一步的审查。目前，主要经济体大多对行业集中度（CR_n）①、赫芬达尔指数（HHI）② 和并购各方的市场份额之和（$\sum S_i$）等指标设置了具体要求（称为安全港）（见表 4-5），认为在此范围内的并购不会造成反竞争，超出这一范围的并购就要进一步予以调查。

---

① 行业集中度是指该行业的相关市场内前 N 家最大的企业所占市场份额的总和，$CR_N=\sum_{i=1}^{N}S_i$，其中，S_i 是第 i 家企业所占的市场份额，n 是这个行业中企业的总数，$\sum_{i=1}^{N}S_i=1$。

② $\text{HHI}=\sum_{i=1}^{n}(X_i/X)^2=\sum_{i=1}^{n}S_i^2$，其中，$X$ 是市场的总规模，X_i 是 i 企业的规模，$S_i=X_i/X$ 是第 i 家企业所占的市场份额，n 是该行业中企业的总数。通常将用此式算出来的值乘以 10 000，故 HHI 的值一般介于 0 和 10 000 之间。

表 4-5 世界主要经济体的安全港规则

经济体	反垄断机构	安全港规则
美国	联邦贸易委员会、司法部反托拉斯司	(1) $\Delta HHI<100$；(2) $HHI<1\,500$ 《横向并购指南（2010）》
欧盟	欧盟委员会竞争总司、欧洲初审法院或欧洲法院	(1) $\sum S_i<25\%$；(2) $HHI<1\,000$；(3) $1\,000\leqslant HHI<2\,000$ 且 $\Delta HHI<250$；(4) $HHI\geqslant 2\,000$ 且 $\Delta HHI<150$，$\max(S_i)<50\%$ 《横向并购指南（2004）》
德国	经济技术部	(1) $CR_3<50\%$；(2) $CR_5<2/3$ 《反对限制竞争法（2008）》
英国	公平交易署、竞争委员会、竞争上诉法庭以及商业、创新及技术部	(1) $\sum S_i<40\%$；(2) 相关企业数量由 5 家减少到 4 家；(3) $HHI<1\,000$；(4) $1\,000\leqslant HHI<2\,000$ 且 $\Delta HHI<250$；(5) $HHI\geqslant 2\,000$ 且 $\Delta HHI<150$ 《并购评估指南（2010）》
日本	公正交易委员会	(1) $HHI\leqslant 1\,500$；(2) $1\,500<HHI\leqslant 2\,500$ 且 $\Delta HHI<250$；(3) $HHI>2\,500$ 且 $\Delta HHI<150$；(4) $\sum S_i\leqslant 35\%$ 且 $HHI\leqslant 2\,500$ 《经营者集中审查指南（2007）》
新西兰	商业委员会	(1) $CR3<70\%$ 且 $\sum S_i<40\%$；(2) $CR3\geqslant 70\%$ 且 $\sum S_i<20\%$ 《并购指南（2003）》
澳大利亚	竞争和消费者委员会	(1) $HHI<2\,000$；(2) $HHI\geqslant 2\,000$ 且 $\Delta HHI<100$ 《并购指南（2008）》

资料来源：黄坤，张昕竹．并购审查中的安全港规则：一种非参数方法．中国工业经济，2011（9）.

3. 行业准入审查

行业准入审查是指对境外企业并购战略性产业或国防工业、关系到国家经济命脉的产业和需要重点保护和扶持发展的产业实施的审查。该审查对有的行业实行严格限制，对有的行业禁止外资并购，对有的行业则规定了境外投资者的最高持股比例。美国、日本和德国对外资进入行业的限制如表 4-6 所示。法国基本上没有规定禁止外国投资的行业，但法国《货币与金融法典》规定了外国企业收购或绿地投资部分行业需要法国经财部的前置审批，这些行业有：任何涉及军用或军民两用的产品和服务的行业；涉及对维护法国政府在公共秩序、公共安全或国家防卫方面的利益具有关键意义的，并且关系到能源供应、公共运输网络和服务、公共健康利益、电子信息传输或其他会对政府的公共安全或经济安全产生任何影响的设施的完整性、安全性、继续经营性的业务的行业。非欧洲投资者在法国的国防、能源、水利、航天、电信、交通运输、公共卫生、媒体和生物科技等战略产业的持股比例达到 10%以上，就要受到法国政府的审查。①

① 参见我国商务部和驻法国大使馆发布的《对外投资合作国别（地区）指南：法国（2021 年版）》。

表 4-6 美国、日本和德国对外资进入行业的限制

	行业/企业	对外资的限制
美国	航空	持股比例不超过 25%，且董事长、2/3 的董事及其他管理人员必须为美国公民
	通信、核电、沿海和内河航运	禁止
	水电	限制
	基础设施	对外资实施对等原则
日本	广播业、电信业、航空业、物流业	禁止外国自然人、外国政府或其代表、外国法人或团体进入
	金融业，证券业，保险业，电力、燃气和自来水行业	要求审批
	上市公司/非上市公司	并购上市公司或非上市公司 1%以上的股份受相关规定限制
德国	关键基础设施行业、敏感行业和媒体行业；所有特定行业（如某些涉及军事的行业）	1. 欧盟外投资者在上述领域拥有 10%及以上的股份需通过审查 2. 对非特定行业且非关键基础设施行业的持股比例达 25%的并购需审查

资料来源：根据我国商务部和驻相关各国大使馆发布的《对外投资合作国别（地区）指南（2021 年版）》整理。

此外，对并购上市公司还有一些规定，如强制要约收购和信息披露。强制要约收购是指收购人持有目标公司一定数量和比例的股份时，必须向公司其余股东进行要约收购，而且对收购条件也有限制。美国、德国、荷兰没有强制要约收购规定，英国、法国、比利时和西班牙有强制要约收购规定，中国规定收购人持有一家上市公司 30%的股份时，如果要继续增持其股份，则必须向全体股东发出收购要约。信息披露包括股东持股信息披露和收购要约发出时的信息披露。对上市公司，美国、英国等国的法律要求持有一家上市公司有表决权股份一定比例的股东必须披露其持股情况。美国和中国规定这一比例为 5%。如 2005 年盛大网络在美国纳斯达克交易所收购新浪网 19.5%的股权时，陈天桥在维尔京群岛注册了地平线传媒、地平线国际、盛大传媒和盛大股份四家公司，以四个身份收购新浪，以规避美国的并购方在取得目标公司 5%或者 5%以上股权时应当履行信息披露义务这一规定。

第四节 非股权投资方式

一、非股权投资的概念

非股权投资（non-equity investment）又称非股权安排（non-equity arrangement）、合同参与或合同安排，是指投资主体通过与东道国企业签订有关技术、服务或工程承包等方面的合约，以获取利润或取得对该东道国企业的某种管理控制权的 FDI 方式。其特点是：没有货币资本注入，是一种合约投资，不是通过获取股权的方式获取利润，有控

制权，层次高，技术含量高，需满足一定的条件，但风险较小。这种投资方式自 20 世纪 80 年代以来成为一种被广泛采用的新的国际市场进入方式，是国际企业合作经营的主要方式。

二、非股权投资的类型

根据《世界投资报告 2011》，非股权投资包括合同制造与服务外包、订单农业、许可经营、特许经营、管理合同、战略联盟合作经营以及其他各种契约关系。以下分别进行阐述。

（一）合同制造与服务外包

根据 UNCTAD 对合同制造与服务外包的定义，合同制造与服务外包指由一家国际企业将其全球价值链中的生产、服务或者工艺流程以合同方式承包给东道国企业而形成的一种契约关系，也称“外包”，通常体现了支持流程的外部化，包括 IT、商务以及知识功能。目前，欧美等经济体的制造业跨国公司多通过合同制造/外包的方式在全球拓展业务，但不同部门之间也存在差异。据 UNCTAD 的统计，2010 年全球合同制造与服务外包市场规模合计达 1.1 万亿～1.3 万亿美元，主要集中在技术/资本密集型产业（如电子业、汽车配件业和医药业）和劳动密集型产业（如服装鞋帽业、玩具业）。在技术/资本密集型产业，合同制造与服务外包往往被一些大型国际化公司采用，如富士康在中国、马来西亚、越南和捷克设有生产基地，拥有 61 万多名员工，为苹果、惠普等公司代工，再如美国 Jabil 在 20 多个国家的 59 家制造和设计工厂为苹果、惠普、思科、IBM、通用等公司提供生产服务，2009 年收入达 134 亿美元。劳动密集型产业聚集了许多小生产企业，一条产业链把它们联系在一起。在制造业，欧美跨国公司是合同的发包方，如 2009 年 IT-BPO（信息技术与业务流程外包）收入排名世界前 10 的服务供应商中，美国占了一半（见表 4-7）。

表 4-7　2009 年 IT-BPO 收入排名世界前 10 的服务供应商

公司	国别	IT-BPO 收入（百万美元）	主要服务中心
IBM	美国	38 201	在 40 多个国家有 50 个服务中心
惠普	美国	34 935	主要服务中心在美国、印度和英国，在 50 多个国家有服务点
富士通	日本	27 071	在 16 个国家有 91 个数据中心和外包服务中心
施乐	美国	9 637	服务中心主要在印度、墨西哥、菲律宾、牙买加、巴西、危地马拉、智利等
埃森哲	爱尔兰	9 179	全球有 50 多个服务中心
NTT 数据	日本	8 925	服务中心主要在美国、英国及中国、印度等
计算机科学公司	美国	6 451	在印度、中国、南亚、东欧、澳大利亚和越南有服务中心

续表

公司	国别	IT-BPO 收入（百万美元）	主要服务中心
凯捷咨询	法国	6 071	服务中心遍及 36 个国家
戴尔	美国	5 622	在印度、欧洲、拉丁美洲、加拿大和菲律宾有服务中心
Logica	英国	5 459	在 35 个以上的国家从事服务业务

资料来源：联合国贸发会议. 世界投资报告 2011.

承接服务外包的企业主要集中在印度、菲律宾和中国等亚洲经济体，2009 年这三个国家承接的服务外包金额占全球的 65%（见表 4－8）。目前，产业正向阿根廷、巴西、智利、捷克、埃及、摩洛哥及南非等地扩展。

表 4－8　2010 年全球承接服务外包的企业的区位分布

十大外包城市	十大新兴城市
印度班加罗尔	波兰克拉科夫
印度孟买	中国北京
印度德里	阿根廷布宜诺斯艾利斯
菲律宾马尼拉	埃及开罗
印度钦奈	巴西圣保罗
印度海德拉巴	越南胡志明
爱尔兰都柏林	中国大连
印度普纳	中国深圳
菲律宾宿务	巴西库里蒂巴
中国上海	斯里兰卡科伦坡

资料来源：联合国贸发会议. 世界投资报告 2011.

（二）订单农业

订单农业又称为合同农业或契约农业，UNCTAD 将其定义为国际采购商与东道国农民或农民协会之间的契约关系，该契约规定了养殖业以及农产品市场的条件，也就是一些跨国公司或者中介机构和农户或者某个乡村组织之间签订农产品订单的产销模式。比如雀巢公司与来自 80 多个发展中经济体与转型经济体的超过 60 万个农户签约；中国中粮集团与新疆、甘肃、内蒙古、宁夏等地的 155 万个农户签订了订单农业合同；巴西 75%的家禽和 35%的大豆，肯尼亚约 60%的茶叶和糖及几乎全部的出口鲜切花卉，越南 90%的棉花与鲜奶、50%的茶叶和 40%的稻米，赞比亚 100%的棉花和辣椒都是通过订单农业进行交易的。

（三）许可经营

许可经营也称为许可贸易或许可证贸易，就是一家跨国公司作为许可方允许被许可方以支付一定的许可费用为条件，在一定的期限内在一定地域使用该公司所拥有的专利权、商标权、版权或者专有技术等而形成的一种契约关系。比如，2003 年中泰公司作为“KAMA”注册商标权利人许可无锡凯马公司从 2003 年 9 月 1 日起到 2013 年 8 月 31 日期间使用该商标，无锡凯马公司从 2003 年 9 月 1 日起到 2006 年 8 月 31 日期间每年支付 5 万元，此后每年支付 10 万元，共计 85 万元。2010 年，全球许可经营销售额为 3 400 亿～3 600 亿美元。

（四）特许经营

特许经营（franchising）一词来源于法文，但最早起源于美国。特许经营是指由一家国际企业允许另一家东道国企业按照特许人建立起来的系统模式进行经营，以此换取一定的费用或在特许人所提供的商品或服务上打上其标记而形成的一种契约关系。2010 年全世界特许经营企业的经营收入约为 2.5 亿美元，其中跨国特许收入为 3 300 亿～3 500 亿美元。特许经营在零售业、餐饮业、宾馆、商业服务及教育和个人护理等服务业领域使用较多。目前，特许经营在发达国家已经有 100 多年的实践，是美国发展最快、渗透性最强的商业模式。2010 年美国 2 500 个特许经营系统①中，有特许经营网点 63 万个，销售收入达 1.48 万亿美元。2009 年，收入排名前 15 位的特许经营品牌（麦当劳、7－11、肯德基、赛百味、汉堡王、ACE 五金、必胜客、Circle K 便利店、温迪国际快餐连锁公司、万豪酒店、希尔顿酒店、RE/MAX、塔可钟、百事达、假日酒店）中，美国占 12 个。例如，麦当劳、肯德基等全球知名的快餐店利用其“饮誉世界”的品牌和成熟的运营体系发展特许经营，其对加盟企业收取的特许费有初始特许经营费、前期费和提成费（见表 4－9）。其中，麦当劳的全系统销售额中，有 72.3％是来自非股权投资，而肯德基的加盟商遍及全球 110 个国家和地区。

表 4－9　麦当劳和肯德基的特许加盟费

项目	初始特许经营费（万美元）	前期费或餐厅购入费（万美元）	提成费
麦当劳	4.5	250～320	营业额的 4％（特许经营权使用费）＋营业额的 8.5％（房产租金）＋营业额的 4％（广告特许贡献费）
肯德基	3.5	200～800	营业额的 6％（特许经营权使用费）＋营业额的 5％（广告分摊费）

资料来源：卢进勇，郜志雄．跨国公司在华知识产权收费问题研究．国际贸易，2010（2）．

（五）管理合同

管理合同（management contract）是指一家国际企业（即承包商）获得对东道国某种资产的经营控制权，通过管理该项资产获得管理费用而形成的一种契约关系。据

① 一个特许经营系统包含了同一品牌与业务模式下的全部被特许单位以及由特许人自己经营管理的单位，如麦当劳的特许经营系统。

UNCTAD 估计，2010 年跨国管理合同的销售规模达到 1 000 亿美元，涵盖宾馆、电力、供水等行业。国际酒店业过去倾向于采用特许经营，现在更青睐管理合同。在 2010 年全球十大酒店集团中，有 8 家是美国的跨国集团，其中多数采取管理合同的经营模式（见表 4－10）。

表 4－10　2010 年全球十大酒店集团

酒店集团	所属经济体	国际化程度	特许经营（%）	管理合同（%）	管理合同销售总额（百万美元）	管理合同国际就业人数
洲际酒店	英国	90	74	25	4 701	75 786
万豪国际酒店	美国	20	53	45	8 860	2 700
温德姆酒店集团	美国	25	96	1	47	519
希尔顿酒店	美国	17	69	26	4 885	13 082
雅高	法国	75	24	22	2 208	42 728
选择国际酒店	美国	15	100	NA	NA	NA
喜达屋酒店与度假村	美国	43	39	52	6 323	35 353
贝斯特韦斯特国际酒店	美国	39	100	NA	NA	NA
卡尔森全球酒店集团	美国	55	63	21	1 017	18 541
凯悦酒店	美国	30	16	53	2 716	20 376

资料来源：联合国贸发会议. 世界投资报告 2011.

（六）战略联盟合作经营

战略联盟合作经营是指两家或两家以上的跨国公司为了达成一个共同的商业目标而形成战略联盟，借助参与者向联盟提供的产品、分销渠道、生产能力、资本装备、知识、专业技能及知识产权等进行合作经营而形成的一种契约关系。跨国战略联盟是通过签订契约而自发形成的、非强制性的组织方式。该方式始于 20 世纪 60 年代，但是在近 20 年才迅速发展。目前，这种方式多用于通信、航空航天、汽车等行业，主要是高技术产业。

三、非股权投资的利弊

非股权投资实质上是跨国公司在缺乏邓宁的 OIL 理论中所提到的优势中的一种或两种的情况下做出的选择。在过去 10 年间，跨国公司采用非股权投资进行国际生产获得了快速发展。具体来说，非股权投资有以下优缺点。

（一）主要优点

1. 成本低

非股权投资不像新建投资那样需要购买土地、新建厂房和招聘人员，也不像跨境并购那样需要大笔的投资，以进行资产评估和资产重组，因此节约了直接并购成本和整合成本，也节约了中介费用。

2. 风险小

非股权投资规避了跨境并购的财务风险和营运风险，面临的政治、文化和经营风险都比较小。

3. 方式灵活

在适应经济周期与市场变化方面，非股权投资的灵活性很大。比如，企业在预见到经济周期冲击时，可以通过合同制造来调节生产水平，或通过许可经营或特许经营等模式将市场风险转移给合作伙伴。

4. 可以提高企业的经营效率

跨国公司将其非核心活动交与具有更低成本或更高效率的运营商进行经营后，可以专心经营本企业的核心产品，提高核心业务的经营效率，增强国际竞争力。

（二）主要缺点

1. 授权方的知识产权保护受到一定的威胁

在股权投资方式下，技术、商标等的转移是在企业内部进行的，风险相对容易控制，而在非股权投资方式下，授权方就会面临知识产权被侵犯的风险。

2. 失去非核心业务及相关的收益

如果将企业的非核心业务转给外部的运营商，那么企业就会失去该业务及相关的收益。

3. 信息交易成本增加

将业务外部化，就存在信息不对称的风险，使企业的信息交易成本增加。

4. 可能培养潜在的竞争对手

如果采用许可经营的方式，那么被许可方可能会在协议期结束后进行技术改良，推出新产品并将其销往自己已占有或即将进入的市场，从而对许可方构成威胁。

第五节　影响国际直接投资方式选择的因素

一、跨境经营企业的能力因素

1. 公司的实力

如果一家公司在技术、管理、营销等方面的实力比较强，具有比较优势，则可以选择股权投资方式，甚至可以采取独资方式。这一方面是因为公司有实力新建企业或并购国外的企业，另一方面是因为采取合资、合营或者非股权投资方式可能会受到一定的束缚，也面临着技术被低估或者外泄的风险。进一步分析可知，管理和组织能力强的企业一般多采用跨境并购方式，而技术实力强的企业一般多采用新建投资方式。

2. 公司的产品或服务特征

首先，要根据产品所处的生命周期，选取不同的 FDI 方式。产品生命周期理论是美国哈佛大学教授弗农在 1966 年提出的，他认为产品一般要经过形成、成长、成熟和衰退四个阶段。一般来说，跨国公司应该随着产品所处阶段的不同而选择不同的投资方式。对于不成熟的产品，即对处于形成阶段或成长阶段的产品，企业应该倾向于选择以全资子公司方式进入东道国；对于处于成熟阶段的产品，企业可以选择合资或非股权投资方式进入东道国；对于非常成熟或者处于衰退阶段的产品，企业则应采取非股权投资方式进入东道国。

其次，根据产品是否属于跨国公司的重点产品选择不同的 FDI 方式。一般来说，对于跨国公司的重点产品应采用控制性强的 FDI 方式，比如股权方式中的独资；对于非重点产品，应采用非股权方式。

再次，根据产品或服务的知名度，选取不同的 FDI 方式。一般来说，产品或服务具有一定知名度的跨国公司在直接投资时倾向于选择控制性比较强的 FDI 方式，那样就能保证其产品或服务的质量，以免损坏其声誉。产品或服务的知名度不大或没有知名度的跨国公司则倾向于选择控制性比较弱的 FDI 方式。

最后，根据产品的类别可以采取不同的 FDI 方式。如果产品是服务密集型的，即需要提供较多的售前或售后服务，或者公司的产品就是提供服务，比如计算机服务、技术或管理咨询服务、旅游服务等，跨国公司就倾向于采取非股权投资方式进入东道国，当然，如果跨国公司资金雄厚，知名度比较高，那么也可以采取股权投资方式进入东道国。

3. 公司的国际经营经验

跨国公司进行国际投资的时候，会面临不同的投资环境，会遇到政治、经济、文化、法律等方面的不确定因素，因此，如果跨国公司是初次进行 FDI，缺乏国际经营经验，就要采取控制性较弱的方式比如非股权投资方式，随着经验的积累，可以逐渐采用跨境并购、新建投资的方式进行 FDI。一般越富有经验的跨国公司越有可能采取控制性强的 FDI 方式，越没有经验的跨国公司则越倾向于采取控制性较弱的 FDI 方式进入另一个国家。

4. 公司的发展战略

如果跨国公司采取快速发展战略，则可以采用跨境并购和非股权投资方式进入东道国；如果跨国公司采取引进技术的战略，则宜采用跨境并购方式进入东道国。

二、东道国区位因素

1. 东道国的政治和政策环境

东道国的政府为了保护本国的产业或安全，会不同程度地干预 FDI 方式，比如不允许外资企业并购本国那些关乎本国国家安全的企业。比如 2011 年，华为准备以 200 万美元收购服务器技术公司 3Leaf Systems，但是遭到了美国外国投资委员会的拒绝，其称并购会对美国的国家安全构成威胁。

东道国的外资政策也会影响 FDI 方式。一般国家都会有优惠政策和限制政策。优惠政策主要是财政优惠政策和金融优惠政策，比如给予补贴贷款、便利的融资渠道、较低的所得税税率、宽松的外汇管制等。如果融资较容易，跨国公司在进行跨境并购时就可以选择股权投资方式。限制政策是东道国对外资企业进入本国某些经济领域进行限制，比如投资比例限制、融资限制、外汇管制等。

一般来说，如果东道国的政治和政策环境有利，就宜采用股权投资方式进入该国；如果东道国的政治和政策环境不利，就宜采用非股权投资方式进入该国。

2. 生产要素因素

生产要素主要是指自然资源、人力资源、技术和资金。目前世界上很少有哪个国家能拥有经济发展所需要的所有生产要素，生产要素具有稀缺性，所以跨国公司进行 FDI 很大程度上是为了更好地利用东道国的生产要素优势。如果跨国公司是为了获得东道国的生产要素，比如丰富的自然资源、高素质或低廉的劳动力、先进的技术、更多的资金等，那么一般宜采取股权投资方式进行 FDI。

3. 社会文化因素

社会文化因素主要包括语言、宗教、价值观、伦理道德、教育水平、法律观念等。如果东道国和跨国公司母国的文化差异比较大，那么跨国公司的信息成本就比较高，这时就宜采用非股权投资方式进入东道国，以避免文化冲突；如果两个国家的文化差异比较小，那么就可以采用股权投资方式进入东道国。

4. 市场因素

首先，可以根据市场竞争程度采取不同的 FDI 方式。如果市场的竞争程度比较高，那么跨国公司可以采取非股权投资方式进入东道国；如果市场竞争对手不多但是实力比较强，那么跨国公司可以采取新建投资方式进入东道国；如果市场竞争对手不多但是实力一般，那么跨国公司可以采取新建投资方式，也可以采取跨境并购方式进入东道国。

其次，可以根据东道国的市场潜力采取不同的 FDI 方式。跨国公司一般会倾向于投资具有市场潜力的国家，以扩大其世界市场份额。一般来说，如果东道国的市场潜力大，则跨国公司就可以采取控制性比较强的股权投资方式，如跨境并购或新建投资来进行 FDI；如果东道国的市场潜力小，那么跨国公司就可以采取非股权投资方式进行 FDI。

最后，可以根据东道国基础设施的好坏采取不同的 FDI 方式。如果东道国的基础设施好，则宜采用股权投资方式进入东道国；如果东道国的基础设施差，则宜采用非股权投资方式进入东道国。

三、跨境经营企业的母国因素

如果母国的市场容量小、竞争比较激烈、生产成本高、资源受到限制，则跨国公司倾向于采用股权投资方式进入东道国；相反，如果母国的市场容量大、竞争程度低、生产成本低、资源丰富，则跨国公司倾向于采用非股权投资方式进入东道国。

第六节　案例研究

案例一

可口可乐收购汇源果汁

可口可乐公司（以下简称可口可乐）收购汇源果汁是中国《反垄断法》实施后的首例禁止并购案。该案引起了实业界、学术界及国民的广泛关注。该案的并购过程、政府的审批及最后的结果对我们有什么启示呢？

（一）涉案方的基本情况

1. 可口可乐

可口可乐成立于1886年，总部设在美国佐治亚州亚特兰大，全球市场占有率达48%，在200多个国家拥有约160个饮料品牌，是全球最大的饮料公司和全球最大的果汁饮料经销商。可口可乐早在1927年就在上海建立了装瓶厂，不过1949年退出了中国市场，后于1979年重返中国市场。可口可乐在中国拥有42家装瓶厂，超过700个销售点、超过9 000个销售代表、超过3万个分销商以及超过130个零售商，可以借助金钥匙伙伴（gold key partner，GKP）计划掌控规模仅为两三人的夫妻式小店。中国是可口可乐在全球的第三大市场。2008年可口可乐占中国软饮料市场的份额为15.5%，占中国果汁市场的份额为9.7%，品牌价值达677亿美元。

2. 汇源果汁

汇源果汁是中国最大的果蔬汁生产商，占有10.3%的市场份额。汇源集团的创始公司为山东省永新实业总公司（以下简称山东永新），该公司成立于1992年。1994年，山东永新的创始人朱新礼把公司总部搬到了北京顺义北小营。1997年2月，山东永新收购北京怀南实业集团总公司，并将其改名为北京汇源果汁饮料集团总公司（以下简称北京汇源果汁）。2001年6月，北京汇源果汁（49%）与新疆屯河投资股份有限公司（51%）合资成立北京汇源饮料食品集团有限公司，朱新礼负责合资公司的运营及管理工作。2003年10月，湖北威陵集团股份有限公司受托收购新疆屯河持有的北京汇源果汁51%股权，并于2004年10月向北京汇源果汁转让该股权。2004年3月，北京汇源果汁转制为有限责任公司，同年4月改名为北京汇源果汁饮料有限公司。2005年，中国汇源果汁集团有限公司（以下简称汇源果汁）在开曼群岛设立，台湾统一集团持股5%，后因台湾当局对台资企业投资大陆的限制，2006年6月台湾统一集团从汇源果汁退出。后来，法国达能集团、美国华平投资集团、荷兰发展银行以及香港惠里基金共同投资汇源果汁2.225亿美元，换得35%股权，其中，法国达能投资1.41亿美元，独得22.18%股权。2007年2月23日，汇源果汁在香港联交所上市，融资24亿港元。AC尼尔森2007—2008年的数据显示，汇源果汁100%纯果汁的市场份额为42.1%，中浓度果汁的市场份额为43.6%，低浓度果汁的市场份额为6.9%。汇源果汁的产品出口量平均保持100个集装箱/月的水平，100%纯果汁和儿童果汁饮料覆盖美国、澳大利亚、新西兰以及东南亚和非洲的30多个国家和地区。汇源果汁拥有3 804家经销商、8 000家分销商。2008年，汇源果汁的品牌价值为28.56亿元。

（二）基本案情

2008年9月3日，可口可乐要约收购注册于开曼群岛的汇源果汁，由荷银融资亚洲有限公司代表可口可乐公司全资附属公司大西洋工业公司（Atlantic Industries）（在开曼群岛注册成立的获豁免有限公司）有条件现金收购汇源果汁股本中全部已发行股份及全部未行使可转换债券，注销汇源果汁全部未行使购股权并等价收购已发行的可转换债券及期权。至最后交易日，汇源果汁已发行1 468 816 204股，要约收购价为每股12.20港元，总价约为179.2亿港元；尚未行使的可转换债券为73 362份，可换购111 658 245股，收购价格为每份债券18 577.73港元，计13.62亿港元；尚未行使的汇源果汁购股权为29 960 500份，购买购股权与注销IPO前后尚未行使汇源果汁购股权的代价共计1.74亿港元。因此，总交易值约为194.56亿港元，约合24亿美元。根据双方协议，交易完成后，汇源果汁将成为大西洋工业公司的全资附属公司并退市。此次收购，苏格兰银行是其财务顾问。

在该收购案中，可口可乐将取得对汇源果汁的控制权，因此，该交易符合经营者集中的法定标准①；同时，可口可乐和汇源果汁2007年在中国境内的营业额分别为12亿美元（约合91.2亿元人民币）和3.4亿美元（约合25.9亿元人民币），均超过了《国务院关于经营者集中申报标准的规定》中的申报标准4亿元人民币，因此，该项并购必须接受中国商务部的反垄断审查。2008年9月18日，可口可乐向中国商务部提交了收购汇源果汁的经营者集中反垄断审查的材料，并于2008年9月25日至11月19日期间对申报材料进行了四次补充。11月20日，中国商务部对此项经营者集中予以立案审查，12月20日决定在初步审查的基础上实施进一步审查。经审查，中国商务部认定：此项经营者集中将对竞争产生不利影响。经营者集中完成后可口可乐可能利用其在碳酸软饮料市场的支配地位，搭售或捆绑销售果汁饮料，或者设定其他排他性交易条件，经营者集中将限制果汁饮料市场的竞争，导致消费者被迫接受更高价格、更少种类的产品；由于既有品牌对市场进入的限制作用，潜在竞争难以消除这种限制竞争效果；此外，经营者集中还将挤压国内中小型果汁企业的生存空间，给中国果汁饮料市场竞争格局造成不良影响。后来可口可乐提出的解决方案及其修改方案也不能有效减少此项经营者集中（并购）对竞争产生的不利影响。据此，根据中国《反垄断法》的规定，中国商务部做出禁止此项并购的决定。

（三）案例分析

（1）从广义上讲，这是中国政府自《反垄断法》实施以来，首次禁止一家外资企业在国内并购另一家外资企业。汇源果汁在开曼群岛注册，属于外资公司，根据《关于境内居民通过特殊目的公司境外投融资及返程投资外汇管理有关问题的通知》和《关于外

---

① 《中华人民共和国反垄断法》（以下简称《反垄断法》）第二十条规定："经营者集中是指下列情形：（一）经营者合并；（二）经营者通过取得股权或者资产的方式取得对其他经营者的控制权；（三）经营者通过合同等方式取得对其他经营者的控制权或者能够对其他经营者施加决定性影响。"

国投资者并购境内企业的规定》，这类由中国民营法人或自然人到开曼群岛注册离岸壳公司，然后将境内资产证券化并到香港等地上市融资的企业是“特殊目的公司”，因此，汇源果汁是一种由境内民营资本控股的特殊“外资企业”，不是“在中国境内设立的全部资本由外国投资者投资的企业”[①]。从严格意义上说，汇源果汁也是中国的本土民族品牌，对该项并购的禁止既抑制了可口可乐的行业垄断，保护了产业安全，也避免了民族品牌的流失。

（2）中国反垄断的最高机构为国务院反垄断委员会，具体工作由商务部、国家发改委、国家工商总局根据职责分别执行，即商务部负责经营者集中的反垄断审查，国家发改委负责与价格垄断有关的反垄断执法，国家工商总局则负责价格垄断以外的“垄断协议”和“滥用市场支配地位”及滥用行政权力排除、限制竞争方面的反垄断执法工作。跨境并购的反垄断由商务部审查，审查的法律依据有《反垄断法》《国务院关于经营者集中申报标准的规定》《关于外国投资者并购境内企业的规定》。从商务部对可口可乐并购汇源果汁的裁定意见中我们可以看出，要判断并购是否会造成垄断，既要进行定量分析，也要综合考虑相关因素。2008 年汇源果汁的 100％浓度果汁及 26％～99％中浓度果蔬汁销售量在国内市场占绝对领导地位，其市场份额分别为 43.8％和 42.4％，汇源果汁的 25％以下浓度果汁的市场份额为 7.6％，可口可乐的“美汁源果粒橙”和“酷儿”在中国国内市场的份额为 9.7％，并购之后，可口可乐将在 26％以上浓度果汁方面继续占有绝对优势，25％以下浓度果汁的市场份额达 17.3％，三项综合占有率达到 28.99％。从具体数字看，并购后的市场份额不足 1/3，没有违反《反垄断法》第十九条的规定[②]，不能推定经营者具有市场支配地位，但《反垄断法》第二十七条规定：“审查经营者集中，应当考虑下列因素：（一）参与集中的经营者在相关市场的市场份额及其对市场的控制力；（二）相关市场的市场集中度；（三）经营者集中对市场进入、技术进步的影响；（四）经营者集中对消费者和其他有关经营者的影响；（五）经营者集中对国民经济发展的影响；（六）国务院反垄断执法机构认为应当考虑的影响市场竞争的其他因素。”此外，参与新浪网调查的 4 万多名网民中有 82.3％表示不赞同以及国内其他饮料企业的反对也对商务部的裁决具有影响力。

（3）可口可乐的收购方式有两个特点：一是采取现金要约溢价收购，收购价约为市价的 3 倍。为确保收购成功，与达能、华平基金和汇源果汁签订了捆绑式股权转让备忘录，一旦一方反悔，反悔方就必须承担另外两方的相应损失。二是属于横向跨境并购，即生产同类产品的企业间的并购。为避免汇源果汁的创始人朱新礼出卖股权后短期内另立门户，可口可乐与朱新礼达成不竞争承诺，即在不竞争承诺宣布或成为无条件之日起两年内，汇源果汁放弃任何可能与可口可乐竞争的同行的并购，也放弃与其他人士、公司、商号合作开展任何与被并购的汇源果汁的核心业务构成竞争的业务。

---

① 孙章伟.“可口可乐—汇源收购案”的综合分析.管理评论，2011（1）.

② 我国《反垄断法》第十九条规定：“有下列情形之一的，可以推定经营者具有市场支配地位：（一）一个经营者在相关市场的市场份额达到二分之一的；（二）两个经营者在相关市场的市场份额合计达到三分之二的；三个经营者在相关市场的市场份额合计达到四分之三的。”

案例二

中海油以151亿美元收购加拿大尼克森公司

中海油（中国海洋石油总公司的上市子公司）成功收购加拿大尼克森公司（以下简称尼克森），对中海油现有资产是有益补充，也有利于尼克森的发展。该并购历时7个多月，其间获得了尼克森股东、加拿大当地法院、加拿大政府、美国外国投资委员会、欧盟、英国以及中国国家发改委等监管部门的批准。从该并购案例我们可以看出跨境并购程序之复杂，过程之艰难。

（一）公司概况

尼克森是一家位于加拿大的独立的全球性能源公司，总部设在艾伯塔省卡尔加里，在多伦多和纽约证券交易所上市。其主营业务为加拿大西部的油砂和页岩气、也门的油田、英国北海油田、西非海上及墨西哥湾深水海域的常规油气勘探与开发。截至2011年底，尼克森拥有9亿桶油当量的证实储量及11.22亿桶油当量的概算储量；此外，尼克森还拥有以加拿大油砂为主的56亿桶油当量的潜在资源量。

中海油成立于1999年，于2001年分别在香港联合交易所和纽约证券交易所上市，是中国最大的海上原油和天然气生产商，截至2011年底，其拥有约31.9亿桶油当量的净探明储量。2012年，中海油油气日均产量约为94万桶油当量。

（二）基本案情

2012年7月23日，中海油宣布将通过其子公司CNOOC Canada Holding Ltd.（中海油在加拿大设立的一家全资附属公司）分别以每股27.5美元和26加拿大元的价格现金收购尼克森所有流通中的普通股和优先股（该收购价格相比尼克森在纽约证券交易所交易的股票2012年7月20日的收盘价溢价了61%，相比截至2021年7月20日的20个交易日期间的成交量加权平均价溢价了66%），交易总价为151亿美元，以现金方式支付，并承担其43亿美元的现有债务。该收购是2005年中海油以180亿美元收购优尼科失败后中国实施的最大一桩海外油气收购交易，收购尼克森的金额也已超过中海油2011年全年FDI总额。该收购案需要经过尼克森股东、加拿大当地法院、加拿大政府、美国外国投资委员会、英国以及中国国家发改委等多方的审批。

按照加拿大法律，加拿大联邦政府需要对任何金额不低于3.3亿加拿大元（约合3.24亿美元）的涉外交易进行审查，以确保每项交易都能为国内经济提供“净利益”。中海油于2012年8月29日向加拿大政府提交收购申请。2012年9月20日，尼克森召开股东大会，99%的普通股持有人和87%的优先股持有人赞成并批准该项收购协议。同日，加拿大法院批准该项协议。2012年10月11日，加拿大政府决定将审批期限延长30天至11月10日。2012年11月2日，加拿大政府宣布将审批期限再次延长至12月10日。2012年12月8日，加拿大工业部批准该项收购。2013年1月18日，中国国家发改委宣布已于2012年12月批准中海油整体收购尼克森。2013年2月12日，美国外国投资委员会正式批准中海油对尼克森位于美国墨西哥湾的资产的收购建议，扫清了这笔交易面临的最后一个大障碍。2013年2月26日，中海油宣布于当日完成收购尼克森。

据报道，该项收购所需的现金需要通过现有资金及外部融资等来筹集。截至2011年

12 月 31 日，中海油及其附属公司实际可动用的资金约为 360.78 亿元人民币；2012 年 4 月 26 日，中海油通过发售两笔担保票据融资 20 亿美元（约合 127 亿元人民币），估计尚存在约 470 亿元人民币的资金缺口。据外媒报道，中海油已经向 15 家银行发出邀请，希望为收购尼克森寻求一笔约合 60 亿美元的贷款，贷款利率将低于 1.5%，期限为 1 年。

（三）案例分析

（1）中海油收购尼克森历经磨难，经过了多个监管部门的审批。该收购案有以下特点：一是以现金支付，溢价收购，获得 2/3 以上股东的同意。二是以子公司名义收购尼克森股份，后又得到当地法院的批准。三是向加拿大政府做出七个承诺以获得加拿大的批准：在交易完成后将卡尔加里市确立为地区总部，负责在北美和中美洲的业务，管理价值约 80 亿美元的新增资产；保留尼克森现有的管理层和员工；投入大量资金用于长期开发加拿大的油气资源；在多伦多证券交易所挂牌交易其股份；继续推进尼克森现有的社区和慈善项目，尤其是关于原住民及当地社区的项目；继续支持阿尔伯特大学的油砂研究，并参与加拿大油砂革新联盟；向工业部提交有关年度执行报告。四是获得尼克森资产所在国家或地区（如美国、英国和欧盟等）同意，否则当地的资产就得分割出来。五是还要获得母公司所在国的批准。

（2）该并购案是继中海油 2005 年竞购美国石油公司优尼科受挫之后的成功收购案例，该案例是中国石油工业最大的海外收购案例，也是中铝以 195 亿美元收购力拓失利之后中企第二大海外收购案例。该案例的成功显示出中海油的海外收购逐渐趋向成熟，其收购方式、收购措施都有明显改进。

（3）此案例之后，加拿大收紧了对外国国有企业 FDI 的审批：一是扩大了对“外国国有企业”的认定范围。新定义下的“外国国有企业”包括外国政府或机构本身由外国政府或机构直接或间接控制或“影响”的实体；受外国政府或机构控制或“影响”的个人。二是禁止外国国有企业对其油砂企业的控制性收购（除特殊情况外，此类收购一般不予批准）。三是加强了对外国国有企业投资，尤其是对获得企业控制权的投资的监控、监管，具体包括批准前的审查以及批准后的运营和执行情况监管等。四是对外国国有企业的投资审查门槛维持在 3.3 亿加拿大元，而对非国有企业的投资审查门槛将逐步放宽至 10 亿加拿大元。①

复习思考题

1. 国际直接投资的投资方式有哪些？
2. 新建投资、跨境并购和非股权投资方式的利弊分别是什么？
3. 新建投资、跨境并购和非股权投资方式分别有什么特点？
4. 新建投资、跨境并购和非股权投资方式的类型各有哪些？
5. 当前影响国际直接投资方式选择的主要因素有哪些？

① 参见中国商务部和中国驻加拿大使馆发布的《对外投资合作国别（地区）指南：加拿大（2021 年版）》。

第五章
国际直接投资环境及其评估

学习要点

本章分析了国际直接投资环境的概念和其包含的内容，介绍了分析国际直接投资环境的主要方法，如投资障碍分析法、国别冷热比较法、等级评分法、动态分析法、加权等级评分法及世界银行的营商环境评估法等，研究了欧盟、中东欧、北美洲、南美洲、东南亚和非洲等地区的投资环境，最后以案例的形式探讨了中国当前对外直接投资环境。通过学习，要求熟悉国际直接投资环境的主要内容与评估方法，掌握等级评分法及加权等级评分法，并能运用所学的方法分析国际直接投资环境。

第一节　国际直接投资环境的概念、分类与主要内容

一、国际直接投资环境的概念

投资环境，顾名思义，是指投资者进行生产投资时所面临的各种外部条件和因素，其英文是“investment climate”，直译应为“投资气候”。投资是一种冒险，如同自然界的气候一样，“投资气候”也会因各种因素的影响而变幻莫测，令人难以捉摸，从而影响投资者的投资行为。国际直接投资环境是指一国的投资者进行国际直接投资活动时所面临的各种外部客观条件和因素，它既包括经济方面的，也包括自然、政治、法律、社会、文化和科技方面的。投资环境是各种客观条件和因素的总和，是一个动态、系统、多层

次、多因素的综合体。

国际投资环境与国际直接投资活动之间是相互作用和相互影响的，投资环境的优劣对投资的数量以及效益具有直接且重大的影响，环境好不仅可以吸引投资，还能留住投资，而环境不好则难以吸引和留住投资；此外，投资的增加和企业的发展也会促进投资环境的改善。

二、国际直接投资环境的分类

国际直接投资环境可以从不同的角度分为不同的类型：

（1）根据各种环境因素所具有的物质性和非物质性，我们可以把国际直接投资环境分为硬环境和软环境两个方面。硬环境和软环境有时又分别称为物质环境和人际环境，或称为有形环境和无形环境。所谓硬环境是指能够影响国际直接投资的外部物质条件，如能源供应、交通和通信、自然资源以及社会生活服务设施等。所谓软环境是指能够影响国际直接投资的各种非物质因素，如经济发展水平与市场规模、贸易与关税政策、财政与金融政策、外资政策、经济法规、经济管理水平、职工的技术熟练程度以及社会文化传统等。

（2）根据所包含的内容和因素的多寡，我们可以把国际直接投资环境分为狭义的投资环境和广义的投资环境。狭义的投资环境是指投资的经济环境，即一国经济发展水平、经济体制、产业结构、外汇管制和货币稳定状况等。广义的投资环境除经济环境外，还包括自然、政治、社会文化和法律等可能对投资产生影响的所有外部因素。

三、影响国际直接投资环境的因素

根据各因素的稳定性，影响国际直接投资环境的因素可以归为三类，即自然因素、人为自然因素和人为因素（见表 5－1）。

表 5－1　影响国际直接投资环境的因素（按因素稳定性）

A. 自然因素	B. 人为自然因素	C. 人为因素
a_1 自然资源 a_2 人力资源 a_3 地理条件 a_4 其他	b_1 实际增长率 b_2 经济结构 b_3 劳动生产率 b_4 其他	c_1 开放进程 c_2 投资刺激 c_3 政策连续性 c_4 其他
相对稳定	中期可变	短期可变

四、国际直接投资环境的主要内容

（一）国际直接投资环境的主要内容的变化

国际直接投资环境的内容随着时间的变迁而变化，并且在不断丰富。最初，人们关注的重点是投资硬环境，俗称“七通一平”，即通水、通电、通气、通邮、通路、通商、通航及场地平整等有形环境；后来，人们发现软环境（包括办事效率、教育文化、风俗习惯、政策法规、投资优惠等）也非常重要，尽管它是无形的，但对投资决策的制定和投资项目的运营有很大影响；现在，人们不仅关注硬环境和软环境，而且重视产业生态环境（如产业配套能力、零部件与原材料供应的便利程度、产业链投资、企业集群布局等）。随着数字技术的发展与广泛应用，数字生态环境也成为人们关注的新内容（见图 5-1）。

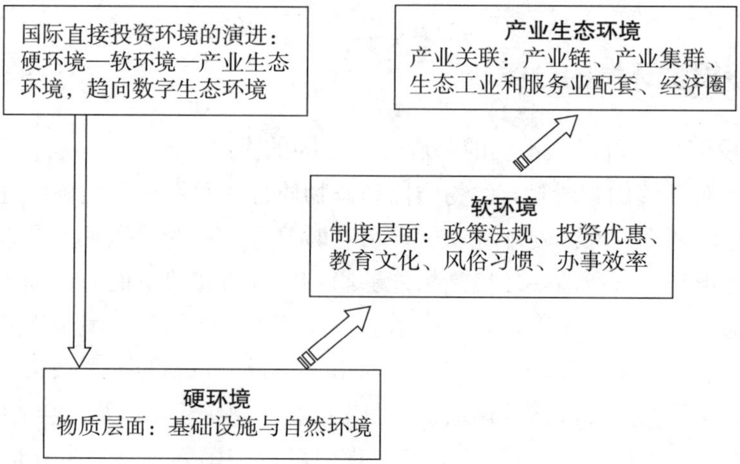

图 5-1　国际直接投资环境的演进

（二）国际直接投资环境的具体内容

1. 政治环境

政治环境主要包括政治制度、政权稳定性、政策连续性、政策措施、行政体制和行政效率、行政对经济的干预程度、政府对外来投资的态度、政府与他国的关系等。

2. 法制环境

法制环境主要包括法律秩序、法律规范、法律制度和司法实践，特别是涉外法制的完备性、稳定性和连续性，以及人民的法治观念和法律意识等。

3. 经济环境

经济环境主要包括经济稳定性，经济发展阶段，经济发展战略，经济增长率，劳动生产率，财政、货币、金融、信贷体制及政策，对外贸易体制与政策，地区开发政策，外汇管理制度，国际收支情况，商品和生产要素市场的状况与开放程度，人口状况和人均收入水平，等等。

4. 社会环境

社会环境主要包括社会安定性、社会风气、社会秩序、社会对企业的态度、教育、科研机关与企业的关系、社会服务等。

5. 文化环境

文化环境主要包括民族意识、开放意识、价值观念、语言、教育、宗教等。

6. 自然地理环境

自然地理环境包括面积、地形、气候、降雨量、地质、自然风光、与海洋的距离、自然资源状况等。自然地理环境优良与否也关系到能否吸引投资。

7. 基础设施状况

基础设施是吸引外资的重要物质条件，包括城市基础设施和工业基础设施两个方面，具体如交通运输、港口码头、厂房设备、供水供电设备、能源和原辅材料供应、通信设备、城市生活设施、文教设施及其他社会服务设施等。

8. 产业配套环境

这是近年来跨国投资者比较关注的一个问题。其内容包括工业和服务业的配套能力、采购原材料与零部件半成品的方便程度、产业链投资与产业集聚、企业集群布局等。也有学者将产业配套环境称为企业生态环境。

上面的第 1～5 点属于投资软环境，第 6 点和第 7 点属于投资硬环境，第 8 点属于产业生态环境。

第二节　国际直接投资环境的评估方法

投资环境的好坏直接影响国际直接投资决策以及国际直接投资的风险和收益，因此，在做出投资决策之前要对国际直接投资环境进行综合评估。对国际直接投资环境进行评估时，大都是将众多的投资环境因素分解为若干具体指标，然后综合评价。目前国际上常用的比较典型的评估方法分为定性评估方法和定量评估方法。定性评估方法有投资障碍分析法、国别冷热比较法，定量评估方法有等级评分法、动态分析法、加权等级评分法，以及世界银行的营商环境评估法、企业调查法和商业赋能环境（BEE）项目等。下面分别做简要介绍。

一、投资障碍分析法

投资障碍分析法是依据阻碍国际投资的潜在因素的多寡与这些因素阻碍国际投资的程度来评价投资环境优劣的一种方法。这是一种简单易行的以定性分析为主的国际投资环境评估方法。其要点是，列出外国投资环境中阻碍投资的主要因素，并在所有潜在的东道国中进行比较，根据投资环境中障碍因素的多与少来断定其坏与好。阻碍国际投资的因素主要包括以下 10 类：

（1）东道国政治障碍——东道国政治制度与母国不同；政治动荡（包括政治选举变动、国内骚乱、内战、民族纠纷等）。

（2）东道国经济障碍——经济停滞或增长缓慢；国际收支赤字增大、外汇短缺；劳动力成本高；通货膨胀和货币贬值；基础设施落后；原材料等基础产业薄弱。

（3）东道国资金融通障碍——资本数量有限；没有完善的资本市场；资金融通的限制较多。

（4）东道国技术人员和熟练工人短缺。

（5）东道国施行国有化政策与没收政策。

（6）东道国对外国投资者实施歧视性政策——禁止外资进入某些产业；对当地的股权比例要求过高；要求有当地人参与企业管理；要求雇用当地人员，限制外国雇员的数量。

（7）东道国政府对企业干预过多——实行物价管制；规定使用本地原材料的比例；国有企业参与竞争。

（8）东道国普遍实行进口限制——限制工业品和生产资料的进口。

（9）东道国实行外汇管理，限制投资本金、利润等的汇回。

（10）东道国法律、行政体制不完善——包括外国投资法规在内的国内法规不健全；缺乏完善的仲裁制度；行政效率低；贪污受贿现象普遍。

投资障碍分析法的优点在于能够迅速、便捷地对投资环境做出判断，并减少评估过程中的工作量和费用，但它仅根据个别关键因素做出判断，准确度不高，有时会使公司错失一些好的投资机会。

二、国别冷热比较法

国别冷热比较法又称冷热国对比分析法或冷热法，它是用冷因素和热因素来表示投资环境优劣的一种评估方法。热因素多的国家为热国，即投资环境优良的国家，反之，冷因素多的国家为冷国，即投资环境差的国家。这一方法是美国学者伊西·利特法克和彼得·班廷于20世纪60年代末提出的，他们根据美国250家企业对海外投资的调查资料，将各种环境因素综合起来分析，归纳出影响海外投资环境冷热的7个基本因素、59个子因素，并评估了100个国家的投资环境。所谓热国或热环境，是指该国政治稳定、市场机会大、经济增长较快且稳定、文化相近、法律限制少、自然条件有利、地理文化差距不大，反之，即为冷国或冷环境，不冷不热者则居中。现以其中10个国家为例分析比较其投资环境的冷热程度（见表5-2）。在表5-2所列的七大因素中，前四种的程度大就称为热环境，后三种的程度大则称为冷环境。当然，中为不大也不小，即不冷不热的环境。由此看来，影响一国投资环境的七个因素中，前四种越小，后三种越大，其投资环境就越差，即越冷。表5-2所列的10个国家从前到后的顺序就反映了这10个国家当时的投资环境由热到冷的排序。

表5-2　10个国家的投资环境的冷热程度比较

国家	政治稳定性	市场机会	经济发展与成就	文化的一元化程度	法令障碍	实质障碍	地理文化差距
加拿大	大	大	大	中	小	中	小
英　国	大	中	中	大	小	小	小
德　国	大	大	大	大	中	小	中
日　本	大	大	大	大	大	中	大
希　腊	小	中	中	中	小	大	大
西班牙	小	中	中	中	中	大	大
巴　西	小	中	小	中	大	大	大
南　非	小	中	中	小	中	大	大

续表

国家	政治稳定性	市场机会	经济发展与成就	文化的一元化程度	法令障碍	实质障碍	地理文化差距
印　度	中	中	小	中	大	大	大
埃　及	小	小	小	中	大	大	大

在这项研究中，学者们还计算了美国 250 家企业在上述东道国的投资进入模式的频率分布。结果表明，随着目标市场由热国家转向冷国家，企业将越来越多地采用出口进入模式，越来越少地采用投资进入模式。在一般热国家，采用出口进入模式的占 47.2%，采用在当地设厂生产模式的占 28.5%，采用技术许可合同和混合模式的占余下的 24.3%。与此形成鲜明对照的是，在一般冷国家，采用出口进入模式的占 82.6%，采用投资进入模式的仅占 2.9%，采用技术许可合同和混合模式的占余下的 14.5%。在一般中国家，采用不同进入模式的占比介于上述两类国家之间。

三、等级评分法

投资环境等级评分法又称多因素等级评分法，它是美国经济学家罗伯特·斯托色夫于 1969 年提出的。等级评分法的特点是，首先将直接影响投资环境的关键因素分为八个，然后根据这八个关键因素所起的作用和影响程度的不同确定其不同的等级分数，再按每一个因素中的有利或不利方面给予不同的评分，最后把各因素的等级得分进行加总作为对其投资环境的总体评分，总分越高表示其投资环境越好，越低则表示其投资环境越差（见表 5-3）。

表 5-3　投资环境等级评分标准表

投资环境因素	等级评分标准	投资环境因素	等级评分标准
一、资本抽回	0～12 分	三、对外商的歧视和管制程度	0～12 分
无限制	12	对外商与本国企业一视同仁	12
只有时间上的限制	8	对外商略有限制但无管制	10
对资本有限制	6	对外商有少许管制	8
对资本和红利都有限制	4	对外商有限制并有管制	6
限制十分严格	2	对外商有限制并严加管制	4
禁止资本抽回	0	对外商严格限制并严加管制	2
		禁止外商投资	0
二、外资股权	0～12 分		
准许并欢迎全部外资股权	12	四、货币稳定性	4～20 分
准许全部外资股权但不欢迎	10	完全自由兑换	20
准许外资占大部分股权	8	黑市与官价差距小于 1 成	18
外资所占股权最多不得超过半数	6	黑市与官价差距在 1～4 成	14
只准外资占小部分股权	4	黑市与官价差距在 4 成～1 倍	8
外资所占股权不得超过三成	2	黑市与官价差距在 1 倍以上	4
不准外资控制任何股权	0		

续表

投资环境因素	等级评分标准	投资环境因素	等级评分标准
五、政治稳定性	0～12 分	七、当地资金的可获得性	0～10 分
长期稳定	12	有完善的资本市场，有公开的证券交易所	10
稳定，但取决于关键人物	10	有少量当地资本，有投机性证券交易所	8
政府稳定，但内部有分歧	8	当地资本少，外来资本不多	6
常有各种压力左右政府的政策	4	短期资本极其有限	4
有发生政变的可能	2	资本管制很严	2
不稳定，极有可能发生政变	0	资本外流严重	0
		八、近五年的通货膨胀率	2～14 分
六、关税保护程度	2～8 分	低于 1%	14
给予充分保护	8	[1%，3%)	12
给予相当保护但以新工业为主	6	[3%，7%)	10
给予少数保护但以新工业为主	4	[7%，10%)	8
很少保护或不给予保护	2	[10%，15%)	6
		[15%，30%)	4
		高于 30%	2
		总分	8～100 分

从表 5-3 中我们可以看出，其所选取的因素都是对投资环境有直接影响且投资决策者最关心的因素，同时这些因素所包含的内容又都较为具体，评价时所需的资料既易于取得，又易于比较。在对具体环境的评价上，采用了简单累加计分的方法，使定性分析具有了一定的数量化内容，同时又不需要高深的数理知识，比较直观，简便易行，一般的投资者都可以采用。在各项因素的分值确定方面，采取了区别对待的原则，在一定程度上体现出了不同因素对投资环境作用的差异，反映了投资者对投资环境的一般看法。这种投资环境评估方法的采用有利于投资环境评估的规范化。但是，这种评估方法也存在三个缺陷：一是对投资环境的等级评分带有一定的主观性；二是标准化的等级评分法不能如实反映环境因素对不同的投资项目所产生的影响的差别；三是所考虑的因素不够全面，特别是忽视了某些投资硬环境方面的因素，如东道国交通和通信设施的状况等。

四、动态分析法

投资环境不仅因国家而异，而且在同一国家内也会因所处时期不同而不同。因此，在评估投资环境时，不仅要考虑环境因素的过去和现在，而且要预测环境因素今后可能出现的变化及其影响。这对企业进行对外直接投资来说是十分重要的，因为这种投资短则 5 年或 10 年，长则 15 年或 20 年以上，有的甚至是无期限的。这就需要从动态的、发展变化的角度来分析和评估投资目标国的投资环境。美国陶氏化学公司从这一角度出发制定并采用了动态分析法来评估投资环境。

陶氏化学公司认为，其在国外投资所面临的风险可分为两类：第一类是正常企业风险，或称竞争风险。例如，自己的竞争对手也许会生产出一种性能更好或价格更低的产品。这类风险存在于任何基本稳定的企业环境中，它们是商品经济运行的必然结果。第二类是环境风险，即某些可以使企业环境本身发生变化的政治、经济及社会因素。这类因素往往会改变企业的经营规则和方式，对投资者来说这些因素的影响往往是不确定的，可能是有利的，也可能是不利的。这样，陶氏化学公司就把影响投资环境的诸因素按其形成的时间及作用范围的不同分为两部分：一是企业现有业务条件；二是引起这些条件变化的主要原因。这两部分又分别包括 40 个因素。在对这两部分做出评价后，提出预测方案，通过比较选择出具有良好投资环境的投资场所。表 5－4 中第一栏是企业现有业务条件，主要对投资环境因素的实际情况进行评价；第二栏是引起这些条件变化的主要原因，主要考察政治、经济及社会因素今后可能引起的投资环境变化；第三栏是对有利因素和假设的汇总，即在对前两部分做出评价的基础上，找出 8～10 个使投资项目获得成功的关键因素，以便对其连续地进行观察和评价；第四栏是预测方案，即根据对未来 7 年中的环境变化的评估结果提出 4 套预测方案供企业决策时参考。陶氏化学公司的动态分析法之所以以未来 7 年为时间长度，是因为该公司预计投资项目投产后的第 7 年是盈利高峰年。

表 5－4　投资环境动态分析法

1. 企业现有业务条件	2. 引起这些条件变化的主要原因	3. 对有利因素和假设的汇总	4. 预测方案
评价以下因素： （1）实际经济增长率 （2）能否获得当地资产 （3）价格控制 （4）基础设施 （5）利润汇出规定 （6）再投资的自由 （7）劳动力技术水平 （8）劳动力稳定性 （9）投资优惠 （10）对外国人的态度 ⋮ ⋮ （40）	评价以下因素： （1）国际收支结构及趋势 （2）被外界冲击时易受损害的程度 （3）经济增长相对于预期目标的差距 （4）舆论界和领袖观点的变化 （5）领导层的确定性 （6）与邻国的关系 （7）恐怖主义的破坏 （8）经济和社会进步的平衡 （9）人口构成和人口变动趋势 （10）对外国人和外国投资的态度 ⋮ ⋮ （40）	对前两部分做出评价后，从中挑选出 8～10 个使在某国的某项目获得成功的关键因素（这些关键因素将成为不断查核的指数或继续作为投资环境评价的基础）	提出 4 套有关国家或项目的预测方案： （1）未来 7 年“最可能”的方案 （2）若情况比预期的好，会好多少 （3）若情况比预期的糟，会糟多少 （4）会使公司“遭难”的方案

动态分析法有优点也有缺点，它的优点是充分考虑了未来环境因素的变化及其结果，从而有助于公司减少或避免投资风险，保证了投资项目获得预期收益；它的缺点是过于复杂，工作量大，而且常常带有较大的主观性。

五、加权等级评分法

加权等级评分法是在前面所介绍的投资环境等级评分法的基础上演进出来的，该方法由美国学者威廉·戴姆赞于 1972 年提出。企业在运用这种方法时大体上要采取以下三个步骤：（1）对各环境因素的重要性进行排序，并给出相应的权数；（2）根据各环境因素对投资产生不利影响或有利影响的程度进行等级评分，每个因素的评分范围都是从0（完全不利的影响）到100（完全有利的影响）；（3）将各种环境因素的实际得分乘以相应的权数，并进行加总。表5-5就是采用加权等级评分法对甲、乙两国投资环境进行评估和比较的结果。按照总分的高低，可供选择的投资目标国被分为以下五类：（1）投资环境最优的国家；（2）投资环境较好的国家；（3）投资环境一般的国家；（4）投资环境较差的国家；（5）投资环境恶劣的国家。

表5-5 投资环境加权等级评分法

按其重要性排列的环境因素	甲国			乙国		
	(1) 权数	(2) 等级评分 (0～100)	(3) 加权等级评分 (1)×(2)	(1) 权数	(2) 等级评分 (0～100)	(3) 加权等级评分 (1)×(2)
1. 财产被没收的可能性	10	90	900	10	55	550
2. 动乱或战争造成损失的可能性	9	80	720	9	50	450
3. 收益的汇回	8	70	560	8	50	400
4. 政府的歧视性限制	8	70	560	8	60	480
5. 在当地以合理成本获得资本的可能性	7	50	350	7	90	630
6. 政治稳定性	7	80	560	7	50	350
7. 资本的汇回	7	80	560	7	60	420
8. 货币稳定性	6	70	420	6	30	180
9. 价格稳定性	5	40	200	5	30	150
10. 税收水平	4	80	320	4	90	360
11. 劳资关系	3	70	210	3	80	240
12. 政府给予外来投资的优惠待遇	2	0	0	2	90	180
加权等级总分	5 360			4 390		

表中甲国的加权等级总分为5 360分，大于乙国的4 390分，这意味着甲国的投资环境优于乙国的投资环境。如果公司面临在甲、乙两国之间选择投资场所的机会，甲国是比较理想的选择。

六、世界银行的营商环境评估法

2002年，世界银行启动Doing Business项目，根据监管程序的复杂性和成本以及法律体系的强度度量中小企业全生命周期所处的经营环境。2003年首次发布的《营商环境报告》用5个一级指标评估了133个经济体的营商环境，此后每年公布一份报告，直至2020年。《营商环境报告》涵盖12个商业监管领域，其中开办企业、办理施工许可、获得电力、产权登记、获得信贷、保护少数投资者、纳税、跨境贸易、合同执行和破产办理10项指标被列入营商环境便利度评分和营商环境便利度排名，劳动力市场监管为参考值（见表5-6）。从法制化和便利化角度，可以将11项一级指标分为两类：一类反映监管过程的复杂程度和费用支出，包括开办企业、办理施工许可、获得电力、产权登记、纳税、跨境贸易6项指标；另一类反映法制保障程度，包括获得信贷、保护少数投资者、合同执行、破产办理和劳动力市场监管5项指标。《营商环境报告》比较了各经济体每年的营商监管环境，为各经济体提高监管效率、优化营商环境提供了基准指标，有利于推动全球营商环境改善，但这套指标体系没有涉及经营地的安全、贿赂和腐败、市场规模、宏观经济的稳定、金融系统状况、劳动力的培训水平和技能，也没有包括企业获取电力供应的可靠性和获得信贷的可能性。2021年9月16日，世界银行集团（WBG）高级管理层决定停止发布《营商环境报告》，并宣布将研究评估商业和投资环境的新方法。

表5-6 世界银行的营商环境指标体系

一级指标	二级指标
1. 开办企业	办理程序（数量）
	办理时间（天数）
	费用（在人均收入中的占比）
	最低注册资本金（在人均收入中的占比）
2. 办理施工许可	办理程序（数量）
	办理时间（天数）
	费用（在仓库价值中的占比）
	建筑质量控制指数（1～15）
3. 获得电力	办理程序（数量）
	办理时间（天数）
	费用（在人均收入中的占比）
	供电稳定性和收费透明度指数（0～8）
4. 产权登记	办理程序（数量）
	办理时间（天数）
	费用（在登记财产中的占比）
	土地管控质量指数（0～30）
5. 获得信贷	法律权利强度指数（0～12）
	信用信息深度指数（0～8）
6. 保护少数投资者	信息披露程度指数（0～10）
	董事责任指数（0～10）
	股东诉讼便利指数（0～10）
	股东权利指数（0～6）
	所有权和控制权指数（0～7）
	公司透明度指数（0～7）

续表

一级指标	二级指标
7. 纳税	纳税（次数/年）
	公司纳税时间（小时/年）
	总税率和贡献率（在利润中的占比）
	税后实务流程指数（postfiling index）（0～100）
	增值税退税办理时间（小时）
	退税到账时间（周）
	企业所得税审计申报时间（小时）
	企业所得税审计完成时间（周）
8. 跨境贸易	出口耗时：单证合规（小时）
	出口耗时：边境合规（小时）
	出口费用：单证合规（美元）
	出口费用：边境合规（美元）
	进口耗时：单证合规（小时）
	进口耗时：边界合规（小时）
	进口费用：单证合规（美元）
	进口费用：边界合规（美元）
9. 合同执行	解决商业纠纷的时间（天数）
	解决商业纠纷的成本（在索赔额中的占比）
	司法程序的质量指数（0～18）
10. 破产办理	回收率（每1美元可回收多少）
	破产法律框架的强度指数（0～16）
11. 劳动力市场监管	就业监管灵活性
	工作质量控制方面的灵活性
12. 政府采购	通过公共采购及公共采购规管架构参与及获得工程合约的程序及时间

资料来源：World Bank. *Doing Business 2020*.

七、世界银行的企业调查法

世界银行的《企业调查》（*Enterprise Survey*）是世界银行从公司角度对经营地宏观层面的腐败、犯罪、融资、企业特征、性别、政府非正式收费负担、基础设施、创新与科技、绩效、法规与税收、贸易、劳动力12个领域超过100个二级指标所进行的度量（见表5-7）。它通过与公司经理和企业主的面对面访谈，收集有关国家商业环境和企业生产的大量定性和定量信息，把一个经济体的经营环境特征与企业的生产率和绩效联系起来。世界银行的《企业调查》对《营商环境报告》做了补充。

表 5-7　世界银行《企业调查》的指标

一级指标	二级指标数量（个）
腐败	13
犯罪	8
融资	15
企业特征	10
性别	5
政府非正式收费负担	4
基础设施	13
创新与科技	5
绩效	5
法规与税收	9
贸易	12
劳动力	12

资料来源：World Bank.

八、世界银行的项目

2022 年，世界银行对 BEE 项目进行了说明。

BEE 项目针对企业从开业、运营到退出市场的全生命周期设计了 10 个一级指标，每个一级指标都包括相关法规的质量、公共服务、整体效率三个方面的内容，共对应 30 个二级指标（见表 5-8）。

表 5-8　世界银行 BEE 项目的指标体系

一级指标	二级指标
企业准入	有关企业准入的监管法规的质量（规则框架）
	初创企业数字化公共服务和信息透明度（公共服务）
	开业流程的效率（衡量上述两方面的影响）
经营场所	有关不动产租赁、财产权和城市规划的法规的质量
	公共服务的质量和信息的透明度
	获得经营场所的关键服务效率
公用事业连接	有关公用事业（电、水、互联网）的法规的质量
	公用事业绩效和公用事业服务的透明度
	公用事业法规和服务的实施效率

续表

一级指标	二级指标
劳动力	劳动法规的质量
	劳动力市场公共服务的充足性
	雇用劳动力的难易程度
融资服务	有关担保交易、电子支付和绿色金融的法规的质量
	信贷报告框架的质量
	获得融资服务的便利性
国际贸易	有关国际货物贸易、电子商务和环境可持续贸易的法规的质量
	国际货物贸易便利化公共服务的质量
	进出口商品、从事电子商务的效率
税收	税收法规的质量
	税务部门的服务
	税负和税收系统的效率
纠纷解决	有关解决商业纠纷的法规的质量
	商业诉讼中公共服务的充足性
	解决商业纠纷的难易程度
市场竞争	促进市场竞争的法规的质量
	促进竞争的公共服务的充足性
	实施促进市场竞争的关键服务的效率
企业破产	有关破产的法规的质量
	破产制度及实施的基础设施的质量
	破产司法程序的便利性

资料来源：World Bank.

第三节　世界主要投资目标地区的投资环境分析

一、欧盟主要国家的投资环境分析

（一）欧盟概述

欧盟（European Union，EU）是目前世界上地区一体化程度最高的国家集团。欧洲一体化建设半个多世纪以来在曲折中不断取得积极进展：欧盟先后建立了关税同盟，实行了共同贸易政策、农业和渔业政策；统一了内部大市场，基本实现了商品、人员、资本和服务的自由流通；建立了经济与货币联盟，在欧元区内统一了货币。一体化建设逐步向外交、安全、司法、内务等领域拓展，并不断取得进展。欧盟通过《阿姆斯特丹条约》和《尼斯条约》，逐步将《申根协议》纳入欧盟法律框架，把民事领域司法合作纳入欧盟机制。欧盟经历了7次扩大，2013年克罗地亚正式加入欧盟后，其成员国增加至28个，但英国于2020年1月30日正式脱欧后，其成员国减少为27个，总面积达414万平方公里（2022年），人口为4.4亿（2022年），2021年GDP达14.475万亿欧元。

（二）欧盟主要国家的自然环境

德国位于欧洲中部，面积为35.8万平方公里，人口为8 410万（2022年9月），是欧盟人口最多的国家。德国的人口主要是德意志人，还有少数丹麦人和索布族人。德国自然资源贫乏，除硬煤、褐煤和盐的储量丰富之外，在原料供应和能源方面很大程度上依赖进口，2/3的初级能源需进口。森林覆盖面积为1 140万公顷，占全国总面积的32%。水域面积为86万公顷，占全国总面积的2.4%。

法国位于欧洲西部，面积为63.28万平方公里（其中本土面积为55万平方公里），人口为6 563万。法国能源储量贫乏，铁矿石蕴藏量约10亿吨，但品位低、开采成本高，故完全依赖进口。煤储量已近枯竭，所有铁矿、煤矿均已关闭，所需矿石完全依赖进口。有色金属储量很少，几乎全部依赖进口。能源主要依靠核能，约70.6%的电力靠核能提供。此外，水力和热资源的开发和利用比较充分。森林面积约为1 700万公顷，森林覆盖率达31%，五个海外省的森林面积为870万公顷。

（三）欧盟主要国家的经济环境

1. 宏观经济状况

德国是高度发达的工业国，经济总量位居欧洲首位、世界第四。根据德国联邦统计局的数据，2021年德国国内生产总值达3.57万亿欧元，剔除价格因素后同比增长2.9%。受俄乌冲突的影响，德国联邦统计局将2022年经济增长预期下调至2.2%。其经济发展对外依存度高，工业基础雄厚，服务业发达，人均国内生产总值达4.29万欧元，国民总收入达37 294.98亿欧元。

法国是最发达的工业国之一，在核电、航空、航天和铁路方面居世界领先地位。2018年下半年以来，受国际贸易环境恶化、欧元区经济放缓、“黄马甲”运动、能源价格上涨等因素影响，法国经济下行压力加大。2020年，法国国内生产总值下降8.2%，创第二次世界大战以来历史最大跌幅。随着新冠肺炎疫苗接种计划的推进和疫情解封等利好因素的出现，法国经济自2021年第二季度逐渐回暖，2021年增长6.8%，为欧元区表现最好的国家之一，法国国家统计和经济研究所（2022年9月）预计2022年经济增长率为2.6%。

2. 投资政策

德国的外国投资主要来自美国、荷兰、法国、英国、瑞士和日本。自20世纪70年代中期以来，外国在德国投资的增长率低于德国在国外投资的增长率。外国投资主要集中在商业、化工、金融、电子技术、汽车制造、石油化工和机械制造部门。中小企业是德国经济体系最重要的支柱，因此，为中小企业创造尽可能良好的框架条件是联邦政府的首要任务。除了已经规划的减轻企业税收负担的措施外，德国还专门为较小企业规划了其他措施：给予企业的创业计划大幅的税收优惠，政府同银行、资本投资公司以及保险公司一起研究建立风险资本基金的各种可能性。德国政府还多次修订《对外经济条例》，不断下调对非欧盟国家企业并购或参股德国企业的审查门槛。新冠疫情的暴发给德国经济造成了一定程度的冲击，保护重点领域和企业、提高外资并购门槛的呼声持续上升。

法国是世界经济强国，对外国在法国的直接投资基本实行国民待遇，每年吸引大量外国直接投资。20 世纪 80 年代，外国对法国的投资主要集中于购买不动产（十年中共购买土地 4.5 万公顷）。近年来，外国对法国服务业和工业部门的投资加快，涉及的领域主要有机械、汽车、化工产品、钢铁、农产品、食品、服装等。2020 年，外国对法直接投资存量达 7 850 亿欧元。2020 年，法国吸引外国直接投资 43 亿美元，美国、瑞士、德国、英国等是法国主要外资来源国。目前，法国政府积极采取措施鼓励外国在法国投资，如设立国际投资署（AFII）、放宽条例、为投资提供帮助等。

（四）欧盟主要国家的政治环境

德国新政府在注重保持内外政策稳定性和连续性的同时，将解决失业、振兴经济和促进可持续发展作为施政重点，社会总体形势保持稳定，但税收、医疗和养老保险等方面的改革计划和措施引起了社会一些阶层的强烈不满，五金、建筑、银行等行业相继举行大规模罢工，劳资矛盾加剧、教育质量下降等问题亦引起了社会的普遍关注和担忧。

法国新政府上台后大力推行各项改革，包括推进以“权力下放”为核心的政治体制改革，着手改革退休制度，放宽 35 小时工作制，提高最低工资标准等，同时加大了对社会治安的治理力度，积极应对移民和穆斯林问题。

（五）对投资欧盟主要国家的建议

德国是欧盟经济实力最强的国家，并与我国有着良好的经贸关系。德国具有国际先进的技术水平，我国汽车工业、电子行业、机械与设备制造业及化学工业领域中小企业可以通过与德国企业合资、合作来发展和提高自身的技术水平。

法国吸引外资的主要优势有：法国经济发展潜力较大，国民受教育水平较高，数字经济和绿色经济发展方兴未艾，投资环境开放透明；基础设施完善，劳动生产率高，市场开放程度高，法律体系健全，投资者的合法权益有保障；除某些特殊行业需要事先申报外，外国投资者在法国市场可享受“国民待遇”。但在法国进行直接投资也面临企业税负沉重、劳动力价格高、用工制度僵硬和外企常驻人员办签证和居留证难等问题，需予以重视。外国在法国投资的主要行业是商品服务业、制造业、房地产业、能源业等。近年来，中法两国关系日益紧密，这将是中国企业投资法国的一个良好时机。中法两国经贸互补性强，除传统双边合作外，两国在“一带一路”倡议、第三方合作领域为双方企业提供了新机遇，中国对法国的投资涉及的领域众多，包括农食产品、机械设备、信息工程、电信运营等，总体上呈现出投资领域多元化、投资形式多样化的特点。

二、中东欧国家投资环境分析

（一）中东欧概述

在实行了40多年的社会主义制度后，中东欧国家的政治制度在20世纪80年代末发生了剧变，由原来的一党执政变成了多党议会制。经过一段时间的动荡、分化、组合，现在中东欧国家的政治变革趋于平稳，基本在法制、议会的框架内进行，但经济增长率普遍出现了较大幅度的下降。

（二）中东欧主要国家的自然环境

俄罗斯位于欧洲东部和亚洲北部，面积为1 709.82万平方公里，人口为1.46亿，居世界第九位。俄罗斯自然资源十分丰富，种类多，储量大，自给程度高。俄罗斯国土面积居世界第一位；森林覆盖面积占国土面积的65.8%，居世界第一位；木材蓄积量居世界第一位；石油探明储量占世界探明储量的9%；天然气、煤、铁、水力资源、铀、黄金等的储量都居世界前列。

罗马尼亚位于东南欧巴尔干半岛东北部，面积约为23.8万平方公里，人口为1 895万。罗马尼亚矿藏有石油、天然气、煤、铝土矿、金、银、铁、锰、锑、盐、铀、铅等；森林面积为653万公顷，约占全国面积的27.3%；水力资源蕴藏量为625万千瓦；内河和沿海产多种鱼类。

（三）中东欧主要国家的经济环境

1. 宏观经济状况

俄罗斯近年来进一步加强经济立法，规范经济活动，投资和经营环境得到了一定改善，特别是税制改革提高了企业投资的积极性，缓解了财政压力。但是，俄罗斯经济增长受国际能源市场行情的影响仍较大，产业结构调整仍十分艰巨。2021年，俄罗斯国内生产总值同比增长4.7%，截至2022年9月30日，俄罗斯的国际储备达5 407亿美元。

进入20世纪90年代后，由于政权更迭，体制转轨过速，罗马尼亚的生产大幅滑坡。罗马尼亚经济在2000—2008年持续增长，2009—2010年受国际金融危机影响出现负增长，2011年起企稳回升，2020年受新冠疫情的影响下滑。2021年，罗马尼亚国内生产总值为2 383亿欧元，人均国内生产总值约为1.5万美元。

2. 投资政策

俄罗斯市场容量大，市场竞争水平较低；自然资源丰富，原料和燃料价格相对便宜；工业基础雄厚，军工领域高科技优势明显；人口的整体文化素质较高，拥有技术熟练而又相对比较便宜的劳动力资源，是一个潜力巨大的投资市场。俄罗斯吸引外资的优先领域是：亏损企业、未竣工项目、因缺少进口原料和设备而生产萎缩的企业、食品工业企业、地方工业企业、建材工业企业、因污染需转产的企业。俄罗斯利用外资的重点是：西伯利亚及远东地区的石油、天然气、煤炭、木材加工等能源、原材料工业，以及交通通信设施；建立自由经济区；向外国投资者拍卖俄罗斯股份公司股票；出售其他有价证券；房地产开发。俄罗斯拥有健全的投资法律体系，与投资直接相关的联邦法律有《固定资产投资活动法》《外国投资法》《关于外资进入对保障国防和国家安全具有战略意义的商业组织程序法》等。此外，俄罗斯联邦政府、各地方政权也在自己的权限内颁布了众多的投资法规、法令。自2019年起，从俄罗斯中央到地方各级政府继续采取措施，积极改善投资环境。

根据罗马尼亚现行法律，外国投资者在不危害其环境、国家安全、公共秩序、道德标准的前提下，可在金融、保险、工业、自然资源勘探及开发、通信、科学研究和技术开发、农业、服务、旅游等任何部门成立独资或合资公司。罗马尼亚自1992年起成为相互投资保护署的成员国，同世界330多个国家签署了《相互投资保护协定》。2000年12月罗马尼亚新政府执政后，十分重视吸引外国投资，于2001年6月通过了新的《鼓励直接投资法》。2021年，罗马尼亚共吸引外资73亿欧元，主要投资国为荷兰、奥地利、德国。

（四）中东欧主要国家的政治环境

普京当选俄罗斯联邦总统后，逐步调整叶利钦时期的国内政策，加强总统垂直权力系统，打击金融寡头对政权的非法干预，加强舆论控制；大力改善同各个反对派的关系，加强与各个党派的对话和合作，使朝野矛盾和斗争趋于缓和。2001年《政党法》出台后，俄罗斯各政治力量加快整合步伐，以俄共、全俄罗斯“统一和祖国”党以及“右翼力量联盟”政党为代表的左中右三党格局初步形成。普京适时进行人事调整，巩固权力基础。俄罗斯政局稳定的态势进一步得到巩固。

罗马尼亚政府内外政策的优先目标是：努力恢复经济，消除贫困和腐败，争取早日加入欧盟和北约。近年来，罗马尼亚政局稳定，经济增长势头良好，执政党地位不断巩固。

（五）对投资中东欧主要国家的建议

我国企业去俄罗斯投资时，应发挥与对方企业在产业和科技方面的互补优势，加强双方在油田开采、森林资源开发利用、高新技术贸易和产业化以及家电、电子、通信等产品的合资生产等领域的合作；在大力发展传统贸易的同时，实现从简单的商品贸易向投资、合作生产和共同开发等方面的转变，开展多种形式的经贸合作；建立规范的商业秩序，理顺支付结算关系，加强信贷和保险合作，抵制不良竞争，提高经贸信息服务水平，促进对俄罗斯投资的健康持续发展。

罗马尼亚是中东欧第二大市场（居波兰之后），拥有近2 300万消费者。较大容量的市场、熟练而低廉的劳动力、优越的地理位置及相对宽松的外资法律环境都是罗马尼亚吸引外资的优势所在。目前我国在罗马尼亚投资的企业有5 700多家，投资总额达4 000多万美元，其中大部分企业从事进出口贸易，部分企业投资建立了拖拉机装配线、鞋厂、衬衣厂、食品加工厂、卷烟厂、木材加工厂等实体。罗马尼亚优越的地理位置和高性价比的劳动力、土地资源吸引了大量西方资本涌入，促进了其以汽车制造为支柱的工业的迅速发展。近年来，罗马尼亚信息与通信行业逐步成长为服务业的新亮点。由于罗马尼亚政策较为多变，我国企业在进行投资前应该充分了解并认真研判，尽量规避政治和商业风险。

三、北美洲国家投资环境分析

（一）北美洲概述

北美洲位于西半球北部，东临大西洋，北接北冰洋，西濒太平洋，南以巴拿马运河为界，与南美洲相邻。

北美洲共有23个国家，人口总数为5.4亿，约占全世界总人口的8%，绝大部分人口分布在东南部地区。从民族来看，欧洲移民的后裔占全部居民的80%以上，黑人占12%左右，还有少量亚裔、印第安人等。居民主要信奉基督教。官方语言以英语、西班牙语、法语为主。

（二）北美洲主要国家的自然环境

北美洲地形西高东低，中部为广阔的平原，著名的五大湖位于该地区的中部，是世界上最大的淡水湖群。河川冲积平原较多，其中密西西比河三角洲是世界上最大的三角洲。

北美大陆中部广大地区位于北温带，冬季寒冷，夏季炎热。全年降水较多，一半以上的地区年降水量在500毫米以上。

北美洲矿产资源丰富，主要有石油、天然气、煤炭、铁、金、银、铜、铅、锌等。森林、草原、水力资源等也较为丰富。纽芬兰附近海域是世界著名渔场。

（三）北美洲主要国家的经济环境

1. 宏观经济状况

北美洲各国经济发展差异显著，加拿大与美国经济高度发达，发展中国家除墨西哥有一些工业基础外，其余各国多为单一经济国家，主要发展种植业，经济总量较小。

加拿大与美国具有高度发达的现代市场经济与完善的国民经济宏观调控体系，劳动生产率、国内生产总值、对外贸易额都居世界前列。美国是目前世界上最发达的工业国家，工业基础雄厚，门类齐全，生产能力巨大，科学技术先进，行业产值占国内生产总值的1/3以上，集中和垄断程度很高。世界经济论坛发布的《全球竞争力报告》显示，美国是世界上最具竞争力、最具创新能力和最开放的经济体之一。

北美洲采矿业规模较大，主要开采煤、原油、天然气等。其中，生铁、铜、锌等的开采量占世界总量的20%左右，铝的开采量占40%以上。

北美洲农业生产的专门化、商品化和机械化程度都很高。中部平原是世界著名的农业区之一，其大豆、玉米和小麦产量在世界农业中占重要地位。中美洲、西印度群岛诸国和地区主要生产甘蔗、香蕉、咖啡、可可等热带作物。北美洲海洋资源丰富，渔业发达，其中加拿大生产的渔产品有75%供出口，是世界上最大的渔产品出口国。

美国与加拿大的服务业相当发达，两国服务业产值均已超过国民总收入的70%，提供的就业岗位占比大于75%。

2. 投资政策

由于外资可以为东道国创造就业机会，促进各地区平衡发展，加强与世界市场的沟通，提高生产能力，改进技术，因此北美洲国家对外资进入的政策大都比较开放，各国都积极采取各种优惠措施来鼓励、吸引外资，为投资者提供公平的、非歧视的良好投资环境。

例如，美国多数州和地方政府对新开办的外资企业给予5～15年的财产税减免，允许外资企业的工厂和设备加速折旧。从美国银行、储贷机构和保险公司获得的收入以及股票与证券交易所得可以免税。加拿大对开发自然资源、建立新企业或扩大原有企业及现代化项目或商业企业等方面的投资给予政府补助或税收减免。墨西哥的保税加工出口制度规定，对所有用于生产出口产品的进口机械设备、原材料和零配件均免征进口关税和增值税。

许多国家为吸引外资而加强基础设施建设，同时还提供一些特殊服务，如为外资新工厂设计和布局提供咨询服务、为外资企业利用当地大学或政府的研究和开发机构提供便利、地方政府支持外资企业培训工人计划等。

在对外资进入的审查方面，美国一直采取开放政策，无特定限制。除涉及国家安全的情况外，对外资的持股比例没有限制，没有外汇管制，外资进出自由。

此外，各国对外资进入领域的限制也有不同程度的规定，但大都集中于涉及国家安全的领域及基础能源、新闻出版、邮政通信、交通等领域，一般通过规定外资持股比例、提高审查标准等方式实施限制。

目前，中国企业去美国投资面临新的机遇与挑战：一方面，美历届政府大力推动制造业回归美国，尤其欢迎能创造工作岗位的绿地投资，拜登政府还推出了大规模基础设施投资计划，并大力发展清洁能源、电动汽车等低碳环保产业；另一方面，美政界反华消极因素增多，中美关系面临严峻考验。

（四）北美洲主要国家的政治环境

北美洲共有23个国家，各国政治体制不尽相同，近年来政局大都比较稳定。

美国是三权分立的资产阶级共和国，墨西哥的政体与美国相似。加拿大实行君主立宪制下的民主联邦政府制，由女王行使统治权，总督代表女王在加拿大实施统治。古巴是社会主义主权国家，最高权力机关为全国人民代表大会。

（五）对投资北美洲主要国家的建议

北美洲具有良好的经济形势、稳定的政治环境，而且资金进出自由，是理想的投资地。中国企业去美国进行直接投资时应以获取市场的贸易型投资和获取技术与信息的战略型投资为主，充分发挥中国在传统产业上的竞争优势，并注意引进先进的技术和管理经验。中国企业可以在传统产业中进入壁垒不高的服务业进行贸易型投资，在高新技术产业如微电子、新能源、新材料、通信、计算机、航空航天、生物工程等领域进行战略型投资。

目前，我国企业在北美洲投资的行业主要有资源开发业、工业生产业、建筑承包业、农牧渔业、餐饮业、科技文化交流业、交通运输业、咨询服务业等。

四、南美洲国家投资环境分析

（一）南美洲概述

南美洲位于西半球南部，东濒大西洋，西临太平洋，北濒加勒比海，南隔德雷克海峡与南极洲相望。

南美洲人口约占世界总人口的5.6%，分布极不平衡，西北部和东部沿海一带人口稠密，并且高度集中于少数大城市。白人占总人口的一半以上，其次是印欧混血人、黑人、印第安人等。大部分国家的官方语言为西班牙语，巴西的官方语言为葡萄牙语。

（二）南美洲主要国家的自然环境

南美洲地势西高东低，中部的亚马逊平原是世界上最大的冲积平原，也是世界上最大的热带雨林区。南美洲火山较多、地震频繁且多强震。南美洲大部分地区属热带雨林和热带草原气候，温暖湿润，全年气温落差比较小。全洲降水充沛，年降水量在1 000毫米以上的地区占全洲面积的70%以上。

南美洲自然资源丰富，已探明的铜储量超过1亿吨，居各洲储量之首，石油、天然气、煤、铁、铝土矿、银、锌等能源性资源的储量也居世界前列。森林面积约占世界森林总面积的23%，草原面积占世界草原总面积的14%多。

（三）南美洲主要国家的经济环境

1. 宏观经济状况

第二次世界大战之后，南美洲的经济有了快速的发展，经济结构发生了显著变化，但各国经济发展水平很不均衡，巴西与阿根廷是南美洲最发达的国家，两国已经建立了完整的工业体系。其中，巴西的经济实力居南美首位，经济总量超过整个南美地区的三分之一。

委内瑞拉、哥伦比亚、智利、秘鲁等国的经济建设也取得了一定的成就，但仍然普遍缺乏先进的科学技术，工业化水平不高，主要工业部门集中在食品加工、装配和采矿、石油精炼、造纸、化工等科技含量不高的行业。

南美洲矿藏丰富，采矿业是各国的基础部门，除自给外，大部分矿产供出口，是世界上主要的能源供应地区。

农业是南美洲各国最主要的产业，其中可可、菠萝、马铃薯、巴西橡胶树等经济作物种植业占据绝对优势。甘蔗、香蕉、咖啡的产量分别占世界总产量的25%。巴西咖啡、甘蔗、柑橘的产量和出口量均居世界第一，农产品出口量仅次于美国。阿根廷等国则大量出口肉类和粮食。秘鲁和智利为世界著名渔业国。尽管南美洲大部分国家中多数人从事农业生产，但粮食生产仍无法实现自给自足，大多数国家仍需进口粮食。

南美洲各国正在积极发展服务业，希望通过改革提高服务水平与效率。阿根廷的服务业已发展到一定水平，特别是金融和商业服务业较为发达。南美洲各国的旅游业发展也很快，其中巴西是世界十大旅游创汇国之一。

此外，南方共同市场与安第斯共同体是南美洲两个重要的国际经济组织，它们积极推动了该地区的经济发展、成员国的科技进步以及南美洲的地区经济一体化进程。

2. 投资政策

从20世纪中后期开始，南美洲各国政府相继推行了经济稳定及自由化政策，减少了贸易壁垒，取消了资本流动限制，实行对外国投资者经济开放的政策，给予外资国民待遇，尽量扩大外资投入领域的范围，外国投资得到迅速增长。

在巴西，外资可以直接使用外币投资而不必事先经巴西政府批准。在巴西投资建厂或获得现有巴西企业的所有权，只需通过巴西有权进行外汇操作的银行将外国货币汇入巴西即可。外国“自然人”在巴西投资不会受到有别于外国法人的法律限制。

秘鲁的法律规定，除投资于武器制造业需获得批准，获得秘鲁边境50公里以内区域的矿产开采权及使用权需获得国家最高法令的授权外，外国投资者可以在秘鲁任何经济部门进行投资，并且享受国民待遇。

（四）南美洲主要国家的政治环境

近年来，南美洲大国如巴西、智利、委内瑞拉等的局势趋于稳定，阿根廷政局基本稳定，经济恢复增长，但局部地区仍动荡不安，如海地、秘鲁、厄瓜多尔等国的政局不太稳定，政府多次改组，执政危机频频出现。

（五）对投资南美洲主要国家的建议

近年来南美洲各国的经济、政治发展一直不太稳定，投资企业应密切关注投资目标国的经济发展动态以及改革措施对投资项目的影响，加强对各国政策的了解，充分利用优惠政策，熟悉有关法律，研究市场行情，把握发展趋势，寻找最优行业进行投资。

五、东南亚国家的投资环境分析

（一）东南亚概述

东南亚包括越南、老挝、柬埔寨、缅甸、泰国、马来西亚、新加坡、印度尼西亚、菲律宾、文莱、马尔代夫共11个国家。东南亚面积约为462万平方公里，人口约为6.55亿（2018年），大多信仰伊斯兰教，泰国主要信仰佛教。

（二）东南亚地区的自然环境

东南亚地区岛屿星罗棋布，多火山地震。气候以热带、亚热带季风气候和热带雨林气候为主，风力小、湿度大，全年温差很小，年平均气温为25～27摄氏度，大部分地区雨量丰沛。

东南亚地区自然资源丰富，主要矿产资源有锡、钨、铁、石油、宝石、天然气等；

森林覆盖率在50%左右；海产丰富，柬埔寨的洞里萨湖为东南亚最大的天然淡水渔场，素有“鱼湖”之称。

（三）东南亚主要国家的经济环境

1. 宏观经济状况

东南亚地区的大多数国家属于发展中国家，但各国经济发展水平也不平衡。新加坡属于发达国家，人均国民生产总值达7.28万美元；最不发达国家如越南、缅甸、老挝等的人均国民生产总值仅为300～400美元。

印度尼西亚是东南亚地区最大的经济体，是东南亚经济稳定、持续发展的国家之一。现有工业主要是轻工业、加工和装配业以及钢铁工业。进入20世纪90年代后，旅游业也成为印度尼西亚重要的创汇部门之一。

泰国、马来西亚两国经济发展水平居东盟国家前列。近几年，两国均着力发展制造业与服务业，传统的初级产品加工业在制造业中的地位逐步下降，制造业朝着高技术、高附加值的方向转变。

越南经济不发达，以农业作为国民经济的基础，是世界著名的“谷仓”之一，连续多年保持世界第三大稻米出口国的地位。近年来，越南服务业保持较快增长，2021年服务业增长率达1.22%，占GDP的比重为40.95%。柬埔寨是最不发达国家。柬埔寨以农业作为国民经济的重要支柱，工业基础薄弱，依赖外援和外资，贫困人口约占总人口的17.8%，2021年经济增长率为3%，国内生产总值为276.8亿美元，人均国内生产总值为1 730美元。

2. 投资政策

（1）投资鼓励政策。

东南亚各国目前都在积极吸引外资，通过政府扶持、税收优惠等措施引进先进技术，扩大出口，促进自然资源的开发，创造更多的就业机会，开发节能产品，促进区域经济的发展，并承诺不将外国投资国有化。

目前泰国对所有行业（尤其是汽车业和电子业）实施鼓励使用当地资源的协同发展计划；对中小企业和农业进行重点支持，帮助它们提高技术含量、质量和数量，以增加泰国出口产品的附加值。近年来，泰国政府加大投入，大力推进“泰国4.0”和“东部经济走廊”战略，加强基础设施建设，完善立法，创造良好的环境以吸引外资。

缅甸联邦投资委员会规定，任何从事生产或服务的企业，从投产或启用之年起算，连续三年免征所得税，并可视情况申请延长减免所得税的期限；如将利润作为积累且在一年内再投资，可减免所得税；等等。此外，由于缅甸目前是世界上最不发达的国家之一，所以在缅甸投资所生产的产品的增值率达45%以上时，即可取得缅甸原产地证，向发达国家出口可享受普惠制关税待遇。2020年2月，缅甸发布了2020—2025年第二个五年国家出口战略，将宝石和珠宝、基础农产品、纺织服装、机械电气设备、林渔业以及数字产品6个行业列为优先行业，对5个服务行业，即数字产品、物流、质量控制、贸易信息以及创新创业予以支持。

印度尼西亚政府 2021 年 3 月推出了投资“优先清单”以取代原有的投资“负面清单”，在基础设施（机场、港口）、可再生能源、建筑服务、通信媒体信息技术、分销仓储、医疗医药等重点领域取消或放宽股权比例等对外资的限制。

（2）投资限制政策。

东南亚各国对外资投资的行业、控股比例都有不同程度的限制。

泰国的《外国经营法》规定，外资对农业、某些制造与食品加工行业（特别是以泰国本地农业资源为基础的行业）和大部分专业性服务业企业，包括上市公司的持股比例不得超过 49%。

马来西亚政府规定，只有投资于制造业且将其产值的 80%或以上用于出口的外资企业不受股权条件的限制。其他行业如服务业、农业、建筑业并不积极吸引外资，金融服务业（除再保险业务）、石油和天然气工业仍然由政府严格控制，限制外资进入。外商投资金融、保险、法律服务、电信、直销及分销等行业会在股权方面受到严格限制，一般外资持股比例不能超过 50%或 30%。

印度尼西亚政府要求外资企业在经营后 15 年内，通过直接销售或国内证券交易所的非直接方式把部分股权转让给印度尼西亚的个人或法人。

（四）东南亚主要国家的政治环境

东南亚各国的政治体制不尽相同，近年来政局较稳定。马来西亚实行君主立宪议会民主制度，国家最高元首由马来半岛 9 个州的苏丹轮流担任，国会为两院制。泰国实行君主立宪制，国家元首为国王，由总理掌握国家行政权力。印度尼西亚国家最高权力机构为人民协商会议，人民协商会议负责制定、修改、颁布宪法和国家大政方针，选举并监督总统。菲律宾实行三权分立，国会为最高立法机构，由参议院组成。越南是社会主义国家，国会是国家最高权力机关。

（五）对投资东南亚主要国家的建议

东南亚地区市场广阔，劳动力资源丰富，工业发展水平参差不齐且部门不齐全，我国企业可根据各国不同的产业状况，投资于与国内行业的发展互补、互促的行业。只要政局稳定、政策连贯，我国企业就可以利用东南亚各国的地理、环境、资源优势，与之广泛地开展农业、渔业、机电行业、金融业、旅游业等方面的合作。

六、非洲国家的投资环境分析

（一）非洲概述

非洲位于东半球的西南部，地跨赤道南北，西北部的部分地区伸入西半球。面积约为 3 020 万平方公里（包括附近岛屿），占世界陆地总面积的 20.2%，仅次于亚洲，为世界第二大洲。非洲有人口 12.86 亿（2021 年），占世界人口总数的 16.9%（2021 年），仅次于亚洲，居世界第二位。非洲人口的出生率、死亡率和增长率均居世界各洲的前列，人口分布极不平衡。

（二）非洲主要国家的自然环境

南非位于非洲大陆最南端，面积为121.9万平方公里。南非黄金、铂族金属、锰、钒、铬、钛、硅铝酸盐的储量居世界第一位，蛭石、锆居第二位，氟石、磷酸盐居第三位，锑、铀居第四位，煤、钻石、铅居第五位，锌居第六位，铁矿石居第九位，铜居第十三位。但因油气资源缺乏，南非能源主要依靠煤炭资源，石油、天然气主要依赖进口，部分采用生物能源、煤变油技术、核能、太阳能和风能。

尼日利亚位于西非东南部，面积为92.4万平方公里，人口约为2.06亿（2020年）。尼日利亚资源丰富；已探明有30多种矿藏，主要有石油、天然气、锡、煤、石灰石等；迄今已探明石油储量达370亿桶，以目前产量可继续开采50年；已探明天然气储量达5.8万亿立方米，居世界第十位，目前已开发量仅占总储量的12%；已探明高品位铁矿石约为30亿吨，天然沥青储量约为840亿吨，优质煤矿预测储量约为11.34亿吨，为西非唯一产煤国，1996年恢复中断了多年的煤炭出口。

（三）非洲主要国家的经济环境

1. 宏观经济状况

非洲各国的经济曾长期遭受帝国主义的控制。许多国家独立后，为了维护国家主权和民族利益，采取了有利于本国经济利益的政策和措施，取得了一定的成绩。在发展民族经济的道路上，非洲正在改变过去殖民统治所造成的单一经济结构。

南非属于中等收入的发展中国家，GDP约占全非洲的22%，对外贸易占全非洲的24%，是非洲经济最发达的国家。南非的金融、法律体系比较完善，通信、交通、能源等基础设施良好。矿业、制造业和农业是南非经济三大支柱，南非的深矿开采技术等居于世界领先地位，但南非国民经济各部门发展水平及地区分布不平衡，二元制经济特征明显。

尼日利亚在奥巴桑乔总统执政后，积极推行自由化经济政策和私有化改革，实施紧缩的货币政策，严格限制举借外债；以航空业为切入点加速私有化，推出了新工业政策；加快石油、天然气、矿业等支柱产业的发展和基础设施建设；加大对农业、电信业和制造业等非石油产业的投入；积极争取外资、外援和债务减免。但尼日利亚严重依赖石油的单一经济结构未得到明显改善，非石油部门投资效益偏低。2020年尼日利亚国内生产总值为4 323亿美元，人均国内生产总值为5 353美元。农业、工业和服务业占国内生产总值的比重分别是26.2%、21.4%、52.4%。

2. 投资政策

南非自1994年大选后由原先的资本净流出国变为净流入国。南非的外国直接投资主要来自西欧国家，主要有英国、德国、法国、瑞士等。近年来美国和马来西亚等亚洲国家在南非的投资剧增。在南非拥有资产的外国公司投资大多集中于采矿、制造、金融、石油加工和销售等部门。南非政府正在实施的国企重组计划将有助于南非在今后吸引更多外国中长期直接投资。南非投资激励政策可分为三类，分别是概念性研究与开发激励措施（CRD）、资本支出激励措施（CEI）和增强竞争力的激励措施（ECA）。

尼日利亚允许外国投资者汇出资本、利润、股息，但必须支付技术费、进口技术服务与科技权利金，处置资产所得收益亦可汇出。但总的来说，除石油、汽车装配、纺织业外，尼日利亚所吸引的外资不多，一般消费品加工工业仍十分落后。尼日利亚政府授予农业、制造业、矿业、制药、化学等领域的69个细分产业先锋地位，给予投资于先锋产业的企业免税待遇。

此外，在尼日利亚投资也可享受关税方面的优惠。

（四）非洲主要国家的政治环境

南非奉行和解、稳定、发展的政策，妥善处理种族矛盾，全面推行社会变革，实施“重建与发展计划”、“赋予黑人权力计划”和“肯定行动”，努力提高黑人的政治、经济和社会地位，顺利实现由白人政权向多种族联合政权的平稳过渡。

尼日利亚自奥巴桑乔总统执政后继续推动民主进程，努力缓和部族、宗教、地区和政党矛盾，注意兼顾各方利益，加强军队建设，采取措施预防和制止冲突，实施教育、扶贫和疾病防治等社会福利项目。2019年2月，尼日利亚举行大选，总统布哈里获得连任，大选后形势总体稳定。尼日利亚法律制度较为健全，现行宪法是以1979年宪法为基础修订而成的。

（五）对投资非洲主要国家的建议

南非虽然重工业发达，但缺乏轻工业产品，特别是适合广大黑人消费的轻工业产品。原白人统治期间走欧美之路——发展重工业、高科技工业，不生产日用品，日用品90%靠进口，高档日用品从欧洲进口，中低档日用品基本从中国进口。对于中国轻工业产品而言，南非无疑是个潜力巨大的市场。近年来，南非逐渐认识到，中国轻工业企业到南非投资可能是它最迫切期望的，因此对中国投资表现出很大的热情。

我国企业可以考虑在尼日利亚投资以下行业：

（1）水泥、建材。尼日利亚每年用于基础设施建设的财政预算比重较大，水泥、建材需求量大。尼日利亚有非常丰富的石灰石资源，且质量很高，但因过分依赖石油工业，过去对固体矿产资源的重视和开发不够，加上技术水平有限，该领域的投资目前几乎是空白，并且尼日利亚政府非常欢迎外商投资开发其固体矿产资源。

（2）粮油食品加工及相关设备生产。尼日利亚是农业大国，有可可、花生、棕榈油、橡胶、棉花、大豆等经济作物及农产品，并向其他国家出口上述原料，但粮食不能自给，需要进口。建议我国企业在农产品（棕榈油、食品等）加工以及加工设备生产方面与尼日利亚开展合作。

（3）木材加工业。尼日利亚森林资源丰富，热带木材产量居世界第二位。尼日利亚政府现行政策禁止原木出口，欢迎外商赴尼日利亚投资木材加工业。

（4）数字金融相关领域。尼日利亚数字经济发展迅速，2019年信息通信技术行业产值占GDP的比重为13.85%，涌现出Kobo、Jumia等数字平台，金融科技、电子支付、电子商务等迅速发展，提供了新的投资机遇。

七、大洋洲国家的投资环境分析

（一）大洋洲概述

大洋洲的陆地总面积约为 897 万平方公里，约占地球陆地总面积的 6%，是世界上面积最小的洲。人口 2 900 万，约占世界人口的 0.5%，是除南极洲以外世界上人口最少的洲。大洋洲有 14 个独立国家，各国经济发展水平差异显著，澳大利亚和新西兰两国经济发达，其他岛国多为农业国，经济比较落后。

（二）大洋洲主要国家的自然环境

澳大利亚位于南太平洋和印度洋之间，面积为 769.2 万平方公里，人口约为 2 569 万（2020 年）。澳大利亚矿产资源丰富，至少有 70 余种。其中，铅、镍、银、钽、铀、锌的已探明储量居世界首位。澳大利亚是世界上最大的铝土、氧化铝、钻石、铅、钽生产国，黄金、铁矿石、煤、锂、锰矿石、镍、银、铀、锌等的产量也居世界前列。同时，澳大利亚还是世界上烟煤、铝土、铅、钻石、锌及精矿的最大出口国，氧化铝、铁矿石、铀矿的第二大出口国，铝和黄金的第三大出口国。澳大利亚是全球最大的液化天然气出口国。澳大利亚森林和海洋资源丰富，但地表淡水总量相对较少。地下水资源比较丰富，全国目前用水量的四分之一取自地下。

（三）大洋洲主要国家的经济环境

1. 宏观经济状况

澳大利亚是一个后起的工业化国家。农牧业和采矿业是澳大利亚传统产业，也是国民经济主导产业，占 GDP 的 70%左右。自 20 世纪 70 年代以来，澳大利亚进行了一系列经济改革，大力发展对外贸易，经济持续较快增长。2020 年，澳大利亚国内生产总值中第二、第三产业占比超过 90%，第一产业仅占 1.9%。

2. 投资政策

澳大利亚虽是发达国家，但在资本进出问题上却不同于其他发达国家，基本上属于资本输入国。由于其对资本输入的需求大于资本输出，故其外资政策在鼓励外资进入的同时，又注意防止外资的深入渗透，从而在立法措施上，优惠多于某些发达国家，而在外资投向、参股比例、审批标准等方面，也比一般发达国家的要求更严格，限制更多。但近年来，中澳关系陷入低谷，澳大利亚对中国国有企业投资以及在澳关键基础设施投资的审批有收紧趋向。

澳大利亚全部产品中有约三分之一是由海外投资企业生产与经营的。除了对铀矿开采业、宣传媒介、航空工业等予以适当控制外，澳大利亚政府非常欢迎海外投资企业来澳大利亚投资，特别是在高科技领域、矿藏、原料及农产品加工业等方面进行合作。澳大利亚政府对投资企业向境外汇出资金与利润不加以限制。在澳大利亚投资的企业对利润、红利分成、知识产权所得收入、资金以及属于投资者的收入有自我决定和处置权。

（四）大洋洲主要国家的政治环境

澳大利亚对外奉行务实政策，在继续加强与美国的安全和军事合作的同时，重视发展同亚洲国家的经济和政治关系，把澳大利亚-美国、澳大利亚-日本、澳大利亚-印度尼西亚和澳大利亚-中国关系列为其对外关系中最重要的四大关系。联盟政府自1996年执政后，大力推行金融体制、财政政策、劳资关系等多项改革，有效地抑制了通货膨胀，促进了经济的持续增长，实现了预算盈余，减少了联邦债务，降低了失业率。

（五）对投资大洋洲主要国家的建议

澳大利亚农牧业发达，自然资源丰富，国际海、空运输业发达，服务业和旅游业发展迅速。我国中小企业可利用该国鼓励外资的经济政策，积极投资于这些行业。外国对澳大利亚的投资主要集中于采矿、制造、石油、冶炼、制药和房地产领域。

第四节 案例研究

案例一

中国对外直接投资环境定量评估

（一）基本案情

我们在等级评分法的基础上，增加基础设施情况、劳动力供给水平、市场需求、经营成本（包括水电气、土地、房屋价格、环境保护费用）4项因素，形成由资本汇回、外商股权、对外商的管制程度、货币稳定性、政治稳定性、对企业给予关税保护的意愿、当地资本可供应程度、近5年的通货膨胀率、基础设施情况、劳动力供给水平、市场需求、经营成本（包括水电气、土地、房屋价格、环境保护费用）12项指标构成的中国对外直接投资环境评估体系，将各项指标分类并设定分值。《中国对外投资合作国别（地区）指南》（2010、2011）中按此评估体系对165个经济体的投资环境进行了打分和排序（见表5-9）。

表5-9 中国对外直接投资东道国（经济体）投资环境综合评分

经济体	总分	经济体	总分	经济体	总分	经济体	总分	经济体	总分
葡萄牙	128	法国	124	阿根廷	120	乌拉圭	118	摩尔多瓦	118
爱沙尼亚	126	加拿大	124	欧盟	120	哥斯达黎加	118	约旦	118
日本	126	阿尔巴尼亚	122	摩洛哥	120	特立尼达和多巴哥	118	马来西亚	118
罗马尼亚	124	芬兰	122	爱尔兰	120	西班牙	118	卢森堡	118
新加坡	124	巴巴多斯	121	波兰	120	斯洛文尼亚	118	毛里求斯	118
英国	124	瑞典	121	挪威	119	奥地利	118	保加利亚	116

续表

经济体	总分	经济体	总分	经济体	总分	经济体	总分	经济体	总分
黎巴嫩	116	巴林	112	安哥拉	104	南非	98	瓦努阿图	88
中国香港	116	意大利	111	莱索托	104	埃及	98	阿塞拜疆	88
中国澳门	116	乌兹别克斯坦	110	老挝	104	巴西	98	马达加斯加	88
美国	116	安提瓜和巴布达	110	吉尔吉斯斯坦	104	印度	98	伊朗	88
德国	116	波黑	110	赞比亚	104	俄罗斯	98	赤道几内亚	88
荷兰	116	斯洛伐克	110	马尔代夫	103	斐济	98	几内亚	86
比利时	115	塞尔维亚	110	萨摩亚	102	古巴	98	巴基斯坦	86
丹麦	115	卢旺达	110	牙买加	102	刚果（布）	98	菲律宾	86
哥伦比亚	114	斯里兰卡	110	汤加	102	苏里南	98	塞内加尔	86
拉脱维亚	114	韩国	110	格鲁吉亚	102	玻利维亚	96	加蓬	84
吉布提	114	土耳其	110	亚美尼亚	102	哈萨克斯坦	96	马里	84
科威特	114	智利	110	马其顿	102	也门	96	布隆迪	84
佛得角	114	新西兰	109	越南	102	加纳	96	阿富汗	84
卡塔尔	114	墨西哥	109	纳米比亚	102	尼日利亚	96	委内瑞拉	84
澳大利亚	114	利比亚	108	埃塞俄比亚	102	厄瓜多尔	94	阿尔及利亚	84
匈牙利	114	叙利亚	108	圭亚那	102	乌克兰	94	孟加拉国	82
瑞士	114	希腊	107	乌干达	102	乍得	94	尼日尔	82
印度尼西亚	114	密克罗尼西亚	106	多米尼克	101	伊拉克	94	尼泊尔	80
以色列	114	格林纳达	106	阿曼	100	几内亚比绍	94	马拉维	80
秘鲁	114	巴哈马	106	贝宁	100	利比里亚	94	刚果（金）	78
突尼斯	114	塔吉克斯坦	106	捷克	100	塞拉利昂	94	津巴布韦	78
博茨瓦纳	114	立陶宛	106	冰岛	100	坦桑尼亚	94	东帝汶	74
马耳他	112	泰国	106	土库曼斯坦	100	科特迪瓦	92	朝鲜	74
白俄罗斯	112	喀麦隆	106	中非	98	毛里塔尼亚	92	缅甸	72
阿拉伯联合酋长国	112	蒙古国	106	塞舌尔	98	莫桑比克	92	多哥	68
塞浦路斯	112	柬埔寨	106	科摩罗	98	肯尼亚	90	厄立特里亚	68
沙特阿拉伯	112	克罗地亚	104	文莱	98	巴布亚新几内亚	88	苏丹	66

根据评分把中国对外直接投资东道国（经济体）环境分为优（120 分及以上）、良（101～119 分）、中（91～100 分）、差（81～90 分）和很差（80 分以下）5 个层次，则

165 个经济体中有 17 个经济体综合得分为“优”，主要集中在欧洲，还包括亚洲的新加坡和日本、非洲的摩洛哥、北美洲的加拿大和巴巴多斯、南美洲的阿根廷；85 个经济体的得分为“良”，为比较适合投资的区域，包括美国、新西兰、澳大利亚等；34 个经济体的得分为“中”，为谨慎投资区域；19 个经济体的得分为“差”，为不太适合投资区域；10 个经济体的得分为“很差”，是很不适合投资或投资风险很大的区域。

资料来源：张碧琼，田晓明. 中国对外直接投资环境评估：综合评分法及应用. 财贸经济，2012（2）.

（二）案例分析

（1）该投资环境评估体系是在等级评分法的基础上添加了 4 项因素，是等级评分法的拓展。在定性与定量结合的基础上打出的分值及得出的综合评分在一定程度上反映了我国对外直接投资区位选择的特点，对我国对外直接投资项目选择和对外直接投资风险管控有参考作用。

（2）在上述评估结果中，有许多分值相同的东道国，但这些经济体的投资环境对中国来说并不是完全相同的，而是存在许多差异，而现行的评分体系不能很好地把它们区分开来。因此，未来需进一步细化这种评分体系及各指标赋值。

案例二

美国某公司对东南亚和南亚四国的投资环境进行评估

（一）基本案情

美国某公司为了打开东南亚市场，准备投资 350 万美元在东南亚建一药厂，用加权等级评分法对印度、印度尼西亚、孟加拉国和马来西亚四个国家的投资环境进行初步评估，得出的结果是：印度的国家风险（因素 1）、政治和经济的稳定性（因素 2）、税收水平（因素 3）、收益的返回率（因素 4）和政府对外资的优惠程度（因素 5）的加权等级评分分别是 820、740、90、210 和 650；印度尼西亚分别是 720、680、190、580 和 320；孟加拉国分别是 760、690、180、610 和 100；马来西亚分别是 960、860、430、210 和 180（见表 5－10）。在上述四国中，投资环境最优和最差的国家分别是哪个？

表 5－10

	印度	印度尼西亚	孟加拉国	马来西亚
因素 1 的加权等级评分	820	720	760	960
因素 2 的加权等级评分	740	680	690	860
因素 3 的加权等级评分	90	190	180	430
因素 4 的加权等级评分	210	580	610	210
因素 5 的加权等级评分	650	320	100	180
合计	2 510	2 490	2 340	2 640

（二）案例分析

（1）美国公司对印度、印度尼西亚、孟加拉国和马来西亚四个国家的投资环境进行分析时所用方法是加权等级评分法。在运用该方法时，大体上要采取以下三个步骤：一是对各投资环境因素的重要性进行排列，并给出相应的权数；二是根据各环境因素对投资产生不利影响或有利影响的程度进行等级评分，每个因素的评分范围都是从 0（完全不利的影响）到 100（完全有利的影响）；三是将各环境因素的实际得分乘以相应的权数，并进行加总。

（2）把印度、印度尼西亚、孟加拉国和马来西亚四个国家投资环境的各项加权等级评分加总，可以得出孟加拉国的投资环境最差，其次是印度尼西亚、印度，马来西亚的投资环境最优。

复习思考题

1. 国际直接投资环境包括哪些主要内容？
2. 国际直接投资环境的评估方法有哪几种？试分析这些评估方法的优缺点。
3. 试选用适当的评估方法评估中亚五国各自的投资环境。
4. 试用世界银行的投资环境定量评估方法分析波兰的投资环境。

第六章
国际风险投资

学习要点

本章介绍了风险投资的概念、特点及组织形式，分析了风险投资的运营体系、运作流程，探讨了制约风险投资的因素，并就中国风险投资发展的状况及存在的问题进行了研究，最后分析了苹果公司、携程公司借助风险投资成长的案例。通过学习，要求掌握风险投资的概念、风险投资退出的渠道；熟悉风险投资的流程；了解风险投资的运营体系、制约因素和中国风险投资业的发展状况。

第一节　风险投资概述

一、风险投资的含义与特点

（一）风险投资的含义

风险投资（venture capital），也被译作创业投资。目前，对于风险投资还没有一个能被普遍接受的解释。按美国风险投资协会（NVCA）的解释，风险投资是由金融家投入到新兴的、迅速发展的、有巨大潜力的企业（特别是中小企业）中的一种股权资本；经济合作与发展组织对风险投资有过三种不同的表述。第一种表述是：风险投资指投资于以高科技和知识为基础的、生产与经营技术密集型的创新产品或服务的投资。第二种表述是：风险投资指专门购买在新思想和新技术方面独具特色的中小企业的股份，并促进这些中小企业的形成和创立的投资。第三种表述是：风险投资指一种向极具发展潜力的新建企业或中小企业提供股权资本的投资行为。欧洲风险投资协会（EVCA）认为，风险投资是一种由专门的投资公司向具有巨大发展潜力的成长型、扩张型或重组型未上市公司提供资金支持并参与管理的投资行为。我国著名学者成思危对风险投资的定义则是："所谓风险投资是指把资金投向蕴藏着较大失败危险的高新技术开发领域，以期获得成功后取得高资本收益的一种商业投资行为。"《中国创业投资行业发展报告 2013》把创业投资定义为一种向处于创建或重建过程中的成长型创业企业进行股权投资、提供资本支持和管理服务、主要通过股权转让获取资本增值收益的投资方式。国际经验表明，在当今创业型经济发展的过程中，创业投资是一种有效支持创业创新的新型投资制度。

综上所述，风险投资是一种长期的风险性股权融资，是通过对成长型创业企业注入权益性资本，提供管理服务但不参与企业具体管理，来实现资本增值的新型投资方式。具体来说，风险投资有广义和狭义之分。广义上，风险投资是指对蕴藏着高风险的高新技术及其产品伴有高收益预期的资金投入活动；狭义上，风险投资是为获取未来成熟企业的高额转让收益而在其孵化阶段冒险投入的即期货币，即通过投资于一个高风险、高收益的项目群，将其中成功的项目进行出售或上市，变现所有者权益，此时投资者不仅能弥补失败项目的损失，而且能获得高额收益。

风险投资、天使投资与私募股权（private equity，PE）有区别。天使投资多是自由投资人或非正式风险投资机构对刚处于种子期的初创企业的投资，是风险投资的一种。与风险投资相比，PE 投入阶段晚，主要投向相对成熟的企业。风险投资是 PE 的一种形式，实践中常不对二者加以区别，而是统一用 VC/PE 来表示。

风险投资不同于一般金融投资。二者在投资对象、投资审查、投资方式、投资管理等方面存在较大差异（见表 6-1）。

表 6-1　风险投资与一般金融投资的比较

	风险投资	一般金融投资
投资对象	高新技术初创企业及其新产品开发，主要以中小型企业为主	传统企业传统技术的改进及其新产品开发，主要以大中型企业为主
投资审查	以技术实现的可能性为审查重点，技术创新与市场前景是关键	以财务分析为审查重点，有无偿还能力是关键
投资方式	通常采用股权投资方式，其关心的是企业的发展前景	主要采用贷款方式，要求按时偿还本息，其关心的是投资的安全性
投资管理	参与企业的经营管理与决策，与企业之间是合作开发的关系	可以为企业经营管理提供参考和咨询，但一般不介入企业决策系统，与企业之间是借贷关系
投资回收	风险共担、利润共享，企业若获得巨大发展，成功实现市场运作，则可通过转让股权收回投资，再投向新企业	按贷款和合同期限收回本息

续表

	风险投资	一般金融投资
投资风险	风险大，虽然可能投资的大部分企业都会失败，但只要有成功的，其收益就足以弥补全部损失	风险小，若到期不能收回本金，可诉诸法律
人员素质	懂技术、经营、管理、金融、市场，有预测风险、处理风险的能力，有较强的风险承受能力	懂财务管理，不懂技术开发，可行性研究水平较低
市场重点	未来潜在市场，难以预测	现有市场，易于预测

（二）风险投资的特点

1. 风险投资具有高风险、高收益性

风险投资的高风险性是其区别于一般投资的首要特征。高风险、高收益性是指风险投资失败的可能性远大于成功的可能性，但技术创新一旦成功，便可获得超额垄断利润，进而弥补其他项目失败带来的损失。据估计，风险投资的成功率仅为5%～20%，但一旦成功，其收益率就远远超过金融市场平均收益率，有时达1 000%以上。在美国硅谷，有一个广为流传的“大拇指定律”，即在10家创业公司中，有3家会失败，3家勉强生存，还有3家能上市并有不错的市值，只有1家能够脱颖而出。根据对美国218家从事风险投资的企业的调查，投资完全损失的占14.7%，部分损失的占24.8%。但在成功的项目中，有60%的项目的收益率超过100%。

2. 风险投资是一种中长期投资

风险投资要经历研究开发、产品试制、正式生产、扩大生产、进一步扩大生产和销售等阶段，直到企业上市，或通过出售等其他方式兑现才能取得收益。这一过程短则3～5年，长则7～10年，而且在此期间通常还要不断地对有成功希望的高新技术项目进行增资。因此，风险投资也被誉为“耐心的投资”。

3. 风险投资是一种组合投资

为了分散风险，风险投资通常会投资于一个包含10个以上项目的高新技术项目群，用成功项目所获取的高收益来抵偿失败项目的损失并取得净利益。

4. 风险投资是一种权益资本投资

风险投资是一种权益资本投资，而不是一种借贷资本投资。通常风险资本占被投资企业权益的比例为15%～20%，有时更多，达到30%以上。风险投资的目的不是获得投资企业的所有权，而是获得收益。风险投资着眼于投资对象的发展前景和资产增值，以享有权益为条件向投资企业注入资金，同时还向企业提供发展战略、市场营销、企业管理、资本运作等各方面的策划、咨询、中介等增值服务，然后通过让企业上市或出售/转让股权收回投资并获取高额收益。

5. 风险投资是一种分阶段的投资

风险资本家通常把风险企业的成长过程分成种子期、启动期、扩展期等几个阶段，并相应地把资金分几次投入，上一阶段发展目标的实现成为下一阶段资金投入的前提。这是风险资本家降低风险的一种重要手段。表 6－2 梳理了阿里巴巴上市前获得的风险投资。

表 6－2　阿里巴巴上市前获得的风险投资

投资轮数	时间	金额	风险投资的主要参与方
天使投资	1999 年	不详	吴炯
第一轮	1999 年 10 月	500 万美元	高盛公司牵头，联合新加坡政府科技发展基金（TDF）等
第二轮	2000 年	2 500 万美元	软银提供 2 000 万美元，其余来自富达、汇亚资金、新加坡 TDF、瑞典 AB 投资等
第三轮	2004 年 2 月	8 200 万美元	软银出资 6 000 万美元，富达、新加坡 TDF 等四家风险投资基金投入 2 200 万美元
第四轮	2005 年 8 月	10 亿美元＋雅虎中国	雅虎以 10 亿美元加上雅虎中国的全部资产兑换阿里巴巴集团 39％普通股，并获得 35％投票权
香港上市	2007 年 11 月	15 亿美元	在香港联交所上市，市值约 280 亿美元
第六轮	2011 年 9 月	20 亿美元	美国银湖、俄罗斯数字天空技术（DST）、新加坡淡马锡以及中国的云锋基金
第七轮	2012 年 8 月	43 亿美元	中投、中信资本、博裕资本、国开金融等机构成为新股东，美国银湖、俄罗斯 DST、新加坡淡马锡增持
美国上市	2014 年 9 月	220 亿美元	在美国纽交所上市，市值约为 2 300 亿美元

资料来源：根据网络资料汇总。

6. 风险投资资金主要投向中小型高新技术企业

风险投资向来是以高风险为代价追求高收益的。传统产业（无论是劳动密集型的轻纺工业，还是资本密集型的重化工业）由于其技术工艺成熟，产品市场相对稳定，所以风险相对较小，收益也就相对稳定和平均。而高新技术产业风险大，产品附加值高，因而收益也高，理所当然地成为风险投资者选择的对象。

7. 风险投资是一种主动参与管理的专业投资

风险投资不仅向创业者提供资金，其管理者即风险投资者还用他们长期积累的经验、知识和信息网络帮助企业管理人员更好地经营企业。风险投资者一旦将资金投入风险企业，就与风险企业形成了一种“风险共担、利益共享”的共生关系，就会积极参与到风险企业的产品开发、商业化生产、产品销售等管理活动中，为风险企业提供增值服务。

8. 风险资本具有再循环性

风险投资是以“投入—回报—再投入”的循环方式运行的，而不是以时断时续的阶段方式运行的。风险投资者向处于创业阶段的风险企业投入资金，一旦风险企业创业成功，风险投资者即在证券市场上转让股权或抛售股票，收回资金并获得高额利润。风险投资者退出风险企业后，并不会就此停止，而是继续寻找新的风险投资机会，从而推动高科技产业化的进程。

二、风险投资的组织模式

风险投资采用哪种组织模式，很大程度上决定了风险投资效率的高低。风险投资的组织模式主要有三种，即有限合伙制、公司制和信托基金制。有限合伙制通常由普通合伙人和有限合伙人组成，普通合伙人是风险投资者，负责基金的运营与管理，承担无限连带责任；有限合伙人不负责基金运营，享受合伙收益，对企业债务只承担有限责任。公司制是由两个或两个以上的投资者（自然人或法人）依法设立并具有法人资格的经济组织，包括有限责任公司和股份有限公司两种基本形式，投资者以其出资额为限对公司债务承担责任，公司以其全部资产对公司的债务承担责任，风险投资者是高层管理人员。信托基金制是指通过契约或公司的形式把投资者的资金汇集在一起，交由基金管理人运营，不由基金经手的资产由保管人负责保管，获得的收益由投资者按出资比例分享，基金管理人和保管人按契约收取信托费用。在上述三种组织模式中，有限合伙制的运作成本低，约束和激励机制最优；公司制的运作成本高，公司股东难以对风险投资者进行有效的约束和激励；信托基金制的运作成本较低，但激励有限（见表 6 - 3）。

表 6 - 3　风险投资的三种组织模式比较

		有限合伙制	公司制	信托基金制
运作成本	税收成本	税收透明	风险企业利润需缴纳所得税	税收比较透明
	日常开支	以固定管理费形式支付，有效限制了日常开销	一般不能有效限制日常开销	以固定管理费形式支付，有效限制了日常开销
激励机制		风险投资者一般可分享20%的基金盈利	风险投资者可以参与利润分配，但受到的限制较大	风险投资者不参与利润分配；激励方案预设于契约中，基金管理人得到固定比例的管理费用和业绩报酬
约束机制		管理者承担无限责任，有限合伙人承担有限责任，投资者承担有限责任；可以通过约定基金的存续期限、分期缴纳投资资金、强化分配利润政策等方式降低风险；风险投资者不受干涉，可以灵活自主地进行经营	风险投资者负有管理义务，必须承担过错责任；投资者承担有限责任；股东有较大权力约束投资者，同时限制其积极性；股东大会、董事会、经理层和监事会相互制衡	风险投资者承担有限责任，仅对过错负责；投资者承担有限责任；信托基金管理人全权负责基金经营，但仍受到基金保管人的一定制约；可以通过约定基金的存续期限、分期缴纳投资资金、强化分配利润政策等方式降低风险

资料来源：徐东. 风险投资基金组织形式国际比较及我国的选择. 亚太经济，2010 (1).

公司制组织模式是风险投资的初级形式。目前，有限合伙制是美国风险投资最主要的组织模式，日本 80%以上的风险投资企业附属于金融机构，中国的风险投资主要采取公司制这一组织模式。

三、风险投资的产生与发展

风险投资最早可追溯到15—17世纪欧洲商人在印度、东南亚等地区的商业冒险活动。这些商业冒险活动本质上已经具有风险投资的特征，这一时期风险投资的资金由皇室或富足的家族和个人提供，资助对象是商人、探险家或发明家。从19世纪中叶开始，风险投资资助的对象从个人转向了组织。现代意义的风险投资出现在第二次世界大战之后的美国。1946年，美国哈佛大学经济学教授乔治斯·多里奥特（Georges Doriot）等人与波士顿地区的一些商人共同创立了美国研究与发展公司（American Research and Development Corporation，ARD），这标志着风险投资行业的诞生。1956年，ARD向数控设备公司（DEC）投资不足7万美元，占77%股权，1971年该股权市值达3.55亿美元。后来，ARD公司通过出售股权获得了近5亿美元的收益。

1958年美国《中小企业投资法案》（Small Business Investment Act）的实施促成了中小企业投资公司（Small Business Investment Company，SBIC）的发展。1958—1963年，美国约有692家公司注册为SBIC，共筹集私人权益资本4.64亿美元。同期，第一家合伙制风险投资公司在美国诞生，这种形式很快被其他人模仿，在某种程度上加快了风险投资产业的发展。20世纪60年代末70年代初，整个风险投资产业的发展步伐非常缓慢。

1978—1981年，风险投资的发展出现了重大转折。美国国会连续通过了一系列具有重大意义的法案，其中最重要的一项是允许养老基金进入风险投资领域（在这之前养老基金被法律禁止进入这一领域），从此奠定了有限合伙制在风险投资领域的主导地位。自20世纪80年代以后至今，采用有限合伙制的风险投资公司占全部风险投资公司的80%以上。

1992年以后，随着全球高科技产业的兴起、新经济模式的提出和美国经济的持续景气，美国风险投资进一步繁荣，目前已成为世界上规模最大、机制最完善的风险投资。流入风险投资领域的资本数量急剧增加，1993年为37.6亿美元，1995年增加到47亿美元，1998年增加到135亿美元，2002年增加到206亿美元。截至2004年底，美国共有风险投资公司4 000多家，风险投资总额超过了1 000亿美元。

英国等欧洲国家也在20世纪70年代末至80年代初纷纷发展风险投资产业。英国成为仅次于美国的第二大风险投资国，法国的风险投资产业规模位居欧洲第二。此后，日本、加拿大、澳大利亚、以色列、中国台湾、中国香港等经济体的风险投资产业也相继发展起来，并对全球风险投资市场产生了一定的影响。进入21世纪以来，日本的风险投资规模已达120多亿日元，合格的风险投资公司达1 800多家，比1980年增加了近40倍。

近年来，美国、以色列、加拿大、德国、法国、日本等的风险投资行业在经历了2007年的泡沫冲击、2008年金融危机的洗礼、2009年后金融危机时代的重建之后，于2010年开始恢复。2010年上半年全球风险投资总额为175亿美元，与2009年上半年相比增加了24.5%。2011年，美国与加拿大两国的风险投资总额比2010年增加了

21.85%。2010年以来，全球风险投资行业从第一轮融入风险资本到IPO退出所经历的时间的中位数有所增大。美国为9.4年，创历史最大纪录；欧洲为6年；中国则为2.6年。风险投资更加青睐信息技术、保健服务、清洁技术等行业，IPO机制的渐趋完善是风险投资发展的重要促进因素。

第二节 风险投资的运作

一、风险投资的运作体系

一个完整意义上的风险投资运作体系一般涉及风险资本供给方（投资者）、风险资本运作方（风险投资公司）、风险资本需求方（风险企业）和风险资本退出机制四个方面（见图6-1）。下面逐个方面进行分析。

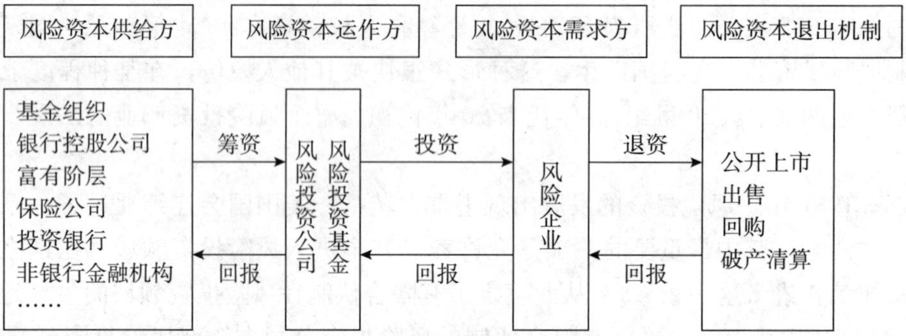

图6-1 风险投资的运作体系

（一）风险资本供给方

风险资本是一种权益资本，投资周期较长，无法在相对较短的时期内变现。风险资本需要一个相对稳定的资金来源。资本是在流动中增值的，基金组织、银行控股公司、富有阶层、保险公司、投资银行、非银行金融机构掌握了大量闲置资金，急需寻求投资出路，因此它们构成了主要的风险资本供给方。

1. 基金组织

提供风险资本的基金组织主要包括养老基金、退休基金和捐赠基金，其中退休基金所占的比重最大。例如，美国的养老基金、退休基金和捐赠基金分别占风险资本来源的19%、23%和11%，三者之和构成了资本总额的53%，由此可见，基金组织是美国风险资本的最大来源。

2. 银行控股公司

银行控股公司是风险资本市场的早期投资者。由于受有关银行法律的限制，银行控股公司一般通过资本分离的银行控股公司的附属机构向风险资本投资。据统计，在向风险资本投资的最大的 20 家银行控股公司中，前 5 家占了投资总额的 60％以上。

3. 富有阶层

在风险投资的早期，资金主要来自富有阶层。他们手上拥有大量闲置资金，并继续寻找投资渠道来使其资本增值。随着各类基金投资的增长，富有阶层对风险投资的重要性已经大不如前。富有阶层既包括退休的首席执行官（CEO）及具有敏锐的商业眼光和大量财富的公司经理，也包括商业银行和投资银行的富有客户。

4. 保险公司

保险公司的风险投资业务是从公司的私募业务中衍生出来的。多年来，保险公司通过购买那些具有资产特性的债务为风险更大的公司客户提供资金。在公共的垃圾债券市场出现之前，保险公司通过过桥贷款方式为一些早期的杠杆收购业务提供资金（即麦则恩投资方式，也称为次级债务投资或半层楼投资，它属于一种中期投资，是一种介于传统风险投资和一般商业贷款之间的投资行为）。随着专业技术的发展，保险公司开始投资于有限合伙责任公司。在法国，10％以上的风险资本来源于保险公司。

5. 投资银行

投资银行通常通过投资于它自身就是其合伙人的合伙公司介入风险投资。这一点与商业银行不同，商业银行的业务是为大型收购项目提供融资和相应的服务。投资银行支持的合伙公司的业务是对已设立公司的后期投资，属于风险小或无风险的投资，同时合伙公司的融资活动与投资银行的其他业务活动处于同一经营范围。在进行大型收购交易时，投资银行也提供包销服务和并购咨询服务。

6. 非银行金融机构

非银行金融机构大约从 20 世纪 60 年代开始成为风险资本的来源之一，它们通常通过一些专设附属机构，主要是通过自己的直接风险投资计划进行投资。

目前，美国和英国等国家的风险资本供应者以养老基金等机构投资者为主，日本、德国、法国等国家的风险资本供应者则以金融机构（主要是银行）、大企业和大公司为主。

（二）风险资本运作方

风险投资机构，即风险投资公司或风险投资基金，是风险投资最直接的参与者和实际操作者，同时也最直接地承担风险并分享收益。风险投资机构是连接资金来源与资金使用的金融中介，是风险投资体系中最核心的机构，主要有有限合伙制、公司制和信托基金制三种组织模式，其主要职能是从投资人那里筹集资金，辨认和寻找投资机会，筛选投资项目，决定投资方向，获益后退出投资。

风险投资机构拥有众多的风险投资者，风险投资者分为三种类型，即技术型风险投资者、金融型风险投资者以及管理和创业型风险投资者。许多风险投资者同时拥有上述几种技能。例如，凯文·冯在加入梅菲尔德基金以前，曾在 Plantronics 和惠普等公司中担任过多种技术职务；卢桑·昆德伦（Ruthann Quindlen）在加入知名风投集团 IVP（Institutional Venture Partner）以前，是 Alex. Brown & Sons 公司非常有名的投资银行家。

（三）风险资本需求方

创业企业是风险资本的投资对象，多指与高新技术行业有关、发展潜力大、成长速度快的中小型企业或新兴产业的企业。美国风险投资的重点对象是中小型高科技企业，德国、日本的风险资本较少投资于需要大量研发资金的创新产业，投资于制造业、零售业和服务业的比例较高。

（四）风险资本退出机制

风险资本退出机制是指风险投资机构在其所投资的创业企业发展相对成熟或不宜继续发展的情况下，将在创业企业所拥有的股权兑换成货币性资产，以实现资本增值、避免或降低投资损失的机制及相关配套制度安排。风险投资的本质是资本运作，退出是实现收益的手段，也是进行资本再循环的前提。风险资本的退出渠道主要有四条，即公开上市、出售、回购和破产清算。

1. 公开上市

公开上市可分为首次公开上市（initial public offering，IPO）和买壳上市。IPO 通常是在二板市场（创业板），如美国的 NASDAQ 市场、加拿大温哥华股票交易所的创业板市场、比利时的 EASDAQ 市场发行上市；买壳上市，又称借壳上市，指创业公司通过收购获得某上市公司的控股权，再通过资产置换或反向收购等方式，把创业公司资产注入上市公司，从而达到让非上市公司间接上市的目的。根据一项对美国 442 起风险投资所做的调查，30%的风险投资是通过上市退出。上市可以使风险资本家持有的不可流通的股份转变为上市公司股份，实现盈利，并获得流动性，通过该方式所获得的投资收益大大高于其他方式，如苹果公司的投资收益高达 235 倍，莲花公司是 63 倍，康柏公司是 38 倍。公开上市被誉为风险投资的黄金通道。

2. 出售

出售是风险资本退出的另一条重要渠道，有两种方式：一是兼并，也称一般收购；二是其他风险投资介入，也称第二期收购，即由另一家风险投资公司收购该创业企业。第二期收购通常发生在前期的风险投资存续期结束或由于某种原因需要实现收益时。统计表明，在美国风险资本的退出方式中，一般收购与兼并占 23%，第二期收购占 9%。通过出售方式退出所获得的平均收益远远低于通过公开上市方式退出所获得的收益。

3. 回购

回购主要是指由创业企业管理层或其他合伙人以现金、票据等有价证券买断风险投资公司持有的企业股份，从而使风险投资公司实现投资收益的一种退出方式。回购有两种情况：一种是创业企业管理者从风险投资公司手中购回其所持股份，以实现对企业的更大程度的控制；另一种则是风险投资公司与创业企业在初始阶段就约定好的行为，即在该项投资不是很成功的情况下，风险投资公司可以要求创业企业购回股份，从而保证自身的利益。

4. 破产清算

风险投资成功的比例一般比较低，根据著名的“2－6－2”法则，风险投资很成功的项目一般占项目总数的20%，业绩平平的项目占60%，完全失败的项目占20%。当所投资的企业出现下列情况时，风险投资机构通常会通过破产清算退出：一是财务状况恶化，无法偿还到期债务，且无法获得新的融资；二是企业计划经营期内的经营状况与预计目标相差甚远，风险投资公司无法通过公开上市或回购方式退出；三是企业的发展方向背离了商业计划及投资协议中约定的目标或风险投资公司遭遇了来自投资人的压力。破产清算固然痛苦，但它也是风险投资必不可少的一种退出方式。①

二、风险投资的运作流程

一般来说，风险投资的运作流程包括四个阶段，即筹资阶段、投资阶段、管理与增值阶段和退出阶段（见图6－2）。

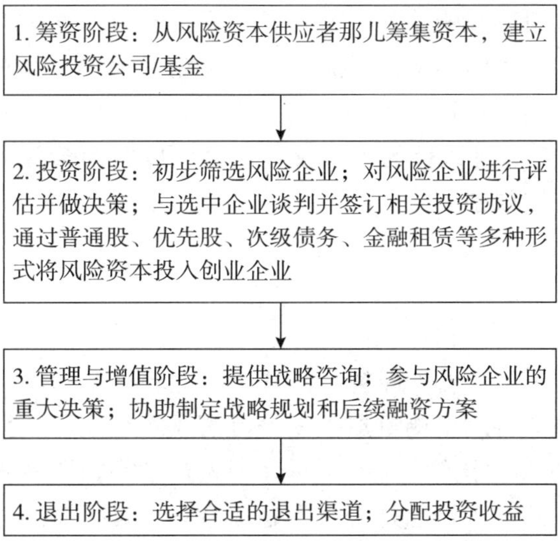

图6－2　风险投资的运作流程

（一）筹资阶段

筹资阶段的主要任务是筹集风险资本，成立风险投资基金或风险投资公司。从不同的角度，可以对风险资本的筹集方式进行不同的分类。

1. 按政府参与的程度，分为政府主导型筹资方式和非政府主导型筹资方式②

在政府主导型筹资方式下，政府在风险资本的筹集中起着关键作用，有时会对风险投资实施干预，甚至直接提供风险资本。中国和新加坡就采用这一筹资方式。如2011年中国

① 鲁皓. 风险资本市场中的投融资机制研究. 重庆大学，2011. 本节的其他内容也引用了鲁皓博士的研究成果，特此说明。

② 王张悦. 风险投资筹集制度研究：以美国风险资本制度为线索. 吉林大学，2010.

创业投资企业的资本来源中，财政预算出资、国有机构出资、非国有机构出资、个人出资和外资分别占 15.95%、41.42%、28.24%、12.68%和 1.75%，国有资金占比达 57.34%。

在非政府主导型筹资方式下，政府不通过直接手段干预特定部门或者企业，而是通过采取微观经济措施，使参与风险投资的某部门受益。美国政府目前的做法最接近这种方式，美国将其直接投资的项目交给公共专业投资机构运营。非政府主导型筹资方式又分为银行主导型筹资方式、大企业主导型筹资方式和民间资本主导型筹资方式三类，这三种筹资方式常在一国风险投资产业中并存。

在银行主导型筹资方式下，风险资本的主要来源是银行、保险公司和证券公司。例如，日本在 1974 年成立了八家以大银行和证券公司为资金来源的第一代风险投资机构。大企业主导型筹资方式的代表是美国和欧洲；民间资本主导型筹资方下，风险资本的来源主要是富有的个人投资者和家族，在风险投资发展初期，这几乎是风险资本唯一的筹集方式，不过后来其地位下降了。

2. 按是否公开筹集，分为私募和公募

私募是指向特定的机构投资者和个人投资者募集资金。这是美国风险投资公司筹集风险资本的传统方式，如美国的 Java 风险投资基金就是通过向 IBM 等 6 家大企业募集 1 亿美元而设立的。公募是指根据相关法律向社会公开募集资金，如美国的《公众投资基金法》（1996 年）规定，满足条件的风险投资基金可以向社会募集资金，但基金募集活动和投资活动要受到一定限制。

（二）投资阶段

投资阶段主要分为三个步骤：

第一步是初步筛选风险企业，即初步筛选出可能较有市场潜力并符合公司投资要求的风险企业。筛选时主要有六个侧重点：一是看该风险企业所处行业是否属于投资机构熟悉的行业，是不是高新技术产业，若不是，则先行剔除。二是从技术创新的可行性角度分析该风险企业产品的技术设想是否具有超前意识，是否需经过大量研究才能变为产品，产品是否会被市场接受，以及技术是否易于保密等。三是对市场前景进行分析。四是考虑风险企业所处的发展阶段，在种子期、创业期、成长期和成熟期四个阶段中，处于种子期的风险企业的资金需求量少，风险大；处于创业期的风险企业的资金需求量明显增加，技术风险有所下降；处于成长期的风险企业的资金需求量相比前一阶段又有所增加，市场风险和管理风险也进一步增大；处于成熟阶段的风险企业的资金需求量大，收益相对较低。五是结合自身的实际情况，考虑对创业企业的投资规模。六是分析创业企业的人力资源状况。经过审核和筛选，初步选出一批有投资价值的风险企业。按照国外的经验，这一阶段筛选的风险企业所占比例一般为 10%。

第二步是对投资项目进行评估并做决策。马尼加特和赖特（Manigart and Wright，1997）基于对风险投资者对风险企业的估值方法的调查，把估值过程分为三个步骤[①]：一

---

① Manigart, S. and Wright, M. "Venture Capitalists' Appraisal of Investment Projects: An Empirical European Study," *Entrepreneurship: Theory and Practice*, 1997, 21 (4), pp. 9 - 28.

是收集有关风险企业及其管理团队、未来发展前景的信息；二是利用这些信息评估投资风险和预期收益，并进一步估计未来的自由现金流和潜在的利润；三是运用一种或几种估值方法，并结合风险、收益、现金流来计算风险企业的价值。其中，传统的估值方法主要有贴现现金流量法，如净现值（NPV）法、内部报酬率（IRR）法和利润率指数法等。NPV 法是最常用的有效方法，但 NPV 法忽视了投资时间选择权的价值，因而不适用于风险投资。1973 年，期权定价理论的出现为风险投资的估值提供了新的思路。

在对所投资的风险企业进行估值时，根据泰吉和布鲁诺（Tyebjee and Bruno，1984）① 的美国风险企业估值模型，风险企业的价值受以下五个基本指标的影响：市场吸引力（包括市场规模、市场需求、市场增长潜力、市场易接近程度）、产品差异度（包括专利保护、边际利润、产品独特性、技术性能）、管理能力（包括管理技能、营销技能、财务技能、专家推荐）、抵御环境威胁的能力（包括抵御竞争者进入的能力、过时保护能力、抵抗经济周期的能力、防范衰落风险的能力）和变现能力。其中，市场吸引力和产品差异度主要决定风险企业的期望收益率；较强的管理能力和抵御环境威胁的能力会显著降低项目可预见的风险；变现能力主要影响收益。

总体而言，风险投资者对风险企业的估值可以概括成以下公式：

$$V=P\times S\times E$$

其中，V(venture capital）指对投资项目的评估，P(problem）指解决的问题或机会的大小（产业前景），S(solution）指对问题的解决程度（商业模式），E(entrepreneurship）指风险企业家的素质（创业团队）。这个公式的含义是，如果一家风险企业满足如下三个条件，那么风险投资者对于这项投资就会给予很高的评价：第一，这项投资能够解决社会或产业中现存的一个重大问题或缺陷（例如采用基因技术治疗癌症）；第二，这一项目解决问题的方法（即技术）具有不易被模仿的独到之处和良好的市场前景；第三，风险企业家具有较强的管理能力，从而能够保持这种技术的领先优势，并将其转化为商业利润。

第三步是与选中企业谈判并签订相关投资协议。通过前两步的筛选和评估，风险投资者基本确定了有投资意向的项目，之后就开始与风险企业的有关管理人员进行谈判协商，共同设计、确定交易结构，并达成协议。在谈判中，重点磋商以下四个方面的问题：一是股权形式、价格、数量。股权形式通常有普通股、债券、可转换优先股等。② 二是股权保障方式。风险投资公司为降低风险、保障股权，通常会在协议上规定明确的股权保障方式，如董监事席位分配，董事会的权利、义务与财务责任，重大资本预算的核认等。三是资金撤出时机与方式，如投资公司回收年限、出售持股的时机、股票上市的时机与方式等。四是参与经营管理的方式，如对风险投资公司参与决策以及协助经营管理的范围与程度加以确认。此外，主要管理者的指派权也是要谈判的重要事项。

---

① Tyebjee，T. T.，and Bruno，A. V. "A Model of Venture Capitalist Investment Activity," *Management Science*，1984，30 (9)，pp. 1051 - 1066.

② 据统计，美国生物医药业、软件业、零售业及制造业的 800 个风险投资案例中，选择优先股的占 88.6%以上。

（三）管理与增值阶段

在这个阶段，风险投资机构利用自己的管理经验为风险企业提供战略咨询，参与风险企业的重大决策，并协助制订战略规划和后续融资方案，以帮助风险企业实现增值。

（四）退出阶段

在这个阶段，在什么时候、以何种方式退出是风险投资公司最关注的问题，也是风险企业十分关注的问题。从理论上说，在风险企业带来的边际价值等于边际成本时退出，风险投资公司可以实现利益最大化的目标。从管理激励、风险分散、流动性和收益率等众多角度来看，IPO 是最理想的退出方式，出售次之。然而，风险投资公司的退出时机和退出渠道受许多因素的影响，例如，IPO 市场的状况、收购的规模以及新的所有者满足风险企业目前和未来的资本需求的能力及承担风险的能力、特定形式的退出对风险投资公司的声誉的影响、实现经营协同和财务协同的潜力等。[①]

小案例

脸书的风险融资

一般来说，风险融资阶段分为种子/启动阶段、早期阶段、扩张阶段和后期阶段四个阶段。阶段越晚，风险越低，企业估值越高。其中，种子/启动阶段是指公司开发产品的初始阶段，一般在公司创业的 18 个月内，此时公司可能还没有正式全面运营。在早期阶段，公司的产品或服务处于测试或试生产阶段，运营时间不超过三年，在某些情况下，产品可以在商业上使用，但产品和服务可能会或可能不会产生收入。在扩张阶段，公司通常已运营三年以上，产品或服务处于生产状态，可以在商业上使用，公司的收入显著增长。在后期阶段，公司会产生持续的现金流。

脸书（Facebook）在以上四个阶段的风险融资情况是这样的：2004 年 2 月，马克·扎克伯格和朋友们在哈佛大学的宿舍里创建了脸书。5 个月后，脸书从彼得·泰尔（Peter Thiel）那儿获得了 50 万美元的种子/启动阶段融资。2005 年 5 月，脸书从彼得·泰尔和阿克塞尔合伙公司（Accel Partners）那儿得到了 1 270 万美元的第二轮早期阶段融资，当时脸书的估值为 8 750 万美元，活跃用户数量为 550 万。2007 年 10 月，脸书的活跃用户扩大至 5 000 多万，它用 1.6%的股份从微软换得了 2.4 亿美元投资，当时脸书的估值为 150 亿美元。2011 年 1 月，也就是脸书 IPO 的前一年，脸书分别从高盛（Goldman Sachs）、俄罗斯 DST 获得了 4.5 亿美元和 5 000 万美元的后期阶段股权融资，当时脸书的估值达到 500 亿美元，年收入约为 20 亿美元，利润约为 5 亿美元。

资料来源：Yixi Ning，Gubo Xu，Ziwu Long. "What Drives the Venture Capital Investments in China?" *Chinese Management Studies*，2019，13（3），pp. 574 - 602.

---

① 刘萍萍．风险投资运作机理与投资决策研究．天津大学，2003．本节的其他内容也引用了刘萍萍博士的研究成果，特此说明。

第三节　国际风险投资发展的制约因素

风险投资是金融市场的一种创新形态，它的运作有其内在的特殊规律性，其产生和发展需要与之相适应的环境。制约风险投资发展的因素有很多，涉及社会、经济、文化、法律等多个方面。总结美英、日德、中国台湾三种风险投资发展模式的经验和教训，可以把这些因素归纳为以下几个方面。

一、法律法规的完整性

与一般资本市场相比，风险投资具有较高的不确定性和信息不对称性，在这种高风险环境中，需要有一整套相应的法律法规来界定和规范各市场参与者的资格、行为及其相互之间的关系，这样才有可能有效地保护投资者的权益，增强投资者的信心，降低投资风险。

涉及风险投资的法律法规有很多，其中包括投资主体的确认、投资管理机构的组织与管理、风险资本二级市场的组织与监管、企业产权与知识产权的保护、风险投资企业的会计审计等方面的法律法规。风险投资的法律法规既要能有效地降低市场风险，又要有利于市场的发展。其中最关键的是要适应风险投资的特点。例如，风险资本的本质特征是其资本和投资活动的循环流动性，因此，在法律法规上应该尽可能减少风险资本所投资企业股份流动的障碍；再如，为了适应风险投资信息高度不对称的特点，需要有相应的会计审计制度和规范中介机构的法规。总之，适应风险投资特点的一整套法律法规是保证其顺利发展的前提条件。

二、政府的政策措施扶持

各国的实践都证明，政府的政策措施在风险投资的发育和发展过程中具有十分重要的作用。尽管各国的实践各不相同，但总结起来，以下几个方面的政策措施被证明在风险投资发展过程中是至关重要的：

（1）增加风险资本的供给。第一，政府在政策上允许一定比例的退休基金和保险基金等机构投资者进行长期风险投资；第二，政府利用税收政策激励个人和民间机构进行风险投资；第三，政府出资介入风险投资，起到引导和示范作用。

（2）降低投资者风险。政府通过资助投资前的技术评估和审计，以及对风险投资的部分股份担保或损失补偿，来降低投资者风险。

（3）增加流动性。政府通过采取多种政策措施，如鼓励企业收购兼并、培育产权交易市场、发展高新技术企业股票二级市场等退出渠道，来提高风险资本的流动性。

（4）促进高新技术企业化。政府通过采取多种政策措施，如实施风险分担税制和特许贷款制度、提供信息咨询服务等来促进高新技术企业化。

总之，作为一种新兴的资本市场形态，风险投资的发展需要政府的强力扶持。政府的政策措施扶持是吸引风险投资，特别是民间投资的主要条件。

三、高新技术产业化基础与成熟的企业制度

风险投资是一种将资金、技术、管理与创业精神有机结合起来，在支持创新活动与培育高新技术产业的过程中使参与者获取超额利润的一种新型市场形态。

从理论上讲，风险投资的发展需要一定的高新技术产业化基础。只有存在一定数量的投资机会，才能为风险资本提供足够的选择空间，才有可能产生与高风险相对应的超额利润，从而刺激风险投资。从实践上看，美国风险投资起步早、发展快、功能齐全，其重要原因之一就是在半导体、计算机、生物技术等领域内的研究与开发实力较强。如数据设备公司、苹果公司等有巨大超额利润的投资项目的产生极大地刺激了美国风险投资的发展。当然，高新技术产业与风险投资存在相互促进的关系，不能把前者作为独立的外生变量来解释后者。但可以肯定地说，在一个缺乏创新的经济环境中，投资利润已经被平均化，以追求超额利润为主要目标的风险投资不可能有快速的发展。

有了一定的产业化基础后，还必须具备较成熟的企业制度。从历史发展过程看，企业制度经历了从个人企业到合伙制企业，再到股份制企业的演变。风险资本作为一种长期的权益资本，当然要求企业采取股份制这一制度形式。不仅如此，作为一种创新的投资方式，风险资本对所投资企业的制度还有一些特殊的要求。例如，风险投资公司不仅要进入所投资的风险企业的董事会，还要参与其重大决策。与股份制企业相比，个人企业、家族企业容易产生内部人控制，因此不太可能成为风险资本的投资对象。

四、文化的适宜性

作为创新的市场形态，风险投资只有在一个适宜的文化环境中才能顺利发展。文化因素从多个方面制约并影响着风险投资的发展。

第一，风险投资的发展需要有一种勇于冒险的创业精神。这种精神的精髓就是敢于凭借丰富的想象力和创造力，通过建立生产新产品、引进新工艺、开发新资源和采用新组织形式的企业，来实现自己的抱负和理想。这种创业精神在科技企业家和风险资本家身上得到了具体体现。

第二，风险投资的发展需要有一种“以人为本”的文化氛围。在高新技术产业诞生和发育的过程中，人才是关键因素。风险资本家和科技企业家是社会的精英，他们的共同特点是敢于冒险、勇于开拓，并兼有对科学技术的前瞻性看法和对市场的敏锐洞察力。“以人为本”的文化氛围主要体现在以下几个方面：一是鼓励个人创新，鼓励个人创办企业；二是尊重知识和人才，提倡人才流动；三是鼓励专业人才通过创新和建立高新技术企业获取高额报酬；四是尊重和鼓励科技企业家和风险资本家的个性化发展。

第三，风险投资的发展需要有一种活跃的高科技股份投资文化。风险投资是一种股份投资，市场参与者通过股份运作获得收益，企业则从中获得不断成长所需的资金。从企业的角度看，创业者要有开明的态度，能够克服“独立性”与控股心态，为了企业的长远发展，敢于让外部投资者参股，甚至放弃或暂时放弃企业的控制权；同时，企业要

有一种为股东负责，与股东坦诚相待，追求股东价值最大化的文化。从投资者的角度看，企业要有一种敢于冒风险、愿意进行长期股份投资的高科技股份投资文化。

五、规范、有效的中介服务体系

风险投资是一种有组织的投资活动，是一个有明显特性的经济活动领域，需要有一系列针对风险投资者、高科技企业，以及政府、投资者、公众等的中介服务机构。这些中介服务机构主要包括标准认证机构、知识产权增值机构、项目市场咨询机构、专业融资担保机构、行业协会等，它们构成了一个规范、有效的中介服务体系。

六、风险资本的供给

风险资本的供给是影响风险投资发展的重要因素之一，它主要受两方面因素的制约：

一是政府的限制。政府往往会对进入风险投资领域的资本类型和数量予以限制。其中，对国内资本的限制主要是针对机构投资者。例如，美国风险投资的发展在相当大程度上依靠退休基金和保险基金提供的资本，这部分资本占风险资本总额的一半以上。可以想象，如果美国政府没有放宽风险资本的供给限制，就不可能有今天这样一个繁荣的风险投资产业。

二是经济环境的影响。风险资本的供给取决于所处经济环境所能提供的机会收益。一个低利率的经济环境有利于增加风险资本的供给，而一个泡沫化程度较高的经济环境则不利于从事长期风险投资，相应地风险资本的供给也会减少。

七、专业人才及与之配套的人才市场

在影响风险投资的诸多主客观因素中，最重要的是人才资源。那些开创高新技术产业的科技企业家和风险资本家无一不是具有冒险精神和创业精神的社会精英。不管是英特尔的罗易斯等科技企业家，还是 ARD 的创始人多里奥特、多家著名公司的投资人洛克等风险资本家，都是敢于冒风险、勇于开拓，并兼有对科学技术的前瞻性看法和对市场的敏锐洞察力的复合型人才。这些人才在市场上的聚集与竞争，是推动风险投资业发展的最重要的力量。

第四节　中国风险投资业的发展

一、中国风险投资业的发展历程

1984 年前后，风险投资进入中国。1985 年 3 月，中共中央发布《关于科学技术体制改革的决定》（以下简称《决定》）。《决定》指出：“对于变化迅速，风险较大的高技术开发工作，可以设立创业投资给予支持。”同年 9 月，国务院正式批准成立“中国新技术创业投资公司”。此后在政府的推动下，中国风险投资业的发展经历了探索阶段、缓慢发

展阶段和快速发展阶段、稳健发展阶段四个阶段。截至2012年末，全国备案的创业投资企业数量达到1 093家，总资产达2 836亿元，累计投资了11 620家企业。

（一）探索阶段（1984—1996年）

1984年，中国引入境外风险投资资金26.51亿美元，实际使用金额12.58亿美元，投资项目1 856个。到1996年底，我国共有风险投资机构24家，资金总量达47.1亿元。在这个阶段，科技部和国家计委独立探索发展风险投资。1984年，国家科委意识到发展风险投资的必要性，并借鉴香港、台湾的译名，提出了“创业投资”的概念。1985年《决定》颁布后，我国开始着手从促进技术创新的角度探索发展创业投资。1996年，国家计委提出借鉴市场经济发达国家发展创投基金的经验，发展有中国特色的产业投资基金的建议，得到国务院的重视，开始探索发展产业投资基金。

（二）缓慢发展阶段（1997—2005年）

1997年，美国等发达经济体快速发展，风险投资在推动技术创新和经济增长中的作用日益突出。在此背景下，我国加快了对风险投资的扶持力度，从1997年起，全国风险投资机构数量和管理的资本总额快速增长（见图6-3）。截至2005年底，全国已有风险投资机构319家，管理的资本总额达到631亿元；风险投资机构累计投资3 916个项目，其中，高新技术投资项目达到2 453个，投资额达到326亿元。在这一阶段，科技部、国家计委等有关部委开始合作研究推动风险投资业发展的政策与措施。1997年底，经国务院批准，国家科委、国家计委等七部委联合成立了“国家创业投资机制研究课题组”。2001年11月，国家计委与科技部等有关部门开始共同研究制定促进创投基金发展的规章和相关政策。2003年7月，国家发改委牵头成立了有十个部委共同参加的“创投企业管理办法十部委起草小组”，为以公司、有限合伙等企业形式设立创投基金提供法律支撑。

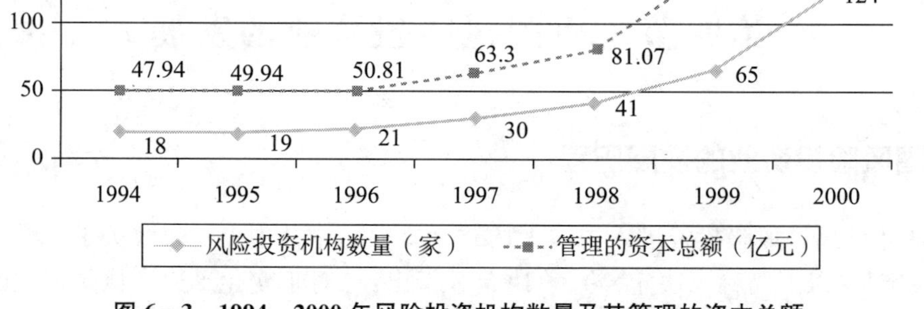

图6-3 1994—2000年风险投资机构数量及其管理的资本总额

资料来源：根据北京创业投资协会公布的数据整理而得。

2005年7月，十部委向国务院联合上报了《创投企业管理暂行办法》（以下简称《暂行办法》）；同年11月，《暂行办法》以十部委名义发布；次年3月，《暂行办法》正式施行。

（三）快速发展阶段（2006—2013年）

2006年以来，各年完成募集的风险资本总量和平均每家机构的募集金额整体呈现增长趋势（见图6-4）。根据样本调查，2006—2011年，风险投资公司（基金）投资的项目数和投资金额趋于增长（个别年份除外）（见图6-5）。据中国风险投资研究院（CVCRI）的统计，2011年国内外风险投资机构共投资了1 635个项目，其中披露投资金额的1 175个项目涉及投资金额2 300.91亿元。

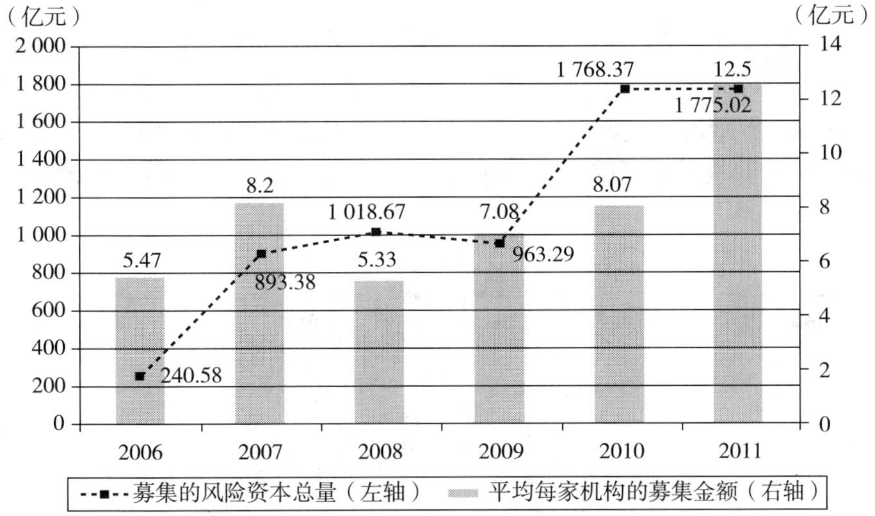

图6-4 2006—2011年新募集风险资本规模

资料来源：中国风险投资研究院．中国风险投资年鉴2013．北京：民主与建设出版社，2003．

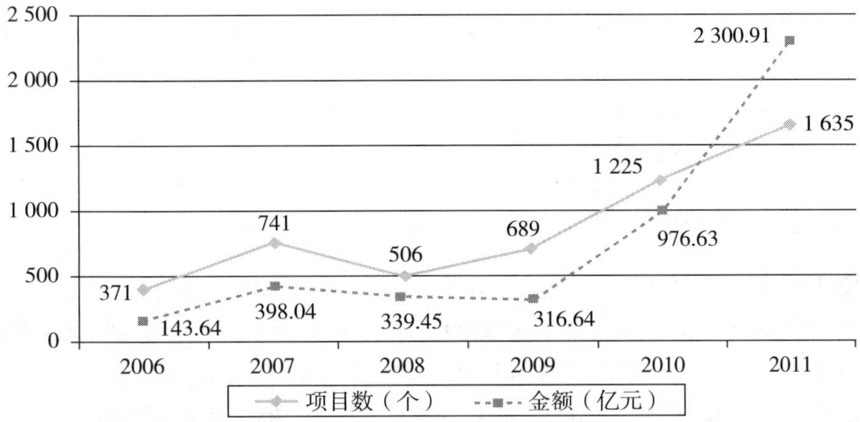

图6-5 2006—2011年样本机构风险投资规模

说明：2011年该项调查的有效样本数是689个。

资料来源：中国风险投资研究院．中国风险投资年鉴2013．北京：民主与建设出版社，2013．

2011年6—7月，整个VC/PE行业在募资、投资、退出等方面都达到了一个前所未有的高潮，同时也出现了一些股权投资基金以变相公开方式向不具备风险承受能力的公众募集资金、项目投资急功近利、大批创业板高管辞职套现、利用募集资金的差额进行放贷盈利等不良现象。为促进行业持续健康发展，2011年下半年国家发改委下发《关于促进股权投资企业规范发展的通知》，规范股权投资企业的运作和备案管理，证监会制定了强制分红制度、创业板退市制度以及对内幕交易零容忍的制度。[①] 2012年11月，监管层开展了史上最严的IPO公司财务大检查，IPO处于暂停状态，风险投资行业陷入低迷。

（四）稳健发展阶段（2014年至今）

2013年1月18日，全国中小企业股权转让系统正式运营，为风险投资退出提供了新渠道。2014年1月，IPO重启，VC/PE行业开始回暖。2014年，中国创业风险投资机构达到1 551家，管理的资本总额达5 232亿元，基金平均管理资本规模为4.5亿元。此后，风险投资机构数量及管理的资本总额趋于增长，基金平均管理资本规模则略有下降（见表6－4）。

表6－4　中国创业风险管理资本总额（2006—2020年）　单位：亿元

年份	2006	2007	2008	2009	2010	2011	2012	2013	2014	2015	2016	2017	2018	2019	2020
管理的资本总额	664	1 113	1 456	1 605	2 407	3 198	3 313	3 574	5 232	6 653	8 277	8 873	9 179	9 989	11 158
基金平均管理资本规模	2.1	3.4	3.6	3.2	3.3	3.7	3.5	3.3	4.5	4.7	4.1	3.9	3.3	3.3	3.4

资料来源：历年《中国创业风险投资统计分析》。

二、中国风险投资业的发展特征

经过近40年的发展，中国的风险投资业已形成一定规模，在国民经济特别是投融资体系的改革中发挥着越来越大的作用，在建立风险投资体系、吸引国际风险资本等方面都积累了有益的经验，为中国今后风险投资的发展奠定了良好的基础。风险投资业在中国已从起步阶段进入稳健发展阶段。

（一）风险投资的规模呈现增长态势

这主要表现在：一是风险投资机构数量及其管理的资本总额不断增长。2006年底，中国的风险投资机构数量为345家，管理的资本总额为663.8亿元；到2011年底，各类风险投资机构数量为1 096家，管理的资本总额达3 198亿元；2016年、2020年，各类风险投资机构数量分别达到2 045家和3 290家，管理的资本总额分别为8 277亿元和11 158亿元。表6－5给出了2006—2020年中国各类风险投资机构数量。二是平均单个

① 中国风险投资研究院. 中国风险投资年鉴2013. 北京：民主与建设出版社，2013.

项目的投资额（投资强度）呈现逐年增长态势。2005—2020 年平均投资强度由 2005 年的 901.1 万元/项增长到 2020 年的 2 326.3 万元/项。2020 年累计投资项目 28 145 个，累计投资金额达 6 271.8 亿元（见表 6-6）。

表 6-5　中国各类风险投资机构数量（2006—2020 年）

年份	机构数（家）	年份	机构数（家）
2006	345	2014	1 551
2007	383	2015	1 775
2008	464	2016	2 045
2009	576	2017	2 296
2010	867	2018	2 800
2011	1 096	2019	2 994
2012	1 183	2020	3 290
2013	1 408		

资料来源：历年《中国创业风险投资统计分析》.

表 6-6　2005—2020 年风险投资机构的平均投资强度

年份	平均单项投资额（万元/项）	累计投资项目数（个）	累计投资金额（亿元）
2005	901.1	3 916	326.1
2006	802.5	4 592	410.8
2007	973.4	5 585	495.5
2008	1 041.3	6 796	769.7
2009	1 059.8	7 435	906.2
2010	1 356.5	8 693	1 491.3
2011	1 550.5	9 978	2 036.6
2012	1 322.7	11 112	2 355.1
2013	1 282.1	12 149	2 634.1
2014	1 129.5	14 118	2 933.6
2015	1 360.2	17 376	3 361.2
2016	1 842	19 296	3 765.0
2017	3 145.8	20 674	4 110.0
2018	1 924.0	22 396	4 769.0
2019	1 232.3	25 411	5 635.8
2020	2 326.3	28 145	6 271.8

资料来源：历年《中国科技统计年鉴》.

（二）风险投资机构多样化，非国有资本比重增大

我国风险投资机构的类型和组织形式正日趋多样化。目前，我国的风险投资机构主要有以下类型：国有独资的风险投资机构、政府参股的风险投资机构、民间设立的风险投资机构、外资设立的风险投资机构和大公司或专业性投资机构所属的风险投资机构。

我国风险资本的来源也日趋多样化：政府资金的比重明显降低，非国有资金正逐步成为风险资本的主要来源，在外部风险增加时国有背景资金成为市场主导力量。从承诺资本来源看，财政预算和国有机构出资占比从 2006 年的 79.54％下降到 2009 年的 62.47％；而非国有机构出资、个人出资和外资占比从 2006 年的 20.46％上升到 2009 年的 37.53％。2015 年、2016 年、2018 年、2019 年政府预算和国有机构出资的占比分别为 35.3％、36.1％、30.2％、31.4％。2020 年，受外部投资风险增大的影响，国有资金占比达 50.4％。

（三）风险投资机构倾向于投资处于成长阶段和起步阶段的企业

近年来，风险投资业的快速扩张与造富效应吸引了大量风险资本。这些风险资本主要投资于处于成长阶段、起步阶段和种子阶段的企业。从中国风险投资机构投资的企业所处阶段的总体分布看，投资于处于成长阶段和起步阶段的企业所占比重明显较高（见表 6－7）。

表 6－7　2018—2020 年中国风险投资机构投资的企业所处阶段的总体分布（％）

所处阶段	2018	2019	2020
种子阶段	24.1	22.2	18.5
起步阶段	40.3	39.5	32.0
成长（扩张）阶段	29.4	32.0	42.4
成熟（过渡）阶段	5.4	6.0	6.7
重建阶段	0.8	0.3	0.4

资料来源：历年《中国科技统计年鉴》.

（四）风险投资机构的管理正趋向成熟

经过近 40 年的实践，风险投资机构不断摸索管理方法，其管理与运营模式趋向成熟。一是管理人员多具有复合型从业背景。很多从业人员在进入当时所在的风险投资机构前就拥有了多个不同领域的从业背景。二是管理模式正从自我管理向委托管理过渡。截至 2009 年末，采取自聘管理团队这一管理模式的风险投资机构占比为 81.37％，采取委托管理这一管理模式的风险投资机构占比为 18.63％；到 2011 年末，相应的占比分别变为 70.6％和 24.7％。三是风险企业的组织形式以公司制为主，有限合伙制企业较少。在 2006 年之前，我国的风险企业只能采取公司制形式；2007 年《合伙企业法》修订后，还可采取有限合伙制企业形式。从目前备案的风险企业的组织形式看，公司制风险企业所占比例一直高于 95％。

（五）风险资本投资的行业以战略性新兴产业为主

2010年，我国风险投资机构对新材料、光电子与光机电一体化等行业的投资比重比2009年有所提高。2011年，中国风险投资机构的投资以制造业为主体，主要聚焦于高新技术产业，尤其是战略性新兴产业。2012年，新能源与环保产业、软件和信息服务业、医药生物业、计算机和通信设备制造业、传统制造业的风险投资项目数占比达61.02%。近几年，半导体、医药保健、软件、生物科技等领域更受风险投资机构的青睐（见表6-8）。

表6-8　中国风险投资业所投资的风险企业的行业分布（%）

行业	2018		2019		2020	
	投资金额	投资项目	投资金额	投资项目	投资金额	投资项目
半导体	3.00	3.48	8.53	5.64	10.82	9.39
医药保健	10.79	7.38	8.11	8.67	14.46	10.67
软件	5.70	6.79	3.48	5.11	5.49	7.13
生物科技	4.48	5.61	3.70	5.59	4.91	7.00
新材料	3.78	4.34	6.11	5.37	4.68	6.02
IT服务	9.54	8.78	3.63	5.06	3.96	6.23
科技服务	2.91	4.52	4.08	7.97	3.47	4.31
传统制造	5.79	4.21	8.13	3.30	2.27	3.07
网络	5.13	5.29	6.02	5.77	4.30	2.86
消费产品和服务	2.03	3.76	2.19	4.10	5.89	3.63
新能源、高效节能技术	5.23	3.89	7.15	4.14	2.94	3.93

资料来源：历年《中国创业风险投资统计分析》.

（六）风险投资机构主要集中在北京、上海、广东等经济发达地区

风险投资在全国各省（自治区、直辖市）存在明显差异。资本、技术与投资环境相对良好的地区聚集了较多的风险投资机构。我国的风险资本偏好高新技术项目和经济发达地区，风险投资机构的分布呈现出很强的区域集中特点。《中国风险投资年鉴2018》根据风险投资机构和活跃机构的数量分布，把全国划分为投资中心、活跃地区、欠发达地区和滞后地区四个地区类别。其中，北京、上海、广东集聚了全国50%以上的风险投资机构（见表6-9）。

表6-9　我国风险投资机构的地域分布

地区类别	包含的省（自治区、直辖市）	风险投资机构占比（%）	活跃风险投资机构数量（家）	活跃风险投资机构占比（%）
投资中心	北京、上海、广东	51.76	1 644	66.37

续表

地区类别	包含的省（自治区、直辖市）	风险投资机构占比（%）	活跃风险投资机构数量（家）	活跃风险投资机构占比（%）
活跃地区	浙江、江苏、天津、福建、山东、湖北、四川、重庆	32.95	629	25.39
欠发达地区	湖南、新疆、西藏、安徽、河北、陕西、江西、河南、云南	10.82	170	6.86
滞后地区	辽宁、吉林、山西、贵州、黑龙江、内蒙古、广西、海南、甘肃、宁夏、青海	4.47	34	1.37
合计		100.00	2 477	100.00

资料来源：中国风险投资研究院. 中国风险投资年鉴 2018. 北京：中国发展出版社，2019.

（七）风险投资以回购、并购和上市为主要退出方式

从退出方式看，2007—2020 年，回购、并购和上市是中国风险投资退出的主要方式，其中，选择以回购方式退出的项目所占比重较高，其次是并购和上市（见表 6-10）。

表 6-10　2007—2020 年中国风险投资的退出方式分布（%）

年份	上市	并购	回购	清算	其他
2007	24.2	29.0	27.4	5.6	13.7
2008	22.7	23.2	34.8	9.2	10.1
2009	25.3	33.0	35.3	6.3	0
2010	29.8	28.6	32.8	6.9	1.9
2011	29.4	30.0	32.3	3.2	5.1
2012	29.4	18.9	45.0	6.6	0
2013	24.3	26.3	44.8	4.6	0
2014	20.7	36.0	36.0	4.8	2.4
2015	15.5	31.0	37.5	6.5	9.5
2016	15.5	31.0	37.5	6.5	9.5
2017	13.7	32.7	34.8	8.9	9.9
2018	16.2	33.0	39.2	9.9	1.7
2019	16.8	27.4	42.3	11.0	2.5
2020	19.3	25.8	39.7	11.0	4.2

资料来源：2015—2020 年数据来自《中国科技统计年鉴 2020》，其他年份的数据根据科技部公布的统计数据整理而得。

三、中国风险投资业面临的问题

中国的风险投资业虽然已经具备一定的规模，也取得了一定的成效，但同风险投资业发达的国家和地区相比，仍处于发展初期。就目前国内外环境而言，我国企业开展风险投资有一定的有利条件，但还存在诸多制约风险投资发展的障碍，所以现在许多从事风险投资的企业规模都较小。

（一）现行法律法规不利于风险投资业的发展

在我国现行的法律法规中，存在不少不利于风险投资的地方：一是中国有些法律在制定时并未考虑到风险投资，造成目前我国风险投资运作无法可依，也难以受到保护，甚至还受到某些条文限制；二是中国虽然建立了保护知识产权的法律体系，但对侵犯知识产权的行为的打击力度还远远不够；三是依据中国现行税制，有限合伙型创投基金的总体税负水平要远远高于英美等国家，这就使得除全国社保基金等非纳税主体外，有限合伙制的税收优势并不是非常明显，以“中小”和“高新”双重标准作为申报应纳税所得额的标准显得有点苛刻，不能显著提高税收政策的效果。

（二）风险资本来源仍然主要依赖政府预算及国有机构出资，缺少有效的促进风险资本来源多元化的措施

目前，中国风险资本中有一半以上来源于政府预算及国有机构出资，而在发达经济体如欧洲，政府投资在风险资本中的占比不足2%；同为金砖国家的印度，其风险资本多来自国内外机构投资者，特别是海外的资金。在风险投资的发展过程中，政府的主要职责不是提供资金，而是创造良好的发展环境，通过各种优惠政策吸引各种资金从事风险投资。因此，我国政府也应通过优惠政策，吸引机构投资者及境外资金等从事风险投资。

（三）缺乏完善的退出机制，风险资本的退出渠道不畅通

风险投资是一个资金筹集—投资—退出—再投资的循环过程，在这个过程中，退出是最重要的环节之一。因此，要想让风险投资业健康发展，就需要为风险投资提供合适的退出方式和畅通的退出渠道。目前，发达经济体和一些发展中经济体都积极探索有利于风险投资退出的渠道，并相继为风险企业建立了多层次的场外交易市场。例如，美国的柜台交易市场（OTC）以及在此基础上发展起来的纳斯达克（NASDAQ）市场就是为没有资格在主板市场上市的高新技术中小企业进行股票交易和实现风险资本的退出而建立的。目前，我国的资本市场不够发达，风险企业进入主板市场十分困难，境外上市的渠道也有限，这将制约我国风险投资业的发展。

（四）缺乏从事风险投资的专业人才

风险投资是专业化的投资，风险投资家既要有丰富的知识、经验和专业的管理能力，

也要对技术、金融、资本市场有深刻的认识，有较强的市场运作能力，还要对新技术、新产品的发展潜力具有较准确的判断力。目前，中国风险投资业的从业人员有的是从证券业、商业银行等其他金融领域转行而来，有的刚毕业不久，经验积累不多，很多管理团队还不具备发现早中期企业价值的眼光，所以偏好投资于那些处于上市前的创业后期阶段的企业。

（五）缺乏专业性中介服务机构

经过多年的市场经济实践，我国的专业性中介服务机构有了较大发展，律师事务所、资产评估事务所、投融资咨询机构、券商等在逐步发展壮大。但是，风险投资所需的特殊中介服务机构如行业协会、标准认证机构、知识产权评估机构等还比较缺乏。在这种情况下，科技企业家和风险资本家往往要做很多自己专业以外的事，这就导致了市场效率的下降。

除专业性中介服务机构缺乏以外，目前还存在已有的中介服务不规范的问题。这是市场发展初期比较容易产生的问题，它会严重妨碍风险投资的发展。由于缺乏专业性中介服务机构，中国的风险投资企业在运作方面还不够专业、熟练。

第五节　案例研究

案例一

苹果公司与风险投资

（一）基本案情

1971年，年仅16岁的史蒂夫·乔布斯和21岁的史蒂夫·沃兹尼亚克在一次聚会中相识。1976年，史蒂夫·沃兹尼亚克设计出了一台微型电脑，乔布斯说服他将该微型电脑组装好后拿去推销。同年5月，乔布斯与一家电脑商店（The Byte Shop）达成了合作协议，该商店一次性订购50台这种电脑，每台电脑的价格为500美元。就这样，乔布斯赚到了人生中的第一桶金。

后来，乔布斯觉得自己应该创办一家公司，于是他找到了当时38岁的风险投资家马克·马库拉，并说服他为自己的公司进行投资。这位来自英特尔公司、已提前退休的百万富翁在和乔布斯及沃兹尼亚克共同讨论之后，花了两个星期拟订了一份公司经营计划书。

马库拉自己投资了9.1万美元，并通过自己的关系争取到了美国商业银行25万美元的信用贷款。随后，三个人带着苹果公司的经营计划书走访了马库拉认识的风险投资家，又筹集到了60万美元的创业风险投资。

1977年1月，苹果电脑公司终于在加利福尼亚州的库帕迪诺正式开业。马库拉出任苹果公司的董事长，乔布斯担任副董事长，沃兹尼亚克担任研发部经理。

1980年12月12日，苹果公司首次公开发行股票（IPO），以每股22美元的价格公开发行460万股，筹集资金1.01亿美元。乔布斯拥有750万股，价值1.65亿美元；沃兹尼亚克拥有400万股，价值8 800万美元；马库拉拥有700万股，价值1.54亿美元，相比最初他投入的9.1万美元，已经增值了1 691倍。早期在苹果公司下赌注的风险投资家们也获得了丰厚的回报。例如，阿瑟·罗克1978年注资5.76万美元，以每股9美分的价格购买了64万股股票，到苹果公司首次发行股票时他手中股票的价值已经高达1 408万美元，增值了243倍。苹果公司在上市当月还产生了另外40多个百万富翁。到了1982年，苹果公司还不满5周岁，就已经被《财富》杂志评为500强企业。

资料来源：安迪·樊. 融资：奔向风险投资市场. 北京：石油工业出版社，2012.

（二）案例分析

（1）从本案例我们可以看出风险投资的全过程：风险投资进入风险企业—增值—退出。风险投资进入风险企业的方式可以是新创建一家企业，也可以是投资于已经存在的企业。本案例中最初的风险投资的进入方式属于前者，但后来也有风险投资家在企业成长的早期注资。风险投资退出的渠道有上市、并购、回购等，本案例中的风险投资以上市的方式实现退出，为风险投资家带来了丰厚的投资回报。

（2）苹果公司的成功上市与之前获得的风险投资是分不开的。苹果公司能获得风险投资家的青睐主要得益于：乔布斯惊人的才华和谈判手段、先进的经营理念，以及沃兹尼亚克的创新技术；苹果公司不断创新的能力；行业的发展潜力和巨大的产品市场。此外，一份好的经营计划书对于企业获得风险投资来说也是至关重要的。

案例二

携程公司与风险投资

（一）基本案情

1. 携程公司的融资过程

携程公司（下称“携程”）于1999年5月在上海成立，注册资本为200万元人民币。携程的股权完全属于创业团队。携程在发展过程中获得过三次风险投资。1999年10月，IDG技术创业投资基金（IDGVC）向携程投资43万美元，获得公司12.5%的股权。2000年3月，IDGVC和其他四家VC机构向携程投资450万美元，获得公司约30%的股权。2000年11月，凯雷向携程投资1 000万美元，获得公司约30%的股权。

2. 企业估值逐渐增加

初始建立时：200万元人民币

第一轮融资时：344万美元

第二轮融资时：1 500万美元

第三轮融资时：约3 200万美元

3. 创业团队的股权占比逐渐下降

初始建立时：100%

第一轮融资时：87.5%

第二轮融资时：61%

第三轮融资时：43%

4. 创业团队的股权价值逐渐增加

初始建立时：200 万元人民币

第一轮融资时：300 万美元

第二轮融资时：920 万美元

第三轮融资时：1 740 万美元

5. 股东通过公司 IPO 获得回报

2003 年 12 月 5 日，携程在纳斯达克上市。股票发行价为每股 18 美元，公司市值达到 2.7 亿美元。创业团队的股权价值超过 1 亿美元。

2008 年 4 月 2 日，公司股价为每股 56 美元，公司总市值超过 36 亿美元。创业者基本已经在 2006 年底之前全部退出携程，各自开始了新的创业历程。

资料来源：刘萍萍. 风险投资运作机理研究：基于契约机制与人力资本的视角. 北京：对外经济贸易大学出版社，2009.

（二）案例分析

（1）携程公司是中国领先的在线票务服务公司，携程旅行网整合了高科技产业与传统旅游行业，是互联网和传统旅游无缝结合的典范。携程公司的成功离不开风险投资的支持。

（2）企业上市之前往往需要获得风险投资的多轮注资，携程公司在纳斯达克上市之前也是这样。从这个案例我们也可以看出，风险投资的注资是分阶段的，其目的在于拥有创业企业的股权，上市是其最理想的退出方式；一般来说，风险投资每注资一次，企业就增值一次。

复习思考题

1. 简述风险投资的概念与特点。
2. 试比较风险投资的三种组织模式的差异。
3. 简述风险投资的运作流程。
4. 风险投资的退出方式有哪几种？
5. 简述风险投资企业的评估步骤和评估指标。
6. 中国风险投资业有哪些优势？又存在哪些问题？

第七章
国际投资中的税收

学习要点

本章介绍了国际税收的含义、税收管辖权的概念及国际双重征税的规避方法；分析了国际税收筹划的含义及主要方法、国际反避税措施、中国有关涉外企业的税收制度；研究了利用国际避税地和非常设机构避税的案例。通过学习，要求掌握国际双重征税的规避方法、国际反避税的措施；了解国际税收、税收管辖权、国际税收筹划的含义，熟悉中国涉外企业的税收制度，并能运用所学知识解决现实问题。

第一节　国际税收概述

国际直接投资与国际税收的关系十分密切，一个国家的税法和税收体制是否完善，税率是高还是低，都是构成投资环境的重要因素，都对国际直接投资有直接影响。投资者制定投资决策前要考虑投资环境中的税收问题，公司或企业在经营过程中要考虑税负、纳税和税收减免问题，跨国公司在开展跨国经营时要考虑国际避税问题。因此，研究国际投资必须关注国际税收。

一、国际税收的概念

（一）税收与税收制度

税收是一个经济范畴，也是一个历史范畴，它的发展是受社会生产力发展水平制约的。税收是国家为了实现其职能，以政治权力为后盾，强制地、无偿地参与社会产品分配的一种方式。税收所反映的是一国政府同它的政治权力管辖范围内的纳税人（包括自然人与法人）之间所发生的征纳关系。税收是国家参与国民收入分配的一种特殊方式，同其他的分配方式相比较，具有强制性、无偿性和固定性等几个特征。

税收制度是国家各种税收法律、法规和征收管理办法的总称，是国家征税的法律依据和工作规程。构成税收制度的基本要素主要有：纳税人、征税对象、税目、税率、纳税环节、纳税期限、减免税和违章处理等。

（二）国际税收的概念

国际税收是指两个或两个以上国家的政府，在依据各自的税收管辖权对跨国纳税人征税的过程中，所发生的国与国之间的税收分配关系。对国际税收概念的理解，要注意把握以下三个方面的内容：（1）国际税收作为一种税收活动，不能脱离国家而独立存在，它是国家税收在国际范围内的运用，它是以国家为一方，以跨国纳税人为另一方的税收征纳行为。（2）跨国纳税人是国际税收中的一个关键因素。这是因为，一个国家对纳税人征税，行使其征税权力，本属国家税收的范围，只是由于纳税人的活动超出了国界，成为跨国纳税人，才引起了国家之间的税收分配关系，从而产生了国际税收。（3）国际税收的实质是国家与国家之间的税收分配关系，它与国家税收的实质有着严格的区别。国家税收所反映的是一国政府与国内纳税人之间的分配关系，而国际税收所反映的除了这方面的分配关系以外，还有不同国家之间的税收分配关系，或者说不同国家之间的财权利益分配关系。

（三）国际税收与外国税收和涉外税收的区别

国际税收不仅与国家税收有着明显的区别，而且与外国税收以及涉外税收等概念也是不同的。外国税收是相对于本国税收的一个概念，它是外国人眼里的本国税收，它同本国税收一样，也属于国家税收的范畴，因而不能被看成国际税收。涉外税收是一国税收制度中涉及外国纳税人的部分。各国的涉外税收同国际税收有着一定的联系，各国的涉外税收制度是国际税收关系形成的基础，国际税收是各国涉外税收的延伸和扩展。但是，两者的立足点是不一样的。一国的涉外税收立足于国内，主要是处理本国政府的对外征税问题，所体现的是该国的对外经济关系，它对别国的税收制度是不起约束作用的。而国际税收主要立足于国际，所要处理和解决的问题主要是国与国之间的税收分配关系，它把各国的涉外税收制度放在国际经济关系的整个体系中加以分析和考察，从而揭示出规律性的、本质的联系，调整和规范国家间的税收分配关系。所以，也不能把涉外税收与国际税收等同看待。

（四）国际税收中的纳税人和征税对象

在国际税收中，纳税人和征税对象是其不可缺少的两个要素。国际税收所涉及的纳税人和征税对象仍然是各个国家税法所规定的纳税人和征税对象，只有当有关国家各自对其税法所规定的纳税人征税，并引起了这些国家相互之间的税收分配关系时，这些国家的纳税人和征税对象才同时成为国际税收所涉及的纳税人和征税对象。国际税收所涉及的纳税人是指负有跨国纳税义务的自然人和法人。该跨国纳税人必须拥有来自居住国以外的收入或所得，并且该跨国纳税人的同一笔跨国收入或所得同时在两个或两个以上的国家成为征税对象。由于国际税收的研究范围主要是所得税，因此国际税收中所涉及的征税对象主要是指跨国（境）收入或所得，包括跨国经常性收入或所得、跨国超额收入或所得、跨国资本利得或跨国其他收入或所得等。

二、税收管辖权和国际双重征税

（一）税收管辖权的概念

税收管辖权是国家主权在税收领域的体现，是国家依法确定纳税人和征税对象及其纳税义务的权力，是国际法公认的国家基本权力。税收管辖权的主体是拥有征税权的国家，其客体则是负有跨国纳税义务的跨国纳税人及其跨国所得。

（二）税收管辖权的分类

税收管辖权是国家主权的重要组成部分，它受到国家政治权力所能达到的范围的制约。对于一个主权国家的政治权力所能达到的范围，一般有两种理解：一个是地域概念，即一个国家只能在该国区域内（领土范围内）行使它的政治权力；另一个是人员概念，即一个国家可以对该国的全部公民和居民（包括自然人和法人）行使其政治权力。在国际税收中，选择按地域概念行使其征税权力的指导原则称为属地原则；选择按人员概念行使其征税权力的指导原则称为属人原则。按照属地原则确立的税收管辖权称作地域税收管辖权或收入来源税收管辖权，它根据纳税人的所得是否来源于本国境内来确定其纳税义务，而不管纳税人是否为本国的居民或公民。按照属人原则确立的税收管辖权有两种，即居民税收管辖权和公民税收管辖权，二者分别根据纳税人同本国的居住联系或政治法律方面的联系（即是否拥有国籍）来确定其纳税义务，而不管这些居民或公民的所得是否来源于本国领土范围之内。

在当今世界上，绝大多数国家和地区都在同时行使地域税收管辖权和居民（公民）税收管辖权，也就是常说的“两权并用”，如中国、新加坡、马来西亚、泰国、阿富汗、日本、印度、印度尼西亚、巴基斯坦、菲律宾、奥地利、比利时、丹麦、挪威、瑞典、芬兰、瑞士、卢森堡、德国、希腊、意大利、西班牙、葡萄牙、英国、爱尔兰、摩纳哥、墨西哥、哥伦比亚、萨尔瓦多、孟加拉国、洪都拉斯、秘鲁、澳大利亚、新西兰、斐济、巴布亚新几内亚等。有个别国家甚至“三权并用”，即同时行使地域、居民和公民三种税收管辖权，如美国。当然，也有少数国家和地区仅行使地域税收管辖权，如中国香港、文莱、法国、荷兰、玻利维亚、多米尼加、危地马拉、尼加拉瓜、巴拉圭、巴西、厄瓜多尔、巴拿马、委内瑞拉和阿根廷等。还有极少数国家和地区完全放弃对所得税的税收管辖权，即两种税收管辖权都不采用，如巴哈马、开曼群岛、瑙鲁和安道尔等。

（三）国际双重征税的含义和产生的原因

国际双重征税有时也称为国际重复征税，它是指两个或两个以上的国家在同一时期内按同一税种对参与国际经济活动的同一跨国纳税人或不同跨国纳税人的同一征税对象同时征税。国际双重征税一般可分为法律性双重征税和经济性双重征税两种类型。法律性双重征税强调的是纳税主体（纳税人）与纳税客体（征税对象或税源）均具有同一性，指的是不同国家对同一跨国纳税人的同一征税对象或税源进行的重复征税；而经济性重复征税是指不同国家对不同跨国纳税人的同一征税对象或同一税源的重复征税，经济性重复征税不强调纳税主体的同一性。

国际双重征税是由各国税收管辖权的重叠行使造成的。税收管辖权的重叠方式主要有三种，即地域税收管辖权与居民税收管辖权的重叠、地域税收管辖权与地域税收管辖权的重叠、居民税收管辖权与居民税收管辖权的重叠。国际双重征税的存在加重了跨国纳税人的税收负担，违反了税收的公平原则，影响了有关国家之间的财权利益分配关系，因而对国际经济尤其是国际投资的发展产生了阻碍作用。

（四）避免和消除国际双重征税的方式与方法

目前，各国采取的避免国际双重征税的方式有三种，即单边方式、双边方式和多边方式。单边方式是指一国政府单方面采取措施来消除和缓和国际双重征税的方式。双边方式是指两个国家之间通过谈判共同签订双边税收协定以克服双重征税的方式。多边方式是指两个以上的国家间通过谈判签订多边税收协定的方式。在上述三种方式中，应用最普遍的是双边方式。

在各国税法和国际税收协定中通常采用的避免、消除或减轻国际双重征税的方法主要有免税法、扣除法、抵免法和减免法。免税法也称为豁免法，采用免税法是以承认地域税收管辖权为前提的，即政府对本国居民来自本国以外的全部所得免税，而只对其来源于本国境内的所得征税。扣除法是指行使居民税收管辖权的国家对居民已缴纳的外国所得税额，允许其从来自世界范围内的应税总所得中作为费用扣除。扣除法有时也称作扣减法，它同抵免法一起构成一国单边免除国际双重征税方法的体系。抵免法指的是采用居民管辖权的国家对其居民来源于国外的所得征税时，允许居民把已缴纳的外国税额从应向本国缴纳的税额中扣除。行使抵免法的前提是既承认居民税收管辖权，又承认地域税收管辖权，并且承认地域税收管辖权的优先地位。抵免法是目前国际上采用较普遍的避免国际双重征税的方法。减免法是指一国政府对本国居民来源于国外的所得，在本国按较低的税率征税。减免法可以减轻或缓和国际重复征税，但不能消除国际重复征税。上述四种方法对避免或消除国际双重征税都会起到积极的作用，但相对而言，免税法与抵免法的效果比较大，扣除法和减免法的效果小一些。

三、国际税收协定

（一）国际税收协定的发展与作用

国际税收协定是有关国家为了协调相互间在处理跨国纳税人征税事务和其他有关方面的税收关系，本着对等原则通过谈判而达成的一种书面协议。国际税收协定有时也称为国际税收条约。签订国际税收协定的主要目的是避免国际双重征税，还有反对税收歧视和通过加强国际税务合作来防止国际偷漏税。

最早的国际税收协定是1843年在比利时和法国之间签订的。该协定旨在解决两国间在税务问题上相互合作和交换情报等问题，目前已失效。目前仍在实施的最早缔结的税收协定是意大利和奥地利于1925年10月31日签订的双边税收协定。从第一个国际税收协定出现到现在的180余年中，国际上签订了各种类型的税收协定1 000多个。国际税收协定已成为当今国际经济关系中的一项重要内容。为了使国际税收协定规范化，多年来，各国政府和国际经济组织做出了积极的努力。现在，有两个税收协定范本供各国在签订税收协定时参考，一个是OECD于1977年颁布的《经济合作与发展组织关于避免对所得和财产双重征税的协定范本》（以下简称《经合组织范本》），另一个是联合国于1979年颁布的《联合国关于发达国家和发展中国家间双重征税的协定范本》（以下简称《联合国范本》）。《联合国范本》和《经合组织范本》都承认从源征税原则应当优先，而纳税人居住国应当采取抵免或免税的方法来避免国际重复征税。但两者也有区别：前者强调收入来源税收管辖权，后者则偏向居民税收管辖权。因此，这两个范本在一定程度上分别反映了发展中国家和发达国家的利益。对于发展中国家而言，《联合国范本》是它们在谈判双边税收协定时的一个较好的参考样本。

国际税收协定体现了主权国家之间的相互尊重，为本国居民（公民）履行跨国纳税义务提供了安全保障，促进了缔约国各方协调相互之间的税收分配关系，推动了有关国家之间的经济技术交流与合作。总之，国际税收协定的签订可以实现避免国际双重征税、减轻跨国纳税人的负担、反对税收歧视和防止国际偷漏税的目的，从而可以有力地促进世界经济的发展和一体化。

（二）国际税收协定的主要内容

国际税收协定的主要内容一般包括适用范围、征税权的划分、避免双重征税的方法、无差别待遇和情报交换五个方面。适用范围是指国际税收协定对哪些人、哪些税种适用，以及它在时间和空间（领域）上的法律效力。征税权的划分方面的内容是国际税收协定的主要部分，这方面的规定一般要占整个协定条文的3/5～4/5，所要解决的是跨国纳税人的各项所得如何在各缔约国间公平、合理地分配的问题，它主要涉及对营业所得、投资所得、劳务所得和财产所得的征税权的划分。国际税收协定中避免双重征税的方法同各国国内税法中规定的方法基本上是相同的，即免税法和抵免法等。无差别待遇是国际税收协定中一项常见的内容，指的是反对税收歧视，实质上就是要求实行国民待遇。无差别待遇的具体含义是：缔约国一方国民在缔约国另一方负担的税收或者有关义务，不应与该缔约国另一方国民在相同情况下负担或可能负担的税收或有关义务有所不同或比其更重。建立缔约国间的税收情报交换制度是各缔约国的一项义务，这种制度的建立有利于防止国际偷漏税行为的发生，避免潜在的不公平税负。所以，在国际税收协定中都列有一些专门条款，规定双方国家的主管当局应定期交换税收情报。

第二节 国际税收筹划

一、国际税收筹划概述

税收筹划是指跨国纳税人利用各国税法规定的差别或税法规定允许的办法，采用各种公开与合法的手段做出适当的投资决策和财务安排，以减轻甚至消除税收负担，从而达到国际避税目的的行为。

这里的国际避税与国际逃税的性质是不同的。国际逃税是指跨国纳税人利用国际税收管理合作的困难和漏洞，采取不向税务机关报送纳税材料、谎报所得、虚构扣除、伪造账册和收付凭证等种种非法的隐蔽手段，蓄意瞒报，以逃避应承担的纳税义务的行为。避税是公开与合法的，而逃税是隐蔽和非法的，这是两者的主要区别。

国际逃税和国际避税的性质不同，因而各自所承担的责任也不同。对国际逃税，可由有关国家根据其国内税法或税收协定的规定，依法要求补税和加处罚金，以示惩罚。而国际避税行为是由各国税法上的漏洞和各国税法之间的差别引起的，所以无法对避税人进行处理，有关国家在发现这些问题之后，只能通过完善税法，如相应地做出一些补充规定，或加强与他国税法的衔接，来进行防范。

需要指出的是，逃税与避税只是两个相对而言的概念，以合法与否作为区分二者的标准本身也是相对的。特别是当逃税与避税成为一种跨国界行为时，二者就更难区分了，因为各国对合法的理解是不一样的，同一行为在 A 国是合法的，在 B 国可能就是非法的。

企业在避税时要注意以下两点：一是要注意处理好经营盈利与避税盈利的关系。相对于避税盈利来说，经营盈利是主要的和基本的盈利方式，如果企业连正常的收入都没有，也就谈不上避税。二是要注意培养有关人才和学习有关知识。企业要避税，首先要拥有精通国际财务和税收的人才，还要了解有关的法律和政策等。

二、国际税收筹划的客观基础和刺激因素

（一）国际税收筹划的客观基础

从主观因素来讲，纳税人进行国际税收筹划的动机当然是减轻税负，获得更大利润。但如果没有避税的客观基础，这种动机是不会实现的。国际税收筹划的客观基础，简单来说就是各国税收上的差别。国家间税收差别的存在意味着：人、收入来源或资金的流动会影响纳税义务和实际税负。

国际税收筹划的客观基础，或者说各国税收规定间的差别，主要有以下八种情况：

（1）税收管辖权上的差别。各国在税收管辖权上的差别可能会造成双重征税，也可能导致不纳税。例如，A 国行使居民税收管辖权，B 国行使地域税收管辖权，如果某纳税人是 B 国居民，而他的收入来自 A 国，那么他在两国都可以免税。

（2）课税程度和方式上的差别。一些国家对所得、财富或财富转让不课税，大多数国家对个人和公司所得课税。

（3）税率上的差别。有些国家使用比例税率，有些国家使用超额累进税率；有些国家的最高税率可能达70%，而有些国家的最高税率可能不超过35%。

（4）税基上的差别。所得税税基为应税所得，但在计算应税所得时，各国对各种扣除项目的规定可能差异很大。如给予各种税收优惠，则会缩小税基；如取消各种税收优惠，则会扩大税基。在税率一定的情况下，税基的大小决定着税负的高低。

（5）避免国际双重征税方法上的差别。为避免国际双重征税，各国采用了不同的方法，如免税法、扣除法、抵免法等。这些不同的方法会使纳税人承担不同的税负。其中采用扣除法时税负最重，其次是采用抵免法，采用免税法时税负最轻。

（6）税收协定上的差别。国与国之间是否签订了税收协定直接影响到避免双重征税及子公司向母公司汇出股利及贷款利息等预提税的多寡。如美国政府规定，对于向没有与美国政府签订税收协定的国家和地区汇出股利、利息或特许权使用费的，预提税为30%；对于向与美国政府签订了税收协定的国家和地区汇出股利、利息或特许权使用费的，则预提税为10%。

（7）使用反避税措施上的差别。这包括在扩大纳税义务、在税法中采用国籍原则，以及各种国内和国际反避税措施方面的差别。

（8）税法有效实施上的差别。各国税务部门的征收管理水平不同会使纳税人的实际税负产生差异。有些国家税法上规定的纳税义务很重，但实际征收水平可能会很低。

上述差别的存在给纳税人合法避税提供了机会。由于逃税（或偷漏税）是非法行为，要受到法律惩处，所以纳税人目前正越来越多地潜心研究各国税制的差别，寻求合法的避税途径，以达到减轻税负的目的。

（二）国际税收筹划的刺激因素

近年来，许多国家的税率和实际税负有了提高，所得税的税负一般要占净收入的一半左右。税收负担的加重是导致纳税人，特别是从事跨国经营活动的纳税人想方设法避税的外在诱因。具体来说，导致税负增加，从而刺激纳税人进行国际税收筹划的因素主要有以下三个：

（1）税率。我们知道，在其他条件不变的情况下，税率越高，税负越重。那么相应地，逃税的动机也就越强。例如，2019年阿根廷税率为106.3%，居世界首位，文莱税率最低，仅为8%。税率分为平均税率和边际税率两种。平均税率是指税收总额除以税基得出的比值，也就是应纳税额占应税所得额的百分比。边际税率是指对税基下一个单位适用的税率，也就是对每一新增应税所得额适用的税率。在实行累进税率的情况下，边际税率随税基的扩大而增加。

纳税人关心的主要是边际税率的高低，即政府要从纳税人新增加的每一元收入中拿走多少。经验表明，当边际税率不到50%时，纳税人一般可以忍受；当边际税率超过50%时，纳税人的抗拒心理增强，避税行为增加。

（2）税基。税基是征税的客观基础。在税率一定的前提下，税基的大小决定了税负的轻重。近年来，各国所得税税基都有扩大的趋势，如美国和法国将过去一向不被视为征税对象的转让所得也列入了征税范围，加拿大税制委员会提出了把转让所得、赠与、继承及其他一切收入均列入征税所得的提案。

（3）通货膨胀。通货膨胀是各国都面临的一个经济问题。在实行累进所得税的国家，若没有对收入和资本或二者兼而有之的价格指数进行调整，并提供相应的免税补偿（即税收指数化），那么由通货膨胀引起的名义收入增加将使纳税人的适用税率上升到更高的档次，政府将借此从纳税人的实际所得中征走更大的份额。国外学者将这种现象称为“档次爬升”（bracket creep）。从某种意义上说，“档次爬升”是政府增加财税收入的一条捷径，因为它不需要立法机构发布新的增税法令，而是利用所得税税率累进的特点，从国民收入的真实所得中拿走更多的份额。此外，物价水平上涨和消费价格指数提高及其对企业资本原始价值的影响，还造成了对个人所得和企业所得中应扣除的成本费用的扣除不足，从而导致了过分征税。由通货膨胀造成的“档次爬升”和扣除不足，蚕食了纳税人的实际所得和资本，迫使纳税人选择避税这条路。

三、国际税收筹划的主要方法

国际税收筹划（避税）分为自然人避税和企业法人避税两种，下面重点介绍企业法人避税的主要方法。

（一）利用国际避税地避税

1. 国际避税地的种类

国际避税地也称国际避税港，是指通过提供保密（如银行保密）和空壳公司（不需要雇用任何员工或从事任何经营活动）以及对在该辖区内登记的所得与资产免税或按较低的税率征税或实行极大的税收优惠的国家和地区。主要分为三类：

第一类，不征收个人或企业所得税以及一般财产税的国家或地区，这类避税地一般被称为“纯国际避税地”，如巴哈马、开曼群岛、英属维尔京群岛、海峡群岛、百慕大、瑙鲁、巴巴多斯、萨摩亚、新喀里多尼亚、瓦努阿图、特克斯与凯科斯群岛、安道尔、摩纳哥等。海外投资者到这些国家或地区设立企业，只需在当地有关部门注册登记，缴纳一定的注册费，而不必缴纳企业所得税和一般财产税；个人到这些地方长期居住，则不必缴纳个人所得税。

第二类，是指完全放弃居民（自然居民和法人居民）税收管辖权而只实行地域税收管辖权的国家或地区。在这类国家或地区，只对来源于或存在于当地的所得与财产征税，而不对来源于或存在于国外（地区外）的所得与财产征税，如中国香港、马来西亚、巴拿马、阿根廷、哥斯达黎加、利比里亚等。

第三类，是指按照国际惯例制定税法并征税，但向外来投资者提供某些税收优惠的国家或地区。这一类国家和地区包括加拿大、希腊、爱尔兰、卢森堡、荷兰、英国、菲律宾等。

OECD 和欧盟认定的国际避税地名单是动态变化的。2000 年 OECD 认定的不合作税收管辖区（避税地）名单中有 35 个经济体，到 2009 年减少到 30 个。随着 OECD 的税基侵蚀与利润转移（BEPS）行动计划的推进，截至 2021 年 10 月 8 日，136 个司法管辖区加入《关于应对经济数字化税收挑战双支柱解决方案的声明》，这预示着全球“避税天堂”将成为历史，国际税收规则的改革将从根本上抑制跨国企业的避税。其中，双支柱中的支柱一指确保最大和最赚钱的跨国企业在各经济体之间更公平地分配利润和征税权，支柱二指在全球实施 15%的最低企业所得税税率。

2. 利用国际避税地避税的具体方法

（1）在第一类和第三类国际避税地开办企业或银行，从事正常的生产和经营活动，享受其在所得和资产以及其他方面的减免税优惠，从而达到避税目的。

（2）在国际避税地虚设机构。跨国企业在避税地设立一家子公司，然后在根本未通过避税地子公司中转销售的情况下，制造出母公司通过该子公司向另一公司中转销售货物的假象，从而把母公司的所得转移到避税地子公司的账上，以达到避税的目的。设立于避税地的这家子公司，实际上并不从事生产经营活动，而只从事专门的避税活动，因此又被称为挂牌公司、纸面公司、文件公司或基地公司。

（3）在国际避税地虚设信托财产。虚设信托财产是指海外投资者在避税地设立一家个人持股信托公司，然后将其财产虚设为避税地公司的信托财产，利用避税地对财产税实行减免征收这一点达到避税目的。比如，美国某公司在巴哈马设立一家信托公司，并把远离巴哈马的财产虚设为避税地的信托财产，把这部分财产的经营所得放在避税地信托公司的名下，这样就逃避了纳税义务。

（二）利用转移价格避税

转移价格是跨国公司母公司与子公司、子公司与子公司之间进行内部交易时所使用的一种价格，通过跨国公司内部价格的划拨来达到避税的目的。转移价格不受市场供求关系的影响，也不是买卖双方在市场上按独立竞争原则确定的价格，而是一种人为的内部转账价格。由于跨国公司的内部交易涉及商品和劳务两个方面，因而转移价格也有两种：第一种是有形产品的转移价格，如公司内部相互提供的设备、零部件和原材料等的价格；第二种是无形资产的转移价格，如子公司付给母公司（或其他子公司）的技术使用费、贷款利息、商标使用费、佣金费、管理费和咨询服务费等的价格。

转移价格首先被用来逃避所得税。跨国公司的子公司分布在不同国家，这些国家的所得税税率有高有低，因此，跨国公司就可以利用这一点，将盈利从高税率国家转移到低税率国家（包括属于避税地的三类国家），从而减少公司的纳税额。

利用转移价格还可以逃避关税，具体做法有两种：一种做法是在跨国公司内部企业之间进行商品交易时，以调低的价格发货，从而减少缴纳关税的基数。比如，某商品的正常价格为 2 000 美元，在甲国要交 80%的从价进口税，如果跨国公司以 1 000 美元的价格进行内部交易，那么进口关税就可以从 1 600 美元减少到 800 美元，从而减少了 50%。另一种做法是利用区域性关税同盟或有关协定对不同商品的进口关税税率所做的不同规定逃避关税。区域性贸易集团为保护内部市场，促进商品在本区域范围内流通，一般都对内部产品制定了优惠关税政策。如欧洲自由贸易区规定，如果商品是在该贸易区外生产的，或在该贸易区内生产的价值含量不足50%，那么由一成员国运往另一成员国时，必须缴纳关税；如果该商品价值的50%以上是在该贸易区内生产的，则在该贸易区成员国间运销不用缴纳关税。

（三）采取变更企业总机构登记注册地或变更企业实际控制与管理机构所在地的办法避税

国际上认定法人居民身份（公司居住地）的标准主要有两个：一个是以企业总机构登记注册地为标准（指负责管理和控制法人的日常经营业务活动的中心管理机构所在地）；另一个是以公司的实际控制和管理机构所在地为标准（指做出和形成法人经营管理决定和决策的地点）。如果一家海外企业的所在国是以登记注册地为标准认定法人居民身份，且这个国家是高税率国，那么企业就可以采取到低税率国注册的办法来避税。同样，如果一家处于高税率国的海外企业的所在国是根据实际控制和管理机构所在地来认定法人居民身份，那么这家企业就可以采用将实际控制和管理机构转移到低税率国的办法来避税。

（四）利用双边税收协定进行国际避税

不同国家间签订的双边税收协定通常为缔约国各方的居民提供了某些减免税的优惠待遇，这些优惠待遇对非缔约国居民的纳税人则不适用。利用双边税收协定进行国际避税是指，本无资格享受某一特定的税收协定提供的优惠待遇的第三国居民为获取该税收协定提供的优惠待遇，通过在协定的缔约国一方境内设立一家具有该国居民身份的公司，间接享受该税收协定提供的优惠待遇，从而减轻或避免了其跨国所得本应承担的纳税义务。例如，甲国和乙国之间签订了双边税收协定，协定规定甲国居民来源于乙国的所得可享受减免税优惠；丙国与甲国之间也签订了税收协定，但丙国与乙国之间没有签订税收协定。在这种情况下，丙国的居民纳税人通过在甲国设立公司，直接收取其来源于乙国的所得，从而享受甲乙两国间税收协定提供的优惠待遇。而根据丙国与甲国之间的税收协定的规定，丙国居民来源于甲国的收入也可获得减免税优惠，这样就减轻了其来源于乙国的所得本应承担的税收义务。

（五）通过避免成为双边税收协定中所称的常设机构实现避税

常设机构一般是指企业在某一国家开展营业活动的场所。常设机构要想逃避纳税义务是很困难的，因为在相互签订了双边税收协定的国家，常设机构是对企业进行征税的前提和依据。所以，避免成为常设机构就是外国企业经常采用的利用国际税收协定避税的一种手段。例如，双边税收协定一般规定：只有当外国企业在当地开展业务活动（货物仓储、货物购买、存货管理、广告宣传、信息提供、建筑安装咨询服务或其他辅助性营业活动等）的时间超过一定的期限（6个月或以上）时，它才构成常设机构。因此，外国企业可以通过调整在当地的经营时间来避免成为常设机构，从而达到避税的目的。

（六）通过弱化股份投资实现避税

在一般情况下，跨国企业经营所需要的资金主要来自股东的股份投资和各种贷款。

跨国企业是选择以股份形式融资还是以贷款形式融资，通常要考虑企业的经营控制权、企业的性质和企业的自有资金状况等方面的因素，而较少考虑税收方面的因素。但是，在现实的国际经济活动中，跨国股息和利息所得的实际国际税负是不一样的，这就使得跨国公司可能利用这种国际税负的差别，通过有意减少股份融资、增加贷款融资的方式，把本来应以股份形式投入的资金转变为贷款，从而达到逃避或减轻其本应承担的国际税负的目的。

四、国际反避税措施

针对跨国公司的国际避税行为，各国政府和国际组织近年来都在积极采取行动，堵塞漏洞，强化国际反避税措施。

（一）国际组织提出的国际收入与费用分配原则

所得税的征收对象是应税所得，而应税所得则是收入扣除费用后的余额。应税所得的多少直接取决于收入和费用的增减变化。转移价格的实施使收入和费用出现了非正常的国际流动。从这个意义上说，要想堵塞国际税收的漏洞，必须设法使跨国关联企业间的收入和分配合理化。从 20 世纪 60 年代起，联合国及 OECD 就致力于研究切实可行的国际收入与费用分配原则，以规范跨国公司的行为。目前这一努力已取得一定进展。这些原则包括：

（1）独立核算原则。即要求跨国关联企业间的交易往来按无关联企业间的交易往来方式进行。

（2）总利润原则。即对跨国关联企业的内部交易不予过问，但到财政年度终了时，要将各关联企业在世界范围内所取得的全部利润汇总相加，再按合理标准重新分配。

（3）合理原则。即要以经济合理性为基础进行国际收入与费用分配。

（4）合理利润划分“安全地”原则。即跨国关联企业内部交易利润的划分只有在有关国家规定的“安全地”范围内才被认为合理，从而被承认。

在上述四项原则中，后两项原则应该说只在理论上成立，不具有可操作性。就前两项原则来看，只有少数几个国家实行了总利润原则，其余大部分国家奉行的都是独立核算原则。它们把独立核算原则贯彻在国内的税收法中，并提出了一些具体的国际收入费用分配标准。

（二）转移价格税制

美国《国内收入法典》第 482 条规定：若两家以上的企业有特殊关系，为了防止避税或正确地计算所得，税务部门在必要时可以对这些企业的所得进行分配，即实行转移价格税制。转移价格税制的基本思路是要求跨国关联企业按正常交易原则进行交易。

美国税法还就交易是否正常提出了具体的操作方法。这些方法得到了联合国及 OECD 的税务专家的认可，并被很多国家采纳。这些方法包括：

（1）独立价格比较法。即将无关联企业在市场竞争中讨价还价形成的价格视为市场价格，以此为标准衡量关联企业价格的高低。其关键是要求跨国关联企业间的交易价格按照独立竞争企业间类似交易的价格确定。

（2）再销售价格倒算法。即从企业的再销售价格中减去一定的利润，以此来倒算标准的市场价格。这种方法通常适用于最终产品销售价格的认定。

（3）成本利润推算法。即按成本加正常利润的方法进行推算。这一般适用于某些缺乏可比对象的工业品的销售及特许权使用费之类的无形资本的转让收入的分配。

（4）其他方法。包括投资利润率推算法、最终销售价格推算法、机能推算法等。

按照美国法律规定，上述几种方法必须按顺序择用，不能随意选择。特别是，只有当前三种方法都不能采用时，才可选用第四种方法。事实上，虽然独立价格比较法是最为合理的，但实施起来也是最困难的。美国1979年末的一份统计资料表明，在所调查的519家公司中，只有200家公司受到了转移价格课税调整的劝告，涉及交易403次，金额为2.775亿美元。其中只有3%的交易是根据独立价格比较法进行调整的，根据第二种和第三种方法进行调整的交易占27%，金额占65%。

从20世纪80年代开始，美国的转移价格税制又增加了新的内容。这是因为，在无形资产及特许权转让方面，要想根据以前的判断标准，先找出市场竞争场景下的交易价格，然后与转移价格比较，判断其是否合理的做法很难行得通，因为此时很难找到比较对象的交易价格。因此，1986年的税制改革提出了无形资本转让时支付的价格必须与它所带来的收益相适应的原则。在具体的判断方法上，认为用前三种方法判断无形资本价格已经显得乏力，应采用利润分割推算法或利润率推算法等其他方法。利润分割推算法和利润率推算法的基本特征是：不直接与市场交易价格比较，而是根据经营体内部的机能推算利润。

美国制定转移价格税制的目的是防止美国跨国公司把应税所得转移到海外。但随着其他国家对美国直接投资的增加，转移价格税制的重点已发生变化，防止外国跨国公司把美国的应税所得转移到母国或第三国日益成为转移价格税制的主攻方向。近年来，美国税务当局特别把矛头对准了在美国投资的日本企业。1985年，美国向日产、丰田追征9亿美元的税款，1990年又向日立、东芝、松下等日本企业追征500亿日元的税款。

（三）避税地对策税制

避税地对策税制最早出现在美国。美国制定避税地对策税制的目的是防止跨国公司把利润留在避税地，不汇回国内。避税地对策税制是避免企业利用避税地来推迟纳税的重要税收立法。以前的美国税法规定，凡是有美国股东参股的外国公司，在其所得（无论是股息还是盈余分配）汇回美国之前，对美国股东暂不征税。如果这些公司设在避税地，那么美国股东就可能利用这一规定享受延缓纳税的特权。为了防止这种避税行为的发生，美国在1962年的《国内收入法典》第951～964条中提出了“F分部所得”（subpart F income）的概念，即对美国股东控股的特定外国法人的一定所得征税。

该条款规定了三方面的条件：

（1）美国股东必须拥有避税地公司50%以上的股权，纳税义务人为美国股东中拥有该法人股票10%以上者。

（2）所得项目不是指该法人源自正常营业活动的所得，而是针对在避税地成立的基地公司所得，如“外国基地公司销售所得”“外国基地公司提供劳务所得”等。

（3）该外国法人必须设在低税率的避税地。

凡符合上述条件者，不管美国股东是否收到上述所得，均应申报其 F 分部所得，在美国缴纳税金。

以美国的《国内收入法典》F 分部为范本，联邦德国（1972 年）、新西兰（1976 年）、日本（1978 年）、法国（1980 年）、英国（1984 年）、澳大利亚（1990 年）、西班牙（1994 年）等国家相继制定了本国的避税港对策税制。

（四）欧盟反避税指令[①]

出于系统协调欧盟成员国间公司税及落实 G20/OECD BEPS 行动计划的目的，欧盟出台了反避税指令。2016 年 7 月 12 日的反避税指令规定了利息扣除限制规则、出境税规则、受控外国公司规则、混合错配反避税规则四条特别反避税规则和一般反避税规则，2017 年 5 月 29 日的新指令修订了混合错配反避税规则。利息扣除限制规则通过设定纳税年度中可扣除的利息上限，阻止公司通过支付贷款利息的方式，将利润从高税率国家转移到低税率国家。出境税规则指欧盟成员国应当在应税资产出境时，按照其市场价值减去历史成本的差额征收出境税。受控外国公司规则指欧盟成员国对受控外国公司所得征税的方式有 A 模式和 B 模式，可以从中选择一种。A 模式是将其获得的股息、利息等纳入纳税人的税基征税，B 模式是把从不具有真实性的交易安排中获得的未分配利润纳入母公司的税基征税。反避税指令列举了七种混合错配情形，规定在双重扣除的情形下，投资方所属的成员国应当拒绝扣除。若未拒绝扣除，则支付方所在成员国有权拒绝扣除。一般反避税规则是指：如果一项交易或者一系列交易的主要目的或者主要目的之一是获取税收利益且税收利益的获得将违背税法目的，结合所有相关事实和情形不具有真实性[②]，那么成员国在计算公司所得税时可以将其忽略。

（五）避税地实施的经济实质法案[③]

2018 年 10 月，OECD 宣布对避税地进行审核时恢复使用实质性活动标准，欧盟之后也跟进。安圭拉、巴哈马、巴林、巴巴多斯、百慕大、英属维尔京群岛、开曼群岛、根西岛、马恩岛、泽西岛、特克斯和凯科斯群岛、阿联酋 12 个避税地按照 OECD 的标准制定了经济实质法案，以响应国际反避税的共同要求，这些经济实质法案都通过了 OECD 有害税收实践论坛（FHTP）的审议，并于 2019 年 1 月 1 日起生效（在阿联酋的生效时间是 2019 年 4 月 30 日）。

12 个避税地的经济实质法案的核心内容和相关规定大致相同，即在避税地的法律实

---

① 贺燕. 欧盟反避税指令：欧盟反避税协调的新纪元？. 国际税收，2020（1）.

② 如果一项交易缺乏能反映经济现实的有效商业理由，则是不真实的。

③ 中国国际税收研究会课题. 避税地经济实质法案：内容、影响和对策. 国际税收，2022（6）.

体或相关实体[①]从事的相关活动[②]必须满足与该活动相关的经济实质要求或通过经济实质测试，才能享受避税地的低税率或零税率优惠。也就是说，相关实体应该向避税地主管部门报告其从事的相关经营活动的有关信息，并接受经济实质测试。若通过经济实质测试，就符合规定。经济实质测试主要包括指导和管理测试、充足性测试[③]以及核心创收活动测试。避税地的经济实质法案缩小了跨国公司在避税地规避居民国纳税的筹划空间。

第三节　中国涉外企业的税收制度

一、外商投资企业税收制度的演变

改革开放以来，中国的涉外税收制度走过了从与国内税收统一到与国内税收分开再到与国内税收重新合并统一的历程。外商投资企业税收制度是中国原来建立的涉外税收制度的主要内容之一，除涵盖了外商投资企业外，还涵盖了外国企业和外籍在华人员。大体上来讲，中国的外商投资企业税收制度从建立之初到现在已经经历了五次改革。

改革开放初期，为了积极有效地吸引外资，中国曾先后制定了《中华人民共和国中外合资经营企业所得税法》和《中华人民共和国外国企业所得税法》，并配套制定了这两部法律的实施细则。1991 年，上述两部涉外税法合并为《中华人民共和国外商投资企业和外国企业所得税法》，并于 1991 年 7 月 1 日实施。两部税法的合并统一了涉外企业所得税制，是中国外商投资企业税收制度进行的第一次改革。第二次改革以 1992 年《中华人民共和国税收征收管理法》的颁布为标志，统一了对内税收和涉外税收的征管制度。第三次改革是 1994 年进行的全面税制改革，根据“统一税法、公平税负、促进平等竞争”的指导思想，统一了内外流转税制和个人所得税制，使内资企业和外商投资企业及外国企业适用统一的增值税、消费税和营业税暂行条例，同时废止了原适用于外商投资企业和外国企业的工商统一税条例，并且实现了外籍个人和国内公民适用统一的个人所得税法。第四次改革是 1996 年 4 月 1 日起实行的关税和进口环节增值税免税方面的改革，即规定 1996 年 4 月 1 日以后批准设立的外商投资企业，在其投资总额内进口的自用设备一律按法定税率征收关税和进口环节增值税。这一政策在执行过程中曾做过一些调整。第五次改革是 2007 年进行的两税并轨，即将《中华人民共和国外商投资企业和外国企业所得税法》与《中华人民共和国企业所得税暂行条例》合并，制定统一的《中华人民共和国企业所得税法》（下称《企业所得税法》），从而为内外资企业的市场竞争创造平等的税收环境。

---

① 相关实体指依据避税地相关法律成立的有限责任公司、有限合伙企业及外国公司等，不包括国内公司、投资基金、非税收居民公司。

② 相关活动包括：银行业务、分销和服务中心业务、融资和租赁业务、基金管理业务、总部业务、控股公司业务、保险业务、知识产权业务、航运业务。

③ 即实体必须确保位于岛内且与取得收入相关的支出、员工、场所和设备达到足够数量。

从实际效果来看，单独设立涉外税收制度确实对中国吸引外资起到了积极作用。2007 年对内外资企业实行统一的所得税标准，则为企业创造了平等的竞争环境。

此后，我国的《企业所得税法》又分别于 2017 年和 2018 年进行了修正。

二、我国《企业所得税法》中有关外商企业税收的规定

根据我国 2018 年修正的《企业所得税法》，企业分为居民企业和非居民企业。其中，居民企业是指依法在中国境内成立，或者依照外国（地区）法律成立但实际管理机构在中国境内的企业；非居民企业，是指依照外国（地区）法律成立且实际管理机构不在中国境内，但在中国境内设立机构、场所的，或者在中国境内未设立机构、场所，但有来源于中国境内所得的企业。居民企业应当就其来源于中国境内、境外的所得缴纳企业所得税，企业所得税税率为 25%。非居民企业在中国境内设立机构、场所的，应当就其所设机构、场所取得的来源于中国境内的所得，以及发生在中国境外但与其所设机构、场所有实际联系的所得，缴纳企业所得税，适用税率为 25%；非居民企业在中国境内未设立机构、场所的，或者虽设立机构、场所但取得的所得与其所设机构、场所没有实际联系的，应当就其来源于中国境内的所得缴纳企业所得税，适用税率为 20%。

《企业所得税法》中还规定了多项税收优惠。

（1）国家对重点扶持和鼓励发展的产业和项目，给予企业所得税优惠。

（2）企业的下列收入为免税收入：

1）国债利息收入；

2）符合条件的居民企业之间的股息、红利等权益性投资收益；

3）在中国境内设立机构、场所的非居民企业从居民企业取得与该机构、场所有实际联系的股息、红利等权益性投资收益；

4）符合条件的非营利组织的收入。

（3）企业的下列所得，可以免征、减征企业所得税：

1）从事农、林、牧、渔业项目的所得；

2）从事国家重点扶持的公共基础设施项目投资经营的所得；

3）从事符合条件的环境保护、节能节水项目的所得；

4）符合条件的技术转让所得；

5）在中国境内未设立机构、场所的，或者虽设立机构、场所但取得的所得与其所设机构、场所没有实际联系的非居民企业来源于中国境内的所得。

（4）符合条件的小型微利企业，减按 20%的税率征收企业所得税。

国家需要重点扶持的高新技术企业，减按 15%的税率征收企业所得税。

（5）民族自治地方的自治机关对本民族自治地方的企业应缴纳的企业所得税中属于地方分享的部分，可以决定减征或者免征。自治州、自治县决定减征或者免征的，须报省、自治区、直辖市人民政府批准。

（6）企业的下列支出，可以在计算应纳税所得额时加计扣除：

1）开发新技术、新产品、新工艺发生的研究开发费用；

2）安置残疾人员及国家鼓励安置的其他就业人员所支付的工资。

（7）创业投资企业从事国家需要重点扶持和鼓励的创业投资，可以按投资额的一定比例抵扣应纳税所得额。

（8）企业的固定资产由于技术进步等原因，确需加速折旧的，可以缩短折旧年限或者采取加速折旧的方法。

（9）企业综合利用资源，生产符合国家产业政策规定的产品所取得的收入，可以在计算应纳税所得额时减计收入。

（10）企业购置用于环境保护、节能节水、安全生产等专用设备的投资额，可以按一定比例实行税额抵免。

《企业所得税法》规定的税收优惠的具体办法，由国务院规定。根据国民经济和社会发展的需要，或者由于突发事件等原因对企业经营活动产生重大影响的，国务院可以制定企业所得税专项优惠政策，报全国人民代表大会常务委员会备案。

三、中国消除国际双重征税的方法

中国主要采用抵免法消除国际双重征税。居民企业和非居民企业取得的应税所得已在境外缴纳的所得税款，以及居民企业从其直接或间接控制[①]的外国企业分得的来源于境外的股息、红利等权益性投资收益所负担的外国企业在境外实际缴纳的所得税税额部分，适用抵免法，在抵免限额内从其当期应纳税额中抵免；对非居民企业在中国境内设立的机构、场所，就其分摊的境外总机构发生地能够提供必要证明文件的费用适用扣除法。

中国采用的分国抵免限额法按其适用对象不同分为直接抵免法和间接抵免法。直接抵免法适用于同一纳税主体缴纳的外国税收，即境内总公司从其应纳税总额中抵免其境外分支机构已缴纳的外国所得税。间接抵免法适用于不同纳税主体，即境内母公司将其境外子公司在子公司居住国缴纳的所得税中应由母公司分得股息承担的那部分税额用于抵免母公司所得税。

四、中国与外国（地区）签订的双边税收协定

截至2021年12月31日，我国已对外正式签署了100多个避免双重征税协定，其中绝大多数已生效（见表7-1），与香港、澳门和台湾地区也签署了税收安排（见表7-2），还与一些国家或地区就国际运输收入（空运和海运）的税收处理问题签署了议定书或相关协定。可以说，这些协定的签订对于确保经济和税收的互利互惠，健全和完善中国的涉外税收制度和征收管理，促进国家间的相互投资，特别是吸引外商来华投资，提高中国在国际经济活动中的地位等，都起到了重要的作用。

---

① 2019年修订的《中华人民共和国企业所得税法实施条例》规定，直接控制是指居民企业直接持有外国企业20%以上股份；间接控制是指居民企业以间接持股方式持有外国企业20%以上股份。

表 7－1　中国对外签署的双边税收协定（截至 2021 年 12 月 31 日）

序号	国家	签署日期	生效日期	执行日期
1	日本	1983－09－06	1984－06－26	1985－01－01
2	美国	1984－04－30	1986－11－21	1987－01－01
3	法国	1984－05－30	1985－02－21	1986－01－01
		2013－11－26	2014－12－28	2015－01－01
4	英国	1984－07－26	1984－12－23	1985－01－01
		2011－06－27	2013－12－13	中国：2014－01－01 英国：所得税和财产收益税，2014－04－06；公司税，2014－04－01
5	比利时	1985－04－18	1987－09－11	1988－01－01
		2009－10－07	2013－12－29	2014－01－01
6	德国	1985－06－10	1986－05－14	1985－01－01/07－01
7	马来西亚	1985－11－23	1986－09－14	1987－01－01
8	挪威	1986－02－25	1986－12－21	1987－01－01
9	丹麦	1986－03－26	1986－10－22	1987－01－01
		2012－06－16	2012－12－27	2013－01－01
10	新加坡	1986－04－18	1986－12－11	1987－01－01
		2007－07－11	2007－09－18	2008－01－01
11	加拿大	1986－05－12	1986－12－29	1987－01－01
12	芬兰	1986－05－12	1987－12－18	1988－01－01
		2010－05－25	2010－11－25	2011－01－01
13	瑞典	1986－05－16	1987－01－03	1987－01－01
14	新西兰	1986－09－16	1986－12－17	1987－01－01
15	泰国	1986－10－27	1986－12－29	1987－01－01
16	意大利	1986－10－31	1989－11－14	1990－01－01
17	荷兰	1987－05－13	1988－03－05	1989－01－01
		2013－05－31	2014－08－31	2015－01－01
18	捷克斯洛伐克（适用于斯洛伐克）	1987－06－11	1987－12－23	1988－01－01
19	波兰	1988－06－07	1989－01－07	1990－01－01
20	澳大利亚	1988－11－17	1990－12－28	1991－01－01
21	南斯拉夫（适用于波斯尼亚和黑塞哥维那）	1988－12－02	1989－12－16	1990－01－01
22	保加利亚	1989－11－06	1990－05－25	1991－01－01
23	巴基斯坦	1989－11－15	1989－12－27	1989－01－01/07－01

续表

序号	国家	签署日期	生效日期	执行日期
24	科威特	1989-12-25	1990-07-20	1989-01-01
25	瑞士	1990-07-06	1991-09-27	1990-01-01
		2013-09-25	2014-11-15	2015-01-01
26	塞浦路斯	1990-10-25	1991-10-05	1992-01-01
27	西班牙	1990-11-22	1992-05-20	1993-01-01
28	罗马尼亚	1991-01-16	1992-03-05	1993-01-01
29	奥地利	1991-04-10	1992-11-01	1993-01-01
30	巴西	1991-08-05	1993-01-06	1994-01-01
31	蒙古	1991-08-26	1992-06-23	1993-01-01
32	匈牙利	1992-06-17	1994-12-31	1995-01-01
33	马耳他	1993-02-02	1994-03-20	1995-01-01
		2010-10-18	2011-08-25	2012-01-01
34	阿联酋	1993-07-01	1994-07-14	1995-01-01
35	卢森堡	1994-03-12	1995-07-28	1996-01-01
36	韩国	1994-03-28	1994-09-27	1995-01-01
37	俄罗斯	1994-05-27	1997-04-10	1998-01-01
38	巴布亚新几内亚	1994-07-14	1995-08-16	1996-01-01
39	印度	1994-07-18	1994-11-19	1995-01-01
40	毛里求斯	1994-08-01	1995-05-04	1996-01-01
41	克罗地亚	1995-01-09	2001-05-18	2002-01-01
42	白俄罗斯	1995-01-17	1996-10-03	1997-01-01
43	斯洛文尼亚	1995-02-13	1995-12-27	1996-01-01
44	以色列	1995-04-08	1995-12-22	1996-01-01
45	越南	1995-05-17	1996-10-18	1997-01-01
46	土耳其	1995-05-23	1997-01-20	1998-01-01
47	乌克兰	1995-12-04	1996-10-18	中国：1997-01-01 乌克兰：股利、特许权使用费、个人收入税，1996-12-17；企业所得税，1997-01-01
48	亚美尼亚	1996-05-05	1996-11-28	1997-01-01
49	牙买加	1996-06-03	1997-03-15	1998-01-01
50	冰岛	1996-06-03	1997-02-05	1998-01-01
51	立陶宛	1996-06-03	1996-10-18	1997-01-01

续表

序号	国家	签署日期	生效日期	执行日期
52	拉脱维亚	1996-06-07	1997-01-27	1998-01-01
53	乌兹别克斯坦	1996-07-03	1996-07-03	1997-01-01
54	孟加拉国	1996-09-12	1997-04-10	中国：1998-01-01 孟加拉国：1998-07-01
55	塞尔维亚	1997-03-21	1998-01-01	1998-01-01
56	黑山	1997-03-21	1998-01-01	1998-01-01
57	苏丹	1997-05-30	1999-02-09	2000-01-01
58	马其顿	1997-06-09	1997-11-29	1998-01-01
59	埃及	1997-08-13	1999-03-24	2000-01-01
60	葡萄牙	1998-04-21	2000-06-07	2001-01-01
61	爱沙尼亚	1998-05-12	1999-01-08	2000-01-01
62	老挝	1999-01-25	1999-06-22	2000-01-01
63	塞舌尔	1999-08-26	1999-12-17	2000-01-01
64	菲律宾	1999-11-18	2001-03-23	2002-01-01
65	爱尔兰	2000-04-19	2000-12-29	中国：2001-01-01 爱尔兰：2001-04-06
66	南非	2000-04-25	2001-01-07	2002-01-01
67	巴巴多斯	2000-05-15	2000-10-27	2001-01-01
68	摩尔多瓦	2000-06-07	2001-05-26	2002-01-01
69	卡塔尔	2001-04-02	2008-10-21	2009-01-01
70	古巴	2001-04-13	2003-10-17	2004-01-01
71	委内瑞拉	2001-04-17	2004-12-23	2005-01-01
72	尼泊尔	2001-05-14	2010-12-31	2011-01-01
73	哈萨克斯坦	2001-09-12	2003-07-27	2004-01-01
74	印度尼西亚	2001-11-07	2003-08-25	2004-01-01
75	阿曼	2002-03-25	2002-07-20	2003-01-01
76	尼日利亚	2002-04-15	2009-03-21	2010-01-01
77	突尼斯	2002-04-16	2003-09-23	2004-01-01
78	伊朗	2002-04-20	2003-08-14	2004-01-01
79	巴林	2002-05-16	2002-08-08	2003-01-01
80	希腊	2002-06-03	2005-11-01	2006-01-01
81	吉尔吉斯斯坦	2002-06-24	2003-03-29	2004-01-01
82	摩洛哥	2002-08-27	2006-08-16	2007-01-01
83	斯里兰卡	2003-08-11	2005-05-22	2006-01-01
84	特立尼达和多巴哥	2003-09-18	2005-05-22	针对不同所得项目分别自 2005-06-01 和 2006-01-01 起执行
85	阿尔巴尼亚	2004-09-13	2005-07-28	2006-01-01
86	文莱	2004-09-21	2006-12-29	2007-01-01

续表

序号	国家	签署日期	生效日期	执行日期
87	阿塞拜疆	2005-03-17	2005-08-17	2006-01-01
88	格鲁吉亚	2005-06-22	2005-11-10	2006-01-01
89	墨西哥	2005-09-12	2006-03-01	2007-01-01
90	沙特阿拉伯	2006-01-23	2006-09-01	2007-01-01
91	阿尔及利亚	2006-11-06	2007-07-27	2008-01-01
92	塔吉克斯坦	2008-08-27	2009-03-28	2010-01-01
93	埃塞俄比亚	2009-05-14	2012-12-25	2013-01-01
94	土库曼斯坦	2009-12-13	2010-05-30	2011-01-01
95	捷克	2009-08-28	2011-05-04	2012-01-01
96	赞比亚	2010-07-26	2011-06-30	2012-01-01
97	叙利亚	2010-10-31	2011-09-01	2012-01-01
98	乌干达	2012-01-11	（尚未生效）	
99	博茨瓦纳	2012-04-11	（尚未生效）	
100	厄瓜多尔	2013-01-21	2014-03-06	2015-01-01
101	智利	2015-05-25	2016-08-08	2017-01-01
102	津巴布韦	2015-12-01	2016-09-29	2017-01-01
103	柬埔寨	2016-10-13	2018-01-26	2019-01-01
104	肯尼亚	2017-09-21	（尚未生效）	
105	加蓬	2018-09-01	（尚未生效）	
106	刚果（布）	2018-09-05	（尚未生效）	
107	安哥拉 （待生效后公开）	2018-10-09	（尚未生效）	
108	阿根廷	2018-12-02	（尚未生效）	
109	卢旺达	2021-12-07	（尚未生效）	

说明：表中部分双边税收协定的执行日期比生效日期早，国家税务总局的原表对此并没有说明具体原因，特此说明。

资料来源：国家税务总局.

表 7-2 与香港、澳门和台湾地区的税收安排

序号	地区	签署日期	生效日期	执行日期
1	香港特别行政区	2006-08-21	2006-12-08	内地：2007-01-01； 香港：2007-04-01
2	澳门特别行政区	2003-12-27	2003-12-30	2004-01-01
3	台湾地区	2015-08-25	尚未生效	

资料来源：国家税务总局.

另外，中国与部分国家的双边税收协定中还有关于税收饶让的规定。税收饶让是指居住国政府对本国纳税人所得因来源国给予的税收减免而未缴纳的税款视同已纳税给予抵免。有关饶让抵免的规定通常适用于采用抵免法的国家。中国与日本、英国、马来西亚、丹麦、芬兰、阿联酋、加拿大、新西兰、新加坡、澳大利亚、科威特等国签订的税收协定规定，由这些国家单方面承担饶让抵免义务。针对不同国家予以饶让抵免的范围可能不同。中国与意大利、泰国、南斯拉夫（现为塞尔维亚和黑山）、马耳他、毛里求斯、巴布亚新几内亚、韩国、印度、越南、牙买加、马来西亚、巴基斯坦、葡萄牙、塞舌尔等国家签订的税收协定明确了双方相互给予饶让抵免待遇。

第四节　案例研究

案例一

利用国际避税地避税

（一）基本案情

A国某跨国公司甲在避税地百慕大设立了一家公司。甲公司向B国出售一批货物，销售收入为2 000万美元，销售成本为800万美元，A国所得税税率为30%。甲公司将此笔交易获得的收入转入在百慕大设立的子公司的账上。试分析甲公司利用避税地避税的情况。

（二）案例分析

按照正常交易原则，甲公司在A国应纳公司所得税为：(2 000－800)×30%＝360（万美元）。甲公司通过“虚设避税地营业”，并未将此笔交易表现在本公司A国的账面上。因百慕大没有所得税，所以甲公司在百慕大设立的子公司虽有收入，但无须缴税；若该子公司利用这笔账面收入投资，那么获得的收益也可免缴资本所得税；若该子公司将此笔收入赠与其他公司，还可免缴赠与税。

案例二

利用非常设机构避税

（一）基本案情

日本A公司从中国收购花生后，临时派出它的一个海上车间在我国港口停留28天，将收购的花生加工成花生米，将花生壳压碎后制成板又返售给中国。按照中国税法，非居民公司只有在中国居留超过半年才负有纳税义务，这样，日本A公司获得的花生壳制板收入就无须向中国政府纳税。

（二）案例分析

该案例是跨国纳税人利用海上作业，就地收购原料，就地加工，就地出售，从而缩短生产周期，避免承担收入来源地纳税义务的典型例子。因为双边税收协定一般规定，只有经营时间超过一定期限（6个月或以上）的企业才成为常设机构，因此，本案例中A公司在中国停留的时间不足6个月，不是常设机构，从而避免了在中国缴税。

案例三

亚马逊避税案

（一）基本案情

亚马逊成立于1994年，由最初的网络书店发展成全球知名跨境电商平台和全球第二大互联网企业。亚马逊的主营业务有在线商店、云计算及以Kindle为代表的数字媒体等，净销售额由2016年的1 359.9亿美元增长到2020年的3 860.6亿美元。但亚马逊实际缴纳的税负一直很低，如2009—2018年的平均有效税率仅为3%，远远低于世界各国的平均税率，这主要得益于亚马逊所采用的避税策略。亚马逊的避税架构中共有三个主体：亚马逊集团、亚马逊欧洲控股技术公司（Amazon Europe）、亚马逊欧盟（Amazon EU）。美国母公司亚马逊在卢森堡成立了亚马逊欧盟和亚马逊欧洲控股技术公司，前者是经营公司，负责亚马逊在欧洲市场的销售业务；后者是一家有限合伙企业，没有员工、办公室，也没有商业活动，是壳公司，其主要作用是将经营公司和亚马逊美国联系起来，扮演中介角色。

亚马逊进行国际避税的操作是：卢森堡壳公司与亚马逊美国签署"成本分摊协议"，卢森堡壳公司向亚马逊美国公司支付少许特许权使用费，以此获得相关知识产权。卢森堡经营公司与卢森堡壳公司签署独家秘密许可协议，并向卢森堡壳公司支付大量知识产权使用费，以获得知识产权使用权。卢森堡经营公司在得到经营所得之后，把收入的90%以上转移给卢森堡壳公司，所得的剩余部分再向卢森堡税务部门缴纳税收。由于卢森堡壳公司仅向亚马逊美国支付少许知识产权使用费，这样大量的经营收入就留在了卢森堡壳公司，而卢森堡壳公司依法不用缴税。这样，亚马逊就达到了在美国和欧洲仅缴纳少量税收的目的（见图7-1）。

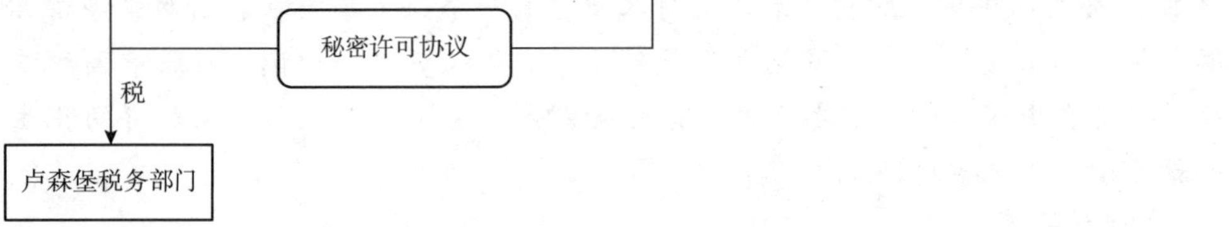

图7-1 亚马逊的避税操作

资料来源：蔡昌，曹晓敏，蔡一炜. 数字企业国际避税与反避税研究：以亚马逊公司避税案为例. 会计之友，2022（2）：107-113.

（二）案例分析

亚马逊的避税操作既利用了卢森堡和美国的税收政策的差异，也利用了数字企业运营依赖的知识产权等无形资产定价具有隐蔽性、没有确定标准的特点，即根据企业需要来确定知识产权价格的高低。跨国公司通过在不同的经济体，尤其是避税地设立主体，通过同笔利润在不同经济体不同税收制度下的巧妙转移，最终达到了避税的目的。这种现象在数字经济时代表现得更明显。OECD 提出的应对数字经济时代的税收挑战的双支柱解决方案将会有力减少这种避税现象。

复习思考题

1. 如何准确地理解国际税收的概念?

2. 如何理解税收管辖权? 税收管辖权分为哪几类?

3. 跨国公司可以采用哪些方法避免和消除国际双重征税?

4. 目前国际上采取的反避税措施主要有哪些?

5. 中国《企业所得税法》中有关外商企业税收的规定有哪些?

6. 近年来，在中国利用外商直接投资来源的统计中，英属维尔京群岛都居于比较靠前的位置，甚至超过了一些资本输出大国（如在 2012 年对华投资的国家或地区排名中，英属维尔京群岛排名第二，仅次于中国香港，位居日本和美国等国家之前）。请从国际税收筹划的角度解释其中的原因。另外，避税港、自由港和离岸金融中心之间的区别与联系是什么? 请列举出一些著名的避税港、自由港或离岸金融中心。

第八章
国际证券投资方式

学习要点

国际上用于投资的资金大多是金融资本，金融资本投资呈现证券化趋势。本章主要介绍了国际证券投资的概念与分类，探讨了国际股票投资、国际债券投资、国际投资基金投资及金融衍生工具投资，并研究了巴菲特投资中石油、美国一家棉商成功套期保值等案例。通过学习，要求了解股票、债券、投资基金和金融衍生工具的概念及种类；掌握股票价值的评估方法、股票投资基本面分析和技术分析的内容，以及债券价值评估、金融期货价值分析和金融期权价值分析的方法；熟悉投资基金的运作流程。

第一节　国际证券投资概述

一、国际证券投资的概念

国际证券投资又称国际间接投资（international indirect investment），是指投资者（法人、自然人或机构投资者）在国际资本市场上购买外国公司股票、企业债券、政府债券或金融衍生工具等金融资产，并按期获得红利、利息或价差等收益的一种投资活动。在上述投资活动中，国际间接投资者并不直接参与国外企业的经营管理活动，其投资活动主要通过国际证券市场进行，其投资动机主要有两个：一是获取定期金融性收益；二是利用各国经济周期波动的不同步性和其他投资条件差异，在国际范围内分散投资风险。

二、国际证券投资的分类

证券投资方式是指投资者进行证券投资的具体形式和方法。按照不同的划分标准，可以把国际证券投资方式分为不同的种类。

按投资对象的不同，国际证券投资可分为股票投资、债券投资、投资基金投资和金融衍生工具投资。

按获利方式的不同，国际证券投资可分为证券套利、证券包销和代理证券发行三种。证券套利是指利用证券的现货和期货的价差进行套买套卖，从中获取差额收益的投资活动。证券包销是指通过先承购新发行的证券，然后再向市场公开发售，从中获取证券价差的投资活动。代理证券发行是指通过为证券发行人代理证券的发行业务，从中获得收益的投资活动。

三、国际证券投资的发展趋势

2005—2021 年，全球对外证券投资规模在波动中呈现增长趋势（除 2008 年和 2011 年外），2021 年全球增持的境外证券资产达到 33 498.5 亿美元。其中，2005—2007 年和 2009 年以对外债券投资为主，2010 年后对外股权投资规模开始超过对外债券投资规模（见图 8－1）。

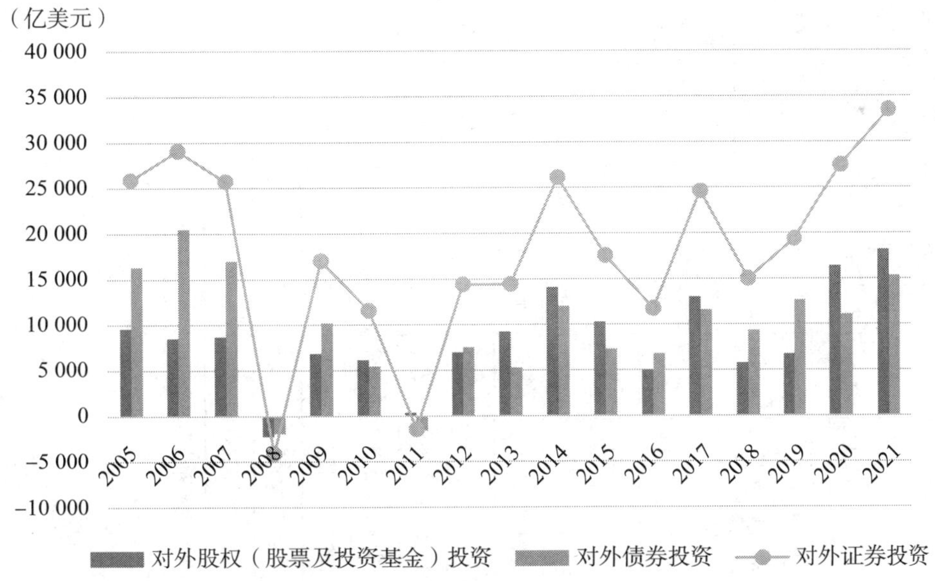

图 8－1　2005—2021 年全球对外证券投资发展趋势

说明：IMF 公布了 198 个经济体的证券投资数据，本图中删除了数据缺失较多的经济体，仅统计了 160 个经济体的数据。

资料来源：原始数据来自 IMF 数据库.

2005—2021 年间，按累计额计算，全球对外证券投资规模排名前 15 的经济体依次是美国、卢森堡、爱尔兰、德国、日本、法国、意大利、中国香港、澳大利亚、挪威、中国、新加坡、加拿大、荷兰和韩国（见表 8－1）；对外股权投资规模排名前 15 的经济

表 8-1　2005—2021 年全球对外证券投资 15 强

	2005	2006	2007	2008	2009	2010	2011	2012	2013	2014	2015	2016	2017	2018	2019	2020	2021
美国	2 673	4 934	3 808	−2 843	3 759	1 996	854	2 488	4 813	5 827	1 072	375	5 407	3 819	−115	4 064	7 191
卢森堡	2 668	1 762	1 745	−1 645	2 480	1 308	−615	1 306	2 113	3 222	2 617	849	3 745	1 403	1 961	2 408	4 373
爱尔兰	1 510	2 672	2 326	451	8	−177	42	972	1 324	2 305	1 608	1 282	2 860	1 573	3 582	2 690	4 152
德国	2 571	2 034	1 990	−146	1 103	2 302	256	1 361	1 816	2 015	1 387	1 101	1 321	1 047	1 513	2 206	2 629
日本	1 964	710	1 235	1 839	1 543	2 564	957	1 416	−896	1 167	3 058	3 008	1 036	1 883	1 849	1 602	−55
法国	2 435	3 255	2 818	1 578	1 069	−378	−2 300	−237	563	970	497	413	532	391	777	1 597	1 249
意大利	1 515	865	361	−942	584	493	−357	−681	411	1 327	1 380	772	1 352	712	771	1 053	1 497
中国香港	405	415	771	245	508	807	200	401	664	356	853	684	70	970	281	513	1 122
澳大利亚	298	531	849	−39	714	489	557	465	324	509	343	393	561	620	587	653	1 214
挪威	381	1 130	680	1 335	43	508	623	753	775	466	365	125	210	380	354	180	523
中国	262	1 113	45	−252	25	76	−62	64	54	108	732	1 028	948	535	894	1 512	1 259
新加坡	73	279	659	−262	283	374	42	833	621	492	554	260	456	390	1 141	603	738
加拿大	450	694	428	−84	64	139	184	353	284	510	464	103	654	446	252	334	1 323
荷兰	1 012	440	575	15	821	−34	188	779	206	749	−66	678	75	73	560	642	−242
韩国	176	313	564	−235	−14	13	41	261	275	398	419	632	753	690	596	589	784

说明：负号表示减持对外股权投资或对外债券投资。

资料来源：IMF 数据库。

体分别是美国、卢森堡 、爱尔兰、德国、意大利、中国香港、日本、澳大利亚、新加坡、法国、挪威、中国 、加拿大、韩国、西班牙；对外债券投资规模排名前 15 的经济体分别为美国、日本、爱尔兰、卢森堡、德国、法国、荷兰、英国、挪威、中国、意大利、澳大利亚、中国香港、加拿大、韩国。对外证券投资、对外股权投资和对外债券投资 15 强主要是发达经济体或避税地，中国分别居第 11 位、第 12 位和第 10 位。

第二节 国际股票投资

一、股票的概念和种类

股票是股份有限公司依法发行的，表明股东所持股份数额和权益的一种有价证券。股票只是代表股份资本所有权的证书，并不是真实的资本，而是独立于实际资本之外的虚拟资本。股票之所以能够进行买卖，是因为它能给购买者带来收益和各项权利。股票具有收益性、风险性、流动性和非返还性等特性。

按股票所代表的股东权利，股票可分为普通股股票和优先股股票。其中优先股股票是股份有限公司发行的具有收益分配和剩余财产分配优先权的股票。按照是否在票面上记载股东姓名，股票可分为记名股票和不记名股票。按照有无票面价值，股票可分为有面值股票和无面值股票。

二、股票的价值与价格

股票是指持有人拥有票面上所载明的各项权益的法律凭证。从本质上说，股票自身没有价值，也不可能有价格。然而，股票代表着获取收益的权利，能够给持有人带来股息、红利收入。因此，在实际生活中股票又存在价值，股票的这种价值是指用货币来衡量的作为获利手段的价值。

股票的价值有多种提法，在不同的场合有不同的含义。例如，股票的票面价值是指股票票面上标明的金额，股票的发行价格与票面价值有关。股票的账面价值指每股股票所代表的实际资产价值，它是一个会计上的概念。股票的清算价值是指在股份有限公司进行清算之时，每份股票所代表的实际价值。股票的内在价值是指人们通过对股份公司的财务状况、盈利前景及影响公司增长的其他因素进行分析所评估出来的价值，代表着一定数量的现实资本及其收益能力。[①] 在证券投资中，股票的账面价值对投资者来说仅具有参考作用，投资者更多关注的是股票的内在价值，也就是说，投资者之所以投资于某一股票，主要是因为看中了这一股票的内在价值。

一般来说，股票价格是指股票的市场价值，即股票的市值，它是股票交易过程中股票价值的货币表现。股票价格的形成应当以股票的价值为基础，是股票价值的集中表现，股票价格随着股票价值的变化发生相应的波动。股票价值在商品活动的不同阶段有着不

① 张玉明. 证券投资学. 北京：清华大学出版社，2007.

同的形态，股票价格所反映的只是股票的相对价值。

从理论上讲，股票的价值与价格是一致的，但不同的投资者对股票价值的看法不尽相同，对股票价值与市场价格的认识也就有差异。

三、股票价值的评估

在股票市场，投资者总是购买内在价值大于市场价格的股票，而抛售手中内在价值低于市场价格的股票。因此，在做股票投资决策时需要对股票的内在价值进行评估。

股票价值的评估经历了四个发展阶段，即注重资产负债表阶段、注重利润表阶段、注重现金流量表阶段、资产负债表和利润表并重阶段，所用的评估方法相应是市净率法、市盈率法、现金流量贴现法和剩余收益估值法。① 下面着重介绍这四种评估方法。

（一）市净率法

市净率是指股价（每股市价）与每股净资产的比率，即：

市净率=每股市价/每股净资产

这种方法认为，股票的价值等于公司的账面净资产，所以应选择股价远远低于每股净资产的股票。一般来说，市净率较低的股票投资价值较高，反之则投资价值较低。但在判断投资价值时，还要考虑当时的市场环境以及公司经营情况、盈利能力等因素。巴菲特最初曾根据这种方法购买股价远远低于每股净资产的股票，但吃亏了。于是，他转而根据公司盈利能力来评估股票价值。

（二）市盈率法②

市盈率是估计普通股价值的最基本、最重要的指标之一，可用以下公式计算：市盈率=普通股每股市价÷普通股每股盈利。

在计算市盈率时，分子是当前的每股市价，分母可用最近一年盈利，也可用未来一年或几年的预测盈利。

一般来说，市盈率水平为 0～13，说明价值被低估；为 14～20，说明价值处于正常水平；为 21～28，说明价值被高估；超过 28，说明股市出现投机性泡沫。

市盈率过低，说明股价低、风险小，值得购买；市盈率过高，则说明股价高、风险大，应谨慎购买。但高市盈率股票多为热门股，低市盈率股票可能为冷门股。

在投资生涯的前期，巴菲特的选股策略是：在大盘大跌的时候，大量购进市盈率在 10 倍以下的股票。他使用这种方法赚了不少钱。但是后来他发现这种方法风险较大，尤其是购买盈利不稳定的公司的股票风险更大。

---

① 谢世飞. 股票价值评估方法的发展演变. 商业时代，2010（11）.

② 阿文尔·D. 霍尔. 股票投资入门. 北京：中国金融出版社，2003.

(三) 现金流量贴现法 (股利贴现模型)

1. 一般模型

股利贴现模型的思想最早来自欧文·费雪 (Irving Fisher) 在 1930 年提出的确定性条件下的价值评估理论。该理论认为，在确定性条件下，投资项目的价值就是未来各期现金流量按照一定利率贴现后的现值。1938 年，威廉姆斯 (Williams) 在《投资价值学说》中提出了股利贴现模型。该模型认为，股票价值是股票预期现金股利的现值之和，即：

$$W=\frac{D_1}{(1+i)}+\frac{D_2}{(1+i)^2}+\cdots+\frac{D_n}{(1+i)^n}=\sum_{t=1}^{\infty}\frac{D_t}{(1+i)^t}$$

其中，W 表示股票的内在价值；D_t 表示预期第 t 年的现金股利；i 表示贴现率。

如果把贴现率用投资者的必要收益率来替代，则上述模型可计算出不同投资者对某一股本的估价。如果其估价大于股票的市场价格，则该投资者不会投资这只股票；反之，若估价小于股票的市场价值，该投资者就会认为该股票值得投资。

对于一般投资者来说，估计 D_t 的变化和金额是很难的，所以上述模型在实际中较少应用。为此，人们对 D_t 的变化进行了假设，并设计出了实用的评估模型。

2. 零增长模型

假设股利增长率为零，即每期支付的股利相等，均为固定值 D，则上述一般模型可以变形为：

$$W=\sum_{t=1}^{\infty}\frac{D_t}{(1+i)^t}=D\times\sum_{t=1}^{\infty}\frac{1}{(1+i)^t}$$

当 i 大于零时，又可简化为：

$$W=\frac{D}{i}$$

例如，A 公司未来每期支付的股利为 6 元，必要收益率是 10%，利用上述模型可计算出 A 公司股票的价值是 6/0.1=60 (元)。如果当时的股票价格为 55 元，那么每股股票的净现值是 60−55=5 (元)，即 A 公司的股票价格被低估了 5 元。因此，可以购买该股票。

3. 固定增长模型

固定增长模型的假设条件是：股利支付是永久性的；股利按不变增长率 g 增长；模型中的贴现率 i 大于股利的增长率 g。

根据假设，固定增长模型可以表述为：

$$W=\frac{D(1+g)}{(1+i)^1}+\frac{D(1+g)^2}{(1+i)^2}+\cdots+\frac{D(1+g)^t}{(1+i)^t}=\sum_{i=1}^{\infty}\frac{D(1+g)^t}{(1+i)^t}$$

当 t 趋近于无穷大时，上式可以简化为：

$$W=\sum_{i=1}^{\infty}\frac{D(1+g)^t}{(1+i)^t}=\frac{D(1+g)}{i-g}$$

$$W=\frac{D_1}{i-g}$$

例如，B 公司去年每股支付股利 1.80 元，B 公司过去 8 年股利按每年 5%的增长率增长，预计未来仍将保持这一趋势。假设必要收益率是 11%。请估算 B 公司股票的价值。若该股票当时的市价是 35 元/股，请判断是否应该买进？

根据公式可计算出下一年的股利是 1.80×(1+5%) =1.89（元），该股票的价值是 1.89/(0.11−0.05)=31.5（元）。

若当时市价是 35 元，则该股票价格被高估了 3.5 元，此时不应该买进。

（四）剩余收益估值法

剩余收益估值法是以净资产收益率为基础的股票价值评估方法，该方法最早由普雷恩莱克（Preinreich）于 1938 年提出，后由奥尔森和费尔萨马（Ohlson and Felthama，1995）进行重新阐述和完善发展。

运用剩余收益估值法估算股票价值时，首先计算出剩余收益，在此基础上再计算股票内在价值，即：

剩余收益=(净资产收益率−股权资本成本)×净资产

股票内在价值=净资产的账面价值+剩余收益的现值

其中，净资产收益率=净利润/平均净资产×100%；股权资本成本是投资者投资企业股权时所要求的收益率；净资产=资产总额−负债总额。

四、股票投资收益

股票投资收益是股票投资者获得的报酬，投资者进行股票投资的直接目的就是获得投资收益。股票投资收益主要有两大类：一类是货币收益；另一类是非货币收益。货币收益是投资者在持有股票期间获得的货币收入。非货币收益是指投资者购买股权后相应地享有的参与公司经营管理的权利，如参加公司的股东大会的权利，持有股份较多的还有参与公司决策与经营的权利。下面主要介绍货币收益。

股票的货币收益主要包括股利收益、股本扩张收益和股价升值收益三部分，其中后两部分在股票收益中占很大的份额。

（一）股利收益

股利亦称红利。股份公司通常在年终结算后将盈利的一部分作为股利按持股份额分配给股东。股利的主要发放形式有现金股利、股票股利、财产股利和建业股利，其中前两种形式比较常见。

1. 现金股利

现金股利亦称派现，是股份公司以货币形式向股东发放的股利。现金股利的发放取决于董事会对公司的长远利益和股东近期利益的权衡。此外，税收也是公司在发放现金股利时重点考虑的因素。

2. 股票股利

股票股利也称为送红股，是指股份公司以增发本公司股票的方式向股东派息，通常是按股东所持股份的比例派发。新建或正在扩张的公司往往会分派股票股利而少发放现金股利。对于股份公司而言，这种做法实际上是公司将应分的股利转化为了新的资本，但是股票数量的增加也会影响股票价格，并加重公司以后的负担。

3. 财产股利

财产股利是股份公司以实物或有价证券的形式向股东发放的股利。

4. 建业股利

建业股利是以公司筹集到的资金作为投资盈利分发给股东的股利。这种情况多发生在那些建设周期长、资金周转缓慢、风险大的公司。

（二）股本扩张收益

股本扩张收益主要是由公司送配股后股价填权①带来的收益，这主要是通过上市公司的送股、配股等实现的。

1. 送股

送股又称为无偿增资扩股，它是投资者不必缴费就可以获取收益的一种扩股形式。它有两种类型：一是将盈余公积金中本可以用于派发现金股利的部分转为股票赠送给股东（也称股利发放），从而将利润转化为股本。送红股后，公司的资产、负债、股东权益的结构并没有发生改变，但总股本增大了，同时每股净资产减少了。二是将资本公积金（包括盈余结存及资产重估增值等）转入资本金，股东无偿取得新发股票。

2. 配股

配股又称有偿增资扩股，即公司按老股东比例配售新股的扩股形式。配股的价格一般低于市场价，以此作为对老股东的优惠。经过送配，股价将除权。② 若除权后，实际价格回升到理论价值之上，即出现填权，则投资者获得资本收益；反之出现贴权，则投资者受损。

（三）股价升值收益

股价升值收益是指低价买入、高价卖出时所获得的股票价差收益（又称资本利得）。在投机性较强的不成熟市场中，这一收益非常可观，当然风险也很大。这也是股票投资

---

① 上市公司在送股、派息或配股时，需要确定股权登记日，在股权登记日及此前持有或者买进股票的股东享受送股、派息或配股权利，此时的股票是含权（含息）股。股权登记日的下一个交易日即为除权除息日，此时再买进股票已不享受上述权利。因此，一般而言，除权除息日的股价要低于股权登记日的股价。如果在除权除息后的一段时间里，多数人看好该股，那么该只股票的交易市价会高于除权（除息）基准价，这种情况称为填权。

② 除权是由于公司股本增加，每股股票所代表的企业实际价值（每股净资产）有所减少，因而在发生该事实之后从股票市场价格中剔除这部分影响的做法。

收益的主要来源之一。

五、股票投资分析

目前，股票投资分析方法主要有基本面分析、技术分析和现代证券投资组合分析三种。这三种分析方法在理论假设、关键的影响因素、分析内容及股票价格和股票内在价值之间的关系等方面存在明显的差异（见表8－2)。基本面分析认为公司的内在价值由公司现在和将来的运营和财务业绩决定，公司的股票价格在一段时间内将趋向于它的内在价值；技术分析认为股票价格主要受投资者和市场心理的影响，股票价格和它的内在价值之间没有必然的联系；现代证券投资组合分析认为，股票市场上的竞争力量决定着股票的价格，新的信息能够很快地反映在股票价格中，股票价格通常反映了它的内在价值，不存在价值被高估或者被低估的股票。在做股票投资决策时，基本面分析的基本原则是：如果一只股票的价格低于它的内在价值，就买进这只股票；如果一只股票的价格高于它的内在价值，就抛售这只股票。技术分析的基本原则是：如果一只股票的指标显示该股票的价格将要上升，则买进这只股票；如果一只股票的指标显示这只股票的价格将会下降，则抛售这只股票。现代证券投资组合分析的基本原则是：构建证券投资组合，分散风险。本节主要介绍基本面分析和技术分析。

表8－2 三种股票投资分析方法比较

	基本面分析	技术分析	现代证券投资组合分析
理论假设	股票价格由内在价值决定	市场是有效率的；证券价格由供求关系决定；证券市场上过去发生的信息与未来发生的信息相同	追求收益最大化，但要规避风险
关键的影响因素	收入和股利	心理因素、技术因素及其他内外部影响因素	风险与收益
分析内容	预测股利和收入	趋势、波浪和因素	风险与收益
股票价格和股票内在价值之间的关系	价格终将等于价值	价格与价值无关	价格等于价值

资料来源：格里·格瑞，帕特里克·古萨蒂斯，兰德·伍瑞奇．股票价值评估：简单、量化的股票价值评估方法．北京：中国财政经济出版社，2004；陈友邦，秦志敏．证券投资．2版．大连：东北财经大学出版社，2010.

（一）基本面分析

1. 基本面分析的含义

基本面分析是指股票投资者根据经济学、财务管理学及投资学等方面的基本理论，对决定股票价值的基本要素如宏观经济形势、行业发展状况及企业经营情况等进行分析，评估股票的投资价值、判断股票的合理价位，并提出相应的投资建议的一种基本分析方法。

2. 基本面分析的内容

基本面分析的内容主要包括宏观经济分析、行业分析、区域分析、公司状况分析。

从国外股票市场的历史走势看，股票市场的走势和变化是由一国经济发展水平和经济景气状况所决定的，股票市场价格波动在很大程度上反映了宏观经济的变化，股市行情被称作宏观经济的“晴雨表”。在进行宏观经济分析时，既要分析股市所在国的宏观经济因素，如GDP、通货膨胀率、利率、汇率等经济指标，又要分析货币政策、财政政策、产业政策、收入政策等宏观经济政策。

行业是具有共同特征的企业群体的集合，行业的发展状况对处于该行业中的企业的经营效益有着重要的影响，行业在国民经济中的地位决定了其投资价值，行业的兴衰决定了企业的发展前景。在进行行业分析时，主要分析行业的市场类型、行业生命周期和行业景气状况。通过分析行业所处的市场类型，判断行业是完全竞争型、完全垄断型、垄断竞争型还是寡头垄断型，可以得出行业的股票变化特点；通过对行业所处生命周期阶段的分析，可把握同一行业不同阶段企业的盈利水平；通过对行业景气状况的分析，可以预测行业未来的发展趋势和经营业绩。

不同区域的产业的发展速度和发展阶段是有差异的，投资者在进行股票投资时，还应考虑区域因素对投资收益的影响。

公司状况分析是基本面分析的重点，是投资者选择公司股票的基础。在进行公司状况分析时，主要分析公司的竞争能力、盈利能力、经营管理能力、发展潜力和财务状况等。

（二）技术分析

1. 技术分析的含义

技术分析是指运用统计技术和图形分析的技巧，通过对证券市场过去和现在的交易资料进行分析，判断证券价格的变动方向和变动程度的分析方法。技术分析常用于分析股票的价格趋势，以便选择适当的投资时机。

2. 技术分析的主要理论

道氏理论是技术分析的基础。该理论主要研究股市的基本趋势，认为基本趋势一旦确立就会一直持续，只有在受到某些因素的影响时才会改变方向。其基本内容是：证券市场上的股票价格存在三种运动方式：基本趋势、次级趋势与短期趋势。这三种趋势同时存在，相互影响，决定了股票价格的走势。[①] 道氏理论的主要原理包括：市场价格指数可以解释并反映市场的大部分行为；市场波动有三种趋势；交易量在确定趋势方面起重要作用，趋势的反转点是确定投资的关键；收盘价是最重要的价格。[②]

艾略特（Elliott）波浪理论（wave theory）认为，股价的波动如同大自然的潮汐一样，具有一定的规律性，即一浪接一浪，并且周而复始，展现出周期循环的必然性。因此，投资者可以根据这些规律性的波动预测未来股票价格的走势。波浪理论包括两方面的内容：考虑的因素和股价走势的基本形态。波浪理论考虑的因素主要有波浪的形态、波浪趋势图中各个高点和低点的相对位置以及完成某一个形态的持续时间。其中，波浪

① 戴志敏. 证券投资学：理论、实践与案例分析. 杭州：浙江大学出版社，2009.

② 张玉明. 证券投资学. 北京：清华大学出版社，2007.

的形态是最重要的因素。波浪有两个基本形态：推动浪（主浪）和调整浪。推动浪是指其运动方向与主要运动方向相同的波浪；调整浪是指其运动方向与主要运动方向相反的波浪，是对主要运动方向的回档调整；任何一浪，要么是主浪，要么是调整浪。

波浪理论股价走势的基本形态是指，股票和股票指数总是在上涨和下跌的交替波动中前进，呈一定的韵律和形态，每一个循环周期由 8 个小的波浪组成，其中 5 个浪是主浪，3 个浪是调整浪。这 8 个浪一结束，紧接着是下一个周期。图 8－2 是上升阶段的 8 个浪的全过程，由 5 个次上升波浪和 3 个下降波浪组成。第 1～5 浪为上升波浪，其中第 1、3、5 浪为上升主浪或推动浪，第 2、4 浪为上升波浪中的调整浪；后 3 个浪（a、b、c 浪）下跌，其中 a 浪和 c 浪是推动浪，推动着股价沿下降方向运动，b 浪是调整浪。

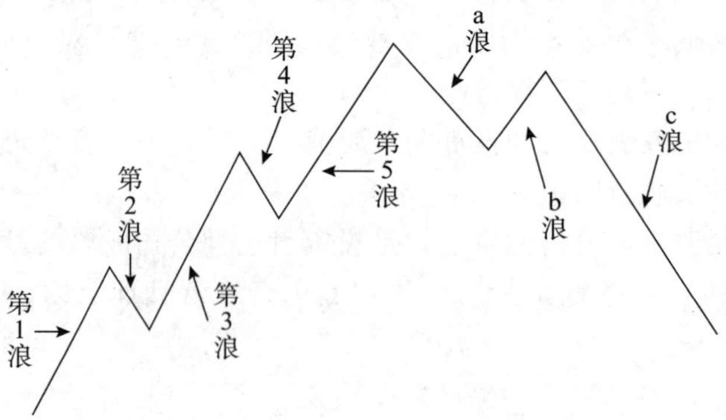

图 8－2　波浪理论股价走势的基本形态

3. 技术分析的要素

在证券市场上，价格、成交量、时间和空间是进行技术分析的基本要素，一切技术分析方法都是以价格、成交量、时间和空间的相互关系为研究对象。

价格和成交量是市场行为最基本的表现。一般来说，买卖双方对价格的认同程度通过成交量的大小得到确认。在同一价格上，认同程度高，成交量就大；反之，成交量就小。这种趋势可概括为：价升量增，价跌量减。

对于时间与空间的关系，一般来说，完成某个过程所经过的时间长，今后价格波动的空间也应该大；价格波动的空间大，对今后价格趋势的影响和预测作用也大，反之亦然。

第三节　国际债券投资

一、债券的概念与分类

债券是由政府、政府机构、金融机构、企业或公司等为筹集资金而向债券投资者出具的，载明一定面额、定期还本付息，并表明债权债务关系的一种有价证券。

按照发行主体的不同，债券可分为政府债券（中央政府或地方政府发行）、金融债券（银行或非银行金融机构发行）和企业债券（股份公司发行）；按照计息方式的不同，债券可分为单利债券、复利债券、贴现债券和累计利率债券；按风险程度的不同，债券可分为固定利率债券、浮动利率债券；按债券形态的不同，债券可分为实物债券、凭证式债券和记账式债券；按有无抵押担保，债券可分为无担保债券和担保债券；按是否记名，债券可分为记名债券和不记名债券；按偿还期限的不同，债券可分为短期债券（1年或1年以下）、中期债券（1年以上10年以下）、长期债券（10年以上）和超长期债券；按照币种的不同，债券可分为本币债券、外币债券；按转让的自由程度的不同，债券可分为登记式债券（转让时需经公司注册过户）和联票式债券（自由转让，不需要过户）。因此，同一种债券从不同的角度有不同的归类。

国际债券是指一国的筹资者为筹措和融通资金，在国外金融市场上向外国投资者发行的以外国货币为面值的债券。国际债券分为外国债券和欧洲债券两类。外国债券是指筹资者在外国证券市场上发行的以市场所在国货币为面值的债券，如美元债券、英镑债券、日元债券等。在国际金融市场上，某些外国债券有其常用的名字，比如，在美国发行的外国债券被称为扬基债券，在日本发行的外国债券被称为武士债券。欧洲债券是指一国的筹资者在他国证券市场上发行的以第三国货币为面值的债券。

二、债券的投资收益

（一）收益的来源

债券的投资收益由利息收入、资本利得和再投资收益三部分构成。其中，利息收入是投资者在债券持有期内收到的利息，是债券发行时就已确定的，它是投资债券的基本收益。资本利得是指债券在转售或到期时，买入价与卖出价或偿还额之间的差额。再投资收益是指用所获利息进行再投资的收益。

（二）债券的投资收益的影响因素

从债券的投资收益的来源看，影响债券的投资收益的因素主要有债券的偿还期限、债券的票面利率和债券的价格。

1. 债券的偿还期限

债券的偿还期限越长，风险越大，投资者要求的利率就越高。假设其他因素不变，偿还期限越长，债券的利率越高，价格波动风险越大。

2. 债券的票面利率

债券的票面利率是影响债券的利息收入的决定性因素，在其他条件相同的情况下，债券的票面利率越高，到期收益就越大。

3. 债券的价格

债券往往溢价或折价发行。若债券发行价格高于债券面值，则收益率低于票面利率；反之，收益率高于票面利率。因此，交易市场上债券的交易价格将直接影响债券投资者的投资收益率。此外，发行者的信誉、投机因素和政治因素等也会影响债券的投资收益。

（三）债券的投资收益的度量指标

1. 名义收益率

名义收益率是指债券每年的固定利息与债券面额之比，即

名义收益率＝(债券年利息/债券面额)×100%

2. 本期收益率

本期收益率是债券每年的固定利息与债券本期市场价格之比，即

本期收益率＝(债券年利息/本期市场价格)×100%

例如，假设有一张面值为100元、年利率为15%、期限为5年的债券，最初的认购者在购买后的第三年以90元卖出，试计算该债券的名义收益率和本期收益率。

计算结果：名义收益率为15%；本期收益率为15/90×100%≈16.67%。

3. 持有期收益率

持有期收益率是指投资者从买入债券到卖出债券期间所得的实际收入，即

$$持有期收益率=\frac{卖出价-买入价}{买入价}\times\frac{360}{持有期限}\times100\%$$

例如，某人在证券市场上以100元买了一张刚发行的利率为15%、期限为5年的债券，2年之后又以120元的价格卖出，计算持有期收益率。

计算结果：持有期收益率为(120−100)/100×360/720×100%＝10%。

4. 到期收益率

到期收益率是指投资者从买入债券到债券到期时止的收益率，即

$$到期收益率=\left(\begin{matrix}债券到期后的\\本金和利息总额\end{matrix}-买入价\right)\bigg/\left(买入价\times\begin{matrix}待偿还的\\期限\end{matrix}\right)\times100\%$$

例如，某人以120元购买了一张面值为100元、利率为15%、期限为5年的债券，如果该投资者买入这张债券时，该债券已发行了3年，那么待2年后债券到期时该投资者的收益率是多少？

计算结果：到期收益率为(100＋100×15%×5−120)/(120×2)×100%≈22.92%。

三、债券价值评估

从财务管理的角度来看，债券的现值等于其预期现金流量的现值，计算公式为：

$$W=\sum_{t=1}^{n}\frac{P_t}{(1+r)^t}$$

式中，W 表示债券的当前价值；P_t 表示第 t 期的债券现金流；r 表示市场利率（贴现率）。

对于固定票面利率的附息债券，计算公式可变形为：

$$W=\sum_{t=1}^{n}\frac{P_0\times i}{(1+r)^t}+\frac{P_0}{(1+r)^n}$$

式中，P_0 表示债券的面值；i 表示票面利率。

例如，D公司2年前发行了一种债券，面值为1 000元，票面利率为8%，期限为5年，每年付息一次，到期还本。目前投资者对同类债券要求的收益率是12%。计算债券目前的市场价值。

$$W=\sum_{t=1}^{3}\frac{P_0\times i}{(1+r)^t}+\frac{P_0}{(1+r)^3}=\sum_{t=1}^{3}\frac{1\ 000\times 8\%}{(1+12\%)^t}+\frac{1\ 000}{(1+12\%)^3}=903.93(\text{元})$$

不同投资者对债券估值的差别在于对贴现率的确定不同。偏好风险的投资者一般要求较高的收益率；而厌恶风险的投资者倾向于规避风险，要求较低的收益率。因此，不同风险偏好的投资者对同一债券的估值结果是不一致的。当投资者按其期望收益率估算的债券现值大于债券的市场价格时，投资者不会购买此种债券；反之，如果按其期望收益率估算的债券现值小于债券的市场价格，投资者就会投资这种债券。

在上面的例题中，如果现在债券的市场价格是900元，那么是否应该投资这种债券？若市场价格是910元，投资者又该如何选择？

判断是否应该投资某一债券还可以通过计算到期收益率，比较到期收益率与投资者的期望收益率来做出决策。具体做法是：用当前债券的市场价格代替 W，运用上述债券现值估算公式，计算出 r，比较 r 与期望收益率。

例如，假定上述例题中的面值、票面利率和期限都不变，若D公司债券当前的市场价格是903.9元，试计算投资者的到期收益率。若投资者甲的期望收益率是11%，投资者乙的期望收益率是12.5%，试分析甲、乙是否会购进D公司的债券。

答案是明显的。D公司的到期收益率为12%，该收益率高于投资者甲的期望收益率，所以甲可能会买进D公司的债券；投资者乙则可能不会投资该债券。

在计算债券的价值时，为减少计算量，可以借助Excel中的PV函数来确定债券的价值。具体做法是：在Excel的任一单元格中输入“＝PV（rate，nper，pmt，fv，type）”，括号内的“rate，nper，pmt，fv，type”用具体的数字代替。其中，rate为各期市场利率（贴现率）；nper为期限，即该债券的付息总期数；pmt为各期所应支付的金额，如每期的利息金额；fv为终值，即债券本金；type的参数为数字1或0，分别代表各期的付款时间是在期初或期末。在债券估值过程中，假设利息的支付均在期末进行，于是type的参数为0或省略。上述例题中，在Excel任一单元格中输入“＝PV（12%，3，80，1 000，0）”，然后点击回车键，即可得出计算结果，去掉负号就是所需要的结果。

此外，也可以在Excel中使用内部收益率（IRR）函数来计算投资收益率，具体操作请读者在互联网上查询，注意最后一期的现金流包括当期利息和债券面值。

例如，借助PV函数计算债券价值并分析市场利率对债券价格的影响。

投资者有三种面值都是100元的债券可供选择，这三种债券的到期期限和票面利率如表8-3所示。假设未来市场利率可能为8.5%、8%、7.5%、7%、6.5%、6%、5%

中的某一种，请分析相应的债券价格将发生怎样的变化。

表 8-3　三种债券的到期期限和票面利率

债券名称	到期期限（年）	票面利率（%）
甲	5	6
乙	5	8
丙	10	6

首先，借助 PV 函数计算当市场利率分别为 8.5%、8%、7.5%、7%、6.5%、6%、5%时，债券甲的相应价格，然后再依次计算债券乙、丙的相应价格。在计算时，注意使用绝对值函数及 Excel 的其他功能，以减少计算的工作量。如本题可以在单元格 B6 内输入“=ABS（PV（A6，C2，D2，100，0））”，然后点击回车键，即可得出结果（见图 8-3）。

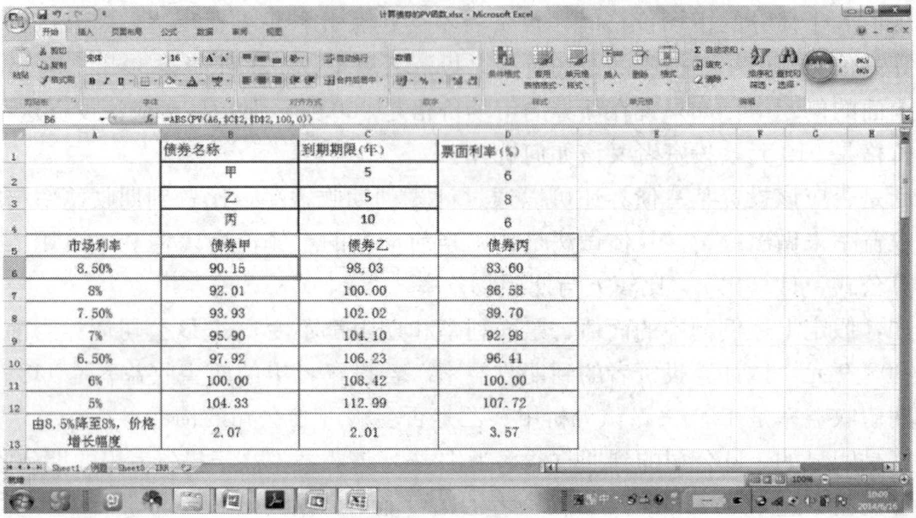

	债券名称	到期期限(年)	票面利率(%)
	甲	5	6
	乙	5	8
	丙	10	6

市场利率	债券甲	债券乙	债券丙
8.50%	90.15	98.03	83.60
8%	92.01	100.00	86.58
7.50%	93.93	102.02	89.70
7%	95.90	104.10	92.98
6.50%	97.92	106.23	96.41
6%	100.00	108.42	100.00
5%	104.33	112.99	107.72
由8.5%降至8%，价格增长幅度	2.07	2.01	3.57

图 8-3　计算结果

在完成计算之后，观察以下四个方面：一是随着市场利率的下降，三种债券的价格如何变化。二是随着市场利率的变化，债券甲、丙（两者利率相同但期限不同）的价格变化幅度有何不同。三是如果市场利率下降相同的幅度，债券甲、乙（两者期限相同但利率不同）中哪个债券的价格变化较大。四是市场利率由 8.5%下降至 8%时债券价格的下降幅度和市场利率由 8%上升到 8.5%时债券价格的上升幅度是否相同。若不同，哪个大？在观察的基础上，可以得出下面几个结论：

（1）随着市场利率的下降，债券价格呈现上升的趋势，即债券价格与市场利率反向变化。

（2）（比较债券甲和丙）随着市场利率的下降，在其他条件相同的情况下，期限长的债券丙的价格上升幅度明显大于债券甲，即长期债券的价格受市场利率的影响大于短期债券。

（3）（比较债券甲和乙）随着市场利率的下降，在其他条件相同的情形下，票面利率更低的债券甲的价格上升幅度大于债券乙，即票面利率越低的债券受市场利率变化的影响越大。

（4）市场利率下降使债券价格上涨的幅度大于市场利率上升使债券价格下降的幅度。

第四节　国际投资基金投资

一、投资基金的概念

投资基金（investment fund）简称基金，是一种利益共享、风险共担的集合投资方式，它通过发行基金单位，集中投资者的资金，由基金托管人托管、由基金管理人管理和运用资金，从事股票、债券、外汇、货币等金融工具的投资，以获得投资收益和资本增值。[①] 基金的投资者不参与基金的管理和操作，只定期取得投资收益。基金管理人根据投资者的委托进行投资运作，收取管理费。投资基金在不同国家或地区的称谓有所不同，美国称为“共同基金”，英国和中国香港称为“单位信托基金”，日本和中国台湾称为“证券投资信托基金”。虽然叫法不一致，但国际投资基金在内容和操作规则上基本相同。

与金融市场上的其他投资工具相比，投资基金具有专业化管理、分散投资风险、品种多且不断创新和流动性强等特点。

二、投资基金的种类

投资基金种类多样，依照分类标准的不同，可分为不同的类型。

1. 公司型投资基金和契约型投资基金

根据组织形态的不同，投资基金可分为公司型投资基金和契约型投资基金。

公司型投资基金是依据公司法设立的以发行股份的方式募集资金而组成的公司形态的基金。

契约型投资基金又称为信托投资基金，是指依据信托契约，通过发行受益凭证而组建的投资基金。这类基金一般由投资者（既是委托人，又是受益人）、基金管理公司（受托人）和基金保管公司（托管人）三方当事人订立信托契约。其中，基金管理公司是基金的发起人，基金保管公司一般是由银行担任。这三方之间的关系是：受托人依照契约运用信托财产进行投资，托管人根据契约负责保管信托财产，投资者享有契约中规定的收益。契约型投资基金主要存在于日本、韩国、英国、东南亚地区和中国。

2. 开放型投资基金和封闭型投资基金

根据基金单位是否可增加或赎回，投资基金可分为开放型投资基金和封闭型投资基金。开放型投资基金（简称开放型基金）是指发行的资本总额和份数不固定，可以根据

① 施光耀，胡猛. 中国证券百科全书·第二卷·股票投资卷. 太原：山西经济出版社，2000.

需要及金融市场供求关系的变化，随时增发或购回新的基金份额，投资者也可以投资或赎回其份额的投资基金。开放型基金的基金单位可以追加，不封顶，一般不上市，也没有固定的存续期。

封闭型投资基金（简称封闭型基金）是指在设立时限定基金发行的数额，并在规定的时间内不再追加发行，投资者也不能赎回现金的投资基金。封闭型投资基金的资本总额是固定的，因此在基金资本数额达到了计划要求时便进行封闭，在规定的时间内基金公司不能增发基金，投资者也不能赎回资金。在封闭期限内，基金投资者可以在证券市场上转让基金。封闭型基金在发行上市后，有固定的存续期。开放型基金与封闭型基金的差异见表 8-4。

表 8-4　开放型基金与封闭型基金的差异

	开放型基金	封闭型基金
规模	不固定	固定
存续期限	不确定，理论上存在无限存续期	确定
交易方式	不上市，通过基金公司申购或赎回	上市流通
交易价格	按照每日基金单位资产净值计算	根据市场行情变化，相对于单位资产净值可能折价或溢价，多为折价
信息披露	每日公布基金单位资产净值，每季度公布资产投资组合	每周公布基金单位资产净值，每季度公布资产投资组合
投资策略	强调流动性管理，基金资产中要保持一定的现金及流动性资产	可以进行长期投资

资料来源：陈友邦，秦志敏．证券投资．大连：东北财经大学出版社，2010．

3. 成长型投资基金、收入型投资基金和平衡型投资基金

根据投资风险与收益的不同，投资基金可分为成长型投资基金、收入型投资基金和平衡型投资基金。成长型投资基金是指把追求资本的长期成长作为其投资目的的投资基金，其投资对象主要是市场中有较大升值潜力的小公司股票，以及一些新兴但目前经营还比较困难的行业的股票。

收入型投资基金是指以能为投资者带来高水平的当期收入为目的的投资基金，其投资对象主要是那些绩优股以及派息较高的债券、可转让大额定期存单等收入较高而且比较稳定的有价证券。平衡型投资基金是既追求长期资本增值，又追求当期收入的基金，主要投资于债券、优先股和部分股票，其中 25%～50%的资产投资于优先股和债券，其余资产投资于普通股。这三类基金对风险的偏好有差异，成长型投资基金偏好风险，平衡型投资基金居中，收入型投资基金则比较稳健。

4. 股票基金、债券基金、货币市场基金、指数基金和衍生证券投资基金

根据投资对象的不同，投资基金可分为股票基金、债券基金、货币市场基金、指数基金，以及包括期货基金、期权基金和认股权证基金在内的衍生证券投资基金等。股票基金是以股票为投资对象的基金，这类基金是当代各国广泛采用的基金类型；债券基金是指以债券为投资对象的投资基金，这类基金的规模仅次于股票基金；货币市场基金是

指以国库券、大额银行可转让存单、商业票据、企业债券等货币市场短期有价证券为投资对象的投资基金，所有的货币市场基金都是开放型基金，绝大多数货币市场基金投资于高质量、低风险、期限在 90 天以内的金融工具。指数基金是以某种证券市场的价格指数为投资对象的投资基金。衍生证券投资基金是以金融衍生工具为投资对象的投资基金，包括期货基金、期权基金、认股权证基金。

5. 公募基金和私募基金

根据募集方式的不同，投资基金可以分为公募基金和私募基金。公募基金是指可以面向社会大众公开发行的基金；私募基金是只能采取非公开方式向特定投资者发行的基金。

6. 在岸基金和离岸基金

根据基金的资金来源和用途的不同，投资基金可分为在岸基金和离岸基金。在岸基金是指在本国募集资金并投资于本国证券市场的投资基金；离岸基金是指一国的证券基金组织在他国发行证券基金份额，并将募集的资金投资于本国或第三国证券市场的证券投资基金。

三、投资基金的价值、价格、收益与运作

1. 投资基金的价值

各类投资基金在发行基金份额时，将基金总额分成等额的若干整数份，每一份即为一基金单位，即任何投资基金发行时其基金单位价值都是等额的，代表着发行时每份基金，即每一基金单位的价值。在基金的运作过程中，基金单位价值也会发生变化。因此，为了正确反映基金单位价值，就必须在某个时点上对基金资产价值进行估算。基金单位净值是评估基金价值的主要依据。

要计算基金单位净值，首先需要计算基金资产总额和基金资产净值总额。

基金资产总额是根据基金所持证券估算日的收盘价分别计算其市值并汇总，然后加上基金的库存现金及应计利息收入得出的，计算公式为：

基金资产总额＝所持证券市值总额＋现金＋应计利息收入

基金资产净值总额的计算方法是：

基金资产净值总额＝基金资产总额－基金负债总额

其中，基金负债总额是指基金运作及融资时所形成的负债，包括应付给他人的各项费用(如基金资产管理者的佣金等)、应付资金利息等。

在计算出基金资产净值总额之后，就可以进行基金单位净值的计算了。

基金单位净值是用基金资产净值总额除以基金发行的总份数得出的，计算公式是：

基金单位净值＝基金资产净值总额/基金发行的总份数

例如，假定某基金持有的某三种股票的数量分别为 10 万股、50 万股和 100 万股，每股的市价分别为 30 元、20 元和 10 元，银行存款为 1 000 万元。该基金负债有两项：对

托管人或管理人应付未付的报酬为 500 万元、应付税金为 500 万元。已售出的基金单位为 2 000 万份。试计算基金单位净值。

根据上述计算方法，可计算出基金单位净值为：

$$(10\times30+50\times20+100\times10+1\ 000-500-500)/2\ 000=1.15(\text{元})$$

2. 投资基金的价格

（1）开放型基金的价格。

对于开放型基金，投资者在购入或赎回基金份额时，一般涉及申购价格和赎回价格两种价格。从基金管理公司的角度，申购价格和赎回价格又分别称为买入价格和卖出价格。

在基金募集期内，投资者购买基金份额的行为称为认购。在基金成立之后，基金投资者根据基金合同和招募说明书及基金销售网点规定的手续，向基金管理人购买基金份额的行为称为申购。

认购价格、申购价格、赎回价格分别按以下公式计算：

认购价格＝基金单位面值＋认购费用

申购价格＝基金单位净值×(1＋申购费率)

赎回价格＝基金单位净值×(1－赎回费率)

在基金招募说明书或基金合同中，一般都会对基金价格的计算、申购费率、赎回费率做出详细说明。

例如，一个投资者投资 200 万元，用来申购开放型基金，假定申购费率为 1.5%，基金单位净值为 2 元，则申购价格为 2×(1＋1.5%)＝2.03（元）。

假如投资者赎回 100 万份基金单位，假定赎回费率是 1%，基金单位净值是 1.5 元，则赎回价格＝2×(1－1%)＝1.98（元）。

（2）封闭型基金的价格。

封闭型基金的发行总额是固定的，没有存续期，到期清盘。封闭型基金的价值来自存续期的每期现金股利及到期清算的基金单位净值。假定基金收益每期 100%进行分红，每期股利固定（以几年平均值来代替），则封闭型基金的理论价格可以表示为：

$$\begin{aligned}P&=\frac{D}{1+R}+\frac{D}{(1+R)^2}+\cdots+\frac{D}{(1+R)^n}+\frac{A}{(1+R)^n}\\&=\frac{D/R\cdot[(1+R)^n-1]+A}{(1+R)^n}\end{aligned}$$

式中，P 表示封闭型基金的理论价格；D 表示每期现金股利；A 表示期末基金单位净值；R 表示投资收益率；n 表示存续期限。

例如，某封闭型基金的基金单位净值为 2.8 元，每年平均支付现金 0.5 元，封闭期还有 5 年，5 年期国债的到期收益率为 4%，风险溢价为 2%。则该封闭型基金的理论价格为：

$$P=\frac{D/R\cdot[(1+R)^n-1]+A}{(1+R)^n}$$

$$=\frac{0.5/(0.04+0.02)\times[(1+0.04+0.02)^5-1]+2.8}{(1+0.04+0.02)^5}=4.2(\text{元})$$

即，如果投资者以4.2元的价格购买该基金，那么在余下的5年间，每年可以获得6%的收益。

封闭型基金的理论价格是该类基金的内在价值的表现。由于封闭型基金在集中交易场所进行交易，因此，受基金供求状况、证券市场状况、宏观经济因素及基金本身收益状况的影响，其价格经常出现波动，甚至背离其价值。

3. 投资基金的收益

投资基金的收益主要来自两方面：基金红利和价差收益。

基金的投资收益扣除费用开支后，得到的就是基金净收益。基金净收益的大部分应当以现金的形式分配给基金份额的持有者。因此，基金红利是投资者获取收益的重要来源。

价差收益是指基金的申购价格与赎回价格之间的差额。由于基金的净资产随着基金的运作而发生变化，所以若投资者在低价位买入基金股份，在高价位赎回，那么他就可以获得价差收益。

4. 投资基金的运作

(1) 投资基金的设立制度。

世界各国对基金的发起和设立有一定的资格要求和限制。概括来说，基金的设立制度有审批制、核准制和注册制。

在审批制下，基金的设立需要经过基金主管部门批准之后才能生效。审批制采取的是实质管理原则。在核准制下，由监管部门人员和所聘请的独立的外部专业人士所组成的发行审核委员会以投票方式对基金设立申请进行表决。核准制也采取实质管理原则，但还引入了独立专业人士的判断。日本、英国和中国台湾都采取核准制。在注册制下，基金的设立只需符合投资基金法规的相关规定即可生效，无须经过基金主管部门审批。目前，发达国家和地区，如美国和中国香港一般采用注册制。

(2) 投资基金的运作流程。

投资基金的运作流程如下：一是设立基金，汇集资金。基金公司的发起人根据相关法律规定，依照相应的程序申请成立基金，从投资者处汇集资金。基金公司的发起人一般是从事证券经营、证券投资咨询、信托资产管理或者其他金融资产管理的机构。二是委托专家理财，即基金委托基金管理人（投资专家）进行投资运作。在这个阶段，投资者、基金管理人、基金托管人通过基金契约的方式建立托管协议，确立投资者（出资并享有收益、承担风险）、基金管理人（受托负责理财）、基金托管人（负责保管资金）三者之间的信托关系；基金管理人与基金托管人（主要是银行）通过托管协议确立双方的责权。三是分配投资收益，即基金管理人将专业理财后获得的投资收益分发给投资者（如图8-4所示）。

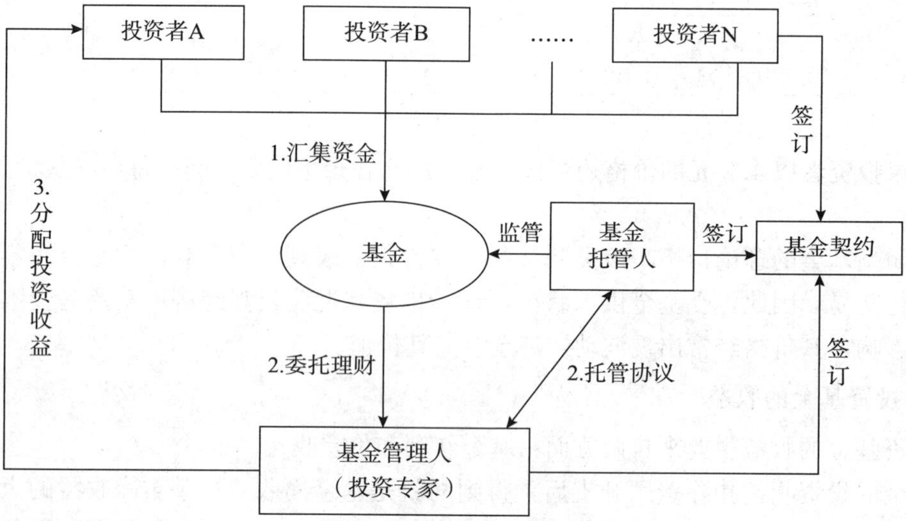

图 8-4 投资基金的运作流程

第五节 国际金融衍生工具投资

一、金融衍生工具的概念与分类

在国际上，衍生工具（derivatives）有商品衍生工具（如小麦期货、商品互换等）、金融衍生工具（如股票期权、利率互换等）和其他衍生工具（如天气衍生工具）三种。衍生工具被用作金融市场上的专用术语，始于1982年。

金融衍生工具是建立在基础产品或基础变量之上、其价格随着基础金融产品价格（或数值）的变动而变动的派生金融产品，有多种名称，如金融派生品、金融衍生品、衍生金融资产、衍生金融产品等。金融衍生工具兴起于20世纪70年代，发展于80年代，兴盛于90年代。目前，全球已经有50多个交易所能够提供金融衍生工具交易服务。

1. 金融衍生工具的概念

金融衍生工具是以转移风险或收益为目的、以某一（某些）金融工具或金融变量为标的、价值随有关金融工具价格或金融变量的变动而变动的跨期合约，是在金融工具的基础上衍生出来的新型金融工具合约。

根据中国银行业监督管理委员会（已撤销）颁布的《银行业金融机构衍生产品交易业务管理暂行办法》（2011年修订），衍生产品是一种金融合约，其价值取决于一种或多种基础资产或指数，合约的基本种类包括远期、期货、掉期（互换）和期权。衍生产品还包括具有远期、期货、掉期（互换）和期权中一种或多种特征的混合金融工具。

2. 金融衍生工具的种类

金融衍生工具可以从不同的角度进行分类，目前主要的分类方法有三种：第一种分类方法是按交易方式及特点，把金融衍生工具分为金融远期、金融期权、金融期货和金融互换四类；第二种分类方法是按基础工具的不同，把金融衍生工具分为股票、货币、利率和商品四类；第三种分类方法是按交易地点的不同，把金融衍生工具分为场内交易的金融衍生工具和场外交易的金融衍生工具。其中，按交易方式及特点的分类方法是金融衍生工具最基本、最常见的分类方法，下面将主要介绍金融远期、金融期货、金融期权和金融互换。

（1）金融远期。金融远期是指合约双方同意在将来某一特定日期按约定的价格买卖约定数量的相关资产或金融工具的合约，目前主要有远期外汇合约、远期利率协议和远期股票合约等。

（2）金融期货。金融期货是指买卖双方在有组织的交易所内，按照规定的交易规则，以公开竞价方式达成的，在将来某一特定时间交收标准数量的某一金融工具的金融合约，主要包括货币期货、利率期货和股票指数期货。

（3）金融期权。金融期权是合约买方在支付一定金额的前提下，取得在特定日期或时期内以事先确定的价格买进或卖出一定数量的某种金融工具的权利，也可以根据需要放弃行使这一权利的合约。根据合约所赋予的权利的不同，金融期权可分为看涨期权（又称买入期权）和看跌期权（又称卖出期权）；根据执行时间的不同，金融期权可分为欧式期权和美式期权①；根据合约标的物的性质的不同，金融期权可分为现货期权、期货期权和复合期权。

（4）金融互换。金融互换也译作“金融掉期”，是两个或两个以上的当事人按照共同商定的条件，在约定的时间内交换一系列现金流的合约，目前主要有货币互换、利率互换等。

金融衍生工具包括金融远期、金融期货、金融期权和金融互换四种基本类型，以及在这四者的基础上通过变化、组合再衍生出来的一些变体。在上述四类金融衍生工具中，金融远期是其他三种金融衍生工具的始祖，其他金融衍生工具均可以被认为是金融远期合约的衍生或变形。在实际运用时，金融衍生工具的一般形式往往体现出基本元素之间两两组合的特点（见表8－5），如远期外汇交易就可分解为汇率和远期交易这两种基本元素。

表8－5　金融衍生工具的一般形式

	商品价格	汇率	利率	股票价格
现货交易	商品现货	外汇即期	债券现货	股票现货
远期交易	商品远期	外汇远期	远期利率协议	股票远期
期货交易	商品期货	外汇期货	利率期货	股票期货、股指期货
期权交易	商品期权	外汇期权	利率期权	股票期权、股指期权
互换交易	商品互换	货币互换	利率互换	股票指数互换

资料来源：叶永刚. 衍生金融工具. 北京：中国金融出版社，2004.

① 欧式期权只有在到期日才能行权，美式期权则可在到期日之前的任意时间行权。

3. 金融衍生工具的基本功能

1994 年 5 月，美国通用会计署发布的报告《金融衍生工具：为保护金融体系而必须采取的行为》指出：金融衍生工具在全球金融市场中发挥了重要作用，为最终客户提供了更好地管理与其业务发展相关的金融风险的机会。金融衍生工具市场的首要功能是转移风险，其次是价格发现、投机与套利等。

（1）转移风险。金融衍生工具交易实际上是将市场经济中分散在整个经济系统中的各种市场风险、信用风险等集中在几个远期、互换、期货、期权等交易市场上，先将风险集中，进行“分割”“打包”，再重新分配转移。金融衍生工具是一种“零和博弈”，它可以将风险从风险厌恶者那里转移到风险中立者或风险偏好者那里，以新的方式重新组合，但金融体系的总风险并没有降低。

（2）价格发现。期货价格和远期价格是由众多市场参与者把自己所掌握的对某种商品的供求关系及其变动趋势的信息集中到交易场内，通过竞价形成的均衡价格，该价格准确地代表了交易者对未来市场供求关系的预测。由于这个价格是在充分竞争的基础上形成的，因此它是衡量标的资产不同时期的供求关系的真实价格，有较强的示范效应，可以用来指导生产者和经营者各自的生产和经营活动。

（3）投机与套利。金融衍生产品也能成为投机者投机获利的工具。金融衍生产品交易多是保证金交易，市场参与者只需动用少量资金就可进行巨额交易。这种投机可能带来高额收益，也可能导致巨额亏损。同时，投资者可以利用两个或多个市场的价格差异来赚取价差收益。

二、期货种类及其交易量统计

期货包括商品期货和金融期货。商品期货的种类有金属期货、农产品期货、能源期货等；金融期货的种类包括外汇期货、利率期货和股票指数期货。

目前世界期货市场上交易的金属主要分为：（1）贵金属，主要包括黄金、白银、铂金，交易的主要场所是纽约商品交易所。（2）一般金属，包括铜、铝、铅、锌、锡、镍等，交易的主要场所是伦敦金属交易所。中国金属期货交易的场所主要有上海期货交易所。

农产品期货是世界上最早出现的期货，谷物一直是期货市场上传统的交易商品，芝加哥期货交易所是世界上历史最悠久的农产品期货交易所。农产品期货交易的品种主要包括黄豆、玉米、小麦、大豆、糖、咖啡、可可、棉花、生猪、活牛等。中国农产品期货交易的主要场所是郑州商品交易所和大连商品交易所。

能源期货的交易品种主要是石油，主要交易所有纽约商品交易所（NYMEX）、英国伦敦洲际交易所（ICE）、新加坡交易所（SGX）、日本东京工业品交易所（TOCOM）。其中，前两个交易所是全球性交易所，后两个交易所是区域性交易所。中国能源期货交易的主要场所是上海国际能源交易中心。

外汇期货的种类有澳大利亚元、英镑、加拿大元、日元、瑞士法郎、欧洲美元和欧洲货币单位等的期货合约，主要交易场所有芝加哥商业交易所国际货币市场分部等。

利率期货的种类有美国短期国库券期货、美国中期国库券期货、美国长期国库券期货等，主要交易场所有芝加哥期货交易所、芝加哥商业交易所国际货币市场分部。

股票指数期货的种类有标准普尔500种股票价格综合指数（S&P 500）期货、纽约证券交易所股票价格综合指数（NYCE Composite）期货、主要市场指数（MMI）期货、价值线综合股票价格平均指数（Value Line Composite Index）期货。此外，还有日本的日经指数期货和香港的恒生指数（HSI）期货。股票指数期货的主要交易场所有芝加哥期货交易所、芝加哥商业交易所、纽约证券交易所、堪萨斯市期货交易所。

2011年，全球期货和期权合同交易量增长了11.4%，达到249.7亿美元，其后2年期货和期权交易金额则降低了。表8-6至表8-9节选了上海期货交易所部分统计数据。

表8-6　2010—2020年全球期货和期权交易量　　单位：亿美元

	2010	2011	2012	2013	2014	2015	2016	2017	2018	2019	2020
期货	120.5	129.5	110.7	122.2	121.4	144.8	158.9	148.4	171.8	192.4	255.5
期权	103.8	120.3	101.2	94.3	96.9	103.2	93.3	103.6	131.4	152.3	212.2
合计	224.3	249.7	211.9	216.4	218.3	248.0	252.2	252.0	303.2	344.7	467.7

表8-7　2017—2020年全球各类期货和期权交易量　　单位：美元

	2017	2018	2019	2020
股票指数	7 515 995 962	9 982 559 310	12 452 951 448	18 609 021 646
个股	4 754 164 789	5 787 981 798	6 099 205 159	9 897 318 982
利率	3 967 995 313	4 554 195 669	4 763 396 117	4 151 838 110
外汇	2 984 103 494	3 928 907 250	3 938 526 772	4 523 688 389
农产品	1 306 068 499	1 487 755 387	1 767 723 532	2 569 466 044
能源	2 171 206 765	2 237 728 622	2 541 587 692	3 152 479 136
非贵重金属	1 740 499 534	1 523 423 150	1 439 765 240	1 433 275 953
贵重金属	279 133 944	317 927 192	582 304 410	983 139 556
其他	479 719 598	489 018 266	889 168 670	1 447 264 077
合计	25 198 887 898	30 309 496 644	34 474 629 040	46 767 491 893

表8-8　2017—2020年全球各地区期货和期权交易量　　单位：美元

地区	2017	2018	2019	2020
亚太地区	8 809 399 396	11 219 571 601	14 485 943 146	20 147 147 117
北美洲	8 886 461 065	10 559 162 097	10 265 404 954	12 847 150 905
欧洲	4 935 945 295	5 265 097 180	5 033 608 171	5 601 015 233

续表

地区	2017	2018	2019	2020
拉丁美洲	1 971 927 150	2 776 523 066	4 098 905 510	6 432 591 785
其他	595 154 992	489 142 700	590 767 259	1 739 586 853
合计	25 198 887 898	30 309 496 644	34 474 629 040	46 767 491 893

表 8-9　全球十大股票期权交易所　　单位：美元

排名	交易所	2019	2020
1	印度国家证券交易所	5 960 653 879	8 850 473 823
2	巴西证券交易所 B3	3 880 624 283	6 307 562 139
3	芝加哥商品交易所集团	4 830 045 369	4 820 589 858
4	洲际交易所	2 256 762 531	2 788 944 012
5	纳斯达克交易所	1 785 341 204	2 660 595 514
6	芝加哥期权交易所控股公司	1 912 075 382	2 614 108 017
7	大连商品交易所	1 355 584 225	2 207 327 866
8	韩国交易所	1 546 717 194	2 184 930 969
9	上海期货交易所	1 447 597 054	2 128 613 700
10	莫斯科交易所	1 455 043 932	2 119 939 033

三、金融期货的价值分析

金融期货合约是介于现在和将来之间的一种合约，因此，期货价格反映的是市场对现货价格未来的预期。在合约期间，现货价格和期货价格总是存在价格差，即级差。级差的内涵是持有成本，持有成本是指期货合约持有者把合约持有到交收日的净付出。在无套利机会时，级差等于持有成本，而金融期货的理论价格（即金融期货的内在价值）是无套利机会时的价格，即金融期货的理论价格可表述为：

$$F=S+C=S\left[1+(i-y)\times\frac{t}{360}\right]$$

式中，F 表示金融期货的理论价格；S 表示金融商品的现值；C 表示持有成本；i 表示年利率；y 表示股利收益率；t 表示距合约到期的期限。

从上述公式可以看出，影响期货价格的主要因素是持有现货的成本和时间价值。期货合约的理论价格实际上还是一个估计值。期货市场价格总是围绕理论价格波动。

例如，有一种 3 年期债券，面额为 1 000 元，每年付息 50 元，市场价格为 980 元，市场利率为 7%，试计算该债券 1 年期期货的理论价格。

$$F=S\left[1+(i-y)\times\frac{t}{360}\right]=980\times\left[1+(7\%-5\%)\times\frac{360}{360}\right]=999.6(\text{元})$$

如果该债券的期货价格高于或低于 999.6 元，则说明存在套利机会。

四、金融期权的价值分析

金融期权是给予期权投资者的一种选择权。在期权交易中，期权买方为获得期权合约所赋予的权利而向期权卖方支付的费用就是期权的价格。期权定价是金融领域最复杂的问题之一。1973 年，布莱克（Fischer Black）和斯科尔斯（Myron Scholes）建立了不付红利股票的欧式期权定价模型，后来默顿（Robert C. Merton）对该模型进行了发展；1979 年，考克斯（John Carrington Cox）、罗斯（Stephen A. Ross）和鲁宾斯坦（Mark Rubinstein）提出了二项式模型，该模型为期权定价的数值法奠定了基础，解决了美式期权定价的问题。下面主要介绍 B-S-M（Black-Scholes-Merton）期权定价模型及其运用。

（一）期权定价模型的理论假设

期权定价模型有以下五个重要假设：

（1）金融资产收益率服从对数正态分布；

（2）在期权有效期内，无风险利率和金融资产收益率是恒定的；

（3）市场无摩擦，即不存在税收和交易成本；

（4）金融资产在期权有效期内无红利及其他所得（该假设后来被放弃）；

（5）该期权是欧式期权，即在期权到期前不可执行。

（二）B-S-M 期权定价模型

根据 B-S-M 期权定价模型，对于一只收益率呈正态分布的股票，其期权的价值是以下六个变量的函数：

（1）标的股票的当前价格 S；

（2）标的股票的股利收益率 y；

（3）期权合同中指定的执行价格 K；

（4）期权合同期限内的无风险利率 r；

（5）期权合同期满前剩余的时间 T；

（6）标的股票的价格波动率 σ。

单一普通股的看涨期权价格 C 可表示为：

$$C = Se^{-yT}N(d_1) - Ke^{-rT}N(d_2)$$

看跌期权价格 P 可表示为：

$$P = Ke^{-rT}N(-d_2) - Se^{-yT}N(-d_1)$$

式中，

$$d_1 = \frac{\ln(S/K) + (r - y + \sigma^2/2)T}{\sigma\sqrt{T}}$$

$$d_2 = d_1 - \sigma\sqrt{T}$$

其中，$N(x)$ 表示 x 的标准正态分布概率值。

运用上述模型，可以估算出看涨期权和看跌期权的价格。

（三）B-S-M 期权定价模型的运用

例如，假设股票当前价格 $S=25$ 元，执行价格 $K=20$ 元，无风险利率 $r=8\%$，$y=2\%$，股票的波动率 $\sigma=30\%$，期权的剩余到期期限 $T=0.5$ 年。计算对应的欧式看涨期权和看跌期权的价格。

本题的求解可以分三步进行：首先，计算出 d_1、d_2 的数值；其次，根据相应的公式计算 $N(d_1)$ 和 $N(d_2)$ 的值；最后，计算欧式看涨期权和看跌期权的价格。

在计算时，由于涉及对数、正态分布函数等，可以利用 Excel 进行数据处理，具体操作如下（见图 8－5）：

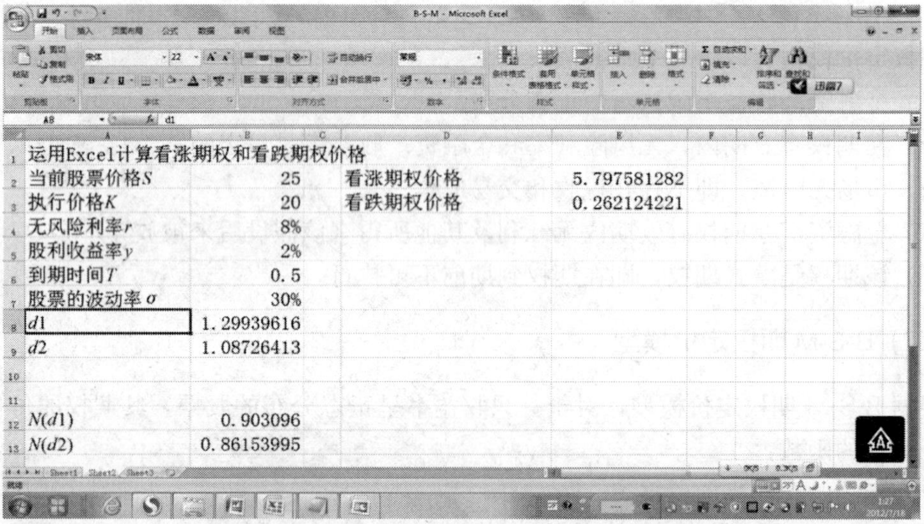

图 8－5　在 Excel 中运用 B-S-M 期权定价模型计算欧式看涨期权和看跌期权的过程

（1）分别单击 A2、A3、A4、A5、A6、A7，并输入已知条件的名称，回车；分别单击 B1、B2、B3、B4、B5、B6、B7，并输入与已知条件相应的数值，回车。

（2）单击 A8，并输入“*d*1”，回车；单击 B8，并输入与 *d*1 相对应的计算公式，“=（LN（B2/B3）+（B4－B5+0.5 * B7^2）* B6）/（B7 * SQRT（B6））”，回车；单击 A9，输入“*d*2”，回车；单击 B9，并输入“=B8－B7 * SQRT（B6）”，回车；单击 A12，并输入待计算的内容的符号“*N*(*d*1）”，回车；单击 B12，并输入“=NORMSDIST（B8）”，回车；单击 A13，并输入“*N*(*d*2）”；单击 B13，并输入“=NORMSDIST（B9）”。

（3）单击 E2，并输入公式“=B2 * EXP（－B5 * B6）* B12－B3 * EXP（－B4 * B6）* B13”，回车；单击 E3，并输入公式“=B3 * EXP（－B4 * B6）* NORMSDIST（－B9）－B2 * EXP（－B5 * B6）* NORMSDIST（－B8）”，回车。最后就可得到看涨期权和看跌期权的价格分别为 5.797 6 元和 0.262 1 元。

第六节 案例研究

案例一

巴菲特投资中石油

(一) 基本案情

2000年，在中石油(0857.HK)的股价还在1港元多的时候，巴菲特就选中中石油作为自己十大重仓股之一。2003年4月之前，巴菲特持有中石油10多亿股，在2003年4月9日至24日的15天内，巴菲特又以低于1.7港元/股的价格，分7次共购入中石油H股8.576 74亿股(见表8-10)。截至4月30日，巴菲特持有的中石油股票总量为23.477 61亿股，占中石油总股本的1.33%，总投资约为38亿港元。2007年7月12日，巴菲特开始分批减持中石油，10月19日全部清仓，平均卖出价格为1.71美元/股，盈利超过8倍，获利35.5亿美元(约277亿港元)。2007年11月1日，中石油创出20.25港元/股的最高价，此后股价一路下跌。

表8-10 巴菲特购买中石油股份情况

时间	2003年4月前	2003年4月						
		9日	11日	15日	17日	22日	23日	24日
购入价(港元/股)		1.66	1.657	1.66	—	1.668	1.67	1.61
股数(万股)	149 008.7	8 049	8 537.2	3 141	17 658	16 208.2	10 524	21 650

资料来源：根据网站信息整理，2003年4月之前的数据是计算所得。

(二) 案例分析

(1) 巴菲特投资与抛售中石油时的背景。

2003年，中国的SARS疫情严重，前景未明。中国香港作为重灾区，经济受到重创，恒生指数延续长年下跌的势头，在2003年3月7日更是跌破9 000点大关，回到十年前即1993年的8 000多点的水平。当时，油价在25美元/桶附近，已连续横盘四年。2003年4月25日，恒指创出8 331.87点新低，也是历史大底。

中石油董事会于2007年6月19日通过了发行A股的决议，启动回归A股计划；次级债风暴在2007年8月开始大规模爆发，迅速蔓延；全球流动性泛滥，油价达70美元/桶，而且股民对油价极度乐观；当时香港恒生指数在23 000点左右，而且2007年8月国家外汇管理局宣布了“港股直通车”计划，港股大涨。

(2) 投资与抛售时的几个决策指标。

购入时市净率为1倍，市盈率为8倍，股息率为6%；购买时中石油市值约为370亿美元，而巴菲特认为中石油的内在价值约为1 000亿美元。卖出时市净率约为3.5倍，市盈率约为17倍。在2007年下半年，中石油市值最高涨到2 750亿美元。

（3）巴菲特在中石油的市值被低估时买入，在次贷危机爆发、港股大涨之时退出，这正体现了巴菲特的投资理念。2007年，巴菲特卖出中石油股票的收益率约为700%。

案例二

远期、期货和期权的比较

（一）基本案情

A电缆公司的主要原材料是铜和铝，该公司预期2010年下半年铜价将继续大幅上涨。为了规避铜价上涨，A电缆公司进入金融衍生工具交易市场进行套期保值。A电缆公司共进行了三项交易。

交易1：

A电缆公司与X铜业公司在北京签订了一张合约。合约的主要内容如下：2011年7月1日，A电缆公司从X铜业公司手中以52 100元/吨的价格购买100吨铜。

交易2：

A电缆公司在上海期货交易所与Y铜业公司签订了一张标准化合约。合约的主要内容如下：2011年7月11日，A电缆公司从Y铜业公司手中以52 100元/吨的价格购买100吨铜。为了防止交易双方违约，上海期货交易所要求双方缴纳交易金额的5%作为保证金并实行每日结算。为了方便交易、管理和控制风险，上海期货交易所还制定了标准化合约，对铜的种类、数量、交割地点等事先进行了约定，合约条款中唯一可以改变的是交易价格。

交易3：

A电缆公司通过OPQ交易所从Z铜业公司手中购买了一张合约。合约的主要内容如下：2011年7月1日，A电缆公司有权从Z铜业公司手中以52 100元/吨的价格购买100吨铜，但是A电缆公司可以选择执行或放弃该项权利。A电缆公司支付给Z铜业公司50 000元的费用，作为Z铜业公司放弃权利的补偿。为了防止Z铜业公司违约，OPQ交易所收取其一定的保证金。

（二）案例分析

（1）这三项交易都是非现货交易。其中，交易1属于远期交易，交易2属于期货交易，交易3属于期权交易。

（2）交易1和交易2的区别有：一是交易地点不同，交易2在交易所内进行集中交易，而交易1在场外市场进行双边交易；二是交易1因为在场外交易，目前的监管很难涉及，交易2在交易所交易，受交易所和相关机构的监管；三是交易2用的是标准化合约，交易1的合约内容由双方协商确定；四是交易1因为没有缴纳保证金，所以违约风险大；交易2因为有期货交易所作为中介，所以基本不用担心违约风险。

（3）交易2与交易3的区别有：一是标的物不同。交易2的标的物是铜，交易3的标的物则是铜买卖的选择权。二是投资者权利与义务的对称性不同。交易3是单向合约，A电缆公司享有权利但不必承担义务；交易2则是双向合约，交易双方都要承担到期履约的义务。三是履约保证不同。交易2的买卖双方都要缴纳一定数额的履约保证金，而在交易3中，买方无须缴纳履约保证金，只有卖方必须缴纳履约保证金。

(4) 将来买入标的物的一方称为多头，A电缆公司属于多头；将来卖出标的物的一方称为空头，X、Y、Z铜业公司属于空头。

(5) A电缆公司支付给Z铜业公司的费用（50 000元）称为期权费，也称期权的价格。交易3属于看涨期权。如果铜价上涨到58 000元/吨，则A电缆公司执行期权合约，获利(58 000－52 100)×100－500 000＝90 000(元)，而Z铜业公司亏损90 000元。如果铜价下跌到50 000元/吨，则A电缆公司放弃期权合约，损失为50 000元。

案例三

美国一家棉商成功套期保值

（一）基本案情

美国A棉商于2000年5月与意大利B纺织企业签订了出口500万磅棉花的合约，价格为60美分/磅，当年12月交货。为了规避价格风险，该棉商决定通过期货交易来进行套期保值，当时纽约棉花期货交易所（NYCE）棉花12月期货合约的价格为50美分/磅，该棉商在期货市场上以50美分/磅的价格买入500万磅的12月期货合约。进入12月份后，棉花现货和期货价格都涨至65美分/磅，试分析A棉商的盈亏情况。

资料来源：李燕. 国际棉花套期保值案例. 中国棉花加工，2003（3）.

（二）案例分析

(1) 利用金融衍生工具可以进行套期保值，从而规避价格风险。套期保值交易通常是指在现货市场和期货市场对同一种类的商品同时进行数量相等但方向相反的买卖活动，即在买进或卖出现货的同时，在期货市场上卖出或买进同等数量的期货，经过一段时间，当价格变动使现货买卖出现盈亏时，可用期货交易上的亏盈来抵消或弥补。套期保值包括看涨套期保值（多头套期保值）和看跌套期保值（空头套期保值）。看涨套期保值是在期货市场购入期货，用期货市场多头保证现货市场空头，以规避价格上涨的风险；看跌套期保值是在期货市场出售期货，用期货市场空头保证现货市场多头，以规避价格下跌的风险。

(2) 盈亏分析。A棉商在套期保值过程中采用的是卖出一个现货远期合约和买入一个期货远期合约的做法。到期履约时，在现货市场，A棉商以每磅60美分的价格交货，而12月份棉花现货价格是65美分/磅，交货时，A棉商每磅亏损65－60＝5（美分），500万磅总共亏损500×5/100＝25（万美元）；在期货市场，A棉商把以50美分/磅买进的期货合约出售，售出价格是65美分/磅，则每磅获利65－50＝15（美分），500万磅总共获利500×15/100＝75（万美元），期货与现货盈亏相抵后，该棉商不仅没有因为现货价格大涨遭受损失，反而盈利75－25＝50（万美元）。这样A棉商就规避了现货价格波动所带来的市场风险，锁定了自己的销售利润。

复习思考题

1. 什么是国际证券投资？它的投资动机有哪些？

2. 股票价值的评估方法经历了哪四个发展阶段？

3. 试叙述股票投资的基本面分析、技术分析和证券投资组合分析的含义、理论假设、基本原则、分析内容。

4. A 公司 2 年前发行了一种债券，面值为 1 000 元，票面利率为 10%，期限为 5 年，每年付息一次，到期还本。目前投资者对同类债券要求的收益率是 12%。计算债券目前的市场价值。

5. 什么是金融衍生工具？它具有哪些功能？

6. 已知：$S=50$，$y=2\%$，$K=45$，$T=3$，$\sigma=25\%$，$r=8\%$。请运用 B-S-M 期权定价模型估算看涨期权和看跌期权的价格。

第九章 国际证券投资理论

学习要点

本章主要介绍了证券投资组合理论、资本资产定价理论、套利定价理论和有效市场假说的主要内容。通过学习，要求掌握收益和风险的度量，了解可行集与有效集，掌握马柯维茨证券投资组合理论确定最优组合的方法，了解资本资产定价模型、套利定价模型的基本假设和原理，理解资本市场线的内涵。

第一节 证券投资组合理论

一、证券投资组合理论产生的背景

证券投资组合理论（portfolio theory）起源于 20 世纪初，当时西方发达国家的证券市场很不规范，投机氛围浓厚，致使证券市场风险极大，直至美国于 1933 年和 1934 年分别颁布了《证券法》和《证券交易法》，证券市场才得以规范。为了规避风险，传统的证券投资组合理论应运而生。

传统的证券投资组合理论认为，证券投资需要经过确定组合管理的目标、构建证券投资组合和进行经济效益评估三个步骤。投资者买卖证券的目标一般有三类：一是获得稳定的经常收益，这类投资者是较为保守的投资者；二是力求获得较大的资本增值，这类投资者显然是肯冒较大风险的投资者；三是在风险承受范围内既获得稳定的收益，又获得一定程度的资本增值，即实现中等收益。这类投资者是介于前两类投资者之间的较为中性的投资者。在构建投资组合时，第一类投资者应该选择安全性高、收益稳定的债券组合；第二类投资者则可以选择风险较高且收益较高的成长型股票组合；第三类投资者的投资组合中债券和股票的具体比例要根据投资者的偏好而定。需要注意的是，其投资组合的基础是基本面分析和技术分析。

传统的证券投资组合理论过于机械，难以指导投资者进行投资，给投资者造成了很大的损失。在此背景下，美国经济学教授哈里·马柯维茨（Harry M. Markowitz）于1952年3月在《金融杂志》上发表的学术论文《资产选择：有效的多样化》中首次运用定量分析方法，并采用风险资产的预期收益和方差表示风险，来研究资产的选择和组合问题。1959年他又出版了代表作《资产选择：有效的多样化》，完善了他的证券投资组合理论。马柯维茨的证券投资组合理论克服了传统的证券投资组合理论仅靠基本面分析和技术分析的主观判断来选择证券投资组合的缺陷，为现代证券投资组合理论的发展奠定了基础。

二、马柯维茨的证券投资组合理论的假设

马柯维茨认为，虽然人们总愿意持有收益率高的资产，但在现实生活中，收益率高的资产总是伴随着较大的风险，而人们总是厌恶风险，所以理性的投资者会投资于风险较小的资产。因此，马柯维茨认为，投资者不能将资产的收益作为选择资产的唯一依据，而是应该将资产的收益和风险结合起来考虑。马柯维茨的证券投资组合模型做了以下三个假设：

（1）投资者在做决策时既关心期望收益率，也关心风险；

（2）投资者厌恶风险但偏好较高的期望收益率；

（3）证券市场不存在摩擦。

马柯维茨在建立方差模型时借用了这三个假设，并借助数理知识推导出了投资者在有效边界上选择证券投资组合的技术路径。

三、单个证券的收益与风险的分析

（一）单个证券的期望收益率

投资风险是投资活动遭受损失的可能性，投资活动中的风险是绝对存在的，但投资对象不同，风险的大小也是不同的。作为投资对象的证券按风险大小大致可以分为两类：一类是未来收益率相对固定而且风险也相对较小的证券，即无风险证券，如债券、优先股等证券；另一类是未来收益率并不固定，而且风险较大的证券，即风险证券，如股票、投资基金等证券。

1. 无风险证券的期望收益率

无风险证券的收益是相对固定的，测算它的期望收益率相对容易，只需要综合考虑它的利息或股息及资本利得，其计算公式为：

$$R=\frac{P_T-P_0+D}{P_0} \tag{9-1}$$

式中，R 表示投资者的收益率，P_0 表示投资者所持证券的期初价格，P_T 表示证券在持有期末的价格，D 表示投资者在证券持有期间所获得的资本收益，由股利或利息构成。

2. 风险证券的期望收益率

期望收益率是指投资者持有某一证券一段时间所获得的平均收益。

若收益率 R 服从的是离散型分布，则应采用加权求和的方式，计算公式为：

$$E(R)=\sum_{i=1}^{N}R_i\cdot P_i \tag{9-2}$$

式中，R_i 为第 i 种可能的结果发生时的投资收益率，P_i 为第 i 种可能的结果发生时的概率，N 表示可能的总结果数。

若收益率服从连续型分布，则应采用积分的方式，计算公式为：

$$E(R)=\int_{-\infty}^{+\infty}R\cdot f(R)\mathrm{d}R \tag{9-3}$$

式中，$f(R)$ 为收益率 R 的概率密度函数。

（二）单个证券收益率的方差和标准差

1. 方差

收益率的方差是用于描述可能的收益率相对于期望收益率的离散程度的一个统计量，它是收益率的每个可能取值与期望值之差的平方的加权平均。

若收益率 R 服从的是离散型分布，则方差的计算公式是：

$$\mathrm{Var}(R)=E[R-E(R)]^2=\sum_{i=1}^{N}[R_i-E(R)]^2\cdot P_i \tag{9-4}$$

式中，$\mathrm{Var}(R)$ 表示方差。

若收益率 R 服从的是连续型分布，则方差的计算公式为：

$$\mathrm{Var}(R)=E[R-E(R)]^2=\int_{-\infty}^{+\infty}[R-E(R)]^2\cdot f(R)\mathrm{d}R \tag{9-5}$$

式中各变量的含义同前。

2. 标准差

标准差（standard deviation）是方差的平方根，它通过对方差开方恢复了原来的计量单位。相对方差来说，标准差更方便比较。其计算公式为：

$$\sigma=\sqrt{\mathrm{Var}(R)} \tag{9-6}$$

式中，σ 表示标准差，是方差的平方根。

在通常情况下，证券投资收益率的分布是对称的，也就是说，实际收益率高于和低于期望收益率的概率是一样的。计算出的方差和标准差越大，说明实际收益率与期望收益率的偏离越大，投资该证券的风险也就越大；计算出的方差和标准差越小，说明实际收益率与期望收益率的偏离越小，投资该证券的风险也就越小。

四、证券投资组合的收益与风险分析

在投资风险证券时，人们为了回避风险，往往购买两种或两种以上的证券，即采用组合投资的策略。计算证券投资组合的期望收益率和方差，与计算单个证券的期望收益率和方差相比要复杂得多，但其基本原理是大致相同的。

（一）证券投资组合中各证券收益之间的相关性

在测算证券投资组合的风险时，不仅要测算每种证券的风险，而且要测算在证券投资组合中每种证券之间的关系对收益率的影响，这是证券投资组合分析与单个证券分析的最大不同。

1. 协方差

协方差实际上是两种证券收益率离差之积的期望值，常被用来衡量证券收益率之间的关系。协方差的计算公式为：

$$\mathrm{Cov}(X,Y)=E\{[R_X-E(R_X)][R_Y-E(R_Y)]\} \tag{9-7}$$

式中，$\mathrm{Cov}(X, Y)$ 表示证券 X 和证券 Y 之间的协方差。如果协方差为正值，那么当 X 的收益率大于其期望值时，Y 的收益率也大于其期望值；当 X 的收益率小于其期望值时，Y 的收益率也小于其期望值，即两种证券收益率的变动方向是一致的。如果协方差为负值，那么两种证券收益率的变动方向相反，即一种证券收益率上升，则另一种证券收益率下降。当协方差为零时，两种证券之间没有任何关系，即一种证券收益率的变动对另一种证券收益率不会产生任何影响。

2. 相关系数

在对证券投资组合进行分析时，如果不同的证券投资组合规模存在差异，那就无法根据协方差来对两个证券投资组合之间的风险大小进行比较，此时可能要计算并分析证券投资组合中各证券收益率之间的相关系数（correlation coefficient），这是与单个证券分析的又一不同。作为无量纲的统计量，相关系数可以解决风险比较这一问题。证券投资组合中各证券收益率之间的相关程度可以用相关系数来衡量。相关系数的计算公式为：

$$\rho_{XY}=\frac{\mathrm{Cov}(X,Y)}{\sigma_X\sigma_Y} \tag{9-8}$$

式中，ρ_{XY}为证券 X 与证券 Y 的相关系数，σ_{XY}为证券 X 与证券 Y 之间的协方差，σ_X 和 σ_Y 分别表示证券 X 和证券 Y 的收益率的标准差。

相关系数的取值处于－1 和＋1 之间。相关系数为负表示两种证券的收益率负相关，特别是相关系数为－1 表示两种证券的收益率完全负相关（见图 9－1）；相关系数为正表示两种证券的收益率负相关，特别是相关系数为＋1 表示两种证券的收益率完全正相关

（见图9－2）；相关系数为0则表示两种证券收益率之间不存在任何关系（见图9－3）。马柯维茨认为，证券投资组合的收益率一般是不确定的，没有哪个证券的收益率与其他证券的收益率完全负相关。

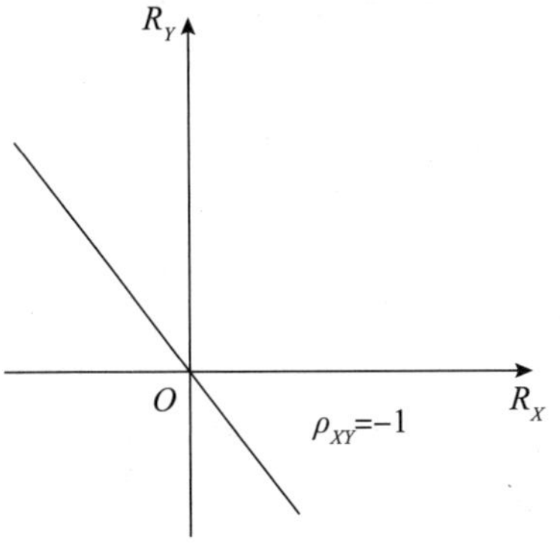

图9－1　证券收益率完全负相关

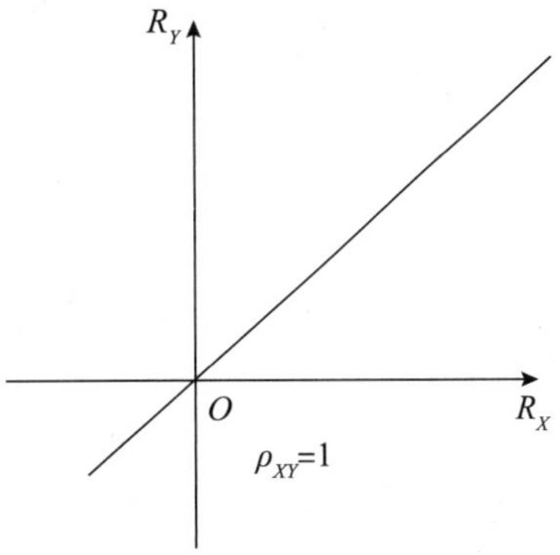

图9－2　证券收益率完全正相关

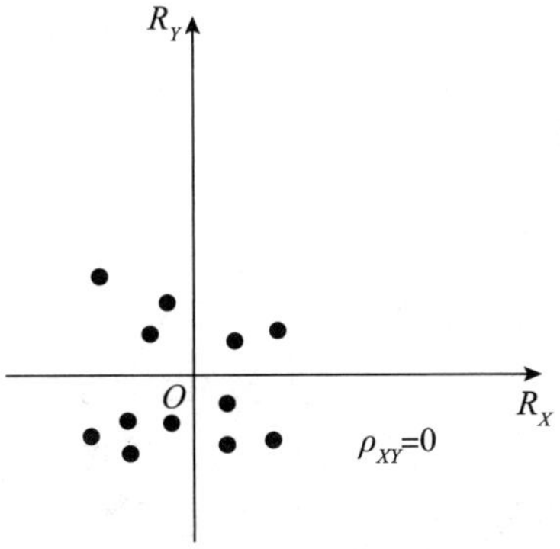

图9－3　证券收益率完全不相关

（二）证券投资组合的期望收益率

证券投资组合的期望收益率是证券投资组合中每种证券收益率的加权平均值。它是根据概率统计的原理来计算的，计算公式为：

$$E(R_P)=\sum_{i=1}^{N}W_iE(R_i) \tag{9-9}$$

式中，$E(R_P)$ 表示整个组合的期望收益率，W_i 表示第 i 种证券的投资金额在证券投资组合的投资总额中所占的比例。

（三）证券投资组合的方差

证券投资组合的方差是资产投资组合中每种证券的方差及各种证券之间协方差的加权平均值。它是根据概率统计的原理来计算的。其计算公式为：

$$
\begin{aligned}
\sigma_P^2 &= E[R_P - E(R_P)]^2 \\
&= E\{\sum_{i=1}^{N} W_i[R_i - E(R_i)]\}^2 \\
&= E\{\sum_{i=1}^{N} W_i^2[R_i - E(R_i)]^2 + \sum_{i=1}^{N}\sum_{\substack{j=1\\ i\neq j}}^{N} W_iW_j[R_i - E(R_i)][R_j - E(R_j)]\} \\
&= \sum_{i=1}^{N} W_i^2 E[R_i - E(R_i)]^2 + \sum_{i=1}^{N}\sum_{\substack{j=1\\ i\neq j}}^{N} W_iW_j E[R_i - E(R_i)][R_j - E(R_j)] \\
&= \sum_{i=1}^{N} W_i^2\sigma_i^2 + \sum_{i=1}^{N}\sum_{\substack{j=1\\ i\neq j}}^{N} W_iW_j\sigma_{ij} \qquad (9-10)
\end{aligned}
$$

在式（9－10）中，组合中所有证券的方差与证券间的协方差构成了由 N 个证券组成的证券投资组合的方差。

从上述公式可以看出，证券投资组合的期望收益率和风险取决于单个证券的期望收益率、单个证券所占的比例、单个证券收益率的标准差和证券收益率之间的相关程度。只要各种证券的收益率不完全正相关，投资者就可以通过调整各种证券在证券投资组合中的比例来降低风险。

五、证券投资组合与风险分散

证券风险有非系统风险与系统风险之分。来自公司内部的和行业的风险属于非系统风险。非系统风险可以通过充分分散投资降低，甚至可以完全消除，因此也叫可分散风险。宏观经济政策、经济周期的变动等企业外部因素导致的风险是系统风险，是企业无法控制的，不可能通过分散投资的手段完全消除，因此系统风险也叫不可分散风险。

投资者在投资的同时必然要面对风险，但可以通过构建一定的证券投资组合来分散风险。

投资者构建证券投资组合对于系统风险和非系统风险具有不同的分散效果。假定证券投资组合中包含 N 种证券，每种证券的方差 σ_i^2 都相等，为 σ^2；每种证券的投资比例 W_i 也相等，为$\frac{1}{N}$；用 σ_P^2 表示组合的方差；用 σ_{ij} 表示证券 i 与 j 之间的协方差（$\neq 0$）。由式（9－10）可得到：

$$
\begin{aligned}
\sigma_P^2 &= \sum_{i=1}^{N} W_i^2\sigma_i^2 + \sum_{i=1}^{N}\sum_{\substack{j=1\\ i\neq j}}^{N} W_iW_j\sigma_{ij} \\
&= N\times\frac{1}{N^2}\times\sigma^2 + N\times(N-1)\times\frac{1}{N^2}\times\overline{\sigma}_{ij} \\
&= \frac{1}{N}\sigma^2 + \left(1-\frac{1}{N}\right)\overline{\sigma}_{ij} \qquad (9-11)
\end{aligned}
$$

式中，σ_P^2 表示组合的方差，$\overline{\sigma}_{ij}$ 表示证券 i 与 j 之间的协方差的平均值，第一项表示组合的非系统风险，第二项表示组合的系统风险。

从上式可得出，当证券投资组合中的证券数量 N 增加并趋于无穷大时，$\frac{1}{N}$趋于零，表因此第一项$\frac{1}{N}\sigma^2$趋于零，第二项$\left(1-\frac{1}{N}\right)\bar{\sigma}_{ij}$趋于$\bar{\sigma}_{ij}$。由此得出，整个证券投资组合的非系统风险随证券数量的增加而下降，直至趋于零，因为非系统风险随证券数量的增加而被分散。但证券投资组合的系统风险在证券数量增加时并不能被完全消除，仅仅是逐渐收敛于某一个有限数，如图 9－4 所示。

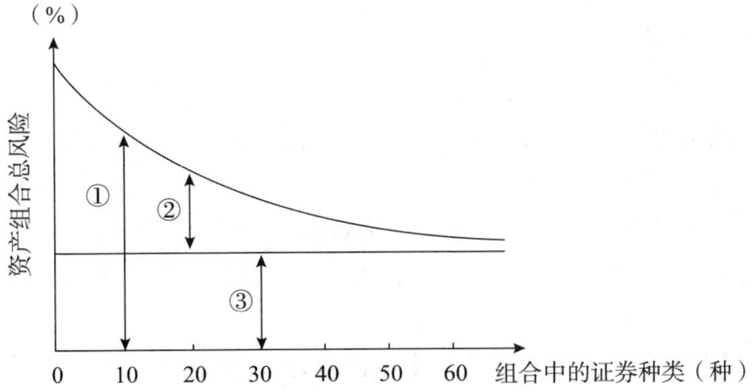

图 9－4　证券投资组合的风险构成

说明：图中①表示证券投资组合的总风险；②表示证券投资组合的非系统风险；③表示证券投资组合的系统风险。

六、证券投资组合的选择

（一）有效集理论

1. 可行集

为规避投资风险，投资者可以进行组合投资。每一个证券投资组合都有相应的收益和风险。这些组合可以构成一个可行集（feasible set），可行集实际上是由若干种证券构成的所有组合的集合。

任何一个证券投资组合都位于可行集的内部或边界上。在以标准差为横轴、期望收益率为纵轴的坐标图中，可行集呈扇形，其边界上及边界内各点代表了所有可行的证券投资组合。可行集的图形可随着证券投资组合的变化而变化，但不会改变其扇形形态。

2. 有效集

马柯维茨认为，可行集中包括了无数个可供投资者选择的证券投资组合，但投资者不可能也没有必要对所有可供选择的证券投资组合逐个进行分析，投资者可通过有效集定理来找到其最优的证券投资组合。所谓最优的证券投资组合一般要满足两个条件，即在相同期望收益率水平下具有最小风险的证券投资组合和在相同风险水平下具有最大期望收益率的证券投资组合。从可行集中挑选出来的能够同时满足上述两个条件的证券投资组合就是有效集（efficient set），也称为有效证券投资组合（efficient portfolio）。而可行集只需要满足其中一个条件。

如何通过有效集选择证券投资组合是证券投资组合可行性研究中的重要问题，我们将根据上述两个目标来讨论有效集的应用问题。

（1）选择在相同期望收益率水平下具有最小风险的证券投资组合。

在图 9-5 的可行集中，S 点的期望收益率最大，G 点的期望收益率最小，因为可行集中所有的点都位于 S 点的下方、G 点的上方。从 S 点到 G 点这个区间包含了各种证券投资组合的期望收益率。在同样的期望收益率水平下，风险最小的证券投资组合位于从 G 经 P 到 S 的曲线段上。因此，在相同期望收益率水平下具有最小风险的证券投资组合位于从 G 到 S 的左边界上。

（2）选择在相同风险水平下具有最大期望收益率的证券投资组合。

在图 9-5 的可行集中，P 点的风险最小，H 点的风险最大，因为可行集中所有的点都位于 P 点的右方、H 点的左方。从 P 点到 H 点这个区间包含了各种证券投资组合的所有风险。具有最高期望收益率的证券投资组合位于从 P 点经 S 点到 H 点的曲线段上。因此，在相同风险水平下具有最大期望收益率的证券投资组合位于从 P 点到 H 点上方的边界上。

有效集应该是曲线段 GS 和 PH 的交集，也就是曲线段 PS，因为只有位于曲线段 PS 上的证券投资组合才能同时满足上述两个条件，所以这条线段也叫有效边界，不在这条线段上的其他组合不是风险太大就是期望收益率太低，马柯维茨把不在这条线段上的其他组合叫无效组合。投资者只需对曲线段 PS 上的证券投资组合进行分析，就能找到同时符合在相同风险水平下具有最大期望收益率和在相同期望收益率水平下具有最小风险的最优证券投资组合。

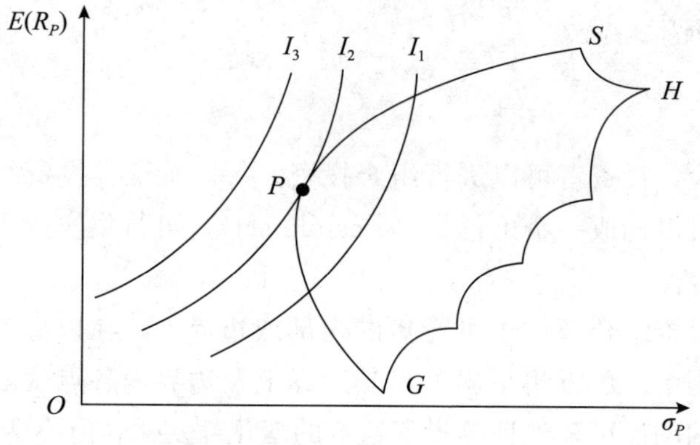

图 9-5　有效集与可行集

（二）无差异曲线

马柯维茨认为，对收益的不满足和对风险的厌恶是投资者共有的两大特征。对收益的不满足表现为在两个风险相同的投资组合中，投资者会选择期望收益率较高的证券投资组合；对风险的厌恶表现为在两个期望收益率相同的证券投资组合中，投资者会选择风险较小的证券投资组合。但投资者偏好收益和厌恶风险的程度是不同的，马柯维茨因此引用了无差异曲线来代表投资者对证券投资组合的风险和收益率的偏好。从图 9-6 所示的无差异曲线中我们可以得到如下结论：

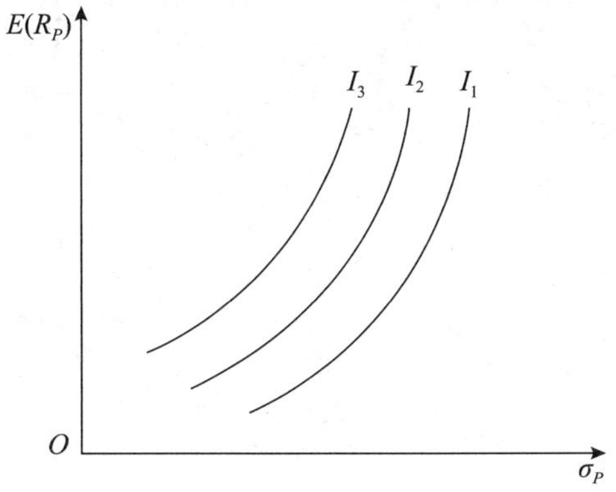

图 9-6　无差异曲线

（1）无差异曲线斜率为正。根据收益与风险并存的原则，收益给投资者带来的是正效用，风险给投资者带来的是负效用。在横轴代表风险、纵轴代表收益率的坐标图中，无差异曲线具有正的斜率，也就是对预期收益率要求较高的投资者愿意承担更多的风险。

（2）无差异曲线是下凸的。在边际效用递减原理的作用下，随着风险的增大，投资者所要求的期望收益率越来越高。

（3）同一条曲线上的所有证券投资组合虽然对应的期望收益率和标准差不同，但给投资者带来的效用是相同的。

（4）从理论上说，所有的投资者都希望在承担最小风险的条件下获取最大的收益，但在现实中，投资者的偏好往往又是不同的，通过无差异曲线就可以衡量投资者的偏好。从图 9-7 中我们可以看出，无差异曲线的斜率是不同的，而且是永不相交的。图 9-7（a)中的无差异曲线比图 9-7（b）中的陡峭，即斜率更大。无差异曲线的斜率越大，说明投资者越厌恶风险，对风险增大同样幅度所要求的收益率上升幅度越大。

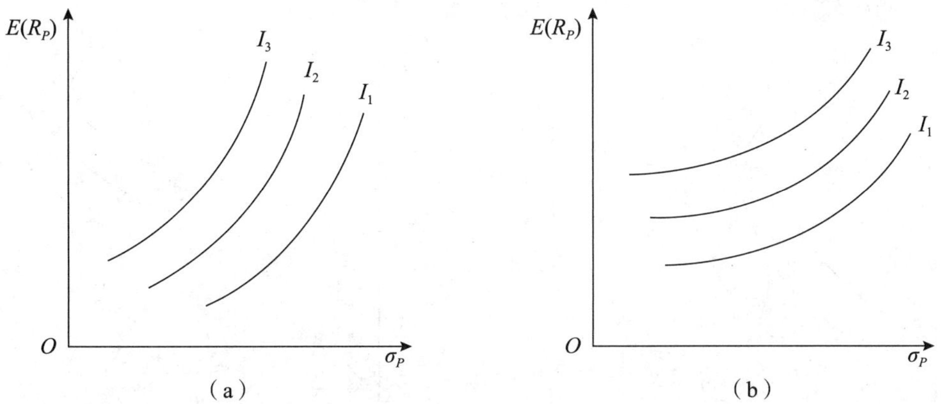

图 9-7　投资者偏好

（三）最优证券投资组合的选择

最优证券投资组合既是唯一的，又是相对的。之所以说它唯一，是因为对任何投资者而言，从风险和收益角度综合考虑确实存在一个最优证券投资组合（见图 9－8 中的 P 点）。

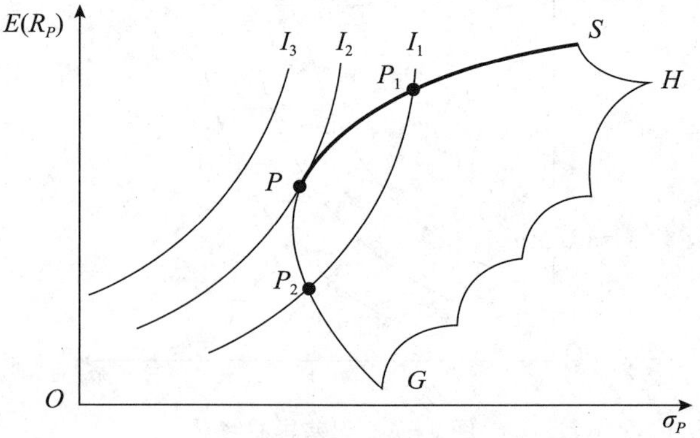

图 9－8　最优证券投资组合

投资者将根据其投资效用最大化原则来选择证券投资组合。有效边界 PS 与无差异曲线 I_1 交于 P_1 点，与 I_2 交于 P 点，这两个交点都在有效边界上。由于无差异曲线 I_2 位于无差异曲线 I_1 的上方，其预期收益率要高，因此选择与 I_2 相交的 P 点的证券投资组合的效用要大于与无差异曲线 I_1 相交的 P_1 点的证券投资组合。无差异曲线 I_3 上各点的证券投资组合的预期收益率虽然最高，但因其没有与有效集相交的点，所以无法找到有效的证券投资组合，因此，P 点就是该投资者唯一的最优证券投资组合。

之所以说最优证券投资组合是相对的，是因为每位投资者对收益和风险的偏好是不同的，具有不同偏好的投资者所选择的最优证券投资组合是有区别的。有些投资者非常厌恶风险，有些投资者则愿意为了获得更高的收益率而承担更大的风险。图 9－9（a）代表的投资者是高度厌恶风险的，其无差异曲线的斜率较大，他会选择 P^* 点代表的证券投资组合。图 9－9（b）代表的投资者则为了获得更高的收益率，宁愿承受较大的风险，其无差异曲线较平缓，他会选择 P^{**} 点代表的证券投资组合。

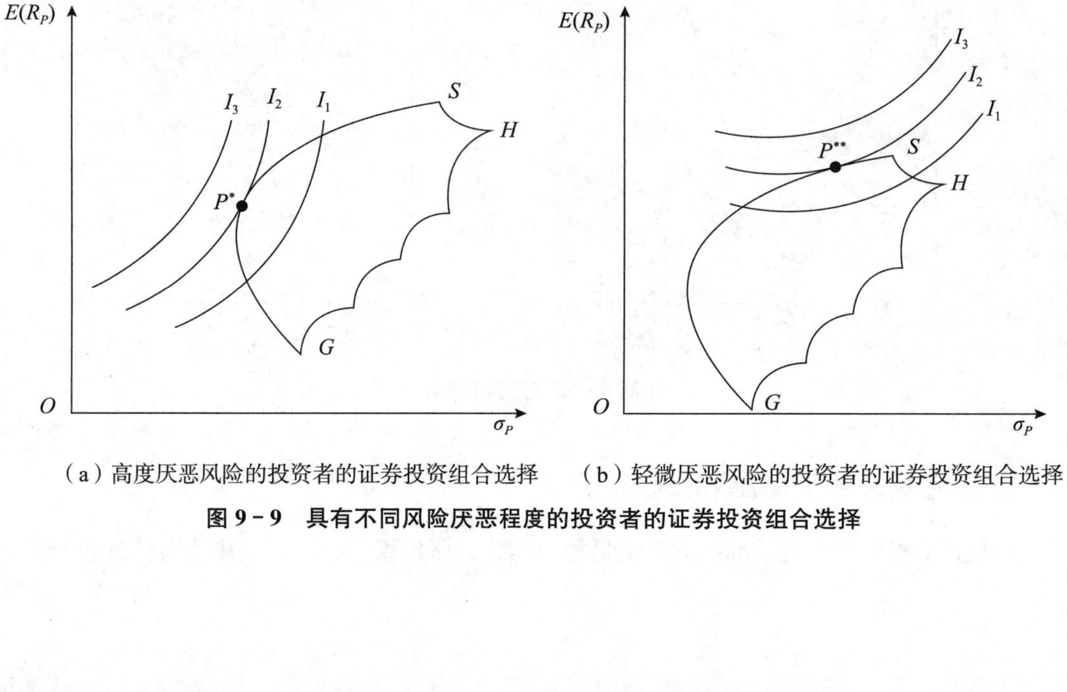

（a）高度厌恶风险的投资者的证券投资组合选择　　（b）轻微厌恶风险的投资者的证券投资组合选择

图 9－9　具有不同风险厌恶程度的投资者的证券投资组合选择

马柯维茨的证券投资组合理论用量化的方法来进行证券投资组合分析，为证券投资理论研究的发展奠定了基础。

第二节　资本资产定价理论

一、资本资产定价理论产生的背景

资本资产定价理论（capital asset pricing theory）也起源于20世纪60年代初，几乎是在与证券投资组合理论相同的背景下产生的。马柯维茨提出证券投资组合理论以后，金融资本投资的理论问题基本得到解决，投资者似乎找到了规避资本市场风险的有效武器，但是实物资本的风险分散问题还没有解决。

1964年美国斯坦福大学教授威廉·夏普将马柯维茨证券投资组合理论与有效市场假说结合起来，分析了证券投资组合的期望收益率与风险之间的理论关系，从而提出了资本资产定价理论。资本资产定价理论通过建立一种适合资本资产的定价模型来论证风险和期望收益率之间的关系，它对证券均衡价格的确定做出了系统的解释，因此也被称为资本资产定价模型（capital asset pricing model，CAPM）。后来经过林特纳（Lintner）和莫辛（Mossin）的完善，该理论逐渐发展成了今天的资本资产定价理论。

二、资本资产定价理论的假设条件

夏普建立的资本资产定价模型与马柯维茨的理论一样，也建立在一定的假设的基础之上，这些假设具体包括：

（1）资本市场不存在摩擦。即任何人都可以无障碍地进入这个市场，市场上的税收和交易成本为零，投资者可以自由地买空卖空，投资者买卖证券的交易单位没有限制，信息和资金可以自由流动，每个投资者只能被动地接受价格。

（2）所有投资者都是风险厌恶者。即所有投资者都根据期望收益率和方差进行资产选择，追求的是在相同期望收益率下的最小风险或在相同风险下的最大期望收益率。

（3）投资者的预期相同。即投资者对期望收益率、标准差、协方差的预期是相同的。

（4）单个投资者对资本市场没有影响。即单个投资者在证券市场上的各种投资行为不会对整个证券市场或证券市场上的某种证券的价格产生影响。

（5）存在无风险利率。即投资者可以以同一利率借贷资金。

（6）投资期限是一致的。即所有投资者对资本市场上任何投资品种的投资期限均是相同的。

在这些假设条件下，夏普通过其建立的资本资产定价模型论证了资产的期望收益率与风险的内在联系，以及如何根据资产的风险对资产进行合理的定价。

三、资本资产定价模型的主要内容

（一）资本市场线

1. 允许无风险借贷时的有效集

收益固定、不存在任何风险的资产叫无风险资产。按照马柯维茨的证券投资组合理论，证券投资组合中的所有证券都是有风险的，但在资本市场上的证券交易中，确实存在无风险资产，如美国联邦政府的短期国库券，因为联邦政府不可能违约，而且短期内即使物价和利率发生变化也可忽略不计。由于无风险资产没有任何不确定性，所以无风险资产的标准差为零，无风险资产的期望收益率与风险资产的期望收益率之间的协方差也等于零。投资者在建立证券投资组合时，并不一定只购买风险资产，也可以购买一定比例的无风险资产。此外，投资者并不只限于用自己的资金去购买证券，也可以借一部分资金来购买证券。

引入无风险借贷后，投资者可将借来的资金中的一部分用于购买无风险资产，另一部分用于购买风险证券，这就会使可行集和有效集都发生变化，有效边界和无差异曲线的交点也将随之发生变化，但只对部分投资者产生影响。引入无风险借贷以后，从无风险收益率 A 点出发做一条与有效边界相切的直线 AC，切点为 M。与 DMF 相比，在同样的风险水平下，AC 上的证券投资组合的期望收益率要高于 DMF 上的证券投资组合。AC 上的证券投资组合的风险要小于 DMF 上的证券投资组合。在允许无风险借贷的情况下，有效边界就变成了一条经过无风险收益率 A 点，并与马柯维茨有效集相切的直线（见图 9－10）。

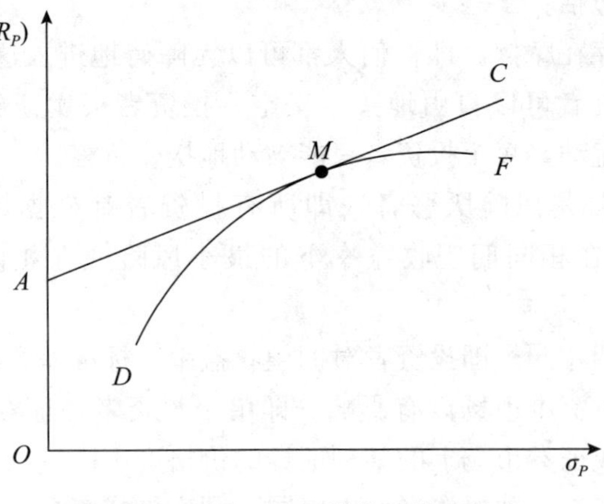

图 9－10　允许无风险借贷时的有效集

2. 资本市场线

资本市场线（capital market line，CML）是一条射线，一条反映有效证券投资组合的期望收益率与风险之间关系的射线。每个投资者沿射线选择一点，较保守的投资者贷出一部分资金，而将其余资金投资于某一证券投资组合，较激进的投资者借入一部分资金，将其与原有的资金一起投资于某一证券投资组合，但所有的点都停留在这条资本市场线上（见图 9－11）。

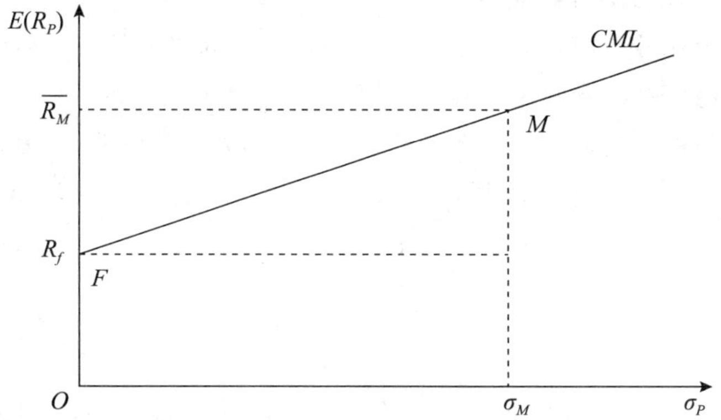

图 9－11　资本市场线

不管是哪种偏好的投资者，他都需要将其资金在无风险资产 F 与市场组合 M 之间进行分配。将 FM 用一条射线连接起来，那么这条射线可以表示任何一位投资者的最优组合，任何一位投资者的最优组合都落在这条射线，即资本市场线上。资本市场线通过无风险资产投资组合点，并与马柯维茨有效边界相切，其切点为 M，被称为市场组合。在均衡状态下，市场组合是由所有证券构成的组合，其中任何一种证券的资金分配比例都等于该证券总市值与全部证券总市值的比例。市场组合在资本资产定价模型中具有核心作用。资本市场线告诉我们，在均衡状态下的任何一个最优组合都由市场组合 M 与无风险资产 F 构成。若投资者可以从各种途径源源不断地借到资金投资于风险证券，那么资本市场线从 M 点开始后，可以向右无限延长。资本市场线的斜率等于市场组合的期望收益率 $\overline{R}_M$ 与无风险利率 R_f 的差除以市场组合的标准差 σ_M，资本市场线的截距为 R_f，从而可以得出资本市场线的计算公式：

$$E(R_P)=R_f+\frac{\overline{R}_M-R_f}{\sigma_M}\sigma_P \tag{9－12}$$

式中，$E(R_P)$ 代表证券投资组合的期望收益率，σ_P 代表证券投资组合的标准差，资本市场线的斜率 $\frac{\overline{R}_M-R_f}{\sigma_M}$ 代表单位风险报酬，用于度量风险增加一单位要求期望收益率提高的幅度。

资本市场线实际上反映了在市场均衡状态下，投资者选择的证券投资组合的风险大小，而不是单个证券的期望收益率与风险之间的线性关系，因为单个证券不是一个有效组合，它不会像资产的有效组合那样出现在资本市场线上，而是出现在证券市场线上。因此，这一问题在下面阐述的证券市场线中得以解决。

（二）证券市场线

证券市场线（security market line，SML）是一条反映个别证券和有效证券投资组合的期望收益率与协方差之间的线性关系的直线，它反映了各种证券的风险，而且是资本资产定价模型最普通的形式。

资本市场线已经反映出有效证券投资组合的期望收益率与风险之间的关系，但对于单个证券的风险却需要用证券市场线来衡量。每一种证券的风险都包括两部分：一部分是诸如经济周期、通货膨胀、政府政策、战争、瘟疫等对所有企业都会产生影响而且不能被分散的市场风险；另一部分是来自公司本身的、不能被有效分散的非市场风险。

在衡量某单一证券的风险的时候，一般会引入一个风险系数 β。第 i 种证券相对于整个证券市场的风险就是：

$$\beta_i = \frac{\sigma_{iM}}{\sigma_M^2} \tag{9-13}$$

式中，β_i 表示证券 i 相对于整个证券市场的风险；σ_{iM} 表示证券 i 的风险；σ_M 表示证券市场的风险。

在不同的市场条件下，如果某证券的 β 值为 1，那么该证券与整个市场的走势是完全一样的；如果某证券的 β 值大于 1，那么该证券的波动方向与整个市场一致，但波动幅度要大于整个市场的平均波动幅度，因而风险相对较大；如果某证券的 β 值在 0 和 1 之间，那么该证券的波动方向与整个市场一致，但波动幅度小于整个市场的平均水平；如果某证券的 β 值小于 0，那么该证券的波动方向与整个市场相反。在证券市场上，理论界往往认为 β 值大于 1 的证券属于风险较大的进攻性证券，β 值小于 1 的证券属于风险较小的防御性证券，β 值等于 1 的证券属于风险适中的中性证券。

无论是单个证券，还是证券投资组合，其风险的大小都是由 β 系数来测定的。图 9-12 中的纵坐标代表单个证券或证券投资组合的期望收益率 $E(R)$，横坐标代表 β 值。R_f 是无风险证券的收益率，所以其对应的 β 值等于零。如果从这一点画一条经过 M 点的射线，那么这条反映期望收益率与市场 β 值的关系的射线就是证券市场线。证券市场线的斜率由 $R_m - R_f$ 决定。如果代表某种证券的 A 点不在证券市场线上，而是在证券市场线上方，则说明 $R_a - B_a(R_m - R_F) < R_f$，人们会争相购买该种证券，造成该种证券供不应求。该种证券的价格会随之提高，导致其收益率降低，直至市场达到均衡，在图上体现

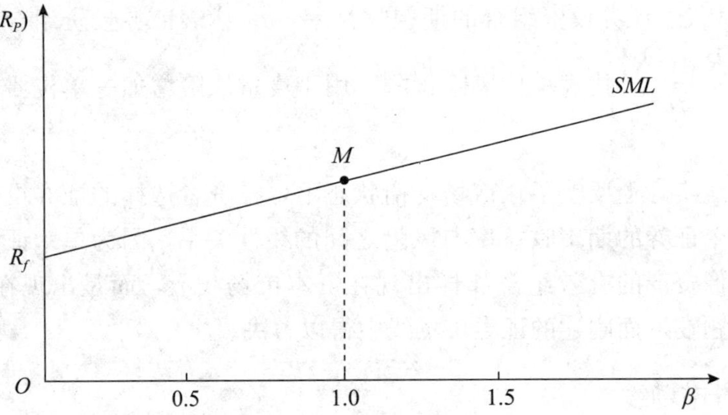

图 9-12 证券市场线

为代表该种证券的点回到 M。如果代表某种证券的 B 点不在证券市场线上，而是在证券市场线下方，则说明 $R_b - B_b(R_m - R_F) > R_f$，人们会竞相抛售该种证券，造成该种证券供大于求。该种证券的价格会随之下降，导致其收益率上升，直至市场达到均衡，在图上体现为代表该种证券的点回到 M。因此，在均衡状态下，各种证券的预期收益率都会落在证券市场线上。

证券市场线可以用公式表示为：

$$E(R_i) = R_f + \frac{\overline{R}_M - R_f}{\sigma_M^2}\sigma_{iM} = R_f + (\overline{R}_M - R_f)\beta_i \tag{9-14}$$

式中，R_f 表示无风险收益率，（$\overline{R}_M - R_f$）β_i 表示风险溢价。其中，$\beta = \frac{\sigma_{iM}}{\sigma_M^2}$，是证券 i 对市场组合风险的贡献度，通常称为 β 系数。

任何一种证券的期望收益率也是由两部分组成：一部分是无风险收益率，另一部分是风险溢价。式（9-14）也可以改写为：

$$E(R_i) - R_f = (\overline{R}_M - R_f)\beta_i \tag{9-15}$$

任何一种证券的预期收益率与市场组合收益率之间的关系都可以用特征线来概括：

$$R_i - R_f = \beta_{iM}(R_M - R_f) + a_i + \varepsilon_i \tag{9-16}$$

式中，$R_i - R_f$ 代表证券 i 的超额收益率；$R_M - R_f$ 代表市场组合的超额收益率；a_i 代表市场组合的超额收益率为零时证券 i 的期望收益率；ε_i 代表随机误差，一般为零。

在某些时候，a_i 反映了市场价格被误定的程度。当 $a_i > 0$ 时，市场对证券 i 的收益率的预期高于均衡的期望收益率，表明市场价格偏低；当 $a_i < 0$ 时，市场对证券 i 的收益率的预期低于均衡的期望收益率，表明市场价格偏高。

证券市场线将每一种证券的预期收益率与相应的市场风险联系在一起。夏普认为，在证券市场上，所有证券的风险值都是可以调整的，当期望收益率经风险调整到均衡状态时，就再也没有调整的动力了，即所有证券的预期收益率都会落在证券市场线上。这意味着凡是有效的证券投资组合都既会落在资本市场线上，也一定会落在证券市场线上。然而，非有效组合则只会落在证券市场线上，而在资本市场线之下。在证券投资活动中，投资者们总是在寻找位于证券市场线上方的股票，但在信息发达的今天，这种机会少之又少，因为只有在大家都低估某只股票时，它才会出现在证券市场线的上方，否则，了解该股票的投资者很容易了解到发行该股票的企业的实际状况，不用等它偏离证券市场线多远就会买入，直到其回到证券市场线上。

四、对资本资产定价模型的评价

夏普的资本资产定价模型是证券界建立的第一个对资本资产进行定价的模型，这一定价模型后来被投资者用来做资本预算和投资决策，被评级机构用来测评管理者的业绩；被立法机构用来规范一些慈善机构的费用率，现在已成为投资者在证券市场上进行证券投资活动的主要工具。

但是，资本资产定价模型只关注证券投资组合因素对资本收益的影响，忽略了其他因素对证券投资活动收益的影响。在现实的证券市场中，即使市场上的投资者非常理智，证券的有效组合也很难既落在资本市场线上，又落在证券市场线上，因为不同投资者的投机程度和对未来各种事物的预期是有很大差异的，资本资产定价模型对这些问题都没有予以考虑。

第三节　套利定价理论

一、套利定价理论产生的背景

证券投资组合理论和资本资产定价理论解决了在一定的收益率水平下，如何使风险最小化的问题。但是，证券投资组合理论对期望收益率与风险的关系的测算是通过计算证券投资组合的期望收益率和方差来实现的，这不仅要求知道单个证券的期望收益率及其方差和协方差，而且要求对不同证券收益率之间的相关性进行研究，计算过程十分复杂。资本资产定价理论需要满足严格的假设条件才成立，但这些假设条件在现实的证券市场上是难以满足的，因此证券投资组合理论和资本资产定价理论应用起来都不方便。美国经济学家斯蒂芬·罗斯（Stephen Ross）因此从全新的角度来探讨期望收益率问题，并于 1976 年 12 月在《经济理论》上发表了一篇题为《资本资产套利定价》的论文，提出了资本市场均衡下的资本资产套利定价理论（arbitrage pricing theory，APT）。①

套利定价理论将所有资产的收益率都用一组因素的线性组合来描述。他认为，如果在同一个完全竞争的商品市场上，同一产品会以相同的价格出售，那么在复杂的证券市场上，所有证券的收益率也应是相同的，如果价格不同，就可以通过贱买贵卖来套利。该理论简单实用，更适合大众投资者。

二、因素模型

资本资产定价模型解决了个别证券的市场均衡问题，套利定价模型揭示了在较复杂的市场条件下证券价格的形成过程，而因素模型则证明了证券关联性的存在是外部各种力量对各种证券同时产生作用的结果。罗斯认为，国民生产总值、通货膨胀率和利率等因素影响着各种证券的收益率，于是他提出了证券收益率因素模型。马柯维茨的证券投资组合理论是从协方差的角度来考虑证券收益率的相关性问题，而罗斯的因素模型则是从各种外部因素对证券收益率的影响的角度来考虑相关性问题。②

---

① Ross, S. "The Arbitrage Theory of Capital Asset Pricing," *Journal of Economic Theory*, 1976 (12).

② 张亦春. 金融市场学. 北京：高等教育出版社，1999.

（一）单因素模型

证券收益率是由市场组合决定的，证券 i 的收益率可以由市场指数的收益率的线性表达式进行计算。其计算公式为：

$$R_i = \alpha_i + \beta_i \overline{R}_M + \varepsilon_i \tag{9-17}$$

式中，$\overline{R}_M$ 表示市场组合的平均收益率，即市场指数的收益率，α_i 表示截距项，ε_i 表示随机项。

假设证券的收益率只受到一种因素的影响，证券之间的协方差由影响该证券收益率的因素决定，那么计算证券的收益率时就可以采用单因素模型，其计算公式为：

$$R_i = \alpha_i + \beta_i F + \varepsilon_i \tag{9-18}$$

式中，F 表示决定证券收益率的因素，β_i 表示证券 i 对这种因素的敏感度，对随机项 ε_i 的设定与市场模型一致。根据上述假设，便可得出任意两种证券协方差的计算公式：

$$\sigma_{ij} = \mathrm{Cov}(R_i, R_j) = \beta_i \beta_j \sigma_F^2 \tag{9-19}$$

对于由 N 个证券构成的组合 P 而言，当组合中每种证券所占比重为 W_i 时，该组合 P 的收益率为各个证券收益率的加权值，即 $R_P = \sum_{i=1}^{N} W_i R_i$。由于 $R_i = \alpha_i + \beta_i F + \varepsilon_i$，所以组合 P 的收益率为：

$$R_P = \sum_{i=1}^{N} W_i(\alpha_i + \beta_i F + \varepsilon_i) = \sum_{i=1}^{N} W_i \alpha_i + \sum_{i=1}^{N} W_i \beta_i F + \sum_{i=1}^{N} W_i \varepsilon_i = \alpha_P + \beta_P F + \varepsilon_P \tag{9-20}$$

式中，

$$\alpha_P = \sum_{i=1}^{N} W_i \alpha_i$$

$$\beta_P = \sum_{i=1}^{N} W_i \beta_i$$

$$\varepsilon_P = \sum_{i=1}^{N} W_i \varepsilon_i$$

证券投资组合 P 的方差可由式（9－11）推导出来：

$$\sigma_P^2 = \beta_P^2 \sigma_F^2 + \sigma^2(\varepsilon_P) \tag{9-21}$$

证券投资组合的风险由系统风险和非系统风险两部分构成。要计算由 N 个证券构成的组合的风险，只需要计算出证券投资组合对该因素的敏感度、该因素的方差及随机项的方差，而证券投资组合的敏感度、随机项的方差又分别由各个证券的敏感系数 β_i 和随机项的方差 σ_ε^2 决定。因此，只需要求出该因素的方差、N 个证券对该因素的敏感度 β_i 和随机项的方差 σ_ε^2 一共 $2N+1$ 个值就可以确定证券投资组合的方差。但是，在资本资产定价模型中，需要计算 N 个方差和 $\frac{1}{2}(N^2-N)$ 个协方差，一共 $\frac{1}{2}(N^2+N)$ 个值，这比单因素模型要复杂很多。

（二）多因素模型

在现实的证券市场中，证券收益率随机项之间的协方差一般不为零，这说明影响证券收益率的因素不止一个，因此只有使用多因素模型，才能验证影响证券收益率的因素都有哪些。多因素模型的计算公式为：

$$R_i = \alpha_i + \beta_{i1}F_1 + \beta_{i2}F_2 + \cdots + \beta_{ik}F_k + \varepsilon_i \tag{9-22}$$

式中，R_i 是证券 i 的收益率；β_{ij} 是证券 i 对因子 j 的敏感度，$j=1, 2, \cdots, k$；F_j 是均值为零的第 j 个因子，$j=1, 2, \cdots, k$；ε_i 是证券 i 的随机项。

与单因素模型一样，多因素模型也需要做出一些假设：$E(\varepsilon_i)=0$；$\text{Cov}(\varepsilon_i, \varepsilon_j)=0$；$\text{Cov}(\varepsilon_i, F_i)=0$；$\text{Cov}(F_i, F_j)=0$。前三个假设的含义与单因素模型一致，第四个假设是指各因素之间不存在相关性。因此，在多因素模型下，证券 i 的方差为：

$$\sigma_i^2 = \beta_{i1}^2\sigma^2(F_1) + \beta_{i2}^2\sigma^2(F_2) + \cdots + \beta_{ik}^2\sigma^2(F_k) + \sigma_\varepsilon^2 \tag{9-23}$$

多因素模型中的系统风险由 k 个经济因素的不确定性共同决定，而非系统风险则由随机项的不确定性决定。

对于由 N 个证券构成的证券投资组合 P 而言，当证券投资组合中每种证券所占的比重为 W_i 时，证券投资组合的总收益率是构成组合的各种证券的收益率的加权值，即 $R_P = \sum_{i=1}^{N} W_i R_i$，由于 $R_i = \alpha_i + \beta_{i1}F_1 + \beta_{i2}F_2 + \cdots + \beta_{ik}F_k + \varepsilon_i$，所以组合 P 的收益率为：

$$\begin{aligned} R_P &= \sum_{i=1}^{N} W_i(\alpha_i + \beta_{i1}F_1 + \beta_{i2}F_2 + \cdots + \beta_{ik}F_k + \varepsilon_i) \\ &= \sum_{i=1}^{N} W_i\alpha_i + \sum_{i=1}^{N} W_i\beta_{i1}F_1 + \sum_{i=1}^{N} W_i\beta_{i2}F_2 + \cdots + \sum_{i=1}^{N} W_i\beta_{ik}F_k + \sum_{i=1}^{N} W_i\varepsilon_i \\ &= \alpha_P + \beta_{P1}F_1 + \beta_{P2}F_2 + \cdots + \beta_{Pk}F_k + \varepsilon_P \end{aligned} \tag{9-24}$$

式中，

$$\alpha_P = \sum_{i=1}^{N} W_i\alpha_i$$

$$\beta_{Pj} = \sum_{i=1}^{N} W_i\beta_{ij} \quad (j=1,2,\cdots,k)$$

$$\varepsilon_P = \sum_{i=1}^{N} W_i\varepsilon_i$$

同样，可以根据每种证券的方差求出整个组合的方差：

$$\sigma_P^2 = \beta_{P1}^2\sigma^2(F_1) + \beta_{P2}^2\sigma^2(F_2) + \cdots + \beta_{Pk}^2(F_k) + \sigma^2(\varepsilon_P) \tag{9-25}$$

根据单因素模型和多因素模型计算得出的数据，可以推导出马柯维茨模型中的有效边界，进而确定最优组合。因素模型指出了多种因素决定着证券及证券投资组合的收益率，但是不能像资本资产定价模型那样明确指出对证券收益率产生影响的具体因素。

三、套利定价模型

（一）套利定价模型的假设条件[①]

（1）市场上的证券数量是无限的；

（2）套利组合要求投资者不得追加资金；

（3）套利组合对任何因素的敏感度均为零，即 $X_1b_{1i}+X_2b_{2i}+\cdots+X_nb_{ni}=0(i=1, 2, \cdots, k)$；

（4）套利组合的期望收益率大于零，即 $X_1E_1+X_2E_2+\cdots+X_nE_n>0$；

（5）证券市场允许买空卖空。

（二）套利组合

套利是指利用同一种资产在不同时间和地点的价格差异来赚取无风险利润的一种市场活动。通俗地讲，套利就是利用某种资产的价差不断地进行买卖交易，并从中获取收益。套利的进行会使资产的价差变为零，进而使套利空间不复存在。

套利组合就是投资者在不增加风险和不追加资金的情况下，将原来的证券投资组合重新构建而成的新组合。事实上，套利组合就是在不增加也不减少资金的情况下，通过卖出一部分原有资产、买进一部分新资产而建立起来的新组合，可以用数学式子表示为：

$$W_1+W_2+\cdots+W_N=0 \tag{9-26}$$

式中，W_i 表示证券 i 在套利组合中所占比重的变动，可以取正值也可以取负值。

套利组合对任何因素的敏感度都为零，不用承担因素风险，便可获得无风险收益。因为证券投资组合对某种因素的敏感度等于组合中各个证券对该因素的敏感度的加权值，所以在 k 因素模型中有：

$$W_1\beta_{1j}+W_2\beta_{2j}+\cdots+W_i\beta_{ij}+\cdots+W_n\beta_{nj}=0,\ j=1,2,\cdots,k \tag{9-27}$$

套利组合的期望收益率应该大于零，这是投资者进行套利活动的根本原因，这可以用不等式表示为：

$$W_1R_1+W_2R_2+\cdots+W_iR_i+\cdots+W_NR_N>0 \tag{9-28}$$

式中，R_i 表示证券 i 的期望收益率。

（三）套利定价模型

套利活动会使收益率偏高的资产的价格上升、收益率下降，使收益率偏低的资产的价格下降、收益率上升，最终导致套利机会消失，市场达到均衡。套利定价理论认为，投资者为了实现利润最大化，会连续不断地进行套利操作，直至资产价格恢复均

① 威廉·F. 夏普，戈登·J. 亚历山大，杰弗里·V. 贝利. 投资学（第五版）. 北京：中国人民大学出版社，2013.

衡为止。

1. 单因素套利定价模型

投资者的目标就是实现组合的期望收益率最大化，而组合的期望收益率的计算公式为：

$$\overline{R}_p = X_1\overline{R}_1 + X_2\overline{R}_2 + \cdots + X_n\overline{R}_n$$

式中，$\overline{R}_p$ 表示套利组合的期望收益率。

建立拉格朗日函数，可得：

$$L = (X_1\overline{R}_1 + X_2\overline{R}_2 + \cdots + X_n\overline{R}_n) + \lambda_0(X_1 + X_2 + \cdots + X_n) + \lambda_1(b_1X_1 + b_2X_2 + \cdots + b_nX_n)$$

为求最大值 Max（L），对其求一阶偏导数，得：

$$\frac{\partial L}{\partial X_i} = \overline{R}_i - \lambda_0 - \lambda_1 b_i = 0$$

$$\frac{\partial L}{\partial \lambda_0} = X_1 + X_2 + \cdots + X_n = 0$$

$$\frac{\partial L}{\partial \lambda_1} = b_1X_1 + b_2X_2 + \cdots + b_nX_n = 0$$

单因素套利定价模型可以写为：

$$\overline{R}_i = \lambda_0 + \lambda_1 b_i \tag{9-29}$$

式中，λ_0 和 λ_1 是常数。

单因素套利定价模型的意义在于告诉我们任何证券或证券投资组合的期望收益率都由两部分组成：一部分是无风险利率；另一部分是风险补偿。风险补偿由证券或证券投资组合对某因素的敏感度和该因素的单位风险价格共同决定。

2. 多因素套利定价模型

与单因素套利定价模型相比，多因素套利定价模型只不过是影响因素更多了，这时期望收益率与因素的关系可以用期望收益率对因素的敏感度的线性函数来表示，其模型的数学表达式为：

$$E(R_i) = \lambda_0 + \lambda_1\beta_{i1} + \lambda_2\beta_{i2} + \cdots + \lambda_k\beta_{ik} \tag{9-30}$$

式中，证券 i 为无风险资产，由于其期望收益率就是无风险利率 r_F，而其对各因素的敏感度又均为 0，因此 $\lambda_0 = r_F$。此外，每一个 λ_i 的含义也十分明显，它们实际上表示对因素 F_i 的单位敏感度的风险溢价。

套利定价模型也是描述均衡市场中证券或证券投资组合的期望收益率与风险之间的关系的理论，但它将资本资产定价理论的计算过程大大简化了，应该说这是对资本资产定价理论的一大改进。

第四节　有效市场假说

一、有效市场假说产生的背景

法国数学家巴利亚根据对股市的长期研究，早在1900年就提出了有效市场和随机游走的思想，但没引起理论界的注意。英国统计学家莫里斯·肯德尔（Maurice Kendall）在1953年对股市进行研究后也发现，股价的变动是随机的，无规律可言。后来随机游走的思想得到了萨缪尔森的推崇。巴利亚也好，肯德尔也好，他们都是在仅对股市进行研究的基础上提出随机游走思想的，他们既无法估算股价的变动，也无法用经济学理论去解释这种现象，所以他们所提出的随机游走思想还难以成为一种解释证券市场活动的理论。1970年5月，美国芝加哥大学教授尤金·法马（Eugene Fama）发表了一篇题为《有效资本市场：理论与实证研究的回顾》的论文，首次提出了有效市场假说（efficiency market hypothesis，EMH）这一概念。他认为消息会引起证券价格波动，如果证券价格能够反映投资者获得的信息，即信息可以通过证券价格得以体现，那么这样的证券市场就是有效市场。

二、有效市场假说的主要内容

有效市场假说主要包括以下几个方面的内容：

（1）市场信息是完全充分的。市场信息是随时随地出现的，它们独立地进入市场，证券价格波动也是随意的，仅仅对即时信息做出反应，与上一次价格波动是没有关系的。

（2）追求利润最大化的投资者充斥着整个市场，他们不受其他人对市场和证券的评论的影响，而是根据自己得到的信息独立地做出判断，并独立地对股票进行买卖操作。

（3）所有的投资者都能及时、准确地对市场上的最新信息做出反应，调整股票结构，利用新信息在市场上获取超额利润。

有效市场假说以现实市场情况为出发点。在信息披露充分的情况下，任何利好消息都会使某只股票或整个市场快速上涨；同样，任何利空消息都会使某只股票或整个市场快速下跌。证券市场上的证券价格就是对市场信息的真实反映。

当然，有效市场假说也是建立在一定的前提条件之上的，这些前提条件主要包括：交易不存在障碍、信息公开程度高、证券价格不受个别投资者的影响，以及市场上都是追求利润最大化、被动接受市场价格的投资者。法马认为，只要证券市场价格能够充分反映投资者可以获得的信息，那么这样的证券市场就是有效市场。

三、有效市场的种类

法马根据信息集合的不同将有效市场分为弱式有效市场、半强式有效市场和强式有效市场三类。

（一）弱式有效市场

在弱式有效市场（weak-form efficiency market）中，证券价格反映了从市场交易数据中可以得到的全部信息。这些历史信息主要包括证券的价格、收益率、交易量等。在弱式有效市场上，投资者无法根据历史信息对证券价格进行预测，证券价格的每次上升或下降都与以前没有相关性，而是呈现出随机游走的特点。

检验弱式有效市场的方法有相关性检验、游程检验等。相关性检验主要是检验证券市场上不同时期的数据之间的相关性，如果不存在相关性或相关性很小，则该证券市场属于弱式有效市场。游程是指若干个相同方向的具体价格变动，分为正走势、零走势和负走势，即价格上升、不变和下降三个变动方向。如果价格连续出现两个或两个以上相同方向的变动，就产生了一个游程，直至价格变动方向发生变化，新的游程宣告开始。游程检验主要是通过对证券价格序列的游程个数与随机序列的游程个数的期望值进行比较来得出市场是不是弱式有效市场的结论：如果两者没有显著的差别，就说明证券价格序列是随机的，该证券市场属于弱式有效市场。在弱式有效市场中，技术分析失效。

（二）半强式有效市场

在半强式有效市场（semi-strong-form efficiency market）中，证券价格既能反映历史信息，又能反映其他公开信息。其他公开信息主要包括公司的盈利预测、股利的分配方案和财务报表等。在半强式有效市场中，历史信息和其他公开信息对未来股价或预测未来股价没有任何意义，因为证券价格会随着信息进行调整。

检验半强式有效市场的方法主要是考察公司公布有关盈利、巨额交易和股票分割等的消息对股价的影响。上市公司如果盈利，一般要发布盈利预测数和最终的年报，盈利预测数是公布年报前的一个预估数，最终的确切盈利数会在年报里发布，但它们之间存在时间差和数额差。公司的股价也会随着盈利预测数和最终的确切盈利数的公布相应地变化。如果最终的确切盈利数公布后股价没有发生大的变化，则该证券市场属于半强式有效市场，因为股价在盈利预测数发布后已经进行了充分的调整。在半强式有效市场中，巨额交易发生后，累计超额收益率一般不会有较大变化。公司股票分割以后，公司股本扩大了，股东的持股数量也相应增加，但持股比例没有发生变化，所以也就不会影响股东的实际财富。股票分割预示着管理层对公司未来有良好的利润预期，如果股票分割后公司股票价格上涨，说明该证券市场属于半强式有效市场。现在大多数较成熟的证券市场都属于半强式有效市场，基本面分析在半强式有效市场难以发挥作用，因为信息公开程度高，投资者对公司前景十分了解，所以一般不会出现证券价格与公司内在价值不符的情况。

（三）强式有效市场

在强式有效市场（strong-form efficiency market）中，证券价格不仅能反映历史信息和其他公开信息，而且能反映内幕消息。判断强式有效市场的方法是考察公司内部的高管和相关人员是否能够从内幕消息中获取超额收益，以及资本市场上的管理人员或专业人员能否利用其独特的优势来赚取超额利润。

在现实社会中，公司内部管理人员一般拥有关于公司历史、未来发展变化和高管人员安排的尚未公布的内幕消息。公司内部管理人员往往可以通过内幕消息在证券市场上进行证券买卖操作，以赚取超额收益。具有丰富经验和独特优势的券商往往也有自己独特的信息渠道，它们也会利用这一优势获取超额利润。在强式有效市场中，市场信息的公开程度是很高的，包括内幕消息在内的信息也不例外，投资者不可能持续地获取超额利润。如果公司内部管理人员不能利用内幕消息持续地获取超额利润，那么该证券市场就属于强式有效市场。

四、对有效市场假说的评价

有效市场假说的意义在于告诉投资者，在有效市场中不能依靠技术分析获取超额利润，但是，有效市场的条件要求较高，尤其是强有效市场的条件现实中往往难以达到。虽然世界各国都制定了对证券市场进行监管的法律，但目前世界上还没有哪一个国家找到了有效的方法来杜绝公司内部人员利用内幕消息获取超额利润。许多研究实例表明，到目前为止，世界各国的证券市场一般都属于弱式有效市场，少数国家的证券市场达到了半强式有效市场的水平，还没有国家的证券市场达到强式有效市场的水平。因此有学者认为，强式有效市场假说是不成立的。

第五节　证券投资理论的应用

案例一

（一）基本案情

根据表 9-1 中提供的信息，测算投资项目 A 与 B 的期望收益率与风险。

表 9-1　两个投资项目一年后的收益率情况

项目 A		项目 B	
收益率（R_A，%）	概率	收益率（R_B，%）	概率
5	0.1	3.0	0.1
8	0.2	5.5	0.1
10	0.4	9.0	0.2
11	0.2	10.0	0.2
13	0.1	11.0	0.2
		12.5	0.1
		15.0	0.1

（二）案例分析

1. 计算项目 A 的期望收益率和标准差

项目 A 的期望收益率为：

$$E(R_A)=5\%\times0.1+8\%\times0.2+10\%\times0.4+11\%\times0.2+13\%\times0.1=9.6\%$$

方差为：

$$\begin{aligned}\mathrm{Var}(R_A)=&(5\%-9.6\%)^2\times0.1+(8\%-9.6\%)^2\times0.2+(10\%-9.6\%)^2\\&\times0.4+(11\%-9.6\%)^2\times0.2+(13\%-9.6\%)^2\times0.1\\=&0.000\ 424\end{aligned}$$

标准差为：

$$\sigma_A=\sqrt{0.000\ 424}=0.020\ 6$$

2. 计算项目B的期望收益率和标准差

项目B的期望收益率为：

$$\begin{aligned}E(R_B)=&3\%\times0.1+5.5\%\times0.1+9\%\times0.2+10\%\times0.2\\&+11\%\times0.2+12.5\%\times0.1+15\%\times0.1\\=&9.6\%\end{aligned}$$

方差为：

$$\begin{aligned}\mathrm{Var}(R_B)=&(3\%-9.6\%)^2\times0.1+(5.5\%-9.6\%)^2\times0.1\\&+(9\%-9.6\%)^2\times0.2+(10\%-9.6\%)^2\times0.2\\&+(11\%-9.6\%)^2\times0.2+(12.5\%-9.6\%)^2\times0.1\\&+(15\%-9.6\%)^2\times0.1\\=&0.001\ 029\end{aligned}$$

标准差为：

$$\sigma_B=\sqrt{0.001\ 029}=0.032\ 1$$

尽管两个项目的期望收益率相同，都为9.6%，但是项目B的方差大于项目A的方差，所以项目B的风险大于项目A。

案例二

（一）基本案情

某投资商投资于两种风险资产A和B，这两种风险资产的期望收益率分别为8%和10%，标准差分别为0.12和0.20，A、B的相关系数为0.35。

（1）求出风险最小的证券投资组合及其期望收益率与标准差；

（2）画出由风险资产A、B构成的证券投资组合的机会集合。

（二）案例分析

（1）求出风险最小的证券投资组合及其期望收益率与标准差。

首先计算出方差最小时的证券投资组合，然后计算证券投资组合的期望收益率和标准差。

由风险资产A、B构成的证券投资组合的方差为：

$$\sigma_P^2=\sigma_A^2w_A^2+\sigma_B^2w_B^2+2w_Aw_B\mathrm{Cov}(A,B) \qquad (9-31)$$

式中，σ_P 代表组合的标准差，σ_A、σ_B 分别代表风险资产 A、B 的标准差，w_A、w_B 分别代表风险资产 A、B 在组合中所占的权重，$Cov(A，B)$ 为风险资产 A、B 的协方差。

由于 $w_A+w_B=1$，代入式（9-31）中，得：

$$\sigma_P^2=\sigma_A^2w_A^2+\sigma_B^2(1-w_A)^2+2w_A(1-w_A)\mathrm{Cov}(A,B)$$

令 $\frac{\partial\sigma_P^2}{\partial w_A}=0$，则：

$$w_A=\frac{\sigma_B^2-\mathrm{Cov}(A,B)}{\sigma_A^2+\sigma_B^2-2\mathrm{Cov}(A,B)};\ w_B=1-w_A$$

先求得协方差为 0.008 4，代入上式得：

$$w_A=0.84;\ w_B=0.16$$

组合的期望收益率为：

$$E(R_P)=w_AE(R_A)+w_BE(R_B)=8.32\%$$

标准差为：

$$\sigma_P=\sqrt{\sigma_A^2w_A^2+\sigma_B^2w_B^2+2w_Aw_B\mathrm{Cov}(A,B)}=0.115\ 9$$

（2）画出由风险资产 A、B 构成的证券投资组合的机会集合。

计算风险资产 A、B 在组合中占不同的权重时，相应的组合的期望收益率和标准差（见表 9-2），然后用描点法绘出图形（见图 9-13）。其中，图形最左边的点即为第（1）问所求的风险最小时的投资组合点。在具体计算和描点时，可以借助 Excel 的计算及做图功能来完成，这样可以提高效率。

表 9-2　不同权重状况下资产投资组合的期望收益率和标准差

E_P（%）	σ_P	w_A	w_B
8.32	0.115 942 025	0.84	0.16
10.00	0.200 0	0	1.0
9.80	0.184 5	0.1	0.9
9.60	0.169 9	0.2	0.8
9.40	0.156 3	0.3	0.7
9.20	0.144 0	0.4	0.6
9.00	0.133 4	0.5	0.5
8.80	0.125 0	0.6	0.4
8.60	0.119 1	0.7	0.3
8.40	0.116 2	0.8	0.2
8.20	0.116 5	0.9	0.1
8.00	0.120 0	1.0	0

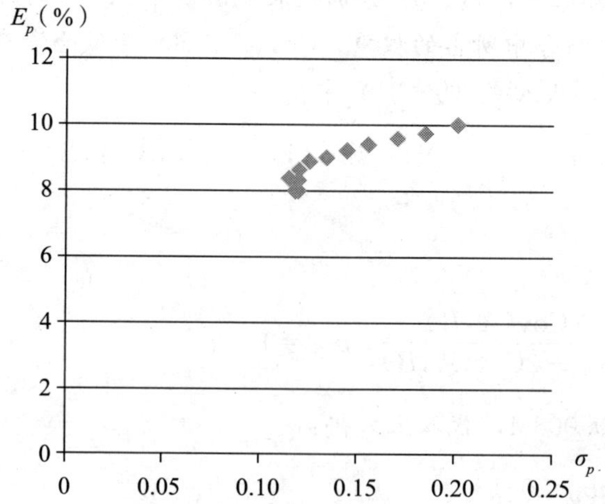

图 9-13　由风险资产 A、B 构成的证券投资组合的机会集合

复习思考题

1. 简述证券投资组合理论的主要内容。
2. 资本资产定价模型的主要内容是什么？
3. 简述套利定价理论的基本假设及其内容。
4. 有效市场假说的主要内容有哪些？

第十章
国际证券市场

学习要点

本章主要介绍了证券、国际证券、国际证券市场的概念及其特征，典型经济体的股票市场、债券市场的管理体制与市场结构，以及世界主要证券市场的发展状况及上市标准，最后讨论了华晨控股在纽约证交所上市的案例。通过学习，要求掌握国际证券、国际证券市场的基本概念，掌握典型经济体股票市场和债券市场的管理体制，了解世界成熟证券市场、新兴证券市场和创业板市场的上市标准。

第一节　国际证券市场概述

一、证券的概念与特征

（一）证券的概念

证券是一定财产所有权或债权凭证的通称，是用来证明证券持有人有权按照券面所载条件获得相应权益的凭证。从法律的角度看，证券反映的是某种法律行为的结果，本身必须具备合法性，它所包含的特定内容具有法律效力；从经济的角度看，证券是商品经济和信用经济发展的产物，它所反映的是各个主体之间的一系列社会经济关系。[①] 实际

---

① 何孝星. 证券投资理论与实务. 北京：清华大学出版社，2004.

上，证券是权益的象征，合法地拥有证券就意味着合法地拥有证券上所载明的权益，这种权益将随着证券的转让而转移。证券也是一种信用凭证或金融工具。

证券法意义上的证券，是一种发行人为筹集资金而发行的、持有人可对发行人行使特定权利的可自由转让的书面凭证。世界各国证券法对证券的种类及范围的规定是不同的。例如，美国 1933 年《证券法》中规定的证券是指在任何本票、股票、库存股票、债券、企业债券、债权凭证、盈利分享协议下的权益证书或参与证书，以证券作为抵押的信用证书，公司成立前的认股证，可转让股票，投资契约，股权信托证，证券提存证书，石油天然气或其他矿产小额利息滚存权，任何卖出、买入、买入或卖出的选择权或证券上的特权，证券的集合指数，包括其上的利益或价值，或在全国性证券交易所有关外国货币的卖出、买入、买入或卖出的选择权或特权，或一般所谓的证券，或对以上所有项目的参与利益证书、临时凭证、收据、保证或认购权。概括来说，美国 1933 年《证券法》规定的证券实际上可分为两类：一类是已经标准化的证券，如股票、债券、票据等，另一类是可变的、非常规的、不常见的证券，如投资合同。

日本《证券交易法》规定的证券是指国债、地方债券、法人依据特别法发行的债券、有担保或无担保的企业债券、根据特别法设立的法人所发行的出资债券、股票或表示新股认购权的证书、证券投资信托和贷款信托的受益凭证、外国或外国法人所发行的证券证书中具有以上各款证券或证书性质者，以及其他由政令规定的证券和证书。①

《中华人民共和国证券法》规定的证券是指股票、公司债券、存托凭证、政府债券、证券投资基金份额和国务院依法认定的其他证券。

（二）证券的特征

一般来说，证券必须具有两个基本特征，即法律特征和书面特征。法律特征是指证券是某种法律行为的结果，证券上所记载的内容具有法律效力，证券持有人只要拥有某一证券，就拥有了该证券上所载明的各种权益，如占有权、转让权、收益权等。书面特征是指证券是一种要式凭证，是具有严格的规范化格式要求的书面凭证。证券的形式要求包括证券的式样、券面记载内容、印制机构、印制程序等。证券的书写或制作必须按照特定的格式进行，否则该证券就无效。

证券是一种金融资本，还具有收益性、流动性、风险性、期限性、价悖性等特点。

（1）收益性。证券的收益性是指证券会按期为持有人带来报酬（如股票的红利、债券的利息）。证券的收益不仅包括上述报酬，还包括持有期内由于价格变化而带来的资本收益或损失。获取收益是投资者进行证券投资的根本目的。证券的收益可以分为固定收益（如债券的利息和优先股的股息）、半固定收益（如优先股）、变动收益（普通股的股息、公司债的利息）和选择收益（如可转股的公司债和附新股认购权的公司债）四种类型。

（2）流动性。证券的流动性是指证券可以在市场上转让、流通。流动性是证券市场

① 《北京大学法学百科全书》编委会，魏振瀛，徐学鹿，郭明瑞. 北京大学法学百科全书：民法学 商法学. 北京：北京大学出版社，2004.

顺利发展的基础。只有通过流动，证券才能变现，达到增值的目的。衡量流动性强弱的标准主要是证券转换成货币的能力。如果某一证券一经需要就可随时变现，交易费用很低，而且不必承担本金的损失，那么该证券的流动性就强；反之，该证券的流动性就弱。

（3）风险性。风险性是指证券的收益的不确定性，也就是说，证券持有人面临预期收益不能实现甚至连本金也无法收回的风险。证券的收益受宏观经济状况、公司经营状况、市场利率和证券市场等因素的影响。进行证券投资必然要承担风险，但不同类型的证券面临的风险是有差异的。一般来说，证券的风险与其收益成正比。在正常情况下，预期收益高的证券风险大，预期收益低的证券风险小。

（4）期限性。有些证券，比如债券一般有明确的还本付息期限。债券的期限具有法律约束力，是对融资双方权益的保护。股票一般没有期限，可以视为无期证券。

（5）价悖性。证券的价悖性是指证券的市场价格常常和证券的券面金额不一致。证券虽然有券面金额，但在进入发行市场时，企业往往会采取溢价、平价或折价发行方式。如果溢价发行，那么发行价格高于证券的券面金额；如果折价发行，那么发行价格低于证券的券面金额。在这两种情况下，证券的发行价格都会与券面金额不一致。

（三）证券的分类

证券有广义和狭义之分。广义上的证券范围比较广，包括仓单、存款单、存货单、货运单、借据、收据、合同等，这些都是记载并代表一定经济权益的法律凭证；狭义上的证券是指能够在市场上公开转让的票据、债券和股票。① 按照不同的标准，可以对证券进行不同的分类。

（1）按发行主体的不同，可将证券分为政府证券、政府机构证券和公司证券。政府证券是由中央政府或地方政府发行的证券。政府机构证券是由经批准的政府机构发行的证券。例如，2011 年，国务院批准上海市、浙江省、广东省、深圳市开展地方政府自行发债试点。公司证券是公司为筹措资金而发行的有价证券。在公司证券中，银行及非银行金融机构发行的证券称为金融证券（其中金融债券尤为常见）。

（2）按是否在证券交易所挂牌交易，可将证券分为上市证券与非上市证券。上市证券是经证券主管机关核准发行，并经证券交易所依法审核同意，可以在证券交易所内公开买卖的证券。非上市证券是未申请上市或不符合证券交易所挂牌交易条件的证券。非上市证券不能在证券交易所内交易，但可以在场外交易市场交易。例如，凭证式国债和普通开放型基金份额就属于非上市证券。

（3）按募集方式，可将证券分为公募证券和私募证券。公募证券是发行人通过中介机构向不特定的社会公众投资者公开发行的证券，审核较严格并采取公示制度。私募证券是指向少数特定的投资者发行的证券，其审核条件宽松，投资者少，不采取公示制度。信托计划、理财计划和上市公司定向增发计划均属私募证券。目前，各国均以公募证券为证券发行的主体，但私募证券的发行规模也有扩大的趋势。中国发行的各类政府债券、金融债券以及大部分公司债券和股票基本上都是公募证券。

---

① 施光耀. 中国证券百科全书：第一卷：债券投资卷. 太原：山西经济出版社，2000.

（4）按证券所代表的权利性质，可将证券分为股票、债券和其他证券。股票和债券是证券市场中两个最基本和最主要的品种。

（5）按证券体现的内容的不同，可将证券分为商品证券、货币证券和资本证券。商品证券是证明持有人拥有商品所有权或使用权的凭证，取得了这种证券就等于取得了这种商品的所有权，这种所有权受法律保护。属于商品证券的有提货单、运货单、仓库栈单等。货币证券是指本身能使持有人或第三者取得货币索取权的有价证券。货币证券主要包括两大类：一类是商业证券，主要包括商业汇票和商业本票；另一类是银行证券，主要包括银行汇票、银行本票和支票。资本证券是指由金融投资或与金融投资有直接联系的活动产生的证券，其持有人有一定的收入索取权。资本证券包括股票、债券、基金及其衍生品如金融期货、可转换证券等。

资本证券是证券的主要形式，狭义的证券就是指资本证券。在日常生活中，人们通常所说的证券或有价证券即指狭义的证券——资本证券。

二、证券市场的概念

（一）概念

证券市场是指各种股票、债券、基金单位等有价证券及其衍生品（如期货、期权等）发行与交易的场所，是金融市场的重要组成部分。证券市场是市场经济发展的产物，股份公司的产生和信用制度的深化是证券市场形成的基础。

（二）证券市场与一般商品市场和借贷市场的区别

证券市场与一般商品市场和借贷市场相比都有较大的区别。

1. 与一般商品市场的区别

证券市场与一般商品市场在交易对象、市场职能、定价标准和风险方面均有所不同。

（1）证券市场与一般商品市场的交易对象不同。证券市场的交易对象是股票、债券等有价证券，有价证券属于金融资产，是一种无形资产；而一般商品市场的交易对象是各种具有不同使用价值的劳动产品，是一种有形资产。

（2）证券市场与一般商品市场的市场职能不同。证券市场上的有价证券具有筹措资金、投机、保值等市场职能，而一般商品市场上的商品只能用于满足人们的特定需要。

（3）证券市场与一般商品市场的定价标准不同。证券市场上的证券价格是对所有权让渡的市场评价或预期收益的市场价格，与市场利率关系密切；而一般商品市场的商品价格是商品价值的货币表现，由生产商品的社会必要劳动时间决定。

（4）证券市场与一般商品市场的风险不同。与一般商品市场相比，证券市场的风险较大。在证券市场中，影响交易对象价格的因素复杂，价格波动较大，且具有不可预测性。一般商品市场实行等价交换原则，价格波动较小，市场前景有较大的可预测性，风险相对较小。

2. 与借贷市场的区别

证券市场与借贷市场在交易方式、融资方式、债权债务关系和收益来源方面有较大不同。

(1) 证券市场与借贷市场的交易方式不同。借贷市场的交易方式是借贷，证券市场的交易方式是买卖证券。

(2) 证券市场与借贷市场的融资方式不同。借贷市场的投资者和筹资者是通过银行间接联系，属于间接融资方式，投资风险一般由银行承担；而证券市场的投资者以购买证券的方式向公司投资，属于直接融资方式，投资风险由投资者自己承担。

(3) 证券市场与借贷市场的债权债务关系不同。在借贷市场上，借款合同一经签订，债权人和债务人的关系就会固定不变。在证券市场上，随着证券的转让，投资者与公司的关系也得以脱离，证券的购买者成为新的投资者，拥有债权或股权。

(4) 证券市场与借贷市场的收益来源不同。在借贷市场上，投资者的收益仅来自利息，而在证券市场上，投资者的收益不仅来自股息或利息，还来自证券价格波动带来的价差。

(三) 证券市场的分类

(1) 按职能的不同，可以将证券市场分为证券发行市场和证券流通市场。证券发行市场也称一级市场或初级市场，是指发行新证券的市场。通过发行市场，企业公开发行的新证券和政府发行的债券被首次销售给投资者。流通市场又称次级市场、二级市场，是已发行证券的合法交易场所。

(2) 按性质的不同，可以将证券市场分为股票市场和债券市场。其中，债券市场又可进一步分为国库券市场、金融债券市场和公司（企业）债券市场。

(3) 按交易地点和交易参加人的不同，可以将证券市场分为证券一级市场、证券二级市场、证券三级市场和证券四级市场。

1) 证券一级市场。

证券一级市场又称证券发行市场、初级市场或第一市场。证券发行的方式有直接发行和间接发行两种。直接发行是指在证券公司等金融机构的协助下，由筹资企业自行发行；间接发行是先由投资银行或大的证券公司等承销人承购，然后承销人通过各种渠道再将证券分销给各层级的销售者进行销售。间接发行方式是各国公开发行证券时最常使用的方式。例如，2012 年 3 月 23 日，唯品会控股有限公司在美国纽约证券交易所正式挂牌上市，高盛银行和德意志银行担任主承销人。

2) 证券二级市场。

证券二级市场又称证券交易所，是指对已经发行的证券进行买卖、转让和流通的市场，是有组织的、规模化的证券流通市场。投资者必须通过经纪人按法定的程序从事证券交易活动。交易所内买卖的证券也必须是经有关部门核准上市的证券，销售证券的收入属于出售证券的投资者，而不属于发行该证券的公司。交易所的出现确保了证券交易的便利、迅速、公平、合法。

3) 证券三级市场。

证券三级市场又称第三市场，出现于 20 世纪 60 年代，是指已经上市的证券由非交易所成员的经纪人在场外交易的市场。在第三市场上，非交易所会员可以从事大量上市股票的买卖。由于对投资人资格没有过多限制，第三市场进行证券交易的交易额占各种证券市场交易额总和的比重不断提高。有很多投资公司、基金会、保险公司等频繁地在第三市场上从事证券交易活动。

4）证券四级市场。

证券四级市场又称第四市场，是指一些大机构通过高价购买交易所中的席位，不通过经纪人自行经营各种证券所形成的市场。它实际上是通过电子计算机网络进行大宗证券交易而形成的市场，交易对象为各种有价证券，交易手段先进，多为计算机终端，具有很大的隐蔽性。

（4）按组织形式的不同，可以将证券市场分为场内市场和场外市场。场内市场主要是指证券交易所，场外市场则主要是指柜台市场（店头市场）以及第三市场、第四市场。

柜台市场指证券经纪人或证券自营商在证券交易所以外直接同投资者进行证券买卖所形成的市场，柜台交易的证券多属于可以公开发行但未在证券交易所登记上市的证券。柜台交易也有固定的场所，一般在证券经营商的营业处进行。柜台交易相对自由，交易数量没有起点和单位限制，不通过竞价买卖，交易者可以不通过经纪人直接买卖证券，属协议成交，因此柜台交易可以满足不同类型和不同层次的证券投资者的需求。比较著名的柜台交易市场有纳斯达克的场外电子公告牌市场（OTCBB）和粉单市场（Pink Sheets Board）。

（5）按照上市公司的规模和融资额，可以将证券市场分为主板市场和二板市场。

主板市场，也称为一板市场，是指对股份公司上市有严格要求的、传统的证券交易市场。主板市场对上市公司的股权结构、资产规模、盈利状况、市场前景等都规定了一定的标准。① 主板市场是一国的证券市场体系中居于主导地位的证券交易市场。例如，美国全美证券交易所（AMEX）是美国主板市场，中国的上交所和深交所是中国的主板市场。

二板市场又称创业板市场，是为创新型中小企业服务的证券市场。二板市场是专门为那些达不到主板市场上市要求但又具有发展潜力的创业型中小企业服务的证券交易市场，如美国纳斯达克证券市场就是二板市场。②

三、证券市场的结构

（一）证券市场的结构

按证券进入市场的顺序，可将证券市场分为证券发行市场和证券流通市场（见图 10-1）。发行市场又称一级市场，流通市场又称二级市场。在发行市场上，发行人（一般指公司和政府）以筹集资金为目的，按照一定的法律规定和发行程序，公开发行股票或债券。证券发行后就进入证券流通市场。在流通市场，投资者进行证券交易，证券形成公认的交易价格并被随时变现。

---

①② 中国社会科学院经济研究所，刘树成．现代经济辞典．南京：凤凰出版社，江苏人民出版社，2005.

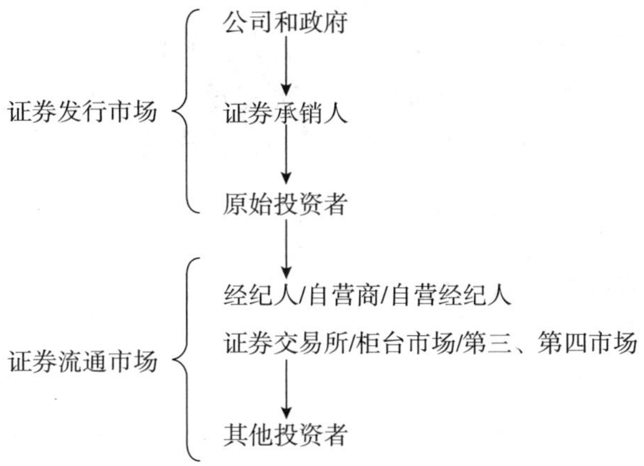

图 10-1　证券市场的结构

资料来源：甘华鸣，罗锐韧，赵智峰. 证券市场. 北京：中国经济出版社，1990.

证券发行市场由发行人、投资者和中介机构组成。证券市场上的发行人一般是政府、银行、企业等资本使用者；证券的投资者多为投资公司、保险公司、储蓄机构、各种基金会和个人等；中介机构主要包括投资银行和券商等。证券发行市场一般有固定的场所。证券既可在投资公司、信托投资公司和证券公司发行，也可在市场上公开出售。

证券流通市场是投资者转让和买卖已发行证券的市场，一般有四种形式，即证券交易所、柜台市场、第三市场和第四市场。

发行市场和流通市场相互依存、相互制约，是一个不可分割的整体。发行市场是流通市场的基础和前提。流通市场是证券得以持续扩大发行的必要条件。此外，流通市场的交易价格制约和影响着证券的发行价格，是证券发行时需要考虑的重要因素。

（二）证券市场的参与主体

从证券的发行、投资、流通和证券市场的管理等不同方面来看，证券市场包括了证券发行人和证券投资者、证券市场中介机构、自律性组织和证券监管机构四大参与主体。

1. 证券发行人和证券投资者

证券发行人是指为筹措资金而发行债券、股票等证券的政府及其机构、金融机构、公司和企业。证券发行人是证券发行的主体。

证券市场的投资者可分为个人投资者和机构投资者。其中，个人投资者是证券市场最广泛的投资者，也是证券市场上资金的主要供给者。机构投资者包括企业、金融机构、社会基金和外国投资者等。

2. 证券市场中介机构

证券市场中介机构包括证券经营机构和证券服务机构。它们在证券市场中发挥着连接证券投资者与筹资者的桥梁作用，是证券市场得以有序运行的核心。

证券经营机构又称证券商，是指依法设立、可经营证券业务、具有法人资格的金融机构。根据业务内容的不同，证券经营机构又可分为证券承销商、证券经纪商和证券自营商三类。

证券承销商是按照规定有权包销或代销发行人发行的有价证券的证券经营机构，是证券一级市场上发行人与投资者之间的媒介。证券承销商受发行人的委托，寻找潜在的投资者，开展广泛的公关活动，将潜在的投资者转变成真正的投资者，从而帮助发行人募集到所需要的资金。

证券经纪商是指接受客户委托，代客户买卖证券并以此收取佣金的证券经营机构。其主要职能是为投资者提供信息咨询、开立账户、接受委托代理买卖以及证券过户、保管、清算、交割等服务。

证券自营商是指自行买卖证券，从中获取价差收益，并独立承担风险的证券经营机构。

证券服务机构是指依法设立的从事证券服务业务的法人机构，主要包括证券登记结算公司、证券投资咨询公司、资信评估机构、会计师事务所、资产评估机构、律师事务所等。

3. 自律性组织

自律性组织一般是指行业协会。它发挥着政府与证券经营机构之间的桥梁和纽带作用，有利于促进证券业的发展、维护投资者和会员的合法权益、完善证券市场体系。

4. 证券监管机构

证券监管机构是依法制定有关证券市场监督与管理的规章、规则，并依法对证券的发行、交易、登记、托管、结算以及证券市场的参与者进行监督管理的机构。世界各国证券监管体制中的机构设置，可分为专管证券的监管机构和兼管证券的监管机构两种形式。例如，中国证券监督管理委员会是中国专管证券的监管机构。

四、证券市场的功能

1. 融资和投资功能

证券市场以证券形式为资金融通提供了一种良好的机制和场所。无论是国家发行政府债券，还是企业发行股票或债券，都可以有效地筹集到所需要的资金。企业通过发行证券融资，可以降低融资成本，分散经营风险。随着证券市场的快速发展，证券产品层出不穷，对投资者来说，购买证券也是一种投资渠道。

2. 定价功能

在证券市场中，证券供需双方的竞争有利于统一、合理的均衡价格的最终达成，证券的价格是证券市场上证券供求双方共同作用的结果。而证券价格的确定，实际上也意味着证券所代表的资产价格的确定。证券市场的有效运行使得价格的确定可以通过证券需求者和证券供给者的竞争形成，为资本提供了合理的定价机制。

3. 资源配置功能

证券市场作为一种直接融资渠道，通过证券价格引导资金的流动，使资金在部门间流动和重新积聚。在交易所内，交易者对证券所属企业的盈利情况和证券价格十分敏感。经营好、盈利多、证券价格看涨的企业会吸引大量资金流入，从而得到发展；反之，经营差、盈利下降、证券价格看跌的企业，其资金就会流出，企业发展也会受到阻碍。

4. 宏观调控功能

目前，许多国家都把公开市场业务作为中央银行宏观调控的三大手段之一（其他两个手段是调节存款准备金率和再贴现业务）。中央银行通过在证券市场上适时适量地买卖有价证券（主要是政府债券）来调节货币供应量，从而调控宏观经济。当社会投资规模过大、经济过热，需要收紧银根时，中央银行就可以在证券市场上卖出政府债券，以减少货币供应量，紧缩投资，稳定币值；而当经济衰退、投资不足时，中央银行就可以在证券市场上买进政府债券，以增加货币供应量，刺激经济增长。

五、国际证券市场及其发展趋势

（一）国际证券与国际证券市场

1. 国际证券[①]

国际证券是各国政府、银行或公司发行并销售的、以某一种或某几种可兑换货币为面值、证明或设立财产所有权的书面凭证。国际证券是国际投资的一种重要形式，也是国际融资的一种重要途径。

国际证券大体可分为股票、债券及金融衍生工具，其发行方式有公募发行和私募发行两种，交易方式有场内交易和场外交易两种。

2. 国际证券市场

国际证券市场是指国家间进行证券发行和交易的市场，分为国际股票市场和外国债券市场[②]，又可分为证券发行市场和证券流通市场，即一级市场和二级市场。一级市场是发行新证券的市场，主要由投资银行、信托公司、经纪人或证券商构成，专门经营证券的发行和分销业务。二级市场是从事已发行证券交易的场所，主要由证券交易所、经纪人、证券商和证券管理机构组成。证券交易所是证券市场的中心。国际证券市场为长期资金的需求者和投资者提供了一个有效的交易场所，促进了长期资本在国家间的转移。国际证券投资同经济波动密切关联，因而国际证券市场起着经济“晴雨表”的作用。国际证券市场还为各国政府进行公开市场活动、实施货币政策创造了重要条件。随着经济全球化和证券交易工具的发展，国际证券市场的波动风险加大，动荡传导加快，屡屡酿成国际金融危机，并对各国经济及世界经济造成冲击。[③]

（二）国际证券市场的发展趋势

世界上第一个证券交易所何时成立尚无定论。有人认为，早在 1250 年，法国图鲁兹就出现了证券交易市场，大约在 1540 年，里昂证券交易所成立；也有人认为，1611 年，荷兰的阿姆斯特丹证券交易所是历史上最早的证券市场的雏形[④]；还有人认为，阿姆斯特

---

① 刘诗白，邹广严. 新世纪企业家百科全书：第 1 卷. 北京：中国言实出版社，2000.

② 戴相龙，黄达. 中华金融辞库. 北京：中国金融出版社，1998.

③ 中国社会科学院经济研究所，刘树成. 现代经济辞典. 南京：凤凰出版社，江苏人民出版社，2005.

④ 中国社会科学院经济研究所，张卓元. 政治经济学大辞典. 北京：经济科学出版社，1998.

丹证券交易所成立于1602年，是世界上最早的交易所。[①] 此后，英国于1696年、美国于1790年也相继建立了本国的证券交易所。17世纪初，阿姆斯特丹成为世界上最早的证券交易中心，到18世纪和19世纪，这一中心转移到英国伦敦。20世纪以来，纽约、伦敦、东京、苏黎世、墨尔本、多伦多、香港等地也发展成为世界证券交易中心。

在国际证券市场发展历史上，19世纪之前，国际证券市场地位并不突出。19世纪30年代或40年代，证券市场才开始发展壮大。19世纪60年代以前，证券交易所的主要交易对象是公债券，股票交易有限。19世纪70年代以后，股票才和债券一起成为主要交易对象。20世纪30—70年代，国际证券市场处于低谷期。两次世界大战期间，国际证券市场危机频发，遭受重挫。20世纪70年代后，受金融体制自由化、金融全球化浪潮的影响，国际证券市场得到迅速发展。20世纪80年代，金融衍生工具获得了持续发展。2004年，金融衍生工具的种类达到20 000多种，复杂金融衍生工具的组合不计其数。20世纪90年代以来，国际证券市场呈现证券产品多元化、市场层次多样化的发展态势；证券交易所完成了公司制改革，兼并日益频繁，证券市场集中度进一步提高；证券市场的经营模式也在发生变化，投资银行在证券市场上的主导地位逐渐由全能银行及混业经营的银行取代；国际证券市场也面临跨境合作监管。到21世纪，国际证券市场出现了新的发展动态，在多个海外市场上市、在全球进行资产配置、证券交易所之间跨国合并或跨国合作的现象日趋增多，证券市场一体化趋势明显；金融机构经营混业化；随着互联网技术的发展，证券市场网络化，同时金融风险开始复杂化和多元化。

第二节　国际股票市场

一、国际股票市场的管理体制

（一）国际股票市场的管理模式

国际股票市场的管理模式大致可分为三类：集中型管理模式、自律型管理模式和中间型管理模式。

在集中型管理模式下，政府通过制定专门的证券市场管理法规，并设立全国性的证券监督管理机构来实现对全国证券市场的管理。美国、加拿大、日本、中国、菲律宾、韩国、中国台湾、巴西、巴基斯坦、印度尼西亚、墨西哥、以色列等经济体采用集中型管理模式。

在自律型管理模式下，除了某些必要的国家立法外，政府较少干预证券市场，主要由证券交易所及证券商协会等组织对证券市场进行自律管理。自律组织通过其章程、规则引导和制约其成员的行为。自律组织有权拒绝接受某个证券商为成员，并对成员的违章行为实行制裁，直至开除其会籍。英国、荷兰、爱尔兰、芬兰、挪威、瑞典、新加坡、

---

① 项俊波．现代金融市场知识手册．北京：中国金融出版社，2007.

马来西亚、中国香港、津巴布韦、肯尼亚、新西兰等经济体采用自律型管理模式。

中间型管理模式既强调立法管理，又注重自律管理。原来采用中间型管理模式的国家有德国、意大利、泰国、约旦等。目前，世界上大多数采用集中型或自律型管理模式的国家已逐渐向中间型管理模式过渡，目的是发挥两种管理模式各自的优势，弥补二者各自的不足。

（二）股票发行市场的管理体制

股票发行市场的管理体制按审核制度可分为注册制和核准制。

在注册制下，股票发行人在准备公开募集和发行股票时，应将依法应公开的各种资料完全、准确地向证券主管机构汇报并申请注册登记，只要股票发行人提供的各种资料中不包含任何不真实的陈述及事项，证券主管机关就应准予注册。注册制一方面为投资者创造了一个信息畅通的投资环境，可以引导和调节投资者的投资规模和方向，另一方面为融资者提供了一个平等的竞争场所。美国、日本是实行注册制的代表性国家，但美国本土公司在美国境内上市并发行证券，除有豁免注册的情况外，一般必须在联邦与涉及的州两个层面同时注册，即美国对于股票发行采用的是双重注册制。联邦对股票发行的监管以要求信息披露为主，大约 40 个州对股票发行的监管则普遍实行实质审核[①]，也就是说，美国的注册制也多包含了实质审核的做法。目前，中国对股票发行市场的管理体制已全面转向注册制。

在核准制下，在发行新股票之前，发行人必须提前上报证券交易所等自律管理机构，经这些机构审查批准后，其股票才可以正式发行上市。发行人不仅要公开有关真实情况，而且必须合乎公司法和证券法中规定的若干实质条件，证券主管机关有权否决不符合实质条件的股票发行申请。核准制遵循的是实质管理原则，即在信息公开的基础上，把一些不符合要求的低质量公司拒之于股票市场门外。核准制较适用于股票市场发展历史不长、投资者素质不高的国家和地区。由于可限制质量不高的公司进入市场，因此核准制的实施对于提高上市公司质量具有重大意义。目前，英国、法国、瑞士以及中国台湾、中国香港、东南亚与菲律宾等新兴经济体对于股票发行（上市）市场的管理体制多是核准制或带有核准制的烙印。

（三）证券商管理体制

证券商是指专门从事有价证券买卖业务的商行或商号，包括证券公司、交易所交易商、零股交易商、证券承销商。对证券投资商的管理主要包括审核制度、组织形式、财力管理、行为管理等几个方面。

审核制度主要有注册制和核准制（特许制）两种。注册制主要利用市场机制和证券交易所的席位限额来限制证券商的数量，只要求证券商提供全面、真实、可靠的资料，而不设实质性条件来限制证券商。特许制除了要求提供全面、真实的资料外，还设立了

---

① 陈帆．“注册制”与“核准制”之辨：证券发行审核制度比较研究．中国外资（下半月），2012，7（3）；吴国基．证券发行审核制度研究．北京：对外经济贸易大学，2005．

许多实质条件来限制证券商的数量。

在证券商的组织形式上，各国的规定不一。传统上，各国证券商多为个人或合伙组织，但由于证券商在证券市场上起着举足轻重的作用，其组织形式要有一定的稳定性，因而目前各国证券商有采取公司形式的趋势。

在对证券商的财力管理方面，各国有提存保证金、规定最低资本额、规定最低流动比率等做法。

对证券商的行为管理指对证券商的经营活动及其高级管理人员和从业者的行为进行管理，在这方面，各国的具体做法有较大差异。例如，美国证券交易委员会和证券交易所对美国投资银行行为的管理制度主要包括经营报告制度、纯资本比例制度、投资经营管理制度、交纳管理费制度和对投资银行违法活动的惩罚制度等。

二、主要的境外股票市场

根据世界银行的统计，截至 2019 年，全球各国和地区股票市场的本国上市公司数量超过 4 万家，股票市场总市值超过 75 万亿美元；美国股票市场的总市值最高，达 338 908 亿美元；印度股票市场有 5 215 家上市公司，上市公司数量居全球第一（见表 10 - 1）。

表 10 - 1　截至 2019 年世界部分国家和地区股票市场的本国上市公司数量与总市值

国家/地区	上市公司数量（家）	总市值（亿美元）	国家/地区	上市公司数量（家）	总市值（亿美元）
印度	5 215	22 869	保加利亚	262	160
美国	4 266	338 908	埃及	246	442
中国	3 777	85 155	瑞士	237	18 345
日本	3 704	61 911	俄罗斯	213	7 915
加拿大	3 358	24 091	沙特阿拉伯	204	24 068
西班牙	2 870	7 973	智利	203	2 038
中国香港	2 272	48 992	秘鲁	196	990
韩国	2 262	14 848	约旦	191	210
澳大利亚	1 952	14 876	尼日利亚	180	439
马来西亚	919	4 040	希腊	176	537
波兰	798	1 516	科威特	164	1 181
越南	745	1 498	墨西哥	139	4 136
泰国	725	5 692	阿联酋	130	2 468
印度尼西亚	668	5 233	新西兰	123	1 079
孟加拉国	611	644	克罗地亚	119	225
德国	470	20 982	阿曼	111	171
新加坡	470	6 973	塞浦路斯	96	43
以色列	414	2 374	毛里求斯	95	86
土耳其	378	1 850	哈萨克斯坦	94	450
巴西	324	11 874	阿根廷	91	394
斯里兰卡	289	157	牙买加	87	158
菲律宾	265	2 753	罗马尼亚	81	261

续表

国家/地区	上市公司数量（家）	总市值（亿美元）	国家/地区	上市公司数量（家）	总市值（亿美元）
突尼斯	81	85	巴林	43	269
摩洛哥	74	654	塞舌尔	33	11
奥地利	71	1 331	巴拿马	32	173
哥伦比亚	66	1 320	斯洛文尼亚	29	79
肯尼亚	59	251	卢森堡	28	442
卡塔尔	47	1 601	马耳他	27	53
科特迪瓦	46	81	捷克	17	263
匈牙利	44	329			

资料来源：世界银行 WDI 数据库.

从地区分布看，截至 2019 年底，美洲地区交易所的总市值最高，其次是亚太地区的交易所；全球上市公司多集中在亚太地区的交易所，在亚太地区交易所上市的公司数量占全球上市公司总量的 57.2%（见表 10－2）。

表 10－2　截至 2019 年底世界各地区交易所的总市值和上市公司数量

地区	总市值（十亿美元）	上市公司数量（家）		
		小计	本国公司	外国公司
美洲	49 916.3	8 399	7 632	767
亚太	36 153.3	28 307	27 723	584
欧洲-非洲-中东	24 323.4	15 034	13 122	1 912
合计	110 393	51 740	48 477	3 263

资料来源：世界交易所联盟（WFE）统计数据.

（一）美国股票市场

美国股票市场是国际性的市场，发行规模和容量都很大。美国约有 14 家在联邦注册的股票交易所，其中既有全国性的，也有区域性的。全国性的证券交易所主要包括纽约证券交易所、全美证券交易所、纳斯达克等；区域性的证券交易所包括费城证券交易所（PHSE）、太平洋证券交易所（PASE）、辛辛那提证券交易所（CISE）、中西部证券交易所（MWSE）以及芝加哥期权交易所（CBOE）等。

1. 发展历程

美国股票市场历史悠久，它的产生可以追溯到 18 世纪。它发端于费城，形成于纽约。美国股票市场的发展可划分为四个阶段。

第一阶段为萌芽时期（1790 年到美国内战爆发）。18 世纪初，美国的证券交易是在商品拍卖市场中进行的，后来，费城商人开的一家咖啡馆成为费城证券交易所的雏形。1790 年，证券经纪人成立费城经纪商协会，同年费城股票交易所成立，这是美国历史上第一家股票交易所。1789—1790 年新成立的联邦政府为筹集战争经费，由国会授权发行 8 000 万美元股票。当时的股票交易大多在咖啡馆内进行。1792 年 5 月 17 日，经营拍卖业务和其他行业业务的 24 名股票交易商约定，每天聚集在某棵树下从事交易。1793 年，该露天交易所迁入华尔街一家咖啡馆。1817年该交易所更名为“纽约证券交易委员会”，1863年又更名为“纽约证券交易所”。

第二阶段为快速成长时期（美国内战爆发到1928年）。美国内战期间，为筹集战争经费和扩大军工企业生产，公司发行了大量股票，股票发行市场和交易市场得到了迅速发展。战后，全国铁路网的建设以及科技的进步也进一步促进了股票市场的繁荣。

第三阶段为调整时期（1929—1954年）。20世纪20年代中后期，美国证券市场投机盛行，泡沫经济泛滥，导致了1929年10月的股票市场大崩溃和30年代的世界经济大萧条。罗斯福新政期间相继出台了1933年《证券法》、1934年《证券交易法》、1939年《信托契约法》和1940年《证券投资者保护法》。这一系列相互配套的法规规范了股票的发行和交易，保护了投资者的权益，构成了美国对证券市场立法管理的基础。

第四阶段为稳步发展时期（1955年至今）。在这一阶段，美国证券市场逐步摆脱了股市崩溃及两次世界大战的影响，步入稳步发展时期。这一阶段的突出特点是，股票市场在企业并购、产业整合中发挥着重要作用，同时新的交易工具不断涌现，以美国证券商协会为主体的柜台交易规模迅速壮大。

2. 股票发行

美国的股票发行采用注册制，发行人既要在证券交易委员会注册，也要在证券交易所注册。在发行注册获得批准前，发行人不得将申请发行的证券上市出售。

美国股票市场发行股票有直接销售和公开发行两种。直接销售是指发行人主要面向机构投资者发售股票。公开发行是指发行人向非特定公众发售股票。

3. 股票交易市场

美国股票交易市场分为场内交易市场和场外交易市场。场内交易市场是指挂牌公司的股票在固定的交易所内进行交易所形成的市场，如纽约证券交易所和全美证券交易所就属于场内交易市场；场外交易市场主要是指柜台交易市场，即在交易所之外采用电子或其他方式交易所形成的市场，又分为纳斯达克市场、场外电子公告牌市场、粉单市场等多层次的市场（见图10-2）。

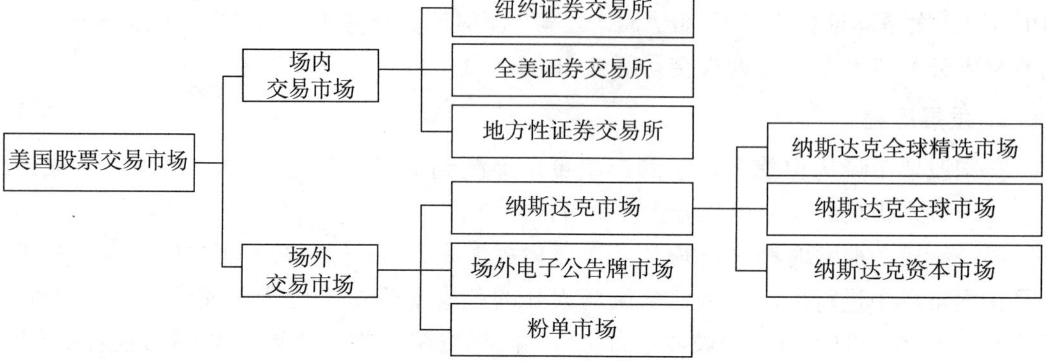

图10-2　美国股票市场的多层次结构

资料来源：叶有明，王钊. 猎杀“中国概念股危机”. 上海：复旦大学出版社，2011.

（二）英国股票市场

英国伦敦是国际股票交易中心，43%的国际股票交易在伦敦进行，只有31%在美国进行。伦敦的股票分析师比欧洲所有其他城市都多。83%的世界顶级律师事务所的总部设在伦敦。伦敦是欧洲专家和支持服务的最大集中地。在伦敦，机构投资者是股票市场的主要参与者，占据了99%的交易额和95%的交易量，而美国的股票市场是一个高度零售市场，波动性更大。

1. 发展历程

英国股票市场的产生最早可追溯到1553年成立的俄罗斯公司的股票交易和1600年成立的东印度公司的股票交易。1733年，英国的第一个证券交易所在伦敦约那森咖啡馆成立。1802年，该交易所获得政府的批准与承认，最初主要交易政府债券，之后陆续开始交易企业债券和矿山、运河股票。19世纪前，英国政府对股票市场的发展采取限制政策。19世纪中叶，随着重工业的发展，英国出现了资本规模扩大和集中的兼并趋势，促进了股份制的发展，同时英国对外领土的扩张和工业化的强劲发展也推动了英国股票市场壮大，确立了伦敦作为世界金融中心的地位。

第一次世界大战之前，伦敦证券交易所一直是世界第一大证券交易市场。受两次世界大战及美国经济实力快速增长的影响，第二次世界大战后伦敦证券交易所的国际地位开始下降。1911—1985年间，伦敦证券交易所一直保持传统的基本制度不变，即实行最低佣金制度和“单一资格”原则，禁止外国公司、银行和保险公司成为交易所的会员，提倡“职能专门化”等，虽然在此期间经过多次重组合并，但伦敦证券交易所的竞争力仍然逐渐下降。直到1986年实施重大改革后，伦敦证券交易所在国际证券市场中的地位才得到巩固和回升。

2. 股票发行

英国证券市场采用自律监管模式，而且实施的是法律框架下的自律监管，即以自律为主，同时，政府又适时建立健全证券市场监管的法律体系。其自律监管体系包括英国证券交易所协会、英国企业收购和兼并问题专门小组和英国证券业理事会。[①] 目前，由根据2000年的《金融服务与市场法》设立的金融服务局（FSA）对证券业、银行业和保险业进行监管。

英国证券交易所采用会员制，参与场内交易的证券交易者必须是其会员；证券交易所通过制定《证券上市指南》规定证券上市的条件，还可制定规则明确公司必须达到的盈利能力等级，并以此作为批准其证券上市的依据。

英国股票发行采取的主要方式有向社会大众公开发行、招标发行和向老股东发行等。其中，公司发行股票时，采用向老股东发行这一方式的次数最多，融资金额也最大，采用向社会大众公开发行这一方式发行的次数不多，融资金额也不大。

---

① 陈晋胜. 伦敦证券交易所与英国证券市场的法制特色. 税收与企业，1994（11）.

3. 股票交易市场

英国的股票交易主要集中在证券交易所内完成。伦敦证券交易所采用计算机自动报价系统，实现24小时全球性证券交易。在交易方式上，伦敦证券交易所实行“T+1”交易，即凡英国公司股票一律在成交的第二天结算交割完毕。

另类投资市场（alternative investment market，AIM）是1995年伦敦证券交易所成立的欧洲首家二板市场，主要为新创建的中小企业提供融资服务。AIM对公司的资金实力、企业规模、盈利状况等都没有限制。此外，还有为更初级的中小企业融资服务的未上市公司股票交易市场（off-exchange，OFEX）。

（三）德国股票市场

1. 发展历程

1666年，德国第一个官方股票交易机构诞生。此后的一个多世纪，德国逐渐形成了初具规模的股票集中交易场所。由于政府经济政策的推动和本国银行业对金融证券业的促进，德国股票市场发展迅速。到第一次世界大战爆发之前，德国股票市场已相当发达，法兰克福证券交易所已经发展成为国际性的证券市场。但是，后来的两次世界大战严重削弱了德国经济，德国证券市场也一蹶不振。1957年以后，随着德国经济的复苏，股票投资才开始活跃起来。1980年以来，德国政府采取了一系列放松金融市场管制的措施，有力地促进了德国股票市场的发展。

目前，德国股票市场以法兰克福证券交易所为主，此外还有几个地区性的股票交易所，各交易所都有自己的特色。

2. 德国股票市场的监管与结构

德国股票市场的监管法律有《德国交易所法》和《德国证券交易法》。证券业管理机构有联邦财政部、金融监理局、联邦证券监督局、州经济部和州商会。按公法和私法，可将交易所分为公法市场和私法市场。公法市场包括官方市场、调控市场、自由市场；私法市场包括德国新市场等。

2003年1月1日，法兰克福股票交易所采用了一种新的结构，即分为主板市场和普通市场。主板市场针对以国际投资者为发行对象的公司，普通市场针对那些主要是想吸引国内投资者并对低成本的上市方式感兴趣的中小型公司。

3. 德国股票上市的条件及发行程序

按照《德国交易所法》，德国证券交易所审核委员会负责审批上市并制定上市准则，对上市公司进行审核的重点是招股说明书的真实性。

德国对上市公司有一些限制条件，例如，IPO公司的首发股票总面值不能少于5万欧元，股票面值不低于2.5欧元。在官方市场申请发行股票的最低市值为125万欧元，流通股不能少于25%，营业额一般要达到5 000万欧元，企业至少保持三年盈利记录。德国的上市成本一般不会超过上市融资额的15%，甚至更低，但也不能一概而论，要视融资额而定。

在德国股票市场发行的股票除了普通股、优先股等一般形式外，还有政策性股份公司为了融资而发行的大众股票、大型股份制公司发行的全球性股票、过渡性股权凭证和公司内部职工股等特殊形式。

股票发行程序一般分为两个阶段：第一阶段，拟发行股票的公司向证券交易所提交发行申请书，随申请书附上公司的注册商标、公司章程、财务报表、经审计的近三年经营业绩、发行股票的有关法律文件、国家有关部门的批准文件以及拟发行股票的样本等。发行申请需在有关证券报刊上公布。交易所要在发行申请公布后三天内对递交的所有文件进行审核，并做出是否同意该公司股票上市的决定。第二阶段，如果股票被批准上市，那么公司要在原刊登发行申请的报刊上发布招股说明书，招股说明书发布后三天，该公司的股票就可以在证券交易所上市交易。

（四）日本股票市场

日本股票市场是仅次于美国的全球第二大证券市场，截至 2013 年 7 月 16 日，日本证券交易所共有 3 900 家上市公司，是亚洲地区成交最活跃的股票市场。

1. 发展历程

日本股票市场最早出现于近代明治维新时期，1878 年 6 月开业的东京证券交易所是日本最早的证券交易所。第二次世界大战以前，日本股票市场并不发达。1947 年，日本颁布《证券交易法》，并于次年修订了该法。此后，1949 年 4 月，日本在东京、大阪、名古屋建立了三个交易所；同年 7 月，设立京都、神户（1967 年 10 月解散）、广岛、福冈、新潟五个证券交易所；1950 年 4 月，设立札幌证券交易所。2000 年 3 月，广岛证券交易所、新潟证券交易所与东京证券交易所合并；2001 年 3 月，京都证券交易所与大阪证券交易所合并。2004 年，设立佳斯达克（JASDAQ）证券交易所。2010 年 4 月，大阪证券交易所和佳斯达克证券交易所合并成新的大阪证券交易所，但在大阪证券交易所设有佳斯达克市场。2013 年初，东京证券交易所和大阪证券交易所合并。

2. 股票发行

日本股票发行实行注册制，主管机关是金融厅，并主要由金融厅下设的督察局负责。主管机关对股票发行的审核强调公开原则和形式审查原则，只要求发行人信息公开，对其投资价值不做实质性判断。

东京证券交易所和大阪证券交易所是日本的主板市场。其中，东京证券交易所的主板分为第一事业部和第二事业部两个层次，以保证上市证券平稳转板和退市。此外，东京证券交易所还建立了 MOTHERS（创业板）市场、佳斯达克（创业板）市场、东京 AIM。①

日本企业的新股发行方式可分为有偿增资、无偿增资和有偿与无偿配合筹资三种。有偿增资指投资者以现金或其他财产的实际缴付来承购新发行的股票，发行的价格多按股票的面值计算。这是日本最为流行的通过发行新股进行增资的方式，包括：向老股东发行新股认购权；向特定的多数投资者发行新股认购权；向不特定的多数公众发行新股

① 周佰成，王辰，吕海升. 现代日本经济. 中日股票市场发行制度比较研究，2011（5）.

认购权。无偿增资实际上是对股份进行分割，其结果是股票发行数量增加。有偿与无偿配合筹资即将公积金转入股本，同时向老股东发行新股票。

（五）当代中国股票市场

中国历史上最早的股份制企业可追溯到清光绪四年 6 月 25 日成立的开平矿务局，最早的股票就是当时计划的招股 80 万两。[①] 1882 年成立的上海平准股票公司称得上是中国近代最早的股票交易所。[②]

中国股票可按认购主体、股东权益、上市地点、流通性质、经营业绩等来分类（见图 10－3）。

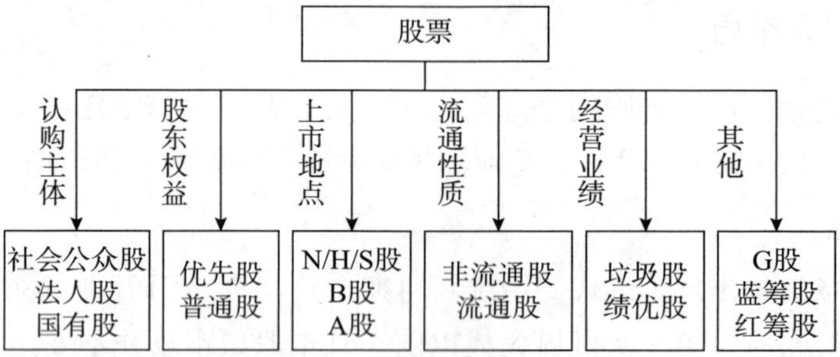

图 10－3 股票分类示意图

资料来源：项俊波．现代金融市场知识手册．北京：中国金融出版社，2007.

上述分类中各类股票的含义分别是[③]：

A 股（A share），也称人民币普通股股票，是由中国境内的中资公司发行，并由中国境内机构、组织或个人（不含港、澳、台投资者）认购投资的以人民币计价的记名式普通股股份。

B 股（B share），正式名称是人民币特种股票。它是以人民币标明面值，以外币认购和买卖，在境内（上海、深圳）证券交易所上市交易的股票。1991 年，上海证券交易所和深圳证券交易所开始 B 股交易，这为外国投资者提供了一条在我国市场合法投资的途径。在 2001 年 2 月前，B 股的投资者仅限于外国的自然人、法人和其他组织，港澳台地区的自然人、法人和其他组织，定居在国外的中国公民，以及中国证监会规定的其他投资者。2001 年 2 月 19 日之后，中国证监会宣布对内开放 B 股市场，准许持有合法外汇的境内居民买卖 B 股。

H 股（H share）、N 股（N share）和 S 股（S share）。H 股是以港元计价的、在香港发行并上市的中国内地企业的股票。香港的英文是 Hong Kong，取其首字母，在港上市外资股就叫作 H 股。依此类推，纽约的第一个英文字母是 N，新加坡的第一个英文字母是 S，所以在纽约和新加坡上市的中国内地企业股票就分别叫作 N 股和 S 股。

---

① 天津市旅游局，何焕臻，郭凤岐．历史大事 100 件．天津：天津古籍出版社，2009.

② 宋士云．清朝末年中国的证券市场．山东师范大学学报（社会科学版），1997（6）.

③ 项俊波．现代金融市场知识手册．北京：中国金融出版社，2007.

国有股（state-owned share）是国家股和国有法人股的总称。其中，国家股是指有权代表国家投资的部门或机构以国有资产向公司投资而形成的股份，包括公司现有国有资产折算成的股份。国有法人股是指具有法人资格的国有企业、事业及其他国有单位以其依法占用的法人资产向独立于自己的股份公司出资形成或以法定程序取得的股份。

法人股（institute-owned share）是指企业法人或具有法人资格的事业单位和社会团体以其依法可经营的资产向公司投资所形成的股份。根据认购的对象，可将法人股进一步分为境内发起法人股、外资法人股和募集法人股三种。

社会公众股（public share）是指我国境内个人和机构以其合法财产向公司投资所形成的股份。

流通股（tradable share）是指由股份公司发行的可以在二级市场即上交所和深交所买卖的股票。

非流通股（non-tradable share）是指不允许在二级市场上买卖的股票，在我国指股权分置改革前的国有股和法人股。

改革开放以来，当代中国的股票市场发展经历了四个阶段：第一个阶段是1980—1991年的复兴和起步时期。1980年中国人民银行抚顺支行代理企业发行股票211万元，这是改革开放以来有记载的第一次股票发行，也是中国民间尝试发展股票市场的开端。1984年北京的天桥百货股份有限公司正式成为中国第一家股份制企业。随后，上海的飞乐公司、深圳的宝安公司相继发行了股票。1988年前后，上海和深圳出现了地区性的股票交易。1990年12月，上海证券交易所、深圳证券交易所相继开业，拉开了中国股票交易的序幕。1991年，上海证券交易所和深圳证券交易所开始办理B股交易，1991年底，上海电真空B股成为中国第一只B股。截至1990年底，中国共有4 750家企业发行了各种形式的股票，共筹资42.01亿元。其中，通过公开发行股票筹资17.39亿元，通过非公开发行股票筹资24.62亿元。第二个阶段是1992—1999年的扩容和成长时期。在这个以增量创新为主导的阶段，中国股票市场结束了试点阶段和分散发展模式，逐渐形成了一个统一的全国性市场。在沪、深两个市场，上市公司数量由1992年的53家增长到1999年的949家，股票总市值也由1 048亿元增长到26 485亿元。[①] 第三个阶段是2000—2008年的规范发展时期。这一阶段我国完成了股权分置改革，使资本市场的融资和资源配置功能得以实现，促进了公司的上市。上市公司的数量由2000年的1 088家增长到2008年的1 625家，股票开户数达15 198万户。第四个阶段是2009年至今的深化发展阶段。2009年10月创业板的推出标志着我国多层次资本市场体系框架基本建成。2013年12月，新三板准入条件放开，新三板市场正式扩容至全国。2010年3月30日，沪深交易所推出了融资融券业务。2014年11月17日和2016年12月5日，深港通和沪港通先后开通，境内资本市场与香港资本市场的联系进一步增强，资本市场双向开放又往前迈进了一步。2019年6月13日，科创板正式开板；2020年，创业板开始实施注册制；2023年，注册制的全面实施和产品的不断创新推动着中国多层次的资本市场全面深化改革向前发展。

表10-3中的数据反映了1992—2020年我国股票市场发展概况。

---

① 扈春香，隋嘉滨. 改革开放以来中国股票市场的发展和变迁. 边疆经济与文化，2010 (3).

表 10－3　1992—2020 年我国股票市场发展概况

年份	股票数量（只）		上市公司数量（家）		上市公司股本数量（亿股）		流通股本数量（亿股）		股票总市值（亿元）		流通市值（亿元）		成交量（亿股）		日均成交量（亿股）		成交金额（亿元）		日均成交金额（亿元）		换手率（%）		市盈率（倍）	
	上交所	深交所	上交所	深交所	上交所	深交所	上交所	深交所	上交所	深交所	上交所	深交所	上交所	深交所	上交所	深交所	上交所	深交所	上交所	深交所	上交所	深交所	上交所	深交所
1992	38	33	29	24	46.94	26.28		8.55	558.4	489.75		170.64	17.78	19.12	0.07	0.07	248.96	434.08	0.97	1.69		329.78		33.81
1993	123	95	106	77	206.62	122.06	45.43	36.19	2 195.69	1 335.32	423.94	408.34	147.42	79.15	0.57	0.31	2 340.54	1 286.67	9.04	4.97		459.54	42.48	33.36
1994	203	142	171	120	419.06	221.95	108.06	77.57	2 600.13	1 090.49	586.96	381.94	656.76	356.58	2.61	1.41	5 735.07	2 392.56	22.76	9.49	1 134.65	579.9	23.45	10.29
1995	220	161	188	135	498.25	271.83	119.85	105.13	2 525.66	948.62	587	351.22	513.83	191.48	2.03	0.76	3 103.46	932.99	12.27	3.69	528.72	241.55	15.7	9.48
1996	329	270	293	237	671.19	439.54	186.81	158.76	5 478.01	4 364.57	1 408.74	1 458.29	1 101.88	1 431.26	4.46	5.79	9 114.82	12 217.4	36.9	49.46	913.43	1 173.86	31.32	34.85
1997	422	399	383	362	975.57	795.86	285.76	275.06	9 218.07	8 311.17	2 513.47	2 690.95	1 215.68	1 344.34	5	5.53	13 763.17	16 958.7	56.64	69.79	701.81	746.4	39.86	39.86
1998	477	455	438	414	1 280.35	1 066.3	379.73	361.97	10 625.9	8 888.12	2 947.45	2 802.9	1 127.95	1 026.15	4.59	4.17	12 386.11	11 158.1	50.35	45.36	453.63	379.34	34.38	30.62
1999	525	506	484	465	1 580.15	1 331.3	494.41	459.24	14 580.5	11 904.68	4 249.69	3 971.42	1 560.38	1 372.52	6.53	5.74	16 965.79	14 356.6	70.99	60.07	471.46	386.79	38.13	36.32
2000	614	560	572	516	2 032.42	1 583.8	648.99	585.36	26 930.9	21 190.65	8 481.33	7 616.67	2 437.65	2 321.8	10.2	9.71	31 373.86	29 461.3	131.27	123.27	498.8	483.1	58.22	56.03
2001	690	558	646	514	3 164.44	1 687.4	837.53	650.13	27 590.6	15 992.33	8 382.11	6 106.71	1 819.95	1 335.97	7.58	5.57	22 709.38	15 616	94.62	65.07	243.6	206.3	37.71	39.8
2002	759	552	715	509	3 727.84	1 736.4	992.53	687.73	25 363.7	12 975.07	7 467.3	5 019.9	1 781.1	1 236.05	7.52	5.22	16 959.09	11 034.8	71.56	46.56	202.68	186.14	34.43	36.99
2003	824	550	780	507	4 170.39	1 833	1 157.1	741.95	29 804.9	12 672.71	8 201.14	4 983.99	2 692.73	1 470.36	11.17	6.1	20 824.14	11 291.1	86.41	46.85	252.07	213.29	36.54	36.19
2004	881	582	837	540	4 700.55	2 014.2	1 366.58	827.57	26 014.3	11 066.61	7 350.88	4 350.32	3 607.74	2 219.99	14.85	9.14	26 470.6	15 863.4	108.93	65.28	304.69	301.36	24.23	24.64
2005	878	589	834	547	5 023.05	2 140.5	1 561.21	937.68	23 096.1	9 349.89	6 754.61	3 883.4	3 986.59	2 637.14	16.47	10.9	19 240.21	12 424.6	79.51	51.34	283.49	315.18	16.33	16.36
2006	886	634	842	592	10 279.5	2 404.5	2 254.48	1 190.02	71 612.4	17 828.97	16 428.33	8 592.78	10 283.9	5 861.29	42.67	24.32	57 816.6	32 652.3	239.9	135.49	544.39	552.01	33.3	32.72
2007	904	732	860	690	14 173.1	2 827.4	3 399.3	1 534.34	269 839	57 452.44	64 532.17	28 608.49	24 325.4	12 078.4	100.52	49.91	305 434.29	155 122	1 262.13	641	817.72	818.67	59.24	69.75
2008	908	803	864	761	15 410.4	3 489.7	4 916.04	2 048.93	97 251.9	24 289.14	32 305.91	12 997.11	16 311.6	7 819.79	66.31	31.79	180 429.95	86 682.7	733.46	352.37	384.11	447.24	17.99	16.73
2009	914	890	870	848	16 660	3 946.3	11 578.6	2 621.63	184 655	59 448.68	114 805	36 537.07	33 679.6	17 427.4	138.03	71.42	346 511.91	189 475	1 420.13	776.54	523.12	747.76	27.04	46.01

续表

年份	股票数量（只）		上市公司数量（家）		上市公司股本数量（亿股）		流通股本数量（亿股）		股票总市值（亿元）		流通市值（亿元）		成交量（亿股）		日均成交量（亿股）		成交金额（亿元）		日均成交金额（亿元）		换手率（%）		市盈率（倍）	
	上交所	深交所	上交所	深交所	上交所	深交所	上交所	深交所	上交所	深交所	上交所	深交所	上交所	深交所	上交所	深交所	上交所	深交所	上交所	深交所	上交所	深交所	上交所	深交所
2010	938	1 211		1 169	21 939.5	5 045	16 031.3	3 410.85	179 007	86 415.35	142 337.4	50 772.97	25 964.4	16 187.6	107.29	66.89	304 312.01	241 322	1 257.49	997.2	259.25	587.29	16.71	44.69
2011	975	1 453	931	1 411	23 466.7	6 278.5	17 993.8	4 506.06	148 376	66 381.87	122 851.4	42 069.94	21 192.9	12 763.7	86.86	52.31	237 555.3	184 089	973.59	754.46	163.75	353.48	12.08	23.11
2012	998	1 581	954	1 540	24 617.6	7 216	19 521.3	5 256.89	158 698	71 659.18	134 294.5	47 363.81	18 928.4	13 932.1	77.89	57.33	164 460.86	150 122	676.79	617.79	128.19	325.84	12.59	22.02
2013	997	1 577	953	1 536	25 751.7	8 070.4	23 731.1	6 265.99	151 165	87 911.92	136 526.4	63 053.16	26 718.9	21 653.8	112.26	90.98	230 266.02	238 463	967.5	1 001.94	169.22	423.79	10.99	34.05
2014	1 039	1 657	995	1 618	27 085.2	9 709.9	24 914.6	7 374.66	243 974	128 572.9	220 495.9	95 128.44	42 567.4	30 815.7	173.74	125.8	375 634.4	366 751	1 533.2	1 496.94	242.01	471.99	15.99	41.91
2015	1 125	1 784	1 081	1 746	30 244.9	12 779	27 417.8	9 625.6	295 387	236 110	254 117.4	163 797.6	101 702	69 337.8	413.42	284.2	1 325 590.45	1 224 950	5 388.58	5 020.29	489.63	825.65	17.63	52.75
2016	1 226	1 908	1 182	1 870	32 707.8	16 043	29 372.3	11 763.8	284 608	223 078.3	240 006.2	153 395.4	45 718.6	49 806.8	187.37	204.1	501 700.42	775 980	2 056.15	3 180.25	158.43	541.76	15.94	41.21
2017	1 440	2 127	1 396	2 089	35 288.4	18 458	31 119.5	13 925.4	331 325	235 761.3	281 365.7	167 932.5	43 799.3	43 981.5	179.51	180.3	507 770.1	616 855	2 081.02	2 528.09	180.47	412.88	16.3	36.21
2018	1 494	2 172	1 450	2 134	37 709	19 872	33 497.2	15 550.3	269 515	165 409	232 698.8	121 095.5	37 234.7	44 802.6	153.23	184.4	401 965.01	499 774	1 654.18	2 056.68	150.91	356.92	12.49	20
2019	1 615	2 242	1 572	2 205	40 199.4	21 521	35 170.2	17 317.4	355 520	237 414.9	301 254.5	182 206.7	53 792.2	72 832.1	220.46	298.5	543 844.01	730 315	2 228.87	2 993.09	157.59	456.16	14.55	26.15
2020	1 843	2 390	1 800	2 354	42 623.8	22 855	37 501.5	18 852	455 322	341 916.6	380 013	263 592.3	68 360.9	99 091	281.32	407.8	839 860.86	1 228 392	3 456.22	5 055.11	258.5	555.88	16.76	34.51

资料来源：国研网。

第三节　国际债券市场

一、国际债券市场概述

（一）国际债券市场的组成结构

国际债券市场由债券发行市场和债券交易市场组成。债券发行市场是资金需求者（债券发行人）通过发行债券筹集资金的场所。

债券发行市场由债券发行人、投资者和中介机构三者组成。债券发行人一般包括中央政府、地方政府、公共事业机构、金融机构、企业以及国际组织等。债券发行人要从市场上筹集资金，就必须遵从一定的法律程序，并接受管理当局的监管，而且通常需要经过信用评级机构的评级。债券的投资者一般分为个人投资者、机构投资者和外国投资者三大类。其中，机构投资者指的是保险公司、储蓄银行、养老金和投资基金管理机构等。债券发行市场的中介机构指那些代表债券发行人或投资者办理一切有关债券发行实际业务和事务性工作的机构，包括投资银行、证券公司、承购银行和信托投资公司等可以代理、经营证券发行业务的机构。

债券交易市场也叫转让市场、流通市场或二级市场，是债券交易的场所。这一市场的参与人主要有债券投资者和证券经营中介机构。在交易市场上，投资者可以根据对债券行情的判断，随时委托中介机构买进或卖出债券；中介机构也可以开展自营业务或代理债券买卖。

（二）国际债券市场的产品结构

根据国际清算银行的统计，国际债券的发行主体主要有国际金融机构、企业（公司）和政府，因此，按发行主体的不同，国际债券可分为国际金融机构债券、企业债券与政府债券。按债券期限的不同，国际债券可分为国际货币市场工具（international money market instrument）[①] 和中长期债券与票据两大类。其中，货币市场工具又可分为商业票据（commercial paper）和其他工具，这两类又都可按发行机构和发行币种的不同进行细分。中长期债券与票据又按可浮动汇率（floating rate）和固定汇率（straight fixed rate）来细分。按币种，国际债券可分为美元债券、日元债券、欧元债券和其他币种债券（见图 10－4）。

（1）国际金融机构债券、企业债券与政府债券。

在国际债券中，债券发行的主体主要有国际金融机构、企业（公司）和政府。其中，2008 年以前，国际金融机构债券在全球债券中占主导地位，多数年份的净发行额在净发行总额中所占的比重超过 80%，但从 2008 年开始这一比重下降；与之相反，企业债券和

① 货币市场工具是指期限小于或等于 1 年的债务工具，它具有很高的流动性，属固定收益证券的一部分。主要货币市场工具有短期国债、大额可转让定期存单、商业票据、银行承兑汇票、回购协议等。

政府债券的净发行额在净发行总额中所占的比重则上升。2011 年企业债券的净发行额首次超过国际金融机构债券的净发行额（见图 10－5）。

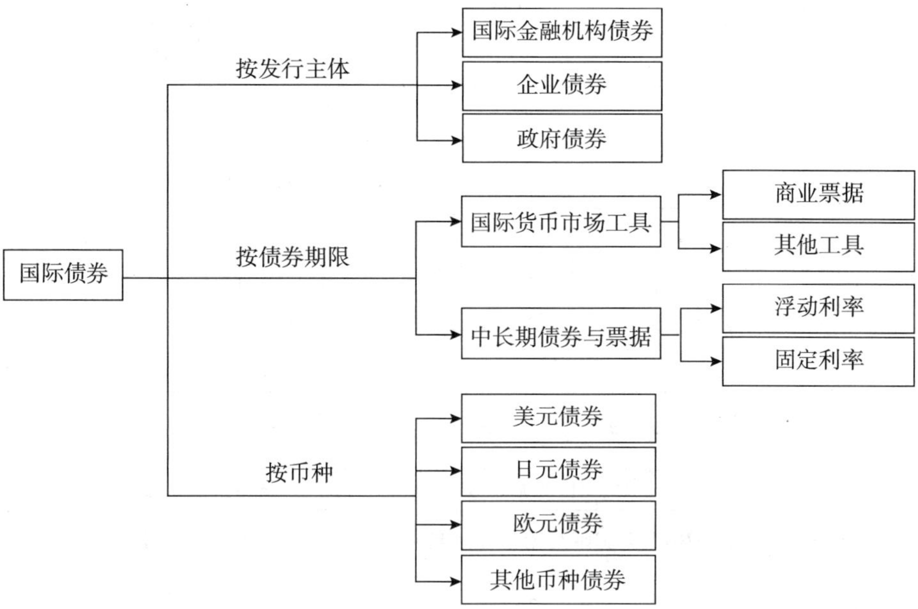

图 10－4 国际债券市场的产品结构

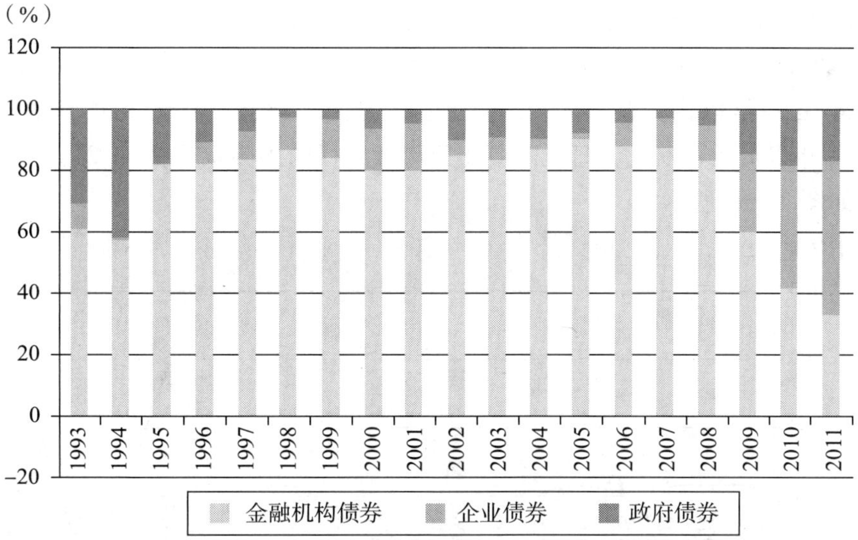

图 10－5 1993—2011 年国际金融机构债券、企业债券和政府债券所占比重

（2）国际货币市场工具和中长期债券与票据。

在国际债券市场上，期限为一年及一年以下的国际货币市场工具的净发行额较小，相较而言，中长期债券与票据的净发行额相对较大（见图 10－6）。

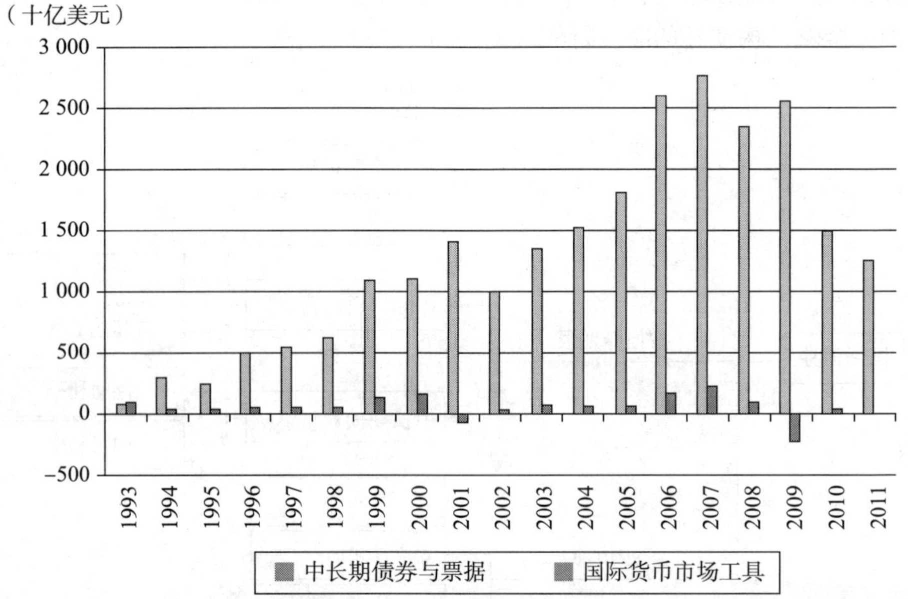

图 10－6　1993—2011 年国际货币市场工具和中长期债券与票据的净发行额比较

按国际清算银行的统计，国际货币市场工具包括商业票据和其他工具。1993—2011 年，国际货币市场工具的净发行额的变化呈现波动趋势，其中在 2001 年、2009 年变化明显（见图 10－7）。从国际货币市场工具的发行主体看，国际金融机构债券的净发行额在各年的净发行总额中所占的比重较大，占主导地位（见图 10－8）；从发行的币种看，期限在一年及一年以内的国际债券主要是以美元、欧元、日元和英镑等币种发行，1993—2011 年以美元、欧元、日元和英镑等币种发行的国际债券的净发行额占净发行总额的比重如图 10－9 所示。

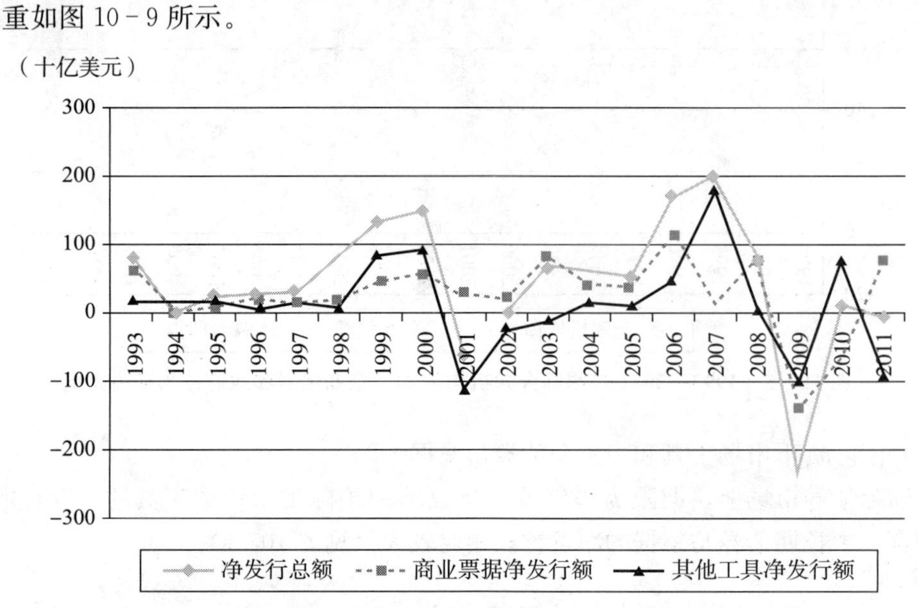

图 10－7　1993—2011 年商业票据和其他工具净发行额的变化趋势

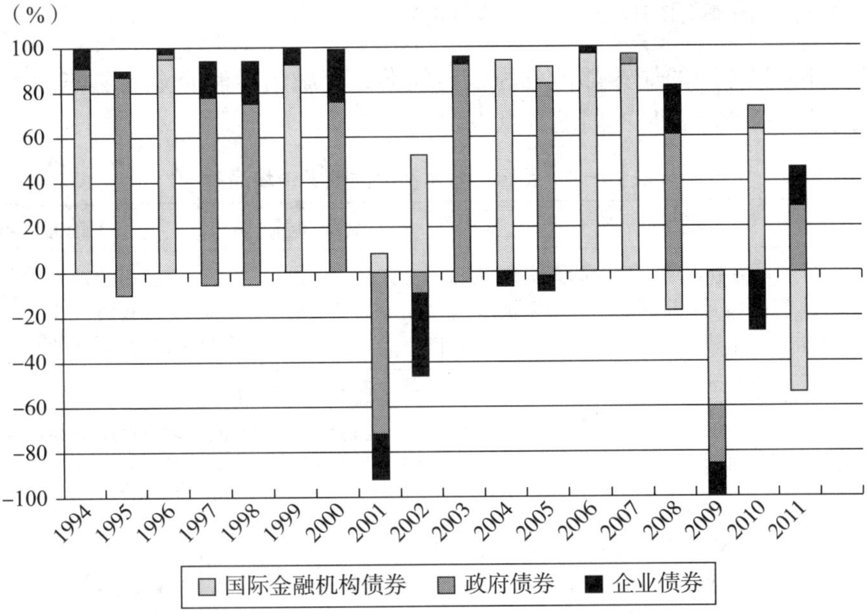

图 10－8　1994—2011 年不同发行主体的国际债券净发行额占净发行总额的比重

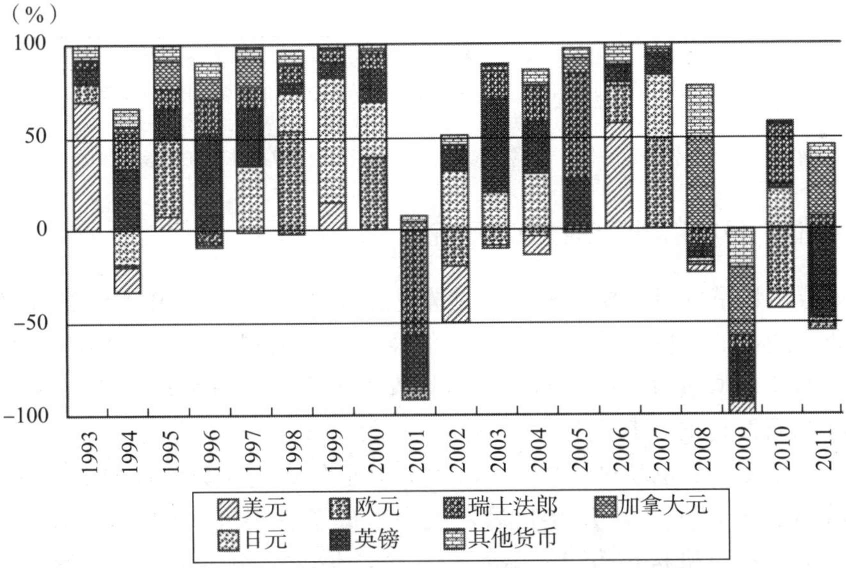

图 10－9　1993—2011 年不同币种的国际债券净发行额占净发行总额的比重

二、美国、日本和德国的债券市场

世界上大多数国家的债券市场大体相似，美国、日本和德国这三个国家的债券市场最有代表性。本小节主要介绍美国、日本和德国的债券市场。①

① 魏玺. 境外主要债券市场的比较分析及其启示. 世界经济情况，2008 (8).

（一）美国、日本和德国的债券市场种类

美国、日本和德国的债券都可分为政府债券、金融债券和企业债券三大类，但每个国家此类债券包括的品种是不同的（见表 10-4）。

表 10-4　美国、日本和德国债券市场品种

	政府债券	金融债券	企业债券
美国	国债、联邦机构债券和市政债券（地方政府债券）。前两种又可以分为国库券、国库票据和国库公债	无	按债券品种可分为普通企业债券和资产支持债券，是美国企业融资的主要方式
日本	国债（按融资目的可分为建设债券、再融资债券和赤字开支债券）、政府机构债券和地方政府债券	金融机构发行的债券，包括贴现金融债券和付息金融债券	日本企业债券市场不发达
德国	联邦债券（Federal Bonds）、国库券（Treasury Notes）、五年期特别联邦债券（Five-Year Federal Bonds）、联邦储蓄债券（Federal Savings Bonds）、联邦财政金融票据（Federal Treasury Financial Paper）和联邦贴现债券（Federal Discount Bonds）	专业抵押银行、公营银行发行的抵押债券以及其他金融债券	企业债券的发行手续复杂，成本较高，因而在债券市场上所占份额较小

说明：美国的债券分类中没有金融债券一项，银行与金融公司发行的债券被统计在企业债券中，联邦政府控制的金融机构发行的机构债券被统计在联邦机构债券中，金融机构发行的其他债券则分别被统计在抵押担保债券和资产支持债券中。

资料来源：陈勇. 宏观经济、货币政策与债券市场：理论分析与中国实证. 南开大学，2010.

（二）美国、日本和德国债券市场概况

美国债券市场是世界上规模最大、最发达的债券市场。美国债券市场的发展和结构变迁有非常明显的阶段性特征，在不同的经济发展阶段，债券市场的规模和结构都有所不同。初期以国债为主，后期企业债券成为主要的融资手段。美国国债最早是为筹集战争经费而发行的，其后稳健发展，20 世纪 70 年代成为美国第一大债券品种，同时企业债券的发行量也超过了股票。此后，企业债券在垃圾债券的推动下快速发展，而国债的增幅下降。20 世纪 80 年代后，美国形成了种类齐全的债券市场，主要债券品种包括国债、联邦机构债券、市政债券、企业债券、衍生债券和国际债券六大类，商业银行以外的机构投资者逐渐成为债券市场的主要投资者。① 1996 年以来，不动产抵押贷款相关证券（MRS）在美国债券市场中所占份额增加，达 25%～45%；2007 年，美国国债发行量增大，目前所占市场份额与 MRS 持平；资产支持债券 2007 年以来呈明显下降趋势；其他债券的市场份额则小幅波动（见图 10-10）。2011 年美国债券发行量达 54 053 亿美元。

---

① 吴迪. 美国债券市场发展对我国的有益启示. 亚太经济，2006 (2).

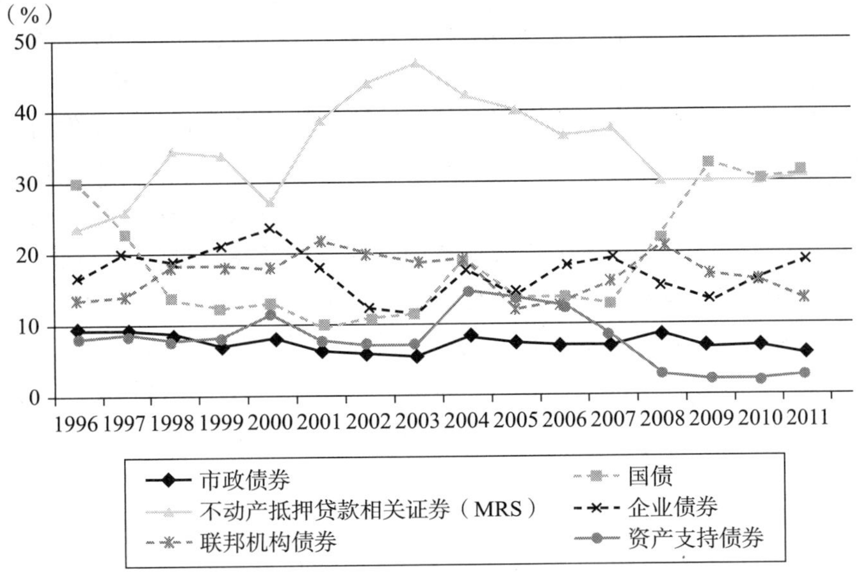

图 10-10 美国债券市场上各类型债券的市场份额

资料来源：美国证券业和金融市场协会（SIFMA）.

日本债券市场从国债起步，后来才发展企业债券。二战后日本国债市场的发展经历了两个阶段：二战后至 20 世纪 70 年代，国债发行从实现均衡财政功能向公债发行转变；20 世纪 70 年代之后，国债发行实现市场化。20 世纪 80 年代以前，日本企业发行债券都要求担保，实行企业债券银行托管制度，这实际上是对企业债券发行的变相限制。20 世纪 80 年代，日本企业倾向于在海外而不是在国内发行企业债券，国内企业债券发行市场呈现空心化。此后，日本政府开始逐步放松管制，先后放宽对担保的要求，废除发行限额制度、托管制度和对发行企业的限制等，企业债券市场逐渐走上自由化之路。① 尤其是 1998 年以后，日本国债发行的市场化操作和竞争拍卖方式得到进一步发展，并逐渐实现完全市场化。②

在日本的债券流通市场，柜台交易和交易所交易并存。其中，柜台交易占绝对优势，而在柜台交易中零售交易又占主导地位。在日本的证券交易所中，只有东京、大阪和名古屋三个证券交易所经营上市债券交易业务。在交易品种中，国债、企业债券以及日元境外债券占有较大比重。

日本债券市场的债券产品包括国债（一般政府债券）、地方债券、政府担保债券、企业债券和非居民日元债券等。日本债券市场的主体是政府债券，其中最重要的是国债，企业债券和金融债券所占份额很小且日渐下滑。从日本各债券品种的发行额占比看，1998 年，国债占 64.04%，企业债券占 15.10%，金融债券占 17.6%；2010 年，国债占比上升至 83.56%，企业债券占比降至 4.94%，金融债券占比降至 1.97%。从存量流通

① 中国进出口银行经济研究院，大和证券 SMBC 株式会社研究院．日本债券市场发展经验及对中国的启示．金融时报，2007-11-27.

② 许祥云，吴烨．日本债券市场国际化中的非居民参与困境．日本学刊，2012（1）.

总额占比看，结论一致：1998 年国债占 57.19%，企业债券占 22.25%，金融债券占 11.62%；2010 年，国债占比上升至 78.82%，企业债券占比降至 6.71%，金融债券占比降至 1.81%。[①]

德国债券市场的主要品种包括金融债券、政府债券和企业债券。从发行比例看，金融债券规模最大，大多数年份占到总发行量的一半以上；政府债券次之，企业债券规模最小，大多数年份仅占 10%左右。金融债券可分为由专业抵押银行、公营银行发行的抵押债券以及其他金融债券，购买者通常是德国本地银行及法人投资者。政府债券是各级政府和各经济主管部门为筹措兴建全国性与地方性公共事业的资金而发行的，主要可分为联邦债券、国库券、五年期特别联邦债券、联邦储蓄债券、联邦国库金融票券和联邦贴现券等种类。德国金融体系比较健全，间接融资较发达，在有抵押品的情况下，公司可以很容易地从银行获得贷款，因此企业债券所占份额较小。欧洲债务危机以来，德国和欧元区债券市场也受到了一定的冲击，国债发行的规模受限，金融债券增长放缓，企业债券市场规模扩大，但政府债券、金融债券、企业债券占德国和欧洲债券市场的比重并没有发生根本性变化。

（三）市场监管体制

美国的债券发行实行注册制，申请发行债券的公司必须填写注册申报书，并在证券交易委员会（SEC）注册。市政府、州政府、联邦政府和其他政府机构，以及慈善机构、银行和符合州际贸易法的债券持有人所发行的债券享有注册豁免权，以私募方式发行债券也可以得到注册豁免。日本的债券发行也采用注册制。德国的债券发行则采用核准制，债券发行者在发行之前必须获得官方的许可。

美国债券市场监管体制由政府监管机构和行业自律组织两部分组成。日本债券市场监管体制同样也包括两部分，即政府监管机构和行业自律组织。目前，德国由联邦金融监督管理局负责对银行、保险和证券三个行业的监管（见表 10-5）。

表 10-5　美国、日本和德国的市场监管

	一级发行监管		二级交易监管
	国债	其他债券	
美国	财政部决定，联邦储备委员会执行	证券交易委员会	证券交易委员会
日本	财务省决定，日本银行执行	财务省	日本金融服务厅（FSA）下属的证券交易监督委员会（SESC）
德国	财政部	联邦金融监督管理局	联邦金融监督管理局

资料来源：陈勇．宏观经济、货币政策与债券市场：理论分析与中国实证．南开大学，2010.

（四）美国、日本和德国的债券发行方式

根据发行人的不同，债券发行大体可分为国债发行、政府机构债券发行、金融债券

① 陈春锋．日本债券市场发展的启示．中国金融，2012（4）.

发行和企业债券发行四类。美国、日本和德国的国债、政府机构债券、金融债券和企业债券的发行主体和发行方式见表10-6。

表10-6　美国、日本和德国各债券品种的发行主体和发行方式

国别	债券品种	发行主体	发行方式
美国	国债	联邦政府财政部	公募发行和直接发售相结合
	政府机构债券	地方政府和政府机构占大多数	以竞价发行为主，少数为协议发行
	企业债券	工商企业	由投行作为主承销商，采取公开发行或私募发行方式；承销方式分为严格承销、坚定承诺承销和尽力承销
日本	国债	中央政府	公募招标与承购包销相结合
	政府机构债券	公共团体、企业团体及与政府有关的机构	公开发行和定向发行
	金融债券	银行等金融机构	以价格招标方式发行
	企业债券	工商企业	以辛迪加方式发行，或通过指定的某家银行采取公募的单一价格招标的方式发行
德国	国债	中央政府	以价格招标方式发行
	政府机构债券	各政府机构	以价格招标方式发行
	金融债券	以银行为主，包括储蓄银行、专业抵押银行和公营银行	以辛迪加方式发行
	企业债券	工商企业	以投行承销方式发行

资料来源：陈勇．宏观经济、货币政策与债券市场：理论分析与中国实证．南开大学，2010.

（五）美国、日本和德国债券市场的交易机制

美国、日本和德国的债券交易市场可分为交易所市场与场外市场（OTC）。交易所市场的债券成交量较小，场外市场的债券成交量占主导地位。美国、日本和德国债券市场的交易机制见表10-7。

表10-7　美国、日本和德国债券市场的交易机制

	美国	日本	德国
交易所市场	依托纽约证券交易所的自动交易系统（ABS）	东京证券交易所、大阪证券交易所、名古屋证券交易所	8家交易所，其中法兰克福证券交易所的债券交易量占德国所有交易所的债券交易量的约61%
场外市场	"做市商＋经纪商"体系。前者通过各自的报价系统向公众提供报价，做市商之间的交易主要通过债券经纪商联系	大部分债券交易都是通过场外市场进行（占整个债券市场交易量的90%以上）	场外市场的成交额占全部成交额的85%～91%，无统一的场外报价系统，交易双方主要通过电话报价，也有部分通过电子交易平台报价

资料来源：陈勇（2010）和魏玺（2008）.

三、当代中国债券市场

自 1981 年恢复国债发行以来，中国债券市场经历了以场外债券市场为主（1988—1991 年）、以交易所债券市场为主（1992—2000 年）和以银行间债券市场为主（2001 年以来）三个阶段的发展，已基本形成了由银行间债券市场、交易所债券市场和场外债券市场构成的统一、多层次、面向各类经济主体的债券市场框架体系（见图 10 - 11）。其中，银行间债券市场实行“自主报价、格式化询价、确认成交”的场外交易模式，主要面向以各类金融机构为主的机构投资者，非金融机构法人可以通过结算代理人间接参与交易；交易所债券市场实行“电脑撮合、集中交易”的场内交易模式，交易主体主要是非银行金融机构，工商企业和个人可以通过交易所会员参与交易；场外债券市场采用做市商报价交易模式，交易主体包括个人和企业法人。银行间债券市场具有批发市场的特征，后两个市场都具有零售市场的特征。

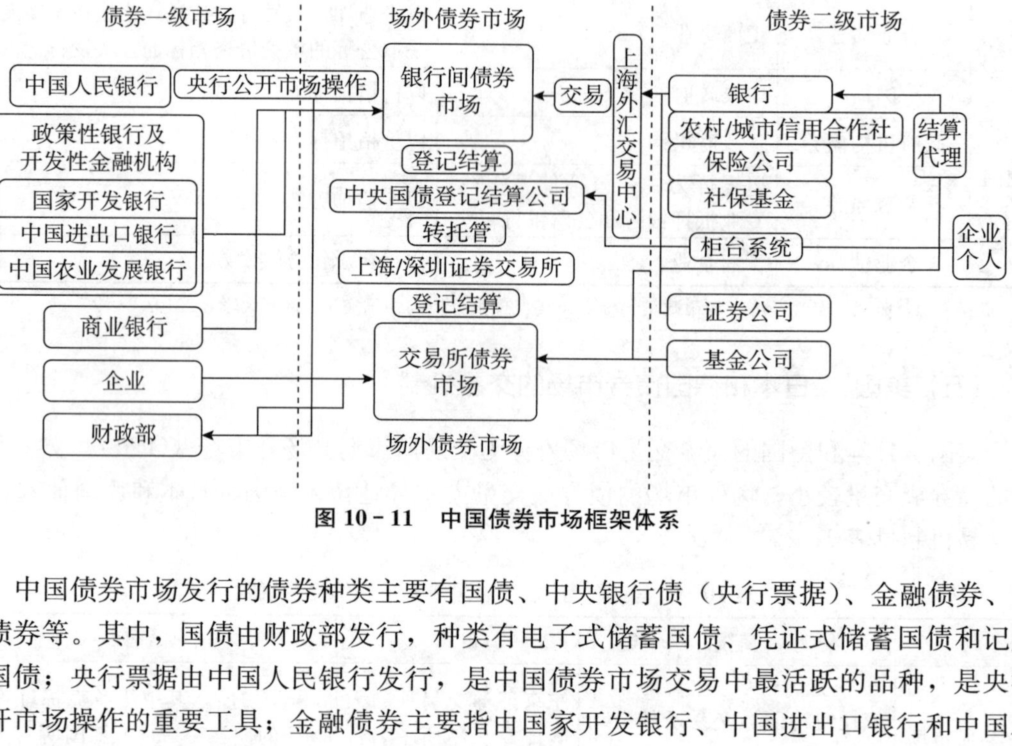

图 10 - 11　中国债券市场框架体系

中国债券市场发行的债券种类主要有国债、中央银行债（央行票据）、金融债券、熊猫债券等。其中，国债由财政部发行，种类有电子式储蓄国债、凭证式储蓄国债和记账式国债；央行票据由中国人民银行发行，是中国债券市场交易中最活跃的品种，是央行公开市场操作的重要工具；金融债券主要指由国家开发银行、中国进出口银行和中国农业发展银行发行的政策性金融债；熊猫债券也称国际机构债券，是指国际金融机构在我国发行的人民币债券。亚洲开发银行和国际金融公司于 2005 年在我国分别发行了 10 亿元和 11.3 亿元的人民币债券。

我国企业债券始于 1981 年一些企业自发集资时向社会或企业内部发行的类似于企业债券的有价证券。此后，政府开始对企业债券的发行进行规范与管理。概括来说，中国企业债券的发展经历了萌芽及初步探索时期（1984—1989 年）、迅速扩张时期（1990—1992 年）、低谷调整时期（1993—1999 年）和规范发展时期（2000 年以来）。1994 年中国国债发行额为 418 亿元，2021 年达到 58 616 亿元；1994 年中国企业债券的发行额为1亿元，2021年达到30 676亿元（见表10－8）。

表10－8　1994—2021年中国债券市场发展概况　　单位：亿元

年份	1994	1995	1996	1997	1998	1999	2000	2001	2002	2003	2004	2005	2006	2007
国债发行额	418	369	1 826	785		360	260	960	1 464	1 568	2 689	5 042	6 533	6 051
企业债券/公司债券发行额	1	8	22	30	68	87	40	285	640	736	457	988	794	1 248
金融债券发行额														
交易所债券现券成交额														

年份	2008	2009	2010	2011	2012	2013	2014	2015	2016	2017	2018	2019	2020	2021
国债发行额	6 665	12 427	14 580	8 052	7 190	7 971	8 484	17 315	26 691	30 603	37 490	37 459	74 164	58 616
企业债券/公司债券发行额	2 165	5 292	4 298	5 803	14 759	10 401	13 914	11 006	23 550	13 631		18 628	27 412	30 676
金融债券发行额					275	25				100	85	275	240	120
交易所债券现券成交额					9 883	17 412	28 191	34 464	53 294	55 442	59 287	83 530	201 786	287 095

资料来源：2012—2021年交易所债券成交额来自《中国证券监督管理委员会年报2021》，其余数据由CSMAR数据库相关数据整理得到。

第四节　世界主要证券市场

当前，世界各国尤其是成熟市场都有一些大型证券交易所，它们是世界证券市场的重要组成部分。

一、世界主要成熟证券市场

据统计，2021年3月底，在世界上前10个主要成熟证券市场中，纽约证券交易所的股票总市值最高，达到256 246亿美元；东京证券交易所的上市公司数量最多，达3 761家（见表10－9）。

表 10－9 世界主要成熟证券市场数据（截至 2021 年 3 月底）

交易所名称	股票总市值（亿美元）	上市公司总数（家）	股票累计交易额（亿美元）	指数表现	
				指数名称	月底收盘（点）
纽约证券交易所	256 246	2 873	19 408	道琼斯工业平均指数	32 982
纳斯达克证券交易所	196 131	3 055	22 625	纳斯达克综合指数	13 247
东京证券交易所	65 404	3 761	5 340	日经 225 指数	29 207
伦敦证券交易所集团	38 332	2 342	1 586	伦敦金融时报 100 指数	6 716
泛欧交易所	50 784	1 506	1 912	法国 CAC40 指数	6 067
香港交易所	67 631	2 549	4 336	香港恒生指数	28 378
多伦多证券交易所	26 238	3 425	1 896	加拿大综合指数	18 701
法兰克福证券交易所	21 127	487	1 617	德国 DAX30 指数	15 012
澳大利亚证券交易所	15 439	2 035	876	澳洲普通股指数	7 017
瑞士证券交易所	17 539	250	711	瑞士股票指数	11 047

资料来源：证券市场导报，2021（4）.

下面具体介绍表 10－9 中前面几家证券交易所的发展历程、交易模式和上市标准。

（一）纽约证券交易所

1. 发展历程

纽约证券交易所（New York Stock Exchange，NYSE，简称纽约证交所），是美国也是世界上最大的证券交易市场。纽约证券交易所运营着纽约证券交易所主板市场和纽约证券交易所 Arca 市场（NYSE Arca）两个交易市场。2006 年 6 月 1 日，纽约证券交易所与泛欧交易所（Euronext）合并组成纽约泛欧交易所集团（NYSE Euronext），纽约证券交易所成为纽约泛欧交易所集团下辖的全资附属公司。

纽约证券交易所的起源可以追溯到 1792 年 5 月 17 日，当时 24 名证券经纪人在纽约华尔街 68 号外的一棵梧桐树下签署了《梧桐树协议》，宣告纽约股票交易所诞生。1817 年，纽约股票交易所更名为“纽约证券交易委员会”，1863 年又更名为“纽约证券交易所”，此名一直沿用至今。2005 年 4 月末，NYSE 收购全电子证券交易所（Archipelago），成为一个营利性机构。交易所的经营对象主要为股票，其次为各种国内外债券。

2. 交易模式

纽约证券交易所实行会员制，1972 年 7 月改为公司制，但仍实行“席位”会员制，即只有拥有“席位”的会员才有资格进入纽约证券交易所的交易大厅进行交易。按纽约证券交易所的规定，只有在“席位”会员出现空缺时，才会吸纳新会员。目前，纽约证券交易所的会员既可以是从事证券交易的个人，也可以是公司或合伙企业。

纽约证券交易所的交易方式有现款交易、例行交易、发行日交易和连带选择权交易四种。在无特别指令的情况下，所有委托都依照传统做法采用例行交易方式，其交割手续在第五天进行。

纽约证券交易所的交易大厅分为股票和债券两个交易厅。在大厅的周围及每个交易站的上方都配有电子显示设备，供经纪人获取最新的证券行情。交易厅的周围有许多电话和传真设备，可以实现信息的全球传递。

3. 上市标准

纽约证券交易所对申请上市的公司制定了严格的标准，且对外国公司挂牌上市设定的条件较美国国内公司更为严格，主要包括：

（1）社会公众持有的股票数量不少于 250 万股；

（2）有 100 股以上的股东人数不少于 5 000 名；

（3）公司的股票市值不少于 1 亿美元；

（4）公司必须在最近 3 个财政年度里连续盈利，且最近一年盈利不少于 250 万美元、前两年每年盈利不少于 200 万美元或最近一年盈利不少于 450 万美元，三年累计不少于 650 万美元；

（5）公司的有形资产净值不少于 1 亿美元；

（6）对公司的管理和操作方面的多项要求；

（7）其他有关因素，如公司所属行业的相对稳定性、公司在该行业中的地位、公司产品的市场情况、公司的前景、公众对公司股票的兴趣等。

（二）纳斯达克证券交易所

1. 发展历程

纳斯达克证券交易所（National Association of Securities Dealers Automated Quotations）的英文直译名为“全美证券交易商协会自动报价系统”，它成立于 1971 年。纳斯达克证券交易所市场是由美国全国交易商协会（NASD）发起运营的，从柜台交易市场发展而来，是全球第一个电子化的证券交易市场。

2. 交易模式

与传统的证券交易所不同，纳斯达克证券交易所主要是通过电子交易系统进行股票交易。纳斯达克证券交易所市场分为两类，即容纳较大规模上市公司的纳斯达克全国市场（NASDAQ National Market）和纳斯达克小型资本市场（NASDAQ Small-Cap Market）。较具规模的公司证券在纳斯达克全国市场进行交易，而规模较小的新兴公司证券则在纳斯达克小型资本市场进行交易。同时，其还保留了两个柜台交易市场，即场外电子公告牌市场（OTCBB）和要求更低的粉单市场（挂牌公司无须在 SEC 备案）。

3. 上市标准

纳斯达克证券交易所是专为处于成长期的高科技企业提供的市场。纳斯达克证券交易所聚集了全球最出色的高科技公司，如微软、英特尔、思科、雅虎及戴尔等，并以吸引高成长企业上市为主要方向。纳斯达克证券交易所的上市标准低于主板市场，为非美国公司提供了可选择的上市标准。

选择一：

有形净资产不少于 400 万美元；最近一年（或最近三年中的两年）的税前盈利不少于 70 万美元，税后利润不少于 40 万美元，流通股市值不少于 300 万美元，公众股东持股量在 100 万股以上，或者在 50 万股以上且平均日交易量在 2 000 股以上，但美国股东不少于 400 人，股价不低于 5 美元/股。

选择二：

有形净资产不少于 1 200 万美元，公众股东持股价值不少于 1 500 万美元，持股量不少于 100 万股，美国股东不少于 400 人；在税前利润方面则无统一要求；此外，公司必须有不少于三年的业务记录，且股价不低于 3 美元/股。

（三）东京证券交易所

1. 发展历程

东京证券交易所（Tokyo Stock Exchange，TSE）是日本最大的证券交易所，其前身是 1879 年 5 月成立的东京股票交易所，该交易所在第二次世界大战时暂停交易，1949 年重开，并更名为东京证券交易所。随着日本战后经济的恢复和发展，东京证券交易所也发展繁荣起来。2013 年初，它与大阪证券交易所合并。截至 2014 年 3 月 19 日，东京证券交易所上市企业数为 3 419 家，其中，在市场一部（主板市场）上市的企业有 1 803 家（含 8 家外国企业），在市场二部（中小板市场）上市的企业有 556 家，在 MOTHERS（创业板市场）上市的企业有 193 家（含 3 家外国企业），在佳斯达克（Standard）上市的企业有 813 家（含 1 家外国企业），在佳斯达克（Growth）上市的企业有 48 家，在 PRO 上市的企业有 6 家。

2. 交易模式

东京证券交易所属于股份制交易所，并实行会员制。其会员分为正式会员和经纪会员，其中正式会员必须是以证券交易为主要业务的证券公司，并接受投资者的委托在该交易所内进行交易。

东京证券交易所内设有股票交易大厅、债券交易大厅、债券期货交易大厅、国债交易大厅和电子计算机系统买卖室。股票交易可以在交易大厅通过交易站进行，或通过电子计算机进行。股票交易结算可采用当日结算、特约日结算和例行结算三种方式。

东京证券交易所对于买卖交易制定了许多详细的规则。其中，最基本的是市场集中交易规则和现货交易规则。市场集中交易规则即把尽可能多的有价证券买卖集中于证券交易所交易（部分债券除外），旨在形成公允价格；现货交易规则即只准进行现货交易，不准进行期货交易。

3. 上市条件

东京证券交易所目前主要有三个市场，即市场一部（主板市场）、市场二部（中小板市场）、MOTHERS（创业板市场）。这三个市场的上市条件见表 10 - 10。

表 10-10 东京证券交易所不同市场的上市条件

	市场一部	市场二部	MOTHERS
股东人数	全世界 3 000 人以上	全世界 2 000 人以上	全世界 300 人以上
流通股相关标准	a. 注册资本：10 亿日元以上 b. 浮动股东数：3 000 人以上 c. 浮动股票数：上市股票不足 6 000 万股的是 300 万股加 25%以上，6 000 万股以上的是 1 200 万股加 10%以上 d. 交易额：在一个交易所为 20 万股以上 e. 股息：最近 3 年每年每股 5 日元以上并且预计不会下降 f. 最近 5 年间财务报表无虚假记载	a. 注册资本：营业主体在东京地区的公司，注册资本不得低于 5 亿日元 b. 浮动股东数：2 000 人以上 c. 浮动股票数：上市股票不足 2 000 万股的是 25%以上，上市股票为 2 000 万～6 000 万股的是 20%以上 d. 公司已经成立 5 年以上 e. 纯资产额：15 亿日元以上，并将继续营业 f. 纯利润额：最近三年分别不得低于 2 亿、3 亿、4 亿日元 g. 股息：最近三年平均每股在 5 日元以上并且预计不会下降 h. 最近 3 年间财务报表无虚假记载，最近一年审计意见为“适当且无保留意见”	a. 流通股数：2 000 交易单位以上 b. 流通股总市值：5 亿日元以上 c. 流通股比例：25%以上
上市时是否公开招股			500 交易单位以上的公开招股
总市值	250 亿日元以上（在 MOTHERS 或市场二部上市时，为 40 亿日元以上）	20 亿日元以上	10 亿日元以上
持续经营时间	3 年以上，设置了董事会并开展持续的经营活动		1 年以上，设置了董事会并开展持续的经营活动
净资产额（合并计算）	10 亿日元以上	5 亿日元以上	
利润额或总市值	符合 a 或 b： a. 最近 3 年的净利润额不得低于 2 亿、3 亿、4 亿日元 b. 最近 3 年每年每股 5 日元以上并且预计不会下降		
虚假记载或非标准审计意见等	最近 3 年财务报表无虚假记载，最近一年审计意见为“无限定，适正”	最近 3 年财务报表无虚假记载，最近一年审计意见为“无限定，适正”	最近 2 年财务报表无虚假记载，且审计意见为“适正”。最近 1 个财务年度的审计意见为“适当且无保留意见”

续表

	市场一部	市场二部	MOTHERS
其他	在指定的托管机构进行托管；取消股票转让限制；签订存托合同等		
流通股＝上市股票数－(董事等特别关系人持有的股票数＋库存股票数＋持股比例达 10%以上的股东持有的股票数)			

(四) 伦敦证券交易所集团

1. 发展历程

伦敦证券交易所集团是欧洲领先的多元化交易公司，旗下包括意大利证券交易所和伦敦证券交易所。集团所经营的是欧洲最大且资金流动性最强的股票市场。伦敦证券交易所有着悠久的历史，其起源可以追溯到 17 世纪。伦敦证券交易所曾在英国经济的发展中起到过重要作用，但长期以来英国保守的制度制约着英国证券市场的发展。1986 年 10 月的重大改革推动了英国证券市场的进步，巩固了其在国际证券市场中的地位。

AIM 是英国的二板市场，由伦敦证券交易所主办，运行相对独立。AIM 是为英国及海外初创的高成长型公司提供的一个全国性市场，创立于 1995 年 6 月 19 日。在英国的资本市场中，除了 AIM 为中小企业提供股权融资服务外，OFEX 也为中小企业提供融资服务，但 OFEX 是为那些未进入伦敦证券交易所主板市场或 AIM 挂牌交易的公司建立的一个出售股票并募集资金的市场。与 AIM 相比，OFEX 是非正式市场，OFEX 的准入门槛更低、层次更初级。OFEX 创立于 1995 年 10 月 2 日，2002 年以前，OFEX 由 Jenkins 公司依据英国法律和伦敦证券交易所的相关管理规定对其进行监管，自 2002 年起，由英国证监会直接监管。

2. 交易模式

伦敦证券交易所是一个股份有限公司，但也采用会员制。伦敦证券交易所是伦敦资本市场的重要组成部分。相对于发行市场来说，伦敦证券交易所是一个高度组织化的市场，只有会员才能在此进行证券交易活动。该交易所为股票或债券所有权的转移提供了渠道，为长期不变现的股票和债券创造了流动性。伦敦证券交易所的挂牌证券有近一万种，居世界各证券交易所之首，其中 40%为外国证券。伦敦证券交易所的日成交额达 7 亿多英镑。该交易所按证券性质分设市场，主要有政府统一长期公债市场、英国铁路证券市场、矿业证券市场、一般外国证券市场、美国股票债券市场等，并按证券业务的不同类型设立了 16 个交易点。

3. 上市标准

伦敦证券交易所主板市场的上市条件为：

（1）公司一般需有三年的持续经营记录，并需呈报最近三年的总审计账目。某些科技产业公司、投资实体、矿产公司以及承担重大基建项目的公司如没有三年的持续经营记录，只要能满足伦敦证券交易所上市细则中的有关标准，也可上市。

（2）公司的经营管理者应能出具对其公司经营记录承担责任的证明。

（3）公司呈报的财务报告一般必须按国际或英美现行的会计及审计标准编制，并按上述标准独立审计。

（4）公司在本国交易所的股票市值应超过 70 万英镑，并且至少有 25%的股份为社会公众所持有。实际上，通过伦敦证交所进行国际筹资的公司的总股本一般不得少于 2 500 万英镑。

（5）公司必须按伦敦证券交易所的要求编制上市说明书，发起人必须使用英语发布有关信息。

AIM 的上市条件为：

（1）任命一名经许可的保荐人。

（2）任命一名指定经纪人。

（3）对其股票的自由转让不设任何限制。

（4）注册为公共有限公司或同类公司，并且依照其注册地的法律合法成立。

（5）编制一份上市文件——该文件包括投资者所需要的、有关该公司和其业务活动的相关信息，如财务信息以及所有董事的详细情况。

（6）根据当前收费标准向伦敦证券交易所付费，公司再次增发无须另外缴费。AIM 对上市公司没有业绩、盈利水平的要求，没有规模限制，也没有公众持股比例的硬性要求。

OFEX 的上市条件为：

（1）发行公司必须是一家合法的公司。

（2）上市过程中必须有一个上市顾问和一个终身保荐人。

（3）必须保证股票可以自由转让。

（4）必须能为公司股票在电子网络上交易进行合理的安排。

（5）必须确保有足够比例的公众持股，以保证市场正常交易。

（6）必须确保准确的、有效的信息披露。

（五）泛欧交易所

1. 概况

泛欧交易所是第一家联合的跨境交易所，由荷兰阿姆斯特丹、法国巴黎、比利时布鲁塞尔、葡萄牙里斯本的各个证券交易所合并而成，总部位于巴黎。除了提供资产和金融衍生工具交易服务外，泛欧交易所还提供结算服务和信息服务。

2. 上市标准

（1）至少有 3 年的会计记录（投资基金除外）。

（2）公众持股比例不低于 25%（若公众持股总额超过 500 万欧元，则公众持股比例不低于 5%）。

（3）遵循国际财务报告准则、美国公认会计准则或经公认的会计准则。

（六）香港交易及结算所有限公司

1. 概况

香港交易及结算所有限公司（Hong Kong Exchanges and Clearing Limited，通称香港交易所，简称港交所）。香港交易所是香港联合交易所有限公司、香港期货交易所有限公司和香港中央结算有限公司的控股公司。香港联合交易所有限公司的前身是香港联合交易所（简称联交所），其主板市场成立于1891年，创业板市场成立于1999年11月24日。1986年，香港证券交易所、远东交易所、金银证券交易所及九龙证券交易所四大交易所合并成联交所，之后联交所享有在香港建立、经营和维护证券市场的专营权。2000年3月6日，联交所与香港期货交易所有限公司（期交所）、香港中央结算有限公司（香港结算）合并，成立香港交易及结算所有限公司。截至2021年底，香港交易所共有上市公司2 572家，市值为423 811亿港元。

香港交易所是香港中央证券及金融衍生工具市场的营运机构兼前线监管机构，其职责包括：监管上市发行人；执行上市、交易及结算规定；主要在机构层面向交易所及结算所的客户提供服务。香港交易所的业务运作由多个专责部门分别执行，由管理层和董事会直接领导及监督。董事会是最高决策机关，负责制定香港交易所的目标、使命、策略、政策和业务规划，并监督管理层的执行工作。

2. 上市条件

香港交易所有主板和创业板两个市场，企业在主板上市及在创业板上市需要满足不同的条件。

主板市场的上市条件为：

（1）公司形式。

在香港成立为法团的公司（并非《公司条例》中所指的私人公司）；在百慕大、开曼群岛及中国依法成立的公司。

（2）盈利要求。

近3年盈利合计达5 000万港元（最近1年盈利必须达2 000万港元，前2年盈利合计必须达3 000万港元）。

（3）业务记录。

需具备3年业务记录。

（4）有关业务记录规定的弹性处理。

一般只有指定类别的公司（如基建公司或开采天然资源的公司）可放宽3年业务记录的要求；在特殊情况下，对仅有2年业务记录的公司也可放宽处理。

（5）主营业务。

没有具体规定，但实际上主营业务的盈利必须符合最低盈利要求。

（6）业务目标声明。

没有具体规定，但申请人必须列出一项有关未来计划及展望的概括说明。

（7）管理层、拥有权或控制权。

3 年业务记录必须是在申请人管理下的运营记录。

创业板市场的上市条件为：

（1）公司形式。

与主板市场的要求相同。

（2）盈利要求。

未做要求。

（3）业务记录。

提交上市申请前最近 24 个月的业务记录。若符合下列情况，上述要求可放宽至 12 个月：

（a）首次上市文件中的财务报告显示过去 12 个月内的营业额不少于 5 亿港元，财务报告中所记载的上一财政年度的资产负债表显示总资产不少于 5 亿港元，或上市时的市值最少有 5 亿港元。

（b）上市时由公众持有的公司市值不低于 1.5 亿港元，由最少 300 名公众股东持有，其中持股量最高的 5 名及 25 名股东分别合计持有不超过由公众持有的股本证券的 35％及 50％。

（c）首次公开发行的价格不低于 1 港元/股。

（4）有关业务记录规定的弹性处理。

只有新成立的项目公司（如基建公司或开采天然资源的公司），或在特殊情况下，公司的业务记录时间可少于 24 个月。

（5）主营业务。

必须主要经营一项业务而非两项或多项不相干的业务。

（6）业务目标声明。

需载列申请人的整体业务目标，并解释公司计划如何在上市的那个财政年度的余下时间及其后两个财政年度内达到该目标。

（7）管理层、拥有权或控制权。

除允许按特殊情况处理的以外，申请人的业务记录必须是在申请人自行管理下运营的记录。

二、世界新兴证券市场

新兴证券市场是指中等收入的发展中国家的证券市场，主要包括亚洲、拉丁美洲（如巴西、阿根廷、秘鲁、智利等）和转型经济体的证券市场等。其中，亚洲尤其东南亚的证券市场是新兴证券市场的核心，包括中国、马来西亚、韩国、印度、泰国等的证券市场（见表 10－11）。与成熟证券市场相比，新兴证券市场起步晚、规模小而且不成熟。下面以上海证券交易所、深圳证券交易所、巴西圣保罗证券交易所和韩国证券交易所为例对新兴证券市场进行介绍。

表 10-11　世界主要新兴证券市场（截至 2022 年 8 月底）

	股票总市值（亿美元）	上市公司总数（家）	股票累计交易额（亿美元）	指数表现	
				指数名称	月底收盘（点）
上海证券交易所	68 749	2 123	13 773	上证综合指数	3 024
深圳证券交易所	49 066	2 676	19 797	深证成份指数	10 779
韩国证券交易所	17 185	2 436	2 302	韩国成份指数	2 154
巴西圣保罗证券交易所	8 462	374	1 045	巴西 IBOVESPA 指数	110 037
印度国家证券交易所	34 994	2 111	1 444	印度 NIFTY 指数	17 135
南非约翰内斯堡证券交易所	10 465	308	227	南非综合指数	63 726
中国台湾证券交易所	15 516	977	1 414	台湾加权指数	13 425
新加坡证券交易所	6 331	659	174	新加坡海峡指数	3 133
墨西哥证券交易所	4 406	142	79	墨西哥 BOLSA 指数	44 627
马来西亚证券交易所	3 684	964	83	吉隆坡综合股价指数	1 398

资料来源：证券市场导报，2022（10）.

（一）上海证券交易所

上海证券交易所成立于 1990 年 11 月 26 日，同年 12 月 19 日开业，归中国证监会直接管理。其主要职能包括：提供证券交易的场所和设施；制定证券交易所的业务规则；接受上市申请，安排证券上市；组织、监督证券交易；对会员、上市公司进行监管；管理和公布市场信息。上海证券交易所采用电子竞价交易方式，其证券类型及代码见表 10-12。

表 10-12　上海证券交易所的证券类型及代码

股票	主板 A 股	60××××（600000—605599）
	主板 B 股	900×××
	科创板	688×××、689×××
基金	交易所交易基金（ETF）	510×××、511×××、512×××、513×××、515×××、516×××、517×××、518×××、560×××、561×××、562×××、563×××、588×××
	基础设施公募基金（REIT）	508×××
	实时申赎货币基金	519×××
	交易型货币基金	511×××
	上市型开放式基金（LOF）	501×××、502×××、506×××
	封闭式基金	暂无
	20%涨跌幅比例基金	588×××、506×××
	分级 LOF	暂无
	当日回转交易基金	501×××、510×××、511×××、513×××、518×××

续表

股票	主板 A 股	60××××（600000—605599）
	主板 B 股	900×××
	科创板	688×××、689×××
债券	记账式国债	01××××、02××××
	地方政府债券	101×××、173×××、130×××、140×××、147×××、157×××、160×××、171×××
	金融债券	018×××
	企业债券	184×××、139×××、152×××、127×××、124×××、122×××
	中小企业私募债券	125×××
	公司债券	185×××、175×××、163×××、188×××、155×××、136×××、143×××、122×××
	可转换公司债券	110×××、113×××、118×××、111×××、100×××
	分离交易的可转换公司债券	126×××
	可交换公司债券	137×××、132×××
	非公开发行公司债券	196×××、197×××、178×××、177×××、167×××、166×××、162×××、151×××、150×××、145×××、135×××、125×××
	次级债券	123×××
	企业资产支持证券	183×××、193×××、189×××、179×××、169×××、168×××、165×××、159×××、156×××、149×××、146×××、142×××、131×××、123×××
	信贷资产支持证券	128×××
	其他债券	暂无
股票期权	认购期权	510×××
	认沽期权	510×××

（二）深圳证券交易所

深圳证券交易所（简称深交所）成立于 1990 年 12 月 1 日，由中国证监会监督管理。深交所的主要职能包括：提供证券交易的场所和设施；制定业务规则；接受上市申请、安排证券上市；组织、监督证券交易；对会员进行监管；对上市公司进行监管；管理和公布市场信息；中国证监会许可的其他职能。2004 年 5 月，深交所正式推出中小企业板；2006 年 1 月，中关村科技园区非上市公司股份报价转让系统（即新三板）开始试点；2009 年 10 月，深交所正式启动创业板。目前，深交所已形成主板、中小企业板、创业板以及新三板协调发展的多层次资本市场体系。截至 2022 年 8 月底，深交所共有上市公司 2 676 家，股票总市值达 49 066 亿美元。深圳证券交易所的证券类型及其代码见表 10－13。

表 10 - 13　深圳证券交易所的证券类型及其代码

证券	主板 A 股	000×××
	主板 B 股	200×××
	创业板	300×××、301×××
	中小企业板	
基金	ETF	1596××、1597××、1598××、1599××
	REIT	180×××
	LOF	16××××
	封闭式基金	暂无
债券	地方政府债券	193×××、104×××、190×××、105×××、106×××、107×××、108×××、109×××
	国债	108×××、102×××、100×××、101×××
	政策性金融债券	1086××、1089××
	政府支持债券	1119××
	企业债券	1111××、1110××
	公司债券	149×××
	非公开发行公司债券	114×××
	非公开发行可交换公司债券	1171××
	可转换债券	1230××
	创新创业可转换债券	暂无
债券	证券公司次级债券	1151××、1189××
	证券公司短期债券	暂无
	企业资产支持证券	116×××、119×××、135×××、136×××、137×××、138×××、139×××
	不动产投资信托	1215××、1194××
	创新品种	13××××、14××××、11××××
股票期权	认沽期权	90001×××
	认购期权	90000×××

（三）巴西圣保罗证券交易所

巴西圣保罗证券交易所成立于 1890 年，是巴西唯一的证券交易所。2007 年，巴西圣保罗证券交易所进行股份制改造。截至 2022 年 8 月底，巴西圣保罗证券交易所共有上市公司 374 家，股票总市值为 8 462 亿美元。

（四）韩国证券交易所

早在 1899 年，韩国就出现了有价证券交易。韩国证券交易所于 1956 年 5 月 3 日成立，最初的业务主要是国债和地产证券的交易，股票交易规模较小。1962年的《证券交易条例》和1968年的《关于培育资本市场的特别法》的出台促进了韩国证券市场的发展。韩国证券交易市场于1975年实施POST买卖制度，1988年并行电子买卖，1997年9月开始全部采用电算系统。1997年亚洲金融危机爆发后，韩国证券市场建立了政府监管机构—自律监督机构—其他证券相关机构的三级监督管理体系，希望以此实现证券市场交易的公平、透明和有效（见表10-14）。2005年1月19日，韩国证券交易所、韩国期货交易所和韩国证券业协会行情自动传报系统合并，组成韩国证券期货交易所(KRX)。韩国证券期货交易所分为韩国证券交易所（KSE）、韩国柜台买卖市场（科斯达克，KOSDAQ）和Free Board三个交易板块。其中，KSE主要服务于大型产业，如造船与金融业；科斯达克主要服务于中小企业及高科技企业；Free Board为韩国的第三市场。2005—2010年韩国证券期货交易所三个交易板块的上市公司数量、上市证券数量及市值情况见表10-15。

表10-14　韩国证券市场的监督管理框架

监管框架构成	具体机构	功能与职责
政府监管机构	金融监督管理委员会（简称金融委）	制定金融政策和法律，维持良好的信用秩序以及健全的金融体系，促进国民经济的发展
	证券期货委员会（简称证期委）	金融委所属机构，调查资本市场的不公正交易行为，监督企业是否遵循了会计准则等
	金融监督院	依照金融委和证期委的指令，负责实施对金融机构的监管和检查活动
	财政经济部	宏观调控部门，负责制定与金融市场相关的重大宏观政策或法规
自律监督机构	证券商协会（1953）	非营利性社会团体法人组织，主要负责协调会员之间的关系、维持公平的证券交易、保护投资者、促进证券业的发展；拥有对证券公司违法的怀疑权
	证券期货交易所（2005）	负责证券市场、期货市场和科斯达克市场的运行并进行自律监管
	资产运用协会（1996）	促进投资信托产业的发展
其他证券相关机构	韩国证券托管院（KSD，1994）	全国唯一集中托管证券的机构，主要负责以下事项：证券的集中托管；通过国外托管机构的账户进行证券托管和过户；证券登记；证券保管；等等
	韩国证券信息公司（KOSCOM，1977）	原属于韩国证券交易所的全资子公司，主要负责创建安全的电算化网络，以提升国内证券市场的效率和竞争力
	韩国证券金融公司（KSFC，1955）	法律规定的国内唯一提供证券贷款的机构，负责主板和二板市场的资金管理并为其融资提供便利
	韩国上市公司协会（KLCA，1973）	增进会员间的友好关系，保护上市公司及其投资者的利益，促进韩国资本市场的发展
	科斯达克上市公司协会（KOSDAQCA，1999）	增进会员间的友好关系，保护科斯达克上市公司及投资者利益

资料来源：冯立新，张伟．韩国证券市场考察报告（上）．中国证券业研究，2005（5）．

表 10-15 2005—2010 年韩国证券期货交易所概况

		2005	2006	2007	2008	2009	2010
KSE	上市公司数量（家）	702	731	746	765	770	777
	上市证券数量（个）	858	885	907	928	925	927
	市值（兆韩元）	655.1	704.5	951.9	576.9	887.9	1 141.9
科斯达克	上市公司数量（家）	918	963	1 023	1 038	1 028	1 029
	上市证券数量（个）	931	975	1 033	1 049	1 036	1 035
	市值（兆韩元）	70.9	72.14	99.98	46.19	86.1	97.97
Free Board	上市公司数量（家）	62	56	54	70	66	71
	上市证券数量（个）	65	60	58	73	70	78
	市值（兆韩元）	0.44	0.42	0.46	5.74	0.74	0.81

三、世界创业板市场

创业板市场（growth enterprises market），又称二板市场，是一个与主板市场[①]相对的概念。创业板市场是指专为暂时无法在主板上市的高成长性中小型新兴公司提供融资途径和成长空间的证券交易市场，是对主板市场的重要补充，是孵化科技型企业、成长型企业的摇篮。创业板市场具有进入门槛低等特点。1971 年 2 月 8 日，美国创立纳斯达克市场，该市场曾孵化出微软、苹果等一批世界知名企业。随着网络经济泡沫的破灭，境外创业板市场进行了重大调整。目前，在全球 40 多个创业板市场中（主要创业板市场见表 10-16），美国纳斯达克市场、英国 AIM、日本佳斯达克市场、韩国科斯达克市场以及加拿大 TSX-V 市场占主导地位，而香港创业板、新加坡凯利板等一大批创业板市场的影响力正在减弱。[②]

表 10-16 世界主要创业板市场（截至 2022 年 8 月底）

	成立时间	股票总市值	上市公司总数（家）	指数表现	
				指数名称	月底收盘（点）
中国深交所创业板市场	2009	11.77 万亿元人民币	1 180	创业板指数	2 289
英国 AIM	1991	1 028.85 亿英镑	831	英国 AIM 所有股指数	806
日本佳斯达克市场	1995	6.93 万亿日元	481	日本创业板 MOTHERS 指数	695
韩国科斯达克市场	1996	366.82 万亿韩元	1 577	韩国科斯达克综合指数	673

① 主板市场是一个国家或地区证券发行、上市及交易的主要场所，它是指已充分发展的、由证券交易所经营的、开展包括股票交易、债券交易、金融期货交易等业务在内的证券市场，如纽约证券交易所、东京证券交易所、伦敦证券交易所、上海证券交易所和深圳证券交易所等都有自己的主板市场。

② 叶春和. 我国创业板市场的风险因素及监管对策初探. 国际金融研究，2009（8）.

续表

	成立时间	股票总市值	上市公司总数（家）	指数表现	
				指数名称	月底收盘（点）
加拿大 TSX-V 市场	1999	748.71 亿加拿大元	1 924	加拿大风险综合指数	594
台北证券交易所柜台买卖中心	1994	1 612.68 亿美元	799	台湾 GTSM 指数	173
香港创业板市场	1999	916.23 亿港元	343	香港 GEM 指数	35
新加坡凯利板市场	1987	99.06 亿新加坡元	214	新加坡凯利指数	234

资料来源：证券市场导报，2022（10）；涂春辉. 创业板市场制度研究. 中国社会科学院，2002.

第五节 案例研究

案例

红筹模式上市第一例：华晨控股在纽约证券交易所上市

（一）基本案情

1992 年 10 月 9 日，华晨中国汽车控股有限公司（下称华晨控股）在纽约证券交易所挂牌，拉开了中国企业海外上市的序幕，开创了“中国概念股”[①] 的先河。近二十多年来，数以百计的中国企业先后赴美国、新加坡、英国等市场上市。截至 2011 年 12 月 31 日，中国共有 255 家公司在美国纽约证券交易所和纳斯达克上市。在美国上市的中国公司采取的上市模式主要有红筹模式与可变利益实体（VIE）模式。华晨控股是先注册境外公司，以境外公司收购境内公司的股权或资产，再由境外公司直接在美国上市，即采用红筹模式。

目前，华晨控股是华晨汽车集团三大上市公司之一。华晨汽车集团以汽车整车、发动机、核心零部件的研发、设计、制造、销售和汽车售后市场业务为主体，涉及新能源等行业。截至 2010 年，集团已拥有三大整车品牌、五家整车生产企业、四条发动机生产线及众多配套零部件生产线，建有国家认定的企业技术中心、实验室以及博士后流动工作站，具备国内车企少有的整车设计能力，以及样车制造、整车匹配开发及发动机等核心零部件的设计、开发能力。华晨汽车集团在越南、埃及、朝鲜、马来西亚、伊朗和俄罗斯设有生产基地，其海外出口市场主要集中在非洲、中东、东南亚及中南美洲等发展中国家和地区。2008—2010 年，华晨汽车集团累计出口汽车 7 万多台。

1. 公司上市前的准备

根据美国证券交易委员会的规定，华晨控股上市前需要解决四个关键问题：（1）华

① 中国概念股主要是指在中国境内注册的公司或在境外注册（但主营收入来源于中国境内）的公司到境外证券交易所发行的股票。

晨控股必须持有合资公司 51%及以上的股份；（2）公司资产在中国境内的企业到海外上市，受到公司主体管辖的障碍（不能由外资控股国有资产），必须把控股投资人的公司转到境外注册，然后在境外造壳上市；（3）境外公司注册地点的选择；（4）谁来担任合法资金来源的公司股东。

对此，华晨控股方面采取的具体做法是：一是由仰融利用 1991 年他在香港注册的华博财务进行一系列运作和换股后，使华晨控股最终成为拥有金杯客车 51%股份的控股股东（见图 10-12）；二是在英属百慕大群岛注册，只需把公司登记注册资料放在那里，每年委托当地律师向政府交纳 1 000 美元费用；三是由中国人民银行教育司、华晨控股、中国金融学院、华银信托发起设立的中国金融教育发展基金会（注册资金为 210 万元）作为华晨控股的股东。

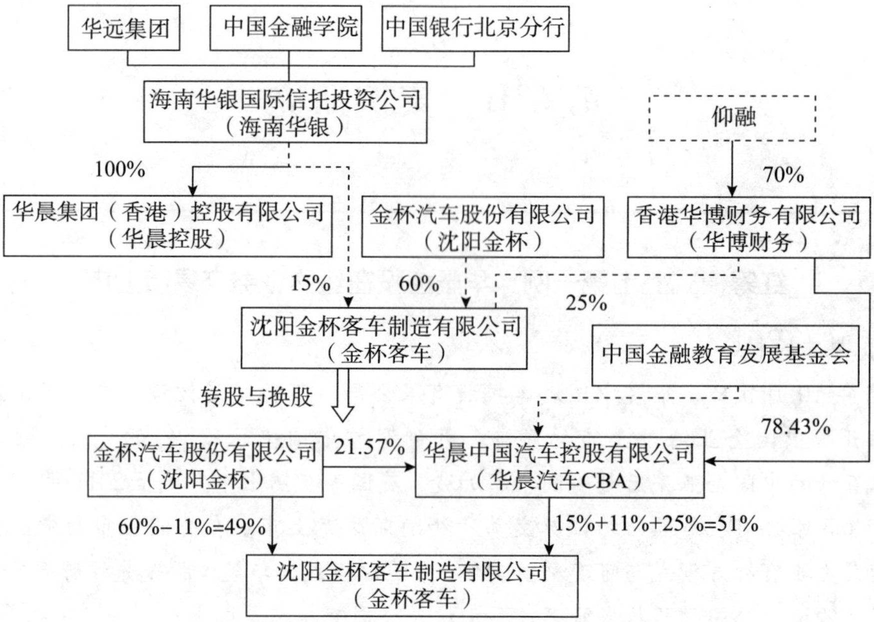

图 10-12　华晨控股上市筹备关系图

资料来源：徐旭永，崔永梅，张金鑫. 华晨汽车海外上市退市始末. 财务与会计，2008（14）.

2. 融资状况

1992 年 10 月 9 日，华晨汽车在美国纽约证券交易所上市，以 16 美元/股的价格发行了 500 万股普通股，共筹集资金 8 000 万美元，扣除投资银行的承销费、律师和会计师费用等，实得 7 200 万美元。据报道，开盘 34 分钟后即有 87 万股股票以 20 美元/股的价格成交。

3. 退市

2002 年 5 月之后，华晨汽车业绩下滑，连年亏损。2007 年 7 月 5 日，华晨汽车董事会宣布，撤销在纽约证券交易所挂牌的美国存托股票（ADS），从纽约证券交易所退市，将 ADS 存放于公司存托银行（纽约银行）并继续在场外市场（即柜台交易市场）交易。

（二）案例分析

（1）为达到 SEC 的上市要求，华晨控股从筹备到上市大概经历了 2 年时间，涉及数十家公司，为中国企业在美国资本市场上融资提供了可参照的模式。2000 年以前，中国民营企业大多是采取这种红筹模式在海外资本市场融资。

（2）华晨控股主动申请从主板市场上退出，将交易转到柜台交易市场，节约了大量管理成本，是务实之举。

（3）华晨控股在特定历史条件下采用红筹模式取得了上市的成功，但也埋下了产权纠纷的隐患，对企业的后续运营产生了不利影响。

复习思考题

1. 什么是证券？美国证券法中规定的证券包括哪两类？中国证券法对证券又是怎样规定的？
2. 证券有哪些特征？
3. 证券市场有哪些功能？
4. 简述美国股票市场的多层次结构。
5. 国际股票市场典型的监管模式有哪些？请举例说明。
6. 试比较美国、日本和德国债券市场的差异。
7. 试分析中国债券市场的结构。
8. 试比较世界主要证券市场的发展状况。

第十一章 国际间接投资的风险与监管

学习要点

本章介绍了国际证券市场的风险的含义、类型与度量方法，风险监管与防范措施；国际金融衍生工具的风险与管理；发展中经济体对间接投资的监管政策和措施；雷曼兄弟的倒闭、韩国对外国间接投资的监管和金融衍生工具市场的风险管理案例。通过学习，要求了解国际证券市场风险的概念、类型与管理措施，熟悉发展中经济体的监管政策和措施，掌握风险的度量方法，并能运用所学知识分析现实问题。

第一节　国际证券市场的风险与监管

一、国际证券市场风险概述

风险是影响金融活动的基本要素。国际上通行的国际间接投资是指投资者用其资本从国际金融市场上购买外国的政府债券、企业债券或股票等有价证券，并以此获取利息和红利，但不参与外国政府和公司对这部分投资的具体运用的投资方式。因此，国际间接投资的风险主要是指国际证券市场的风险。根据国际清算银行的定义，风险管理的过程分为风险识别；风险度量、风险评级及报告、风险控制及管理四个环节。风险识别是根据风险的来源把风险归类到相应的风险类型中；风险度量是应用风险测度模型对风险进行度量与分析，计算出风险程度；风险评级及报告是及时地评价、报告和监控风险；

风险控制及管理是采用一系列策略，对各类风险进行管理和控制。金融行业的特殊性以及金融在整个经济运行中的枢纽地位决定了证券公司的风险是一种特殊的金融风险。

（一）概念

在现代投资理论中，风险是指投资收益的不确定性，即投资遭受损失或获利的机会。其含义包括四个方面：一是指结果的不确定性；二是指发生损失的可能性；三是指结果对期望的偏离；四是指损失出现的概率。

国际证券市场的风险是指投资者在国际证券市场上进行投资和融资过程中遇到的各种类型的风险。这些风险可能是由证券价格波动引起的投资收益率变动，也可能是由证券价格波动导致的损失，还可能是由投资者的决策失误、经营不善等原因造成的。此外，信息不对称也可能是风险产生的原因。

（二）风险的类型

证券公司面临的风险复杂多样，从不同的视角，可以把风险划分为不同的类型。目前，证券公司的风险主要可以从风险的性质、风险的具体来源、公司内部管理以及监管的视角来划分。

1. 按照风险的性质对风险的划分

从风险的性质来看，可将风险分为系统风险和非系统风险。系统风险又称市场风险、不可分散风险，是指由全局性因素引起的投资收益的可能变动。这种风险会对同一市场中的有价证券的收益都产生影响，而且无法通过投资组合来回避或消除。宏观经济环境的不确定性（如 GDP、利率、经济危机等）、战争、政治、自然灾害及政府的各种宏观调控政策都是系统风险。系统风险又包括政策风险、政治风险、利率风险、信用风险等。

非系统风险是指只对某一个或几个行业或公司的证券产生影响的风险。这类风险有三个特点：一是由特殊因素引起；二是仅影响个别证券的收益；三是可以通过组合投资来抵消或规避。非系统风险又称可分散风险、特定风险，包括行业风险、经营风险、财务风险、道德风险等。

系统风险和非系统风险的总和构成了国际证券市场的总风险。二者也是风险的两个基本类型。

2. 按照风险的具体来源对风险的划分

按照风险的具体来源，可将风险分为政策风险、经济周期性波动风险、利率风险、财务风险、管理风险、市场风险、购买力风险、外汇风险、政治风险等类型，它们共同组成了证券市场的总风险。

3. 按照公司内部管理对风险的划分

美国投资银行（也常称证券公司）从公司内部管理的角度，常把风险分为不同的种类。例如，高盛将风险分为市场风险、非交易风险、信用风险和金融衍生工具风险；美林则从市场风险、信用风险、过程风险和其他风险角度对公司的风险进行管理；摩根士丹利将其公司面临的风险分为市场风险、信用风险、操作风险、法律风险和其他风险。

4. 从监管的视角对风险的划分

1998年5月，国际证监会组织（IOSCO）在《证券公司及其监管者的风险管理和控制指引》中，把证券公司的风险划分为市场风险、信用风险、流动性风险、操作风险、法律风险和系统风险六种类型。

市场风险（market risk）是指由市场波动导致的证券公司某一头寸[①]或组合遭受损失的可能性。市场风险是证券公司最常面临的一种风险，是风险管理中的重点内容；市场风险包括利率、汇率、股价、商品价格及其他金融产品价格的波动，收益率曲线的变动，市场流动性的变动，以及其他市场因素的变动。此外，市场风险还包括融券成本风险、股息风险和关联风险。

信用风险（credit risk）是指合约的一方不履行义务的可能性，包括在贷款、掉期、期权交易中及在结算过程中因交易对手不能或不愿履行合约承诺而使公司遭受潜在损失的可能性。这些合约义务包括按时偿还本息，互换与外汇交易中的结算，证券买卖与回购协议和其他合约义务。证券公司签订贷款协议、场外交易合约和授信时，也面临着信用风险。

流动性风险（liquidity risk）是指证券持有者因不能以合理的价格迅速地卖出或将该工具转手而遭受损失的可能性，包括不能对头寸进行冲抵或套期保值的风险。

操作风险（operation risk）是指因交易或管理系统操作不当或缺乏必要的后台技术支持而遭受财务损失的可能性，包括操作结算风险、技术风险、公司内部失控风险。

法律风险（law risk）是指因不能执行的合约或因合约一方超越法定权限的行为而导致损失的可能性，包括合约具有潜在的非法性以及对手无权签订合约的可能性。

系统风险（systemic risk）是指因单家公司倒闭、单个市场或结算系统混乱而在整个金融市场产生“多米诺骨牌效应”，导致金融机构相继倒闭的可能性。系统风险包括单家公司或单个市场的波动触发连片或整个市场崩溃的可能性。

此外，也可以根据证券的种类将风险划分为股票风险、债券风险、金融衍生工具风险等。

二、国际证券市场风险的度量

风险是证券投资市场的本质特征之一。风险伴随着证券投资市场而存在。目前，对证券投资风险的度量沿着两个方向发展：一是从效用函数本身的研究出发，从一般意义上探讨风险计量问题；二是从具体计量方法出发，开发各种风险计量模型。[②] 前者偏向于理论描述，侧重构建风险研究的理论框架，但其度量指标和度量方法的可操作性较差；后者倾向于实际应用，注重风险度量指标的实际可操作性和可比较性。[③]

---

① 头寸（position）是款项的意思，指投资者拥有或借用的资金数量，是金融界及商业界的流行用语。如果银行在当日的全部收付款中收入款项大于支出款项，称为“多头”，反之则称为“空头”。

② 部元兴，朱喜安，李炳林．证券市场风险度量方法的分析与评价．郑州航空工业管理学院学报，2005（1）．

③ 张琳琳．证券市场下方风险测度模型及市场风险的实证研究．吉林大学，2007．

（一）基于效用函数的风险测度模型

基于效用函数的风险测度模型主要分为基于期望效用理论的风险测度模型、标准风险测度模型和随机占优模型三大类。

1. 基于期望效用理论的风险测度模型

冯·诺依曼-摩根斯坦（von Neumann and Morgenstern）期望效用理论是在伯努利效用值理论的基础上发展起来的，它用概率论的方法计算了各种风险决策后果给行为人带来的效用值的数学期望，并证明了可用期望效用值最大化作为决策的准则。

为计量风险，人们构建了风险主观价值函数。根据冯·诺依曼的期望效用理论，设财富期望值为 $E(w)$，财富期望值的效用为 $U[E(w)]$。财富效用的期望值为 $E[U(w)]$。设有一个等价确定值 $CE(w)$，满足 $U[CE(w)]$，则风险的主观价值 $\pi(w)=E(w)-CE(w)$。若 $\pi(w)>0$，则说明投资者是风险厌恶的；若 $\pi(w)=0$，则说明投资者是风险中性的；若 $\pi(w)<0$，则说明投资者是风险偏好的。这反映了风险厌恶的投资者在承担一定风险时会要求相应的补偿，或者为了消除风险愿意付出一定的代价。

最具有代表性的模型是马柯维茨风险溢价模型和普拉特-阿罗（Pratt-Arrow）风险溢价模型。

（1）马柯维茨风险溢价模型为：

$$\pi_m = E(w+\widetilde{z}) - U^{-}\ [U(w+\widetilde{z})]$$

式中，$\widetilde{z}$ 表示风险证券收益率；$U^{-}(\cdot)$ 表示 U 的反函数；π_m 表示投资者对该投资方案的风险溢价要求。

（2）普拉特-阿罗风险溢价模型为：

$$\pi_p = \frac{1}{2}r(w)\times E[(\widetilde{Z}-Z)^2] = \frac{1}{2}r(w)\times\sigma_{\widetilde{z}}^2$$

式中，$r(w)=-U''(w)/U'(w)$，为绝对风险规避；$\sigma_{\widetilde{z}}^2$ 表示证券收益率的方差。

在上述两种风险测度模型中，马柯维茨的风险溢价模型适用范围广，无特殊的限制条件，但无法分析效用函数的结构特性及其对风险溢价的影响。普拉特-阿罗的风险溢价模型可以分析不同效用函数对风险溢价的影响，但该模型的假设条件非常严格，要求风险足够小，否则误差极大；π_p 取决于投资者的风险厌恶程度，该模型适用于连续可微的效用函数。因此，这两种风险溢价模型有较强的主观性，并且计算困难，也没有考虑证券收益率之间的相关性，在实际投资决策中很难使用。

2. 标准风险测度模型①

在贝尔（Bell，1995）、萨林和韦伯（Sarin and Weber，1993）等人的研究的基础上，Jia 和 Dyer（1996）利用效用函数，将风险测度直接与投资者的偏好联系起来，探讨了风险测度的一般理论，提出了标准风险测度模型。

---

① 张琳琳．证券市场下方风险测度模型及市场风险的实证研究．吉林大学，2007.

设 $\overline{X}$ 为证券 X 的期望收益率，定义零期望收益率基准上的标准风险变量 $X'(X'=X-\overline{X})$，则可得出 X'的效用测度为：

$$R(X')=-E[U(X-\overline{X})]$$

式中，$U(\cdot)$ 是冯·诺依曼-摩根斯坦期望效用函数。

定义风险分散集如下：

$$\varphi=\{X'|X'=X-X'\}$$

其中，对于任意的 X'_1，$X'_2\in\varphi$，当且仅当 $R(X'_1)>R(X'_2)$ 时，有 $X'_1>X'_2$。

对于证券 X，在满足二维效用公理和风险独立的条件下，Jia 和 Dyer 提出了如下风险价值基本模型：

$$f(\overline{X},X')=V(\overline{X})-\varphi(\overline{X})[R(X')-R(0)]$$

式中，$V(\overline{X})$ 表示投资者在收益均值处的效用，是 X 的增函数；$\varphi(\overline{X})$ 表示依赖于收益均值 $\overline{X}$ 的均衡因子；$R(0)=-U(0)$ 是与收益变量无关的常数。

在上述模型中，若 $R(X')>R(0)$，则适用于风险厌恶型投资者；若 $R(X')<R(0)$，则适用于风险偏好型投资者。普拉特-阿罗风险溢价模型等均可视为标准风险测度模型的特例。

3. 随机占优模型

随机占优模型是以期望效用理论为基础，研究不确定条件下的统计决策与推断的理论。20 世纪六七十年代，该模型成为不确定性条件下决策领域的热门话题，并在投资决策、风险管理、资产定价、收入分配等诸多经济理论研究和管理实践中得到了广泛应用。经典期望效用理论的固有局限性制约着传统随机占优模型的发展和应用。自 20 世纪 80 年代末，随着广义期望效用理论基本发展成熟，随机占优模型的研究取得了新进展，但这些研究总体上是零散的或者不完善的。

与其他风险计量模型相比，随机占优模型对投资者的效用函数类型没有任何特殊要求，适用于任何概率分布，但它只能做到对证券进行两两比较，且很难应用于大规模的证券投资组合选择。

（二）基于实际应用的证券市场风险测度模型

基于实际应用的风险测度方法分为不确定性风险理论和下方风险理论两大类。不确定性风险理论侧重于描述收益不确定性的客观状态，在其理论框架下的风险测度方法和指标有以方差、β 值为代表的方差类，以 H 指数为代表的分形市场理论，以及信息熵方法等。下方风险理论从潜在损失的角度来研究风险，可以明确区分损失和收益对投资者的心理影响，其主要风险测度指标有下偏矩、半绝对离差、一般风险计量指标和基于行为金融理论的风险管理等方法。

1. 不确定性风险理论框架下的风险测度指标

（1）均值-方差衡量法。

在证券市场上，证券收益率是一个随机变量。大量的实证研究表明，证券收益率服从正态分布。以证券收益率的方差作为风险测度指标，马柯维茨（1952）提出了现代证券投资组合的均值-方差理论。理性投资者在进行投资时总是追求投资风险和收益之间的最优平衡，即在一定风险下获取最大收益或在一定收益下承受最小风险。马柯维茨的方差测度模型具有开创性，以后各种风险测度方法均是在此基础上的进一步发展和完善。下面分别介绍单一证券投资风险和证券投资组合风险的度量。

①单一证券投资风险的测度。

对单一证券投资风险可以用未来可能收益率与期望收益率的偏离程度来测度，即：

$$\sigma^2(r)=\sum_{i=1}^{n}[r_i-E]^2\times p_i$$

式中，$\sigma^2(r)$ 表示某一证券收益率 r 的方差；r_i 表示某一证券的实际收益率；E 表示某一证券的期望收益率，也是按概率加权得出的平均收益率；p_i 表示第 i 种可能结果的发生概率。

标准差的大小受不同状况下收益率波动程度的影响，还受该证券的期望收益率水平高低的影响。因此，标准差只能用来比较期望收益率相同的各证券投资的风险水平。对于不同期望收益率的证券投资的风险水平比较则必须采用标准差系数。标准差系数的计算公式为：

$$V=\frac{\sigma(r)}{E}$$

式中，V 表示标准差系数，$\sigma(r)$ 和 E 分别表示某一证券收益率 r 的标准差和期望收益率。一般来说，标准差系数越小，说明该证券的风险相对越低；反之则相反。

例如，证券 A 和证券 B 都可能遭遇繁荣、一般和衰退三种情景，三种情景发生的概率及证券 A 和证券 B 在不同情景下的预期收益率见表 11 - 1。试分析证券 A 和证券 B 的期望收益率和投资风险。

表 11 - 1　证券 A 和证券 B 的预期收益率及相应的发生概率

经济情景	发生概率	收益率	
		A	B
繁荣	0.2	40%	70%
一般	0.6	20%	20%
衰退	0.2	0	−20%

首先，计算两种证券的期望收益率。

$$E_A=40\%\times0.2+20\%\times0.6+0\times0.2=20\%$$

$$E_B=70\%\times0.2+20\%\times0.6+(-20\%\times0.2)=22\%$$

其次，计算证券 A 和证券 B 的标准差。

$$\sigma(r_A)=\sqrt{\sum_{i=1}^{n}(r_i-E_A)^2\times p_i}$$
$$=\sqrt{(40\%-20\%)^2\times 0.2+(20\%-20\%)^2\times 0.6+(0-20\%)^2\times 0.2}$$
$$=12.65\%$$
$$\sigma(r_B)=\sqrt{\sum_{i=1}^{n}(r_i-E_B)^2\times p_i}$$
$$=\sqrt{(70\%-22\%)^2\times 0.2+(20\%-22\%)^2\times 0.6+(-20\%-22\%)^2\times 0.2}$$
$$=28.57\%$$

最后，比较两种证券的风险。

由于两种证券的期望收益率不同，不能直接利用标准差大小来比较其风险程度，因此，需要分别计算两种证券的标准差系数。

$$V_A=\frac{\sigma(r_A)}{E_A}\times 100\%=12.65\%\div 20\%\times 100\%=63.25\%$$
$$V_B=\frac{\sigma(r_B)}{E_B}\times 100\%=28.57\%\div 22\%\times 100\%=129.86\%$$

由此可见，证券 B 的投资风险要大于证券 A。

投资者投资证券时，如果各种证券具有相同的期望收益率，那么自然会倾向于选择风险低的证券；如果各种证券的风险水平相同，则会选择期望收益率高的证券；如果证券市场上可供选择的证券的期望收益率与风险均存在差异，那么有效的方法是通过对不同证券的收益率与风险的对称关系的分析，选择相对收益较大、相对风险较小的证券。

②证券投资组合风险的度量。

证券投资组合中任一证券均可以视为一个随机变量，其期望值为 $E(r_w)$，方差为 σ_w^2。那么证券投资组合的期望收益率为：

$$E_P=\sum_{i=1}^{N}w_iE_i,\ \sum_{i=1}^{N}w_i=1$$

式中，E_P 表示证券投资组合的期望收益率；E_i 表示证券 i 的期望收益率；w_i 表示证券 i 在组合中的投资比重；N 表示组合中证券的种类。

证券投资组合的总体风险用组合的期望收益率的方差表示，但组合的总体方差并不是单个证券方差的加权和，还取决于组合中各证券之间的协方差。当证券投资组合由 N 种证券组成时，组合的总体方差由 N 个方差和 $N(N-1)/2$ 个协方差组成。

$$\sigma_P^2=\sum_{i=1}^{N}\sum_{j=1}^{N}w_iw_j\sigma_{ij}=\sum_{i=1}^{N}w_i^2\sigma_i^2+\sum_{i=1}^{N}\sum_{\substack{j=1\\ j\neq i}}^{N}w_iw_j\sigma_{ij}$$

式中，σ_{ij} 表示证券 i 和证券 j 的协方差。

例如，一个投资者把 20%、30%和 50%的资本分别投资于 A、B、C 三种证券，这三种证券的标准差分别为 0.043 82、0.018 44、0.043 82，相关的协方差见表 11 - 2，那么该证券投资组合的标准差是多少？

表 11-2　A、B、C 三种证券的协方差

	协方差
A 与 B	0.000 8
B 与 C	−0.000 8
A 与 C	−0.001 92

$$\sigma_P=\sqrt{\sigma_A^2w_A^2+\sigma_B^2w_B^2+\sigma_C^2w_C^2+2w_Aw_B\sigma_{AB}+2w_Aw_C\sigma_{AC}+2w_Bw_C\sigma_{BC}}=0.77\%$$

从计算结果可以看出：证券投资组合的风险低于单一证券，构建证券投资组合达到了降低风险的目的。

一般来说，当投资者同时持有几种不同的证券时，可以在不降低期望收益率的情况下降低投资的风险，风险的降低程度主要取决于组合内各证券间的相关性。当组合内各证券收益率完全负相关（相关系数为−1）时，证券投资组合的风险分散效果最好；当组合内各证券收益率完全正相关（相关系数为 1）时，证券投资组合的风险无法被分散。风险包括系统风险和非系统风险，组合投资只能在一定程度上降低或分散证券投资的非系统风险，但并不能完全分散系统风险。

（2）β 系数。

β 系数常用于测度一项风险资产的系统风险相对于平均水平的大小，β 系数大于 1 的资产的系统风险高于平均水平，其收益率也高于平均收益率。

在马柯维茨均值-方差模型的基础上，夏普（1964）、林特纳（1965）和莫辛（1966）等提出了资本资产定价模型（CAPM）。其中，β 系数是资本资产定价模型中的风险指标。

在保持马柯维茨均值-方差模型的假设条件的基础上，夏普（1964）提出了风险的测度方法：

$$\beta_i=\frac{\mathrm{Cov}(r_i,r_I)}{\sigma_I^2}$$

$$\sigma_I^2=\beta_I^2\sigma_I^2+\sigma_{\varepsilon_i}^2$$

式中，$\mathrm{Cov}(r_i,\ r_I)$ 表示证券 i 的收益率与市场指数收益率之间的协方差；σ_I^2 表示市场收益率的方差；$\beta_I^2\sigma_I^2$ 表示系统风险；$\sigma_{\varepsilon_i}^2$ 表示非系统风险。

从上述 β 系数的表达式中可以看出：β 系数与所测度的证券的收益率与市场收益率的相关性有关，也与市场的波动性（风险）有关。

方差、β 系数等方差类的风险指标在实际中运用得较广泛，但也存在较大的缺陷。例如，这类指标应用的前提假设是证券收益率服从正态分布，投资者是风险厌恶的且具有二次效用函数，但越来越多的实证结果显示证券收益率并不服从正态分布，而行为金融学和心理学的相关研究成果也表明风险厌恶型效用函数并不能完全反映投资者的偏好和选择。

2. 下方风险理论框架下的风险测度指标

在下方风险理论框架中，给定一个目标收益率 h，只有小于 h 的收益率才被作为风

险的计算因子。下面主要介绍 VaR 模型。

VaR（Value at Risk）按字面翻译是“在险价值”。VaR 方法是 G30 的全球金融衍生工具研究小组于 1993 年开始推广、使用的风险管理方法。随后摩根大通提出了 Risk Metrics 方法并从 1994 年起向公众提供计算全球 400 多种资产和指数的日和月 VaR 所需的数据集。国际互换与金融衍生工具协会、国际清算银行和巴塞尔银行监管委员会都推荐使用 VaR 方法来评估金融风险。它具有信息披露、资源配置和绩效评价等功能，并因简洁、科学、实用、直观而在风险管理领域得到了十分广泛的应用。

Jorion（1997）将 VaR 定义为：在给定的置信区间和持有期间内，风险资产由正常市场变化引起的高于目标水平的最大损失。也就是说，在给定时间内，证券（组合）的潜在损失不大于 VaR 的概率等于置信区间。据此定义，VaR 的数学表达式如下：

$$\mathrm{Prob}(\Delta P \leqslant \mathrm{VaR}) = \alpha$$

式中，ΔP 表示组合在持有期内的价值变动量；α 表示置信水平。

例如，一个标准普尔 500 指数的投资，风险评估表示为：$\mathrm{Prob}(r_p \leqslant 0.07) = 17\%$。其含义是：这一投资损失 0.07 或更多的概率是 17%，也就是说，资产价值有 17%的概率会下降 7%或更多。

VaR 的另一种表达方式比较常用且直观。假设资产价值的概率分布密度函数为 $f(w)$，给定置信水平 α，w_0 为风险资产的初始价值，r 为持有期间 t 的收益率，w^* 为置信水平 α 上的资产最低价值。则其模型为：

$$\mathrm{VaR} = E(w) - w^* = w_0(1+r) - w^*$$

式中的 w 可由 $\alpha = \int_{w^*}^{\infty} f(w)\mathrm{d}w$ 求得。

当收益率服从正态分布时，VaR 的表达式可变化为：

$$\mathrm{VaR} = w_0 \times k \times \sigma \times \sqrt{t}$$

式中，k 可由 $1-\alpha = \int_{-\infty}^{-k} \varphi(x)\mathrm{d}x$ 求出，其中，$\varphi(x)$ 是标准正态分布密度函数。

在建立 VaR 模型时，需要确定置信水平、观察期间、持有期限和持有期限内收益率的概率分布。其中，确定组合收益的分布函数或概率密度函数是关键，主要方法有分析方法（方差-协方差法）、历史方法和蒙特卡洛模拟法等。

三、风险的防范

（一）防范的内容

证券公司在欧美国家常称为投资银行，证券公司要防范的风险视其经营业务的性质而定，既有系统风险，也有不同业务带来的非系统风险。证券公司的业务主要有证券经纪业务、证券承销业务、证券自营业务、资产管理业务等。

证券经纪业务是指证券公司代理投资者买卖证券的业务。证券经纪业务中存在的风险主要包括操作风险、经营管理风险、信用风险、产品开发风险、欺诈风险及其他风险等。

证券承销业务是证券公司的传统业务，其业务量大小是衡量证券公司实力的重要指标。证券承销业务中存在的风险是指证券公司因不能在规定的时间内按事先约定的条件完成承销发行任务而造成损失的可能性，主要有竞争风险、违约风险、道德风险等。

证券自营业务是指证券公司以自有资金或以自己的名义从事的股票、债券、基金、认股权证以及其他权益类证券买卖等投资活动或行为。证券自营业务中存在的风险主要有市场风险、利率风险、流动性风险、决策风险及其他风险等。

资产管理业务一般是指证券经营机构受资产委托人的委托，按照资产委托人的意愿进行有价证券的组合投资，以实现资产收益最大化的行为。资产管理业务中存在的主要风险主要有市场风险、信用风险和道德风险。①

在欧美发达国家，投资银行与商业银行经营中面临的风险是不同的（见表 11－3）。投资银行是最典型的非银行投资性金融机构，是在资本市场上为企业发行债券、股票以筹集长期资金提供中介服务的金融机构。投资银行在各国有不同的称谓，在美国称为投资银行，在英国称为商人银行，在法国称为实业银行，在日本和中国称为证券公司。美国著名金融专家罗伯特·库恩依照业务经营范围的大小给出了投资银行四个层次的定义，美国的投资银行最符合较广义投资银行的定义，即它是经营全部资本市场业务的金融机构，业务包括证券承销与经纪、企业融资、兼并收购、咨询服务、资产管理、创业资本等，但不包括不动产经纪、保险和抵押业务。

表 11－3　投资银行与商业银行的比较

项目	投资银行	商业银行
基础业务	证券承销，主要是在资本市场开展业务	存贷款，主要是在货币市场开展业务
功能	直接融资，侧重长期融资	间接融资，侧重短期融资
业务概况	无法用资产负债表反映	表内与表外业务
主要利润来源	佣金	存贷款利差
经营理念	在控制风险的前提下，稳健与开拓并重	追求安全性、盈利性和流动性的平衡，坚持稳健性原则
监管机构	交易所和证券监督委员会	中央银行
风险特征	一般情况下，投资人面临的风险较大，投资银行面临的风险较小	一般情况下，存款人面临的风险较小，商业银行面临的风险较大

投资银行的业务大致可分为五类：本金交易或交易与本金投资、投资银行业务、佣金、净利息收入、资产管理及其他。大型国际投资银行年报中的合并收入表均采用此分类方法。此外，高盛在进行内部分析时还采用分市场分析法，即分为投资银行业务市场、资本类市场、资产管理市场，从收入市场来源的角度考察业务的发展。

商业银行以金融资产和负债为经营对象，是综合性、多功能的金融企业。随着美国大型独立投行被并购、破产倒闭、被注资或转型为银行控股公司，在后危机时代，独立投行模式未来很有可能会消失，大多数纯粹的投资银行将被商业银行合并，商业银行主

① 李进安. 证券公司风险管理研究. 南京农业大学，2005.

导的混业经营和全能型银行的经营模式将成为未来金融业发展的主流模式。

（二）国际组织的监管

国际金融监管机构对证券公司普遍采取以净资本为核心的风险监管体系，净资本成为国际上通行的证券公司风险监管指标。净资本是指证券公司净资产中流动性较高的部分，即证券公司可变现以满足支付需要和应对风险的资金数额。证券公司的风险可能导致净资本损失，因此，证券公司的净资本必须大于等于各项风险准备之和。

1. 国际证监会组织对证券公司的监管

国际证监会组织向各监管当局提出了针对证券公司的一系列监管指引，包括 1989 年 10 月的《证券公司资本充足率标准》、1990 年 11 月的《跨国证券公司资本金要求》、1996 年 3 月 7 日的《保证金报告》、1997 年 5 月的《资本充足率标准比较》、1998 年 5 月的《证券公司及其监管机构风险管理与控制指南》、2000 年 5 月的《证券公司信用风险管理及其对证券公司和监管者的建议》等。国际证监会组织的指引主要限于观念性、指导性的层面。从各国监管实践看，净资本监管规则包括两方面的内容：一是净资本监管办法，即要求达到的资本水平，以及对各类业务、各种情况的具体约束。二是对资本的计算方法，即用什么方法来计算资本水平。

2.《巴塞尔协议》[①] 的有关规定

1988 年，巴塞尔银行业务条例和监管委员会（以下简称巴塞尔委员会）通过了《统一资本计量和资本标准的国际协议》，对银行的资本充足率规定了统一的衡量标准，该协议及其修订文件通称《巴塞尔协议Ⅰ》。此后又先后公布了《巴塞尔协议Ⅱ》[②] 和《巴塞尔协议Ⅲ》[③]。《巴塞尔协议Ⅰ》的主要内容有四部分，即资本构成、风险权重、最低资本标准以及过渡期安排。风险加权资产的计算是《巴塞尔协议Ⅰ》的核心内容，指的是根据不同类型的资产和表外业务的相对风险大小，赋予它们不同的风险权重（设定 5 个风险权重）。在《巴塞尔协议Ⅰ》中，最初只考虑了信用风险，在 1996 年的修改中，对市场风险的资本要求做出了规定。

《巴塞尔协议Ⅱ》的主要内容包括三部分：一是提出有效资本监管的三大支柱是最低资本要求、监管当局的监督检查和市场约束；二是要求银行的资本必须覆盖信用风险、市场风险和操作风险三大类风险；三是对信用风险和操作风险的计量分别提供了三种不同的方法，供银行和监管当局选择。

《巴塞尔协议Ⅲ》提高了银行最低资本要求，调整了不合理的风险权重；加强了流动

---

① 《巴塞尔协议》是巴塞尔委员会于 1988 年 7 月在瑞士的巴塞尔通过的《关于统一国际银行的资本计算和资本标准的协议》的简称。该协议第一次建立了一套完整的、国际通用的、以加权方式衡量表内与表外风险的资本充足率标准，有效地防范了与债务危机有关的国际风险。

② 《巴塞尔协议Ⅱ》是 1999 年 6 月发布的《新的资本充足比率框架》及其修订文件的统称。

③ 《巴塞尔协议Ⅲ》是在全球金融危机爆发之后，巴塞尔委员会对银行监管国际规则提出的一系列改革措施的统称。这些措施是通过巴塞尔委员会发布的一系列国际银行业监管新标准和文件来具体体现的。其中，《巴塞尔协议Ⅲ：稳健银行业的全球监管框架》和《巴塞尔协议Ⅲ：流动性计量、标准和监测的国际框架》集中反映了监管体制改革的内容。

性风险管理，提出了流动性覆盖率（LCR）和净稳定资金比率（NSFR）两个流动性风险计量指标。此外，巴塞尔委员会还列举了合同期限错配、融资集中度、可用的无变现障碍资产、与市场有关的监测工具这四种监测工具。

（三）证券公司的风险管理与防范措施

发达国家投资银行（证券公司）的风险管理经历了从原始管理、分散管理、集中管理到全面风险管理的过程，其管理流程不断改善，管理技术趋向复杂化、定量化。发达国家投资银行（证券公司）的风险管理与防范措施主要包括四个方面的内容：一是基于先进的风险管理理念，确定风险管理原则和控制战略；二是在公司组织结构中设立风险管理机构；三是制定风险管理的政策和程序；四是运用定量的风险管理技术进行风险监测。下面重点分析美国投资银行的风险管理理念、风险管理与防范组织体系及风险定量评价的工具。

1. 美国投资银行的风险管理理念

摩根士丹利的风险管理理念是：风险与投资银行相伴而生，恰当而有效地识别、评价、检测和控制每一种风险对投资银行的经营业绩和长期发展至关重要。美林的风险管理理念是：风险控制比风险识别和风险评估更重要，风险管理的主要目标是减少难以承受的损失的发生概率。

2. 风险管理体系

美国投资银行内部的风险管理体系一般包括审计委员会、风险监视委员会、公司风险管理委员会及其下属的各专业委员会等机构。同时，各大投资银行的风险管理体系也有所差异（见图 11-1）。

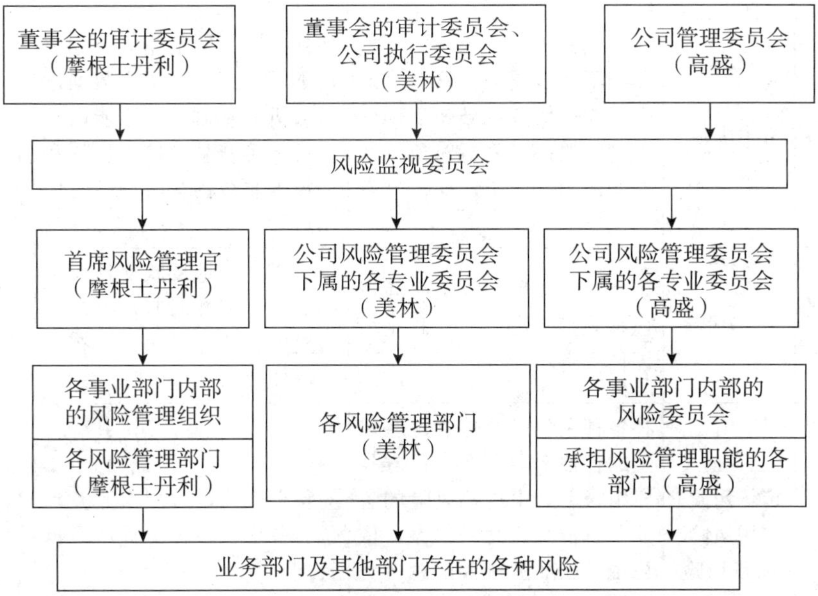

图 11-1　投资银行的风险管理架构图

资料来源：马广奇．海外投资银行的风险管理：战略、架构与操作．陕西行政学院学报，2007（1）．

3. 风险监测工具

在风险监测方面，美国各投资银行大量使用数学模型进行风险监测、评估和控制，并由专业的风险管理人员开发风险测评系统。其中，VaR 模型运用最为广泛。此外，经风险调整的资本收益法（risk-adjusted return on capital，RAROC）、情景分析法、全面风险管理等也运用较多（见表 11－4）。

表 11－4 主要风险管理工具比较

风险管理工具	管理的风险种类	主要内容	主要特点	使用该方法的典型代表
VaR 模型	市场风险	计算在给定的概率条件和置信度下，由市场波动导致的整个证券投资组合在未来某个时期内可能出现的最大价值损失	简洁明了地给出了市场风险的大小，可以事前计算整个经营机构的整体风险	摩根大通
敏感性模拟系统	市场风险	估算市场波动不大和剧烈波动两种情况下的损失	每次测算仅考虑单个重要风险因素，比如汇率、利率等，同时假设其他因素不变，以此为基础，可以检测整个公司的市场风险，并根据需要调整证券投资组合	美林
情景分析法	大部分风险	评估金融市场中的某些特殊情景或事件对证券投资组合价值的影响	给出了某种特殊市场情景下证券投资组合的损失，但没有指明损失发生的概率，与 VaR 法互为补充	
Credit Metrics	信用风险	预测不履行债务的概率或对方不履行债务或破产后回收资产的概率，分析对象一般按照信用等级划分	建立在对不同信用等级的公司不履行债务的历史数据进行分析的基础上，不能用来分析抵押贷款、按揭贷款和期权等非线性金融产品的信用风险	摩根大通
经风险调整的资本收益法	市场风险	该期的平均资本收益率除以该期的 VaR 值，用于业绩评估	可以较真实地反映交易人员的经营业绩并对其从事高风险投资行为进行限制，有助于避免大额亏损现象的发生	
全面风险管理	市场风险、信用风险、操作风险	将各种风险以及包含这些风险的各种金融资产与证券投资组合、承担这些风险的各业务单位纳入统一体系，依据统一标准测量并汇总各类风险，根据全部业务的相关性对风险进行控制和管理	对整个机构内各层次业务单位、各个风险种类进行通盘管理	大的金融机构、风险管理咨询机构、AXIOM 软件公司

资料来源：姜雪晴．中外券商风险管理比较．经济导刊，2002（6）．

第二节　国际金融衍生工具市场的风险与监管

自 20 世纪 80 年代以来，西方发达国家逐渐放松对金融体系的监管，由政府控制的风险逐渐转移到各类金融和非金融机构。随着全球金融产品的交易量快速扩大，未受监管的金融衍生工具对国际金融体系造成的危害引起了金融监管部门的广泛关注，加大对金融机构风险的监管成为当前风险管理的重要内容。

一、国际金融衍生工具市场风险概述

金融衍生工具是以基础产品（如债券、股票、银行定期存单等）或基础变量［如利率、汇率、各类价格指数、天气（温度）指数等］为基础，其价格随着基础金融产品的价格（或数值）的变动而变动的派生金融产品，是交易双方通过对利率、汇率、股价等因素的变动趋势的预测，约定在未来某一时间按一定条件进行交易或选择是否交易的合约，包括期货、期权、远期合约和互换交易四种类型。金融衍生工具有套期保值功能，可以规避和降低现货市场中的风险，但金融衍生工具的高杠杆性又使其具有高风险性和投机性。因此，金融衍生工具就像一把双刃剑，既可规避风险，本身也存在巨大的风险。

1972 年 5 月，美国芝加哥商品交易所推出外汇期货合约，这标志着现代意义上的金融衍生工具诞生。其后金融衍生工具不断创新，从最初的几种简单形式发展到 2004 年的 20 000 多种，由其衍生出来的复杂产品组合不计其数。20 世纪 90 年代以来，国际金融衍生工具市场上的危机事件和交易风险事件频繁发生，很多实力雄厚的机构因投资金融衍生工具而遭受了重大损失，有的甚至破产（见表 11－5），由金融衍生工具直接或间接引发的经济金融风暴也在全球多次出现（见表 11－6）。据统计，1987—1995 年 7 月，见诸报端的这类消息多达 113 则，亏损总计达 162 亿美元。2007 年 7 月—2008 年 10 月 16 日期间，美国次贷危机对全球 100 家大型金融机构造成的损失达 6 600 亿美元。因此，分析金融衍生工具的风险并规避其风险在金融不断创新的今天显得十分重要。

表 11－5　金融衍生工具交易导致重大损失的事件

公司名称	发生时间	交易内容	损失额
美国亨特兄弟	1980－03	白银期货交易	4 亿美元
富士银行	1991－05	股票交易	430 亿日元
第一劝业银行	1991－12	外汇交易	30 亿日元
昭和壳牌石油	1993－02	外汇交易	1 650 亿日元
新日铁化学	1993－05	外汇期货交易	142 亿日元
德国金属工业公司	1993	利率互换	13 亿美元
智利国有科德铜业公司	1994－01	铜期货交易	1.75 亿美元
伊势丹	1994－03	货币互换交易	97 亿日元

续表

公司名称	发生时间	交易内容	损失额
英国里昂联合公司	1994 - 03	美元看涨期权	1.47 亿英镑
鹿岛石油	1994 - 04	外汇交易	1 500 亿日元
基得尔皮博迪银行	1994 - 04	债券交易	3.5 亿美元
美国宝洁	1994 - 04	利率互换交易	1.6 亿美元
美国基得比价证券	1994 - 10	抵押证券交易	2 亿美元
东京证券	1994 - 11	债券期货交易	320 亿日元
德国金属集团	1994 - 11	石油期货交易	28 亿马克
美国加州奥林治县	1994 - 12	抵押证券交易	15 亿美元
英国巴林银行	1995 - 02	股指期货交易、债券期货交易、股指期货期权交易	8.6 亿英镑
中国万国证券	1995 - 02	国债期货交易	10 亿元人民币
大和银行	1995 - 09	债券期货交易	14 亿美元
Frenchurch 公司	1996 - 07	美国国债票据期货交易	60 万美元
住友商社	1996 - 09	铜期货期权交易	26 亿美元
英国国民西敏寺银行	1997 - 03	期权交易	1.4 亿英镑
中国株洲冶炼厂	1997 - 07	锌期货交易	13.22 亿元人民币
中航油	2004 - 11	场外石油期权交易	5.54 亿美元
特变电工	2005 - 03	铜铝期货交易	4 254.61 万元人民币
万盛粮油	2005 - 07	豆油期货交易	1.868 3 亿港元
中国国家物资储备局	2005	铜期货	6.06 亿美元
兴业银行	2008	股指期货	49 亿欧元
深南电	2008	原油期权合约	5.4 亿元人民币
中国远洋	2008	远期费用协议合约（FFA）和燃油衍生工具	2009 年 9 月底实际亏损 41.7 亿元人民币，浮亏 7.7 亿元人民币
中信泰富	2008	澳元外汇远期合约	浮亏 147 亿元人民币，修改原合同后最终亏损 91.55 亿港元
中国国际航空	2008 - 07—2011 - 07	场外航油套期保值合约	2008 年累计浮亏 74.72 亿元人民币，2010 年第 1 季度累计浮亏 47.14 亿元人民币
东方航空	2008—2011 - 07	场外航油套期保值合约	2008 年累计浮亏 64.01 亿元人民币，截至 2010 年第 1 季度累计浮亏约 23 亿元人民币
雷曼兄弟控股公司	2008 - 09 - 15	次级贷款证券化产品	申请破产保护
美林证券	2008 - 09 - 15	次级贷款证券化产品	被美国银行收购

续表

公司名称	发生时间	交易内容	损失额
房利美、房地美	2008-09	发行抵押贷款支持证券（MBS）	被美国政府接管
瑞士联合银行	2008-10—2010-12	期权交易	23 亿美元
摩根大通	2012	信用违约互换（CDS）	90 亿美元
意大利锡耶纳牧山银行	2013	有关债务重组的3 年期金融衍生工具合约	7 亿欧元
中石化	2018	原油期货合约	约 46.5 亿元人民币
中国银行	2020	原油期货合约	高达 44 亿美元，折合人民币超过 300 亿元

资料来源：简婷．金融衍生工具及其风险管理研究．北京交通大学，2006；周煊，程立茹．中国企业国际期货交易风险防范策略研究．国际贸易，2012（2）．

表 11-6　与金融衍生工具有关的金融危机案例

金融危机	发生时间	涉及的金融衍生工具	后果
美国股灾	1987-10	股指期货	美国股市暴跌，引发美国汇市、黄金市场等下挫，众多金融机构倒闭，企业巨亏，受此冲击，欧洲、东南亚（包括中国香港、日本）及大洋洲股市狂跌
欧洲货币体系危机	1992-09—1993-08	外汇远期	英国英镑、意大利里拉等被迫退出欧洲货币体系，沉重打击欧洲货币体系的汇率机制，严重影响欧洲各国经济发展
墨西哥金融危机	1994-12—1995-04	外汇远期	墨西哥比索贬值，股市下跌，并波及拉美、亚洲和欧美，使其股市随之下跌，全球金融市场陷入动荡
亚洲金融危机	1997-07—1998 年底	外汇远期、股指期货、股指期权	东南亚各国（地区）爆发货币危机，中国香港股市暴跌，日本、韩国金融状况恶化，欧美股市狂泻
俄罗斯金融危机	1998-08	外汇远期、外汇期货	俄罗斯汇市乱、股市跌、债市瘫，卢布贬值，一半银行倒闭；国民经济恶化，冲击拉美与其相似的石油出口国家，引发欧美股市震荡
巴西金融危机	1999-01	外汇远期	巴西雷亚尔贬值、股市下跌，受此冲击，拉美股市下泻，诱发亚太、欧美股市狂跌
土耳其金融危机	2000-11—2001-04	外汇衍生工具	土耳其里拉贬值，汇市、股市下跌，给俄罗斯、波兰、阿根廷等新兴市场造成了一定影响
阿根廷金融危机	2001-12—2002-05	外汇衍生工具	阿根廷比索贬值，银行体系崩塌，经济衰退，导致巴西等拉美国家的股市、汇市下跌

续表

金融危机	发生时间	涉及的金融衍生工具	后果
美国次贷危机	2007—	次级贷款证券市场	2007年8月开始席卷美国、欧盟和日本等世界主要金融市场，引发全球经济危机

资料来源：简婷（2006）.

二、国际金融衍生工具的风险分析

不同的金融衍生工具蕴藏的风险有各自的个性，也存在一定的共性。下面从金融衍生工具的共性风险和具体风险两个方面来研究金融衍生工具的风险特点。

（一）不同金融衍生工具的共性风险

1993年，在G30的全球金融衍生工具研究小组发布的《金融衍生工具：实践与原则》研究报告中，金融衍生工具风险被分为市场风险、信用风险、操作风险及法律风险四种。1994年7月，巴塞尔委员会与国际证监会组织在其发布的《金融衍生工具的风险管理原则》中，认为金融衍生工具涉及的风险有市场风险、信用风险、流动性风险、操作风险、法律风险五种。

1. 市场风险

市场风险是指基础金融产品（如债券、股票、利率、汇率等）的价格变动等因素引起的金融衍生工具价格变动的不确定性。市场风险普遍存在于每一种金融衍生工具之中，其大小主要由三个因素决定：一是基础金融产品价格波动。基础金融产品的未来价格不仅受供求关系的影响，还受到政治环境、经济政策、投资者或消费者的心理预期以及人为操纵等因素的影响。二是投资者的使用目的与方式。金融衍生工具可以用来套期保值，也可以用来进行套利或投机，一般来说，套期保值者面临的市场风险最小，套利者面临的市场风险次之，投机者承担的市场风险最大。三是金融杠杆比率。杠杆比率是指金融机构的总资产除以其净资产所得的倍数，它体现了金融机构的资本经营效率。杠杆率高的经济意义是少量的资本支撑着过多的负债，一般意味着资本不足、经营风险较大；杠杆率过低，说明一定量的资本所创造的资产过少，资产没有得到充分利用。一般来说，金融业的杠杆比率在20倍以下较为安全。高杠杆率是美国次贷危机中金融机构损失惨重的重要原因之一，2008年美林的杠杆率增至28倍，摩根士丹利升至33倍，高盛达到28倍。

2. 信用风险

信用风险是指因金融衍生工具交易的一方没有履行合约而给合约另一方造成损失的风险。金融衍生工具市场由交易所市场（场内市场）和场外交易市场两大部分组成，两个市场在运作模式、交易品种等方面存在诸多差别。交易所市场有完善的金融风险管理体系，场外交易市场的监管相对宽松，主要依靠市场自身的约束。21世纪以来，场外金融衍生工具市场的发展已经远远超过场内市场。因此，金融衍生工具的信用风险主要出现在场外交易中。金融衍生工具的信用风险主要受三种因素的影响：一是合约另一方的信用状况。一般而言，信用等级越高，信用风险就越小；反之，信用等级越低，则信用风险越大。二是合约另一方的交易动机与策略。如果另一方的交易目的是套期保值，则信用风险较低；如果另一方的交易目的是套利或投机，则发生违约的可能性较大，信用风险也较高。三是信息不对称。信息不对称是指合约双方掌握的信息有差异。信息资源是稀缺资源，掌握的信息比较充分的一方往往处于有利的决策地位，而掌握的信息较少的一方则处于不利的决策地位。信息不对称是导致信用风险的重要因素。此外，信用风险还与市场风险、合约的交割期限有关。

3. 流动性风险

流动性风险包括市场流动性风险和资金流动性风险。市场流动性风险是指金融衍生工具持有者因无法在市场上及时找到出仓或平仓的机会而遭受损失的风险。资金流动性风险是指交易方因流动资金不足，造成合约到期无法履行支付义务，被迫申请破产，或者无法按合约要求追加保证金而被强行平仓，从而遭受亏损的风险。流动性风险的大小取决于合约的标准化程度、市场交易规模和市场环境的变化。场内交易的流动性风险较小，场外交易的流动性风险很大。

4. 操作风险

操作风险又称运营风险，是指因金融衍生工具的交易程序或风险管理系统出现问题或人为失误而造成损失的风险。操作风险本质上属于管理问题，巴林银行事件就是由操作风险导致的。

5. 法律风险

法律风险是指因合约无法履行或草拟条文不足以及文件中存在法律漏洞而引起损失的风险。由于金融衍生工具处于不断创新中，所以比较而言，相关法律法规的制定显得滞后，有的金融衍生工具交易的合法性没有相应的法律条款保护，且在发生纠纷时，也无法通过法律来保护合约方的权益。这些都会造成合约方的损失。

（二）不同金融衍生工具的个性风险

按照交易特点，金融衍生工具可以划分为金融远期、金融期货、金融期权、金融互换四种基本类型。下面分析这四种基本类型的金融衍生工具的风险。

1. 金融远期合约的风险

远期合约是交易双方按约定的价格和约定的未来日期买卖某种金融资产的合约。在合约有效期间，无论标的金融资产的市场价格如何变动，未来的交割价格都是固定的，因此，远期合约锁定了风险，也限定了收益，市场风险极小。相对而言，远期合约中的流动性风险和信用风险就比较大，因为远期合约是必须履行的场外交易，一方的违约势必会给合约另一方造成损失。远期合约交易规模小，流动性差，违约的损失也仅限于守约一方，因此，远期合约不会对整个金融市场体系的安全性产生重大影响。

2. 金融期货合约的风险

金融期货合约是交易所买卖的标准化合约，期货合约的履行由交易所或清算公司提供担保，信用风险最小。同时由于合约和操作过程的标准化以及市场的规模化，交易者可以很方便地进行快速抛补，因而流动性风险较小。期货合约的最大风险是市场风险，且高杠杆率及投机会进一步放大期货合约的市场风险。

3. 金融期权合约的风险

在期权合约中，合约双方的风险与收益是不对称的，期权合约的市场风险小于期货合约。期权合约的信用风险与流动性风险和期货合约大致相似，期权合约还涉及法律风险和操作风险。

4. 金融互换合约的风险

互换合约一般是非标准化的合约，基本上在场外交易。与金融远期合约相比，其风险与收益也是一次性双向锁定，但其灵活性要大于远期合约。与其他金融衍生工具相比，互换的市场风险通常最小，流动性风险和信用风险较大。近年来，随着互换二级市场的建立以及合约的逐步标准化，互换合约的流动性风险趋于下降。

三、金融衍生工具的监管

金融衍生工具的监管属于金融监管的范畴，政府监管与自律监管相结合的“二元监管”模式是其主要特征。公共机构的监管、行业自律监管和内部控制管理的三级监管体制是国际金融衍生工具市场的主流监管体系。金融衍生工具是从基础工具派生出来的，现有的证券和商品期货监管框架必然会对金融衍生工具的监管产生一定的影响。目前，世界各国对金融衍生工具的监管可概括为两类相对的监管体制和两种典型的监管模式。两类相对的监管体制是指政府监管与自律监管、集中监管与分类监管；两种典型的监管模式是美国的政府主导下的多头监管模式和英国的自律主导型的单一监管模式。

（一）两类相对的监管体制

1. 政府监管与自律监管

政府监管与自律监管是一组相对的监管体制。在政府监管体制下，国家通过制定监管法律、设立政府监管机构对金融衍生工具及其交易进行监管、引导，其中政府监管机构占主导地位，自律性组织只起协助作用，如美国、日本、新加坡、韩国、澳大利亚、中国香港等经济体对金融衍生工具就采取这种监管体制。在自律监管体制下，政府较少对金融市场进行集中统一的干预，而是主要依靠交易所、证券商协会和证券期货协会等自律组织制定的经营运作规则和细则对金融市场进行自律监管，如英国就采取这种监管体制。

2. 集中监管与分类监管

在集中监管体制下，政府规定由一个专门的政府机构对金融衍生工具进行监管。多数经济体如英国、韩国、澳大利亚、中国香港等对期货与证券的监管采用集中模式，即在这些经济体中只有一个专门机构对期货与证券进行集中监管。在德国等对金融业实施单一监管的国家，期货与证券由同一个部门监管。

在分类监管体制下，一个国家内不同的金融衍生工具由两个或两个以上的专门机构分别或联合管理。例如，美国对期货与证券的监管采取了分类监管体制，美国的证券市场由美国证券交易委员会进行监管，期货市场由商品交易委员会进行监管。新加坡和日本对金融期货和商品期货的监管采取分类监管体制：新加坡的金融期货交易由新加坡金融监管局负责监管，商品期货交易则由新加坡贸易发展局负责监管；日本一般根据金融衍生工具的标的资产的性质，由不同的管理部门实施分类监管，如农产品期货交易由农林水产省综合食料局管辖，非农产品期货（不包括证券及金融期货）归经济产业省商务情报政策局商务课管辖，证券及金融期货交易归金融厅管辖。

（二）两种典型的监管模式

1. 美国的政府主导下的多头监管模式

美国对金融衍生工具的监管采取的是政府主导下的多头监管模式。美国对金融衍生工具实行监管的政府职能机构包括：（1）美国商品期货交易委员会（CFTC），它负责监管各种期货、以期货为标的资产的期权以及在合约市场上交易的外汇期权；（2）证券交易委员会（SEC），它负责监管以证券和存款凭证为标的资产的期权、在证券交易所上市交易的外汇期权、股票指数期权等；（3）联邦储备委员会和货币监理署，它们负责监管商业银行从事的金融衍生工具交易。此外，股票指数期货由 CFTC 和 SEC 共同监管。《2000 年商品期货现代化法案》又规定，股票期货（包括单只股票的期货或期货期权以及窄基指数期货或期货期权）由 CFTC 和 SEC 联合监管，宽基指数合约受 CFTC 监管。2007 年美国的次贷危机引发了全球经济危机，暴露了美国场外金融衍生工具监管的薄弱环节。2010 年 7 月，美国总统签署《多德-弗兰克法案》，第一次将场外金融衍生工具纳入监管范围，并确立了美国场外金融衍生工具监管的新框架，即由 SEC 和 CFTC 负责管理场外金融衍生工具市场，SEC 负责监管与股权相关（如期权）及与信用衍生工具相关的互换交易；CFTC 负责监管与股权无关的互换交易（如外汇、利率、指数和大宗商品的互换交易等）。

2. 英国的自律主导型的单一监管模式

20 世纪 80 年代以前，英国金融衍生工具交易的监管模式几乎是完全的自律监管。1986 年 10 月 27 日出台的《金融服务法》使英国的金融监管由完全的自律监管模式走向立法框架下的自律监管模式，对证券和期货公司的监管由证券投资委员会认可的金融衍生工具自律证券期货局（SFA）负责。1997 年，英国成立了单一法定监管机构——金融服务局（Financial Service Authority，FSA），FSA 从此开始全面接管英国金融业的监管。2001 年 11 月 30 日，《2000 年金融服务与市场法》生效，赋予了 FSA 全面监管证券期货局、投资管理监管组织和个人投资局、建筑协会、互助协会等的权力。FSA 本身是一个自律机构，而非行政机关，FSA 对金融领域各行业自律组织的接管并没有动摇英国自律监管的基础，而是把自律监管与国家立法监管结合得更紧密了。金融危机后，2009 年，英国议会通过《2009 年银行法案》（Banking Act 2009），英国财政部发布《改革金融市场》白皮书，强化金融监管。《2009 年银行法案》规定在英格兰银行的董事会下设立金融稳定委员会（Financial Stability Committee，FSC）。FSC 专门负责金融稳定，并拥有强有力的宏观审慎监管手段。《改革金融市场》白皮书提出建立一个新的金融稳定理事会（Council for Stability，CFS），由该理事会全面负责监控金融业的风险和稳定。CFS由英格兰银行、FSA和财政部共同组成，由财政大臣担任主席，强化对具有系统重要性的批发金融市场，尤其是证券和金融衍生工具市场的监管。[①]

3. 对两种典型的监管模式的评价

政府主导下的多头监管模式强调的是政府的作用。这种监管模式的优点在于：（1）具有超脱于市场竞争者之外的监管机构，能更公平、客观、严格地发挥监管职能，更好地克服市场失灵现象；（2）各类综合性和专门性法规齐全，提高了监管的权威性和严密性。但这种监管模式也有其弊端：（1）过于强调政府机构的作用，而忽视与自律组织的配合，很难实现既有效管理又不过多干涉经济的目标；（2）与自律性机构相比，政府机构远离市场，掌握的信息相对有限，这使得监管对市场变化反应迟钝，决策显得滞后；（3）监管成本较高，效率下降；（4）易出现监管权冲突造成的监管重复和监管真空，负责不同市场的监管机构需要不断地协调和合作。例如，《约翰逊-夏德协议》（Johnson-Shad Accord）和《华尔街透明度和责任法》分别为CFTC和SEC在金融衍生工具场内交易和场外交易的协调与合作提供了法律框架。

英国自律主导型的单一监管模式的优点在于：（1）自律性的组织由市场参与者组成，能够准确迅速地应对市场存在的问题，效率更高；（2）单一监管机构可以降低监管成本，发挥规模效应；（3）反映了金融机构一体化和集团化的现代发展趋势。但是，这种监管模式也有不足之处：（1）非制度化的监管易滋生腐败现象，存在权力寻租问题；（2）监管者的主观意识对监管效果影响较大，易导致监管标准不一致；（3）易导致交易员的违规操作。如巴林银行的交易员尼克·里森、爱尔兰联合银行的拉斯纳克、兴业银行的柯维尔和瑞士银行的阿多博利的违规操作对其所在的投行造成了灾难性打击。

第三节　发展中经济体对境外间接投资的监管

发展中经济体对境外间接投资的监管是该经济体在对外开放其证券市场、放宽境外资本进入其境内资本市场的限制的过程中，通过一系列政策措施对进入境内的境外资本进行有效管理的过程。无论对发达经济体还是对发展中经济体来说，证券市场国际化都是它们融入世界经济体系的必然路径。20世纪70年代以来，美国、日本、欧盟等发达经济体逐渐取消对国际资本流动的限制，在此影响下，20世纪80年代中后期，部分发展中经济体也开始了证券市场国际化的进程。本节主要对发展中经济体开放其境内证券市场的路径及在开放过程中所采取的政策、措施进行介绍。

一、发展中经济体证券市场的对外开放路径

证券市场的对外开放既包括允许境外投、融资者进入境内证券市场，也包括允许本

① 翟浩，雷晓冰．场外衍生工具市场监管制度改革：英国的经验与启示．河北法学，2012，30（1）：153－161.

国投、融资者进入境外证券市场，而证券市场国际化问题既包含证券市场对外开放的问题，也包含证券市场运行机制与国际证券市场接轨的问题。本节侧重介绍发展中经济体在对外开放证券市场的过程中，允许境外投资者进入境内证券市场的有关内容。

新兴经济体的证券市场开放时间大多集中在20世纪80年代后期和90年代初期（见表11-7）。美国学者Papaioannou和Duke（1993）的研究成果表明，许多发展中经济体对本国（地区）证券市场的开放经历了完全封闭阶段、准开放阶段、开放过渡阶段和开放成熟阶段四个阶段。在完全封闭阶段，股票价格呈上升趋势，股票投资成为替代银行储蓄和政府短期债券的投资方式。随着市场流动性的增加和风险调节收益的提高，市场信用逐渐上升。在准开放阶段，降低融资成本的压力促使各经济体逐步放宽国内市场的限制，对金融部门进行改革，完善金融行业的基础设施，包括促进交易的电子化、简化上市公司的审批程序、解除对证券经纪人和证券商的复杂限制。此外，还会引入新的国际公认的会计制度，获取投资者的信任，成立特别委员会并由其负责制定关于提高金融交易透明度的法规和条例。在开放过渡阶段，随着市场波动性的下降，市场开始进入规模扩张阶段。投资者能方便地获得新发行的股票和企业债券；私营企业、新兴私有化公司开始发行股票，股票发行量迅速增长，市场交投活跃，催生了更多的金融中介机构。同时，为了满足转移风险的需要，派生了一系列用于套期保值等的金融衍生工具。在开放成熟阶段，证券市场趋于成熟。此时，市场的风险报酬同政府公债利率和同期货币市场利率相比，已经下降到国际一般水平。发展中经济体的金融管理体制不同，其证券市场国际化所处的发展阶段也不同，相应地证券市场也呈现出不同的特征（见表11-8）。

表11-7　新兴经济体的证券市场开放时间

经济体	官方自由化时间	第一个ADR进入	第一只国家基金进入	经济体	官方自由化时间	第一个ADR进入	第一只国家基金进入
葡萄牙	1986-07	1990-06	1987-08	菲律宾	1991-06	1991-03	1987-05
泰国	1987-09	1991-01	1985-07	孟加拉国	1991-06	NA	NA
希腊	1987-12	1988-08	1988-09	牙买加	1991-09	1993-06	NA
摩洛哥	1988-06	1996-04	NA	智利	1992-01	1990-03	1989-09
马来西亚	1988-12	1992-08	1987-12	韩国	1992-01	1990-11	1984-08
墨西哥	1989-05	1989-01	1981-06	埃及	1992	1996-11	NA
土耳其	1989-08	1990-07	1989-12	印度	1992-11	1992-02	1986-06
印度尼西亚	1989-09	1991-04	1989-01	以色列	1993-11	1987-08	1992-10
阿根廷	1989-11	1991-08	1991-10	科特迪瓦	1995	NA	NA
委内瑞拉	1990-01	1991-08	NA	肯尼亚	1995-01	NA	NA
中国台湾	1991-01	1991-12	1986-05	突尼斯	1995-06	1998-02	NA
哥伦比亚	1991-02	1992-12	1992-05	尼日利亚	1995-08	1998-05	NA
巴基斯坦	1991-02	1994-09	1991-07	约旦	1995-12	1997-12	NA
巴西	1991-05	1992-01	1987-10	南非	1996	1994-06	1994-03
斯里兰卡	1991-05	1994-03	NA	特立尼达和多巴哥	1997-04	NA	NA

资料来源：Bekaert，G，Harvey，C. R.，and Lundblad，C. T. "Equity Market Liberalization in Emerging Markets". Federal Reserve Bank of St. Louis，July/August 2003，pp. 53-74.

表 11-8 证券市场的开放阶段

	完全封闭阶段	准开放阶段	开放过渡阶段	开放成熟阶段
特征	交易工具极其单一，证券市场规模狭小；市场波动剧烈，投机盛行；证券立法尚不完备，基础设施发展滞后；证券市场行政色彩严重；间接融资占绝对地位	监管体系逐渐形成；市场规模持续扩大，机构投资者开始进入市场；企业到境外融资；清算交易系统完备；市场选择机制发挥作用	机构投资者群体形成；有条件地允许外资进入；国内证券市场立法与监管手段进一步完善；避险金融工具出现；市场基准利率形成	境外资金大量进入境内市场；会计制度国际化；机构投资者成为市场主体；证券市场成为国际证券发行的分销场所；完备的立法监管手段；金融衍生工具大量出现
代表性的经济体	部分非洲国家、波罗的海沿岸国家（立陶宛、拉脱维亚等）	中国、哥伦比亚、印度、巴基斯坦、秘鲁、菲律宾、波兰	阿根廷、巴西、匈牙利、马来西亚、泰国、土耳其	希腊、韩国、墨西哥、葡萄牙、中国台湾

资料来源：高翔. QFII 制度：国际经验及其对中国的借鉴. 世界经济，2001（11）.

发展中经济体在开放证券市场的过程中，允许并吸引境外资本进入其证券市场，通常需要经过间接进入阶段、有限度的直接开放阶段和完全直接开放阶段三个阶段。在间接进入阶段，发展中经济体向境外投资者发行受益凭证或基金份额，境外投资者通过购买受益凭证或基金份额间接地进入该国证券市场。在有限度的直接开放阶段，一种比较成功的模式就是实施合格的境外机构投资者制度（qualified foreign institutional investor，QFII），也可以设置该国（地区）的特种股票供境外投资者投资，如中国的 B 股等。[①] 在完全直接开放阶段，东道国取消外汇管制，外国投资者享有完全的国民待遇，可以在东道国证券市场上自由买卖证券，在买卖数量、品种以及资金和收益汇入汇出等方面不受限制。例如，中国香港、中国台湾、韩国、新加坡等的证券市场都是完全开放的证券市场，这些经济体对证券市场上境外资本的监管与对证券市场上本国（地区）投资者的监管相同，但在金融危机或资本流动异常等特殊情况下，也会采用资本管制等措施加强对境外间接投资的监管。

二、发展中经济体对境外间接投资的监管内容与方法

发展中经济体对境外间接投资往往持谨慎态度，因为它们有以下几个顾虑：第一大顾虑是，境外间接投资代表着不稳定的资本流动，在东道国遇到经济困境时，资本会外逃；第二大顾虑是，境外间接投资会通过收购股权控制境内的公司；第三大顾虑是，境外投资者只是为了控制市场、重要行业和金融服务部门；第四大顾虑是，考虑到要支付的股息和未来的资本外逃，境外间接投资的资本显得特别昂贵。因此，发展中经济体往往会对境外间接投资进行监管。从境外间接投资者的视角来说，这些监管措施也就是境外投资者进入发展中经济体时遇到的障碍。具体来说，发展中经济体对境外间接投资的监管内容包括境外投资者的资格、投资规模和限定行业、外汇管制、持股比例及税收政策。监管方法包括间接开放、有限直接开放、资本管制及调控资本限制三种。

① 高翔. QFII 制度：国际经验及其对中国的借鉴. 世界经济，2001（11）.

(一) 监管的内容

1. 境外投资者的资格

由于不同的证券投资机构的投资风格不同，不同投资机构进入东道国证券市场后，会对东道国证券市场的稳定性产生不同的影响。因此，发展中经济体一般都会设置一定的资格条件，对境外投资机构的性质、经济和业务状况做出一些规定，并通过建立审批机制来限制和控制进入本国（地区）证券市场的境外机构投资者。不同的国家或地区的准入资格有所不同，有些国家或地区设置的资格条件比较严格，有的则相对比较宽松。表 11－9 中列举了中国台湾、印度、韩国、中国和巴西等经济体开始实施 QFII 时对境外投资者所设置的初始资格条件。随着市场条件的逐渐成熟，各经济体不断放宽资格条件，直到完全开放其证券市场。

表 11－9　合格境外机构投资者的初始资格条件

经济体	初始资格条件
中国台湾	A. 银行：总资产排名世界银行前 500 名，持有证券资产金额 3 亿美元以上 B. 保险公司：经营保险业务 10 年以上，持有证券资产金额 5 亿美元以上 C. 基金管理机构：成立满 5 年，经营证券投资基金资产金额 5 亿美元以上
印度	A. 在印度以外地区设立或组织的退休基金、共同基金和投资信托、保险公司：具备专业能力和良好的财务状况 B. 在印度以外地区设立或组织的银行、资产管理公司、投资顾问以及组合投资管理人：自有资金或下属基金 C. 在印度以外地区设立或组织的受托人、受托持有人：自有资金或下属基金
韩国	最宽松，无限制
中国	A. 财务稳健，资信良好，具备证券期货投资经验 B. 境内投资业务主要负责人员符合申请人所在境外国家或者地区有关从业资格的要求（如有） C. 治理结构、内部控制和合规管理制度健全有效，按照规定指定督察员负责对申请人境内投资行为的合法合规性进行监督 D. 经营行为规范，近 3 年或者自成立以来未受到监管机构的重大处罚 E. 不存在对境内资本市场运行产生重大影响的情形
巴西	A. 受完善监管的银行、全球托管人、保险公司、证券公司、退休基金、非营利性机构等 B. 投资型基金

资料来源：许弘林. QFII 在我国证券市场的实践与影响研究. 复旦大学，2007；中国证券监督管理委员会，中国人民银行，国家外汇管理局. 合格境外机构投资者和人民币合格境外机构投资者境内证券期货投资管理办法，2020－09－25；钟伟. QFII 的实践与资本账户的渐进开放. 国际贸易，2002（12）.

2. 投资规模和限定行业

投资规模主要从投资额度及投资范围两方面分析。投资额度包含三层含义：一是指进入本国（地区）资本市场的所有外国投资资金总和的最高额度；二是指单个投资者的最高投资数额（或最低投资数额）；三是外资投资于一只（或一类）股票的最大数额。投资范围通常指允许投资的金融产品和限制进入的行业。发展中经济体常通过动态的配额制度对境外投资者的投资额度和投资范围实施限制。表 11－10 中列举了中国台湾、印度、韩国、中国和巴西对 QFII 的投资额度、投资范围和行业的限制。此外，随着证券市场的不断成熟，发展中经济体会逐渐放宽有关的限制条件，直至取消限制。

表 11－10 合格境外机构投资者的投资额度、投资范围与行业限制

经济体	投资额度	投资范围	行业限制
中国台湾	不限制	100%投资于证券（股票和债券），但台湾地区本土发行的可转换债券和金融债券除外	农艺园艺业、农药制造业、汽车客运业、通信业及邮政储蓄汇兑业、广播电视业等
印度		一级和二级市场上市证券（包括股票、债券、认股权证）、未上市的债券、印度国内的互惠基金及单位信托，同时设定了两种完全不同的投资途径： A. 70%以上投向与股权有关的工具（股票、基金），30%以下投资于债券工具（企业债券、政府债券） B. 100%投资于债券市场	国家安全、公共秩序、公共卫生、环保等敏感行业
韩国		在韩国证券交易所挂牌的股票	
中国	不限制	在证券交易所挂牌交易的股票（外资股除外）、国债、可转换债券、企业债券及证监会批准的其他金融工具，以及股票增发、配股、新股发行和可转换债券发行的申购；商品期货、期权合约、股指期权	《外商投资产业指导目录》限制的行业
巴西	不限制	禁止进入除股市以外的证券市场；禁止在境外转让投资	

资料来源：根据收集的文献整理而得。

3. 外汇管制

外汇管制主要指在资金的汇入时间、数量、汇出期限、汇出方式方面予以限制。在外汇管制方面，一种方法是采用强制手段，即规定资金汇出汇入的时间与额度；另一种方法是采用税收手段，对不同的资金汇入汇出时间与额度征收不同的税，从而控制资金的汇入汇出。此外，也有经济体对资金汇出汇入只是实行监督，而不设置限制。表 11－11 中列出了部分发展中经济体的外汇管制方法及具体规定。

表 11－11 部分发展中经济体的外汇管制方法及具体规定

经济体	外汇管制方法	具体规定
中国台湾	强制手段	取消限制（2003 年 9 月起）
印度	税收手段	在 1 年内汇出，按 30%的资本增值税税率征税；在 1 年以后汇出，则税率下降为 10%

续表

经济体	外汇管制方法	具体规定
韩国	税收手段	按资本利得的25%或总收入的10%征税，以二者中的较低者为准；股利或利息按10%～15%的税率征收
中国	无强制	合格境外机构投资者可通过托管人以外汇或人民币形式汇出汇入境外投资资金，合格境外机构投资者境外投资本金及收益可以外汇或人民币形式汇回；证券期货投资汇出与汇入的资金币种原则上应保持一致
巴西		对资金汇出汇入没有限制

资料来源：根据收集的文献整理而得。

4. 持股比例及税收政策

发展中经济体在监管境外间接投资时，对外国资本所持有的本国（地区）上市公司的股份有明确的限制，不同国家或地区的税收政策也有差异（见表11－12和表11－13）。在中国，单个境外投资者通过QFII对一家上市公司A股的持股比例必须低于10%，全部境外投资者对一家上市公司A股的总体持股比例必须低于30%（除了战略投资以外）。①

表11－12　新兴证券市场对机构投资者的直接和间接壁垒

经济体	境外投资者持股比例限制	股息汇回	资本撤回	股息扣缴税款	资本利得税
中国香港	100%	无限制	无限制	0	0
印度尼西亚	49%（25%）[a]	无限制	无限制	20%	20%
马来西亚	100%[b]	无限制	无限制	35%（0）	0
菲律宾[c]	40%[d]	无限制	无限制	15%	0.25%
新加坡	100%	无限制	无限制	0	0
泰国	49%（25%）[e]	无限制	无限制	20%（10%）	25%（10%）
韩国	10%（8%）[f]	限制[g]	限制[g]	25%（10%～21.5%）	（11%～27%）
中国台湾[c]	特殊基金[h]	无限制	无限制	20%	0.60%

说明：股息扣缴税款及资本利得税项下括号内的数据仅适用于国家批准的新资金。

a. 自有资本的外汇银行和非银行金融机构的持股比例必须低于25%；

b. 外国投资者并购金额超过500万美元或相当于15%及以上的表决权，需事先得到马来西亚外国投资委员会的批准；

c. 税收的基数是总交易价值；

d. 境外投资者持股超过40%需事先得到批准；

e. 自有资本的商业银行和金融公司的持股比例必须低于25%；

f. 在限制行业中，外国持股不得超过社会股本的10%；

g. 初始资本、资本收益和股息的汇回需由财政部批准；

h. 外国投资者在当地经纪公司开户只能投资于3只上市基金（朴华增长基金、NITC富源基金和公民基金）。

资料来源：Wong，W. K.，Penm，J.，Terrell，R. D.，and Lim，K. "The Relationship Between Stock Markets of Major Developed Countries and Asian Emerging Markets." *Journal of Applied Mathematics and Decision Sciences*，2004，8(4).

① 参见《深圳证券交易所合格境外机构投资者和人民币合格境外机构投资者证券交易实施细则（2020年修订）》。

表 11-13　进入新兴证券市场的障碍（1993 年 3 月底）

经济体	外国投资者能否自由进入	收入汇出	资本汇出	总部设在美国的投资者的预提税		
				利息	股息	上市股票的长期资本收益
阿根廷	自由进入	自由	自由	0	0	0
巴西	自由进入	自由	自由	15	15	0
孟加拉国	相对自由	有限制	有限制	NA	NA	NA
智利	相对自由	自由	一年后	32	32	32
中国	特殊股票	自由		10	10	0
哥伦比亚	自由进入	自由	自由	12	12	12
哥斯达黎加	相对自由	自由	自由	0	5	0
希腊	自由进入	自由	有限制	15	0	0
印度	限授权资本	自由	自由	10	10	10
印度尼西亚	相对自由	有限制	有限制	20	20	20
牙买加	相对自由	自由	自由	25	33	0
韩国	相对自由	自由	自由	12	15	0
马来西亚	自由	自由	自由	20	0	0
墨西哥	相对自由	自由	自由	15	0	0
尼日利亚	封闭	有限制	有限制	15	5	20
巴基斯坦	自由	自由	自由	10	10	0
秘鲁	自由进入	自由	自由	37	11	0
菲律宾	特殊股票	自由	自由	15	15	0.25
葡萄牙	自由进入	自由	自由	25	20	0
斯里兰卡	相对自由	有限制	有限制	0	15	0
中国台湾	限授权投资者	自由	自由	20	20	0
泰国	相对自由	自由	自由	15	10	0
特立尼达和多巴哥	相对自由	自由	自由	25	25	0
土耳其	自由进入	自由	自由	0	0	0
委内瑞拉	相对自由	自由	自由	20	20	30
津巴布韦	特殊股票	有限制	有限制	0	20	30

资料来源：Cornelius，Peter K. "The Internationalization of Emerging Stock Markets." *Intereconomics*，May/June 1994.

（二）监管方法

发展中经济体对境外间接投资进行监管的方法有间接开放、有限直接开放、资本管制及调控资本限制三种。

1. 间接开放

这种监管方法的具体做法是：作为发展中经济体的东道国创立国际性证券信托投资公司，在国际市场上发行投资于本国证券市场的某种金融工具（如投资基金、存托凭证等），允许外国投资者通过购买开放型或封闭型基金以及存托凭证的方式间接投资于证券市场。这是发展中经济体对外开放其证券市场初期采用的主要监管方法。采用这种方法时，筹集的境外资金多来自中小投资者，可以避免国际游资对本国证券市场的冲击，但是吸收的境外间接投资规模较小。例如，中国台湾在 1983 年 8 月—1986 年 4 月期间，先后成立了国际、光华、建弘和中华四家证券信托投资公司；韩国在 1981—1984 年间设立了两个开放型投资信托和两只封闭型基金；巴西也同样建立了几家信托投资公司，这些公司以共同基金的形式发行受益凭证，境外投资者可以通过购买受益凭证间接投资本国（地区）的证券。

2. 有限直接开放

这种监管方法的具体做法是设立 QFII 制度或设立特殊股票。

（1）设立 QFII 制度。

合格的外国机构投资者（QFII）制度，是资本项目尚未开放、货币不能完全自由兑换的国家或地区有限度地引进外资、开放资本市场的一项过渡性制度。在资本项目尚未开放、货币不能完全自由兑换的国家或地区，外资进入与流出有可能对其证券市场造成较大的负面冲击，因此，控制外国资本对本国（地区）经济的影响，抑制境外投机资本（热钱）对本国经济的冲击显得十分重要。发展中经济体的历史经验说明，QFII 是东道国对外国间接投资的进入与流出进行必要的限制和引导的有效方式，是一种有限度地引进外资、开放资本市场的过渡性制度。QFII 的核心是使境外资金绕过资本项目管制的限制，以可控制的方式进入境内证券市场。QFII 对境外间接投资进行监管的内容主要有境外投资者的资格、投资规模和限定行业、外汇管制、持股比例及税收政策等方面。这部分内容已在前面介绍过，这里不再赘述。

（2）设立特殊股票。

通过设立专供境外资本投资境内证券市场的股票，可以达到吸引境外资本的目的。例如，中国的 B 股、泰国的外国板块（Foreign Board）和菲律宾的 B 股等就是这样的特殊股票。

中国 B 股的正式名称是人民币特种股票，也称境内上市外资股。B 股是指中国上市公司发行的以人民币标明面值，以外币认购和买卖，在中国境内（上海、深圳）证券交易所上市交易的外资股。其中，上交所的 B 股采用美元标价、交易和结算，深交所的 B 股则采用港元标价、交易和结算。B 股市场于 1992 年建立[①]，2001 年 2 月 19 日前仅限外国投资者买卖，此后，持有合法外汇存款的国内居民也可投资 B 股。菲律宾 B 股与中国 B 股相似，任何国籍的人均可投资，而泰国的外国板块仅限于外资买卖。

---

① 1992 年 2 月 21 日，上海电真空 B 作为中国第一只 B 股正式在上交所挂牌交易；同年 2 月 28 日，深南玻 B 作为深交所第一只 B 股也正式挂牌交易。这标志着中国 B 股市场的诞生。

3. 资本管制及调控资本限制

根据IMF的估计，过去20多年内，新兴市场经济体经历了三次大规模的资本流入：第一次是1996年第4季度至1998年第2季度；第二次是2006年第4季度至2008年第2季度；第三次是2009年第3季度至今。在这三次大规模资本流入中，流入全球新兴市场经济体（不包含中国）的证券投资组合的资本所占的比重分别为40%、17%和48%。由于证券投资组合的波动性与易变性要比直接投资与债权投资更大，2010年以来，韩国、泰国、中国台湾、印度、巴西、土耳其等多个新兴市场经济体宣布实施资本项目管制。2011年4月，IMF表态支持资本管制，并给出了管理资本流入的三类政策建议——宏观经济政策、审慎监管政策与资本项目管制政策——的实施顺序。其中，资本项目管制政策的工具有价格型工具与数量型工具两大类。

（1）价格型工具是指通过税收（如资本流入预提税、外国投资者资本利得税等）提高资本流动的成本，从而抑制资本流动。例如，自2010年10月13日起，泰国对外资投资于泰国债券所获得的利息及资本利得课征15%的预提税；2010年10月，巴西将外资购买债券的税率提高两倍，至6%。

（2）数量型工具是指通过行政措施直接对资本流入规模实施某种数量方面的限制（例如无回报准备金要求、最短投资期限与直接数量限制等）。例如，1991—1998年间，智利通过无息准备金政策和证券投资最短停留期限规定管理境外间接投资；2010年6月，韩国和中国台湾限制涉及本币汇率的金融衍生工具交易[①]；印度尼西亚央行暗示将对外汇账户及外国人在国内的本币转账账户的最低准备金率进行管理；土耳其暗示要提高外汇存款的准备金率。再如，QFII制度对持股比例、资本汇入汇出进行管制等。

一些国家在对境外资本进行管制时，同时使用价格型工具与数量型工具。例如，巴西在1993—1997年间对间接投资采取的措施有：对资本流入征收进入税，禁止外资投资于一定类型的金融工具，对进出口融资采取期限限制。1993—1998年，哥伦比亚通过无息准备金政策，对资金转移和非金融私人服务征收10%的预提税来管理境外资本的流入（见表11-14）。

表11-14 部分新兴市场经济体对资本流入的管制措施

经济体	时间	管制措施
巴西	2013年	除对1年及以下期限的外国贷款征收6%的税率外，取消了其他各类金融交易税
智利	1991—2001年	所有外商投资资本金必须在境内停留至少1年
哥伦比亚	1993—1998年	无息准备金政策；对资金转移和非金融私人服务征收10%的预提税
捷克	1995年	对外汇交易征税（托宾税）；对银行短期外币负债的规模进行限制；对非银行外向借贷的审批进行限制；等等

① 2010年6月，韩国对银行外汇衍生工具仓位设限，规定外资银行在韩国的分支机构可持有的外汇衍生工具仓位最高不超过股本的25%，本国银行则不得超过50%；台湾地区金融监管部门要求所有银行降低NDF（无本金交割远期外汇）占总外汇的比例，由原先规定的不超过1/3降至不超过1/5。

续表

经济体	时间	管制措施
印度尼西亚	2010年	规定外国居民必须持有该国央行票据一个月以上
马来西亚	1994年	对外币负债规定了限额要求（贸易融资和直接投资除外）、禁止向非居民出售短期货币市场工具、规定无息准备金要求、不允许商业银行与非居民之间的非贸易互换和远期交易等
泰国	2010年	规定无息准备金要求、征收预扣税和撤资税
墨西哥	1992年	限制商业银行外币负债的规模、规定银行流动性要求等

资料来源：根据收集到的文献整理而得。

第四节　案例研究

案例一

雷曼兄弟的倒闭

（一）基本案情

雷曼兄弟控股公司（以下简称雷曼兄弟）成立于1850年，由德国移民亨利、埃马努埃尔和迈尔创建。雷曼兄弟曾是美国第四大投资银行，其业务遍及证券、投资、资产管理、私人投资管理等各大领域，曾经历过19世纪铁路公司破产风暴、20世纪30年代美国经济“大萧条”、1994年信贷危机、1998年货币危机和2000年互联网泡沫等一系列危机，有着顽强的生命力与抗风险能力，被喻为“一只有着19条命的猫”。雷曼兄弟在很长一段时间内注重传统的投资银行业务（证券发行承销、兼并收购顾问等）。住房抵押贷款证券化在美国金融市场兴起后，雷曼兄弟的相关业务曾经做得相当成功，被称为债券之王。为了紧跟雷曼兄弟的高收益贷款活动的增长，雷曼兄弟的管理层放松了公司风险控制，批准了一些超出雷曼兄弟规定的单笔交易限制的交易。2007年6月，雷曼兄弟有约30笔交易已经超出了先前规定的2.5亿美元的损失门槛。风险控制的放松促进了雷曼兄弟的杠杆贷款业务的增长，也给雷曼兄弟埋下了隐患。2007年，雷曼兄弟持有的巨额住房抵押资产以及商业地产抵押资产面临巨大的减值损失。2007年，雷曼兄弟上述两项资产的减值损失高达61亿美元，占其资产减值总损失的89.71%，而2008年的三个财季，上述比例分别为87.23%、91.67%和109.38%。从2007财年至2008年第三财季，雷曼兄弟的住房抵押资产减值总额达154亿美元，商业地产抵押资产减值总额也高达54亿美元，在对冲后，住房抵押资产减值总额为90亿美元，商业地产抵押资产减值总额仍高达48亿美元。

2008年9月15日，雷曼兄弟宣布申请破产保护，此时其总债务达6 130亿美元，成为美国有史以来倒闭的规模最大的金融公司。

（二）案例分析

（1）内部监管体系的失效是雷曼兄弟破产的重要内在原因。雷曼兄弟的破产固然有美国金融体系和金融监管不健全、不完善的原因，但从企业的内控因素看，公司内部风险监管体系的失效是其出现巨大亏损的重要原因。这主要表现在三个方面：一是"做假账"。芝加哥律师沃卢克斯的调查报告称，雷曼兄弟高管层参与了"可付诸行动的资产负债表操纵"，"回购105交易""本身毫无实际内容"，"唯一目标或动机是减记资产负债表"，以达到对资产负债表数据进行粉饰的目的。二是投资的杠杆比例过高。根据美国相关监管规定，雷曼兄弟的杠杆比例不应超过15倍，而2007年8月底雷曼兄弟的杠杆比例高达30.4倍，2007年冬天达到34倍，2007年底突破40倍。三是董事会被CEO操纵，内部监督未能有效地发挥作用。

（2）精巧庞大的数理模型定量技术难以涵盖所有风险特征且易被人为操纵。雷曼兄弟拥有先进的数理模型定量分析技术，也曾以良好的内部控制自居，但该公司的数理模型并未起到应有的预测危机的作用，金融衍生工具的损失也远超预期。数理模型定量技术用若干参数来描述市场风险的变化，适用于特定的条件，它并不能描述金融市场中各方面交易者复杂的行为变化，也不能体现现实中社会因素和人为因素的多样性、突变性。雷曼兄弟的金融衍生工具模型所估算的极端事件的风险，只是在一定概率下的最大损失，并不能确定极端事件导致的实际损失程度，而且交易者的预期和市场状况都会改变，损失也可能会进一步扩大。此外，数理模型定量技术也容易被人为操纵。如2007年底，雷曼兄弟把风险承受上限从年初的22亿美元调高至40亿美元时，按规定，雷曼兄弟必须对所持的交易头寸和投资进行压力测试，但在压力测试中，雷曼兄弟把风险最高的资产（如房地产自营投资、私人股本投资以及支持收购交易的杠杆贷款等）都排除在了计算范围之外。再如，雷曼兄弟2007年5月收购Archstone-Smith房地产投资信托基金的23亿美元的过渡贷款，也从未纳入风险计算。因此，对风险的分析离不开数理模型定量技术，但更重要的还是要遵守内部控制制度。

（3）高额薪酬体系促使雷曼兄弟追求高风险产品。2007年，雷曼兄弟盈利41亿美元，CEO的奖金超过4 000万美元；2008年9月12日，也就是在雷曼兄弟申请破产保护前三天，雷曼兄弟董事会同意给予五个高层超过1亿美元的薪酬，破产前雷曼兄弟新进员工的工资标准是1 200美元/天。投资银行的高额薪酬体系是以当期利润作为支撑的，这迫使经营者不断创新，不择手段地获得高额利润；高风险与高收益相伴相生，这也促使雷曼兄弟不得不经营高风险的产品。这些最终为公司前景埋下了巨大的隐患。

案例二

韩国对外国间接投资的监管

（一）基本案情

韩国证券市场始于1956年，20世纪80年代开始对境外投资者开放其证券市场。韩国于1981年1月颁布"资本市场国际化计划"（标志着证券市场国际化的开始），1988年12月公布"韩国证券市场国际化的四年中期计划"，1993年6月提出"金融改革与市场开放行动计划"，1998年实现证券市场的全面开放。韩国证券市场允许外国投资进入的过程经历了间接开放、有限度直接开放和完全开放三个阶段，在这三个阶段，韩国对外国投资的监管方式也不同。

1. 间接开放阶段的监管

1981—1984 年的 3 年间，韩国在海外发行开放型基金或封闭型基金，外国投资者通过购买基金份额间接进入韩国证券市场：1981 年 11 月，韩国为外国投资者设立了两个开放型投资信托；1984 年 5 月，又设立了主要投资于韩国股市的封闭型基金，允许双方证券公司互设代表处。

2. 有限度直接开放阶段的监管

这个阶段主要是 1985—1990 年。其间韩国政府允许外国投资者通过 QFII 直接在韩国证券市场投资，但对于投资者的资格和买卖证券的品种、数量有严格的限制。其中，韩国对 QFII 资格条件的审查最宽松，没有任何条件限制；禁止在与国家安全、公共秩序、公共卫生、环保等关系敏感的行业投资；对资金汇出汇入的管理采取税收手段（汇出的税率标准为：资本利得的 25%或总收入的 10%，以低者为准；股利或利息按 10%～15%征收）。

3. 完全开放阶段的监管

1991 年 7 月，韩国开始对外开放外汇市场，逐步解除对资本流动的限制；1992 年 1 月，韩国对外国投资者开放股票市场；1998 年，韩国证券市场全面开放。此阶段对外国间接投资的监管措施主要有：一是对外国投资者的持股比例进行限制，并适时放宽。例如，在一般情况下，所有外国投资者的持股总数不得超过每种股票的 10%（不包括共同基金持有的份额）；对 46 家著名的大公司（包括大宇重工业公司、三星集团等）的最高持股比例是 5%；对关键地区的公用事业如电力、天然气、电信、交通、水和金融业的最高持股比例是 8%。此后，随着市场的成熟，逐渐放宽外资机构对韩国上市公司持股比例的限制，如 1997 年 11 月 3 日将总的持股比例上限提高到 26%，1997 年 12 月又放宽到 55%。二是通过外汇交易信息系统监控短期资本流动。三是对入市资格进行审查。

（二）案例分析

从韩国对外国间接投资的监管过程可以看出，发展中经济体对外国间接投资的监管是伴随着其证券市场国际化的过程而进行的，是放宽对外国资本进入国内的限制的过程。韩国对外国间接投资的监管呈现四个特点：一是具有明显的阶段性；二是具有渐进性；三是与金融自由化制度改革相关联；四是 QFII 制度发挥了关键的作用。与中国台湾、印度相比，韩国对 QFII 资格的审查最宽松。

案例三

从瑞银事件看金融衍生工具市场的风险管理

（一）基本案情

瑞银集团（UBS，以下简称瑞银）是瑞士最大的银行，也是欧洲最大的金融控股集团，其主营业务包括财富管理、投资银行及证券和资产管理三大板块。瑞银在 50 个国家共设有 95 家分行，全世界的雇员大约共有 64 000 名，曾是中石油发行 A 股的承销商。

2011 年 9 月 15 日，瑞银 31 岁的交易员奎库·阿多博利未经授权违规操作的事件被曝光，该事件给瑞银造成了至少 23 亿美元的损失。阿多博利被指控的违规事项主要有：在 2008 年 10 月 1 日至 2011 年 9 月期间进行欺诈交易，在 2008 年 10 月至 2011 年 9 月期间伪造账目。阿多博利是瑞银投资银行德尔塔 1（Delta One）① 交易部的交易所交易基金（Exchange Traded Fund，ETF）的交易主管。此次违规交易发生的当天，瑞银股价大幅下挫。此后，国际信用评级机构穆迪和标准普尔将瑞银列入风险极大银行名单，CEO 奥斯沃德·格吕贝尔辞职。

（二）案例分析

1. 内部控制系统存在严重缺陷

这主要表现在两个方面：一是 ETF 市场有结构性弱点，但风险管理体系可能并未随着 ETF 的快速发展而改进，包括瑞银在内的部分欧洲银行在进行 ETF 交易时，不要求对交易进行核实，这正好为虚假交易提供了机会。二是在阿多博利事件发生之前的 2006 年 1 月至 2007 年 12 月期间，瑞银就曾出现过 4 名员工多次进行未授权交易的事件，英国金融服务局（FSA）为此开出过 800 万英镑的罚单。但是，UBS 的监管机制在阿多博利的未授权交易发生之后仍没有发现其存在欺诈。

2. 对操作风险的控制与防范不足

目前，信用风险和市场风险都可以用先进的定量方法进行评估和监测。证券公司（投资银行）都可以建立数据模型对信用风险和市场风险进行评估，但很难对操作风险进行量化管理和估测。阿多博利的违规操作给瑞银造成了损失。在他之前，也有一些资深交易员进行过违规操作，不仅给公司造成了极大的损失，也给自己引来了牢狱之灾。如 2009 年 2 月，美林前资深交易员亚历克西斯·斯滕福斯违规交易，致使美林减记 4.56 亿美元资产；2009 年 6 月，全球最大的场外石油经纪商 PVM Oil Futures 的一名交易员对布伦特原油期货进行了“未授权交易”，导致该公司亏损了近 1 000 万美元；杰洛米·盖维耶尔的违规操作让法国兴业银行损失了 71 亿美元；等等。因此，如何规避操作风险将是证券公司未来进行风险防范的关键。

3. 薪酬激励体系不合理

阿多博利的年收入总额高达 60 万英镑，追求高额的收入是阿多博利违规操作的主要驱动力。交易员的薪酬一般由基本工资和奖金两部分组成，奖金的高低视交易员为公司赚钱多少而定。有时，奖金可以达到一年甚至两年的基本工资总额。奖金的高低主要取决于投资效益，也就是拿公司的钱去投资能赚回多少钱。在丰厚奖金的诱惑下，总有人愿意铤而走险。

4. 欧洲金融衍生工具市场的自律监管存在缺陷

与欧洲银行频发的违规交易事件相比，美国银行相似的违规交易要少很多。这是因为欧洲金融衍生工具市场以自律为主，监管较为宽松。

① 德尔塔 1 是一种紧密追踪包括股权互换、远期、期货和交易所交易基金等基础资产走势的金融衍生工具。该类业务是目前投行几种可用自营资本进行大笔押注的交易之一，发展迅速，但处于灰色地带。

案例四

巴林银行的倒闭

(一)基本案情

1995年2月，具有230多年历史、在世界1 000家大银行中按核心资本排名第489位的英国巴林银行宣布倒闭，这一消息在国际金融界引起了强烈震动。

巴林银行的倒闭是该行在新加坡的期货公司发生巨额亏损引发的。1992年巴林银行新加坡期货公司开始进行金融期货交易不久，前台首席交易员（而且是后台结算主管）里森即开立了“88888”账户。开户表格上注明此账户是“巴林银行新加坡期货公司的误差账户”，只能用于冲销错账，但这个账户却被用来进行交易，甚至成为里森交易亏损的“藏身之所”。里森通过指使后台结算操作人员在每天交易结束后和第二天交易开始前，在“88888”账户与巴林银行的其他交易账户之间做假账进行调整，使得里森反映在总行其他交易账户上的交易始终是盈利的，而亏损则被隐藏在“88888”账户上。

(二)案例分析

巴林银行新加坡期货公司因持有大量未经保值的期货和期权头寸而遭受了巨额亏损，经调查发现，巴林银行新加坡期货公司1995年交易的是日经225指数期货、日本政府债券期货和股指期权。

1. 日经225指数期货交易导致的亏损

自1994年下半年起，里森认为日经指数将上涨，于是逐渐买入日经225指数期货，不料1995年1月17日关西大地震后，日本股市反复下跌，里森的投资损失惨重。里森当时认为，股票市场对地震反应过激，股价将会回升，为弥补亏损，里森一再加大投资，在1月16日—26日再次大规模建多仓，以期翻本。其策略是继续买入日经225指数期货，其日经225指数期货头寸从1995年1月1日的1 080张9 503多头合约增加到2月26日的61 039张多头合约（其中9 503多头合约55 399张，9 506多头合约5 640张）。据估计，其9 503多头合约平均买入价为18 130点，2月23日，日经225指数急剧下挫，9 503多头合约收盘价跌至17 473点以下，导致无法弥补损失，累计亏损达到了480亿日元。

2. 日本政府债券期货交易导致的亏损

里森认为日本股票市场将会回升，而日本政府债券价格将会下跌，因此在1995年1月16—24日大规模建立日经225指数期货多仓，同时卖出大量日本政府债券期货。里森在“88888”账户中的未套期保值合约数从1月16日的2 050张多头合约转为1月24日的26 079张空头合约，但1月17日关西大地震后，在日经225指数大跌的同时，日本政府债券价格普遍上升，于是里森的日本政府债券的空头期货合约也遭受了较大亏损，在1月1日到2月27日期间亏损达到了1.9亿英镑。

3. 股指期权交易导致的亏损

里森在进行以上期货交易时，还同时进行日经225指数期权交易，大量卖出鞍马式期权。鞍马式期权获利的机会是建立在日经225指数小幅波动的基础上，因此日经225指数大跌后，里森作为鞍马式期权的卖方遭受了严重亏损。到2月27日，期权头寸的累计账面亏损已经达到184亿日元。

截至1995年3月2日，巴林银行亏损额达9.16亿英镑，约合14亿美元。3月5日，国际荷兰集团与巴林银行达成协议，接管其全部资产与负债，将其更名为“巴林银行有限公司”；3月9日，此方案获英格兰银行及法院批准。至此，巴林银行230年的历史终于画上了句号。(选自中国期货考试网)

复习思考题

1. 什么是国际证券市场的风险？按照国际证监会组织的划分，风险分为哪几类？
2. 测度国际证券市场风险的方法有哪些？
3. 简述《巴塞尔协议》中有关风险的规定。
4. 美国投资银行管理风险的工具有哪些？
5. 简述对金融衍生工具的典型监管体制和监管模式。
6. 简述发展中经济体对外开放证券市场的路径及其特点。
7. 发展中经济体对境外间接投资的监管有哪些主要内容？
8. 举例说明新兴市场经济国家有哪些资本管制措施。
9. 阅读本章巴林银行倒闭的案例，试从风险管理的角度分析巴林银行倒闭的原因。

第十二章
国际投资与中国

学习要点

本章主要介绍了中国利用外商直接投资、中国对外直接投资及中国对外证券投资和证券融资的状况，并研究了美国摩托罗拉公司在中国的投资和海尔集团的国际化战略这两个案例。通过学习，要求了解中国参与国际投资活动的发展历程与特征，掌握中国参与国际证券市场活动的主要方式与途径，并能够运用所学知识分析国际投资问题。

第一节　中国利用外商直接投资

一、中国利用外商直接投资概况

中国利用外商直接投资大体经历了两个发展阶段：一个是中华人民共和国成立初期，时间较短；另一个是自 1978 年实行改革开放政策以后，至今已持续了 40 多年。

中华人民共和国成立初期，中国利用外商直接投资的规模和数量十分有限。1950 年和 1951 年，中国分别与苏联、波兰共同投资创办了 5 家合营企业，这是中华人民共和国成立后建立的第一批中外合资经营企业。从 20 世纪 50 年代中后期到 1978 年这 20 多年的时间内，中国利用外商直接投资处于停滞状态。1978 年党的十一届三中全会以后，中国利用外商直接投资进入了一个全新的历史发展时期。1979—2021 年，中国利用外商直接投资已经走过了 40 多年的历程。根据《中国外资统计公报（2022 年）》，1979—2021

年间，中国累计设立外商投资企业 1 087 860 家，实际引进外商直接投资金额累计达 26 207.8 亿美元。据商务部统计，2012 年有近 190 个经济体在华进行直接投资，投资金额为 1 210.8 亿美元，2021 年外商在华直接投资额增至 1 809.6 亿美元，居世界第二位，连续 30 年居发展中国家首位，在全球的占比由 2012 年的 8.1% 上升到 2021 年的 11.4%，总体呈现增长态势。

二、1979 年以来中国利用外商直接投资的发展历程

1979 年以来，中国吸收利用外商直接投资大体经历了起步、稳步发展、高速发展、调整发展、成熟稳定和高质量发展六个阶段。

（一）起步阶段（1979—1986 年）

这一阶段，中国吸收的外商直接投资主要来自港澳地区，以劳动密集型的加工项目和宾馆、服务设施等第三产业项目居多。这些企业大部分集中在广东、福建两省以及其他沿海省市，内陆地区吸收外资则刚刚起步。

（二）稳步发展阶段（1987—1991 年）

这一阶段，中国吸收的外商直接投资的结构有较大改善，生产性项目及产品出口企业大幅增加，外商投资的区域和行业有所增多，台湾厂商开始对大陆投资，且投资逐年增加。

（三）高速发展阶段（1992—1993 年）

1992 年和 1993 年，中国吸收的外商直接投资分别超过 110 亿美元和 275 亿美元，且在广度和深度上都有了新的大发展，呈现出平均项目规模扩大、房地产业利用外资发展迅速、新的投资领域增加以及中西部地区利用外资的步伐加快等特点。

（四）调整发展阶段（1994—2000 年）

这一阶段，中国吸收的外商直接投资的各方面结构都发生了较大变化，利用外商直接投资的重点由注重数量转向注重质量和优化结构。其表现是：越来越多的西方国家大跨国公司进入中国；外商直接投资企业的资金来源结构和技术结构进一步改善；资金与技术密集的大型项目和基础设施项目增加，外商直接投资的平均项目规模不断扩大；外商直接投资的领域进一步拓宽，许多属于第三产业的行业开始了利用外商直接投资的试点，外商直接投资的产业与行业结构日趋合理；与此同时，中西部地区在利用外商直接投资方面的落后状况有了很大的改善，利用外商直接投资的增速快于东部沿海地区。在这一阶段，中国开始对外商直接投资逐步实行国民待遇原则，对原有的利用外商直接投资的税收和外汇等方面的政策做了一些调整。

（五）成熟稳定阶段（2001—2011 年）

2001 年是重要的一年，在这一年，中国经过 15 年的艰苦谈判之后最终加入 WTO。

入世后，根据入世承诺和《与贸易有关的投资措施协议》的要求，中国修改了《中华人民共和国中外合资经营企业法》（以下简称《中外合资经营企业法》）、《中华人民共和国中外合作经营企业法》（以下简称《中外合作经营企业法》）和《中华人民共和国外资企业法》（以下简称《外资企业法》）等法规，完善了相关法规体系，提高了透明度，极大地改善了外商直接投资的法律环境。随着市场经济的深入发展，中国的市场竞争秩序不断规范，竞争条件趋向公平，对外商的吸引力越来越大，中国利用外商直接投资业务趋于成熟，进入相对稳定增长期。

这个阶段的一个显著特征是：跨国公司进一步扩大在华投资，提高中国在其全球战略中的地位，将中国纳入其全球生产和销售网络，推动中国成为全球制造业中心。近几年，跨国公司在华投资出现了以下新特点：加速进入中国，全面推进中国市场战略，调整投资地域；提升中国的重要性，大幅增加投资；进行大规模、系列化、长期化投资；投资方式多样化；投资管理制度一体化；强化与中国企业的合作；加快在华技术转让步伐，开始自觉转让技术；对投资环境提出了新的要求；等等。跨国公司在华的发展已经历了营销本地化阶段、制造本地化阶段和投资管理本地化阶段三个阶段，当时正处于研发本地化阶段，今后将向经营管理中心本地化阶段发展。最终，跨国公司将在中国建立起构成其全球网络的营销、制造、研发和经营管理等节点，实现本地化与全球化的全面结合。从图 12－1 中可以看出 1979—2021 年间中国利用外商直接投资的规模变化趋势。

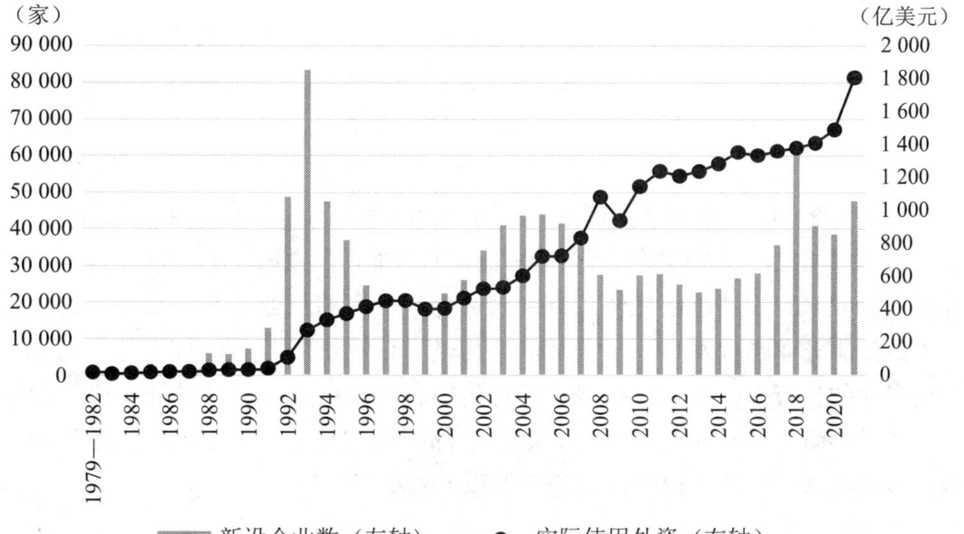

图 12－1　1979—2021 年中国利用外商直接投资的规模变化趋势

资料来源：商务部. 中国外资统计公报（2021 年），2021.

（六）高质量发展阶段（2012 年至今）

党的十八大以来，我国不断扩大对外开放，优化外商投资环境，出台高水平开放举措，从上海自由贸易试验区的负面清单管理着手，在全国对外商投资逐步实行“负面清单＋准入前国民待遇”的管理体制；在《中外合资经营企业法》、《外资企业法》和《中外合作经营企业法》的基础上，颁布了《中华人民共和国外商投资法》，该法于 2020 年 1 月 1 日正式实施。同时，不断扩展《鼓励外商投资产业目录》，深化“放管服”改革，从投资准入、便利化措施、投资促进和投资保护等方面不断完善与优化促进外商直接投资的政策和制度体系，引导外商直接投资流向重点制造业与生产性服务业。2012—2021 年，外商直接投资无论在金额上还是在项目数量上都呈现增长趋势，在高技术产业投资中的占比由 2012 年的 14.1% 上升到 2021 年的 30.2%。党的二十大报告指出：“我们实行更加积极主动的开放战略，构建面向全球的高标准自由贸易区网络，加快推进自由贸易试验区、海南自由贸易港建设，共建‘一带一路’成为深受欢迎的国际公共产品和国际合作平台。我国成为一百四十多个国家和地区的主要贸易伙伴，货物贸易总额居世界第一，吸引外资和对外投资居世界前列，形成更大范围、更宽领域、更深层次对外开放格局。”

三、中国利用外商直接投资的特征

（1）从规模上来看，中国利用外商直接投资总体呈现稳定增长趋势。这主要表现在：一是中国利用外商直接投资的总体规模从 1985 年的 19.56 亿美元增长到 2021 年的 1 809.6 亿美元，年均复合增长率达 13.0%；二是中国已是世界外商直接投资主要流入国，多年来中国外商直接投资流入量居世界第二位，仅次于美国。

（2）从投资方式来看，外商投资企业在华以独资企业为主，其次是合资企业，其后是合作企业和股份制企业。2011 年，外商投资企业中以独资、合资、合作和股份制方式经营的占比分别为 78.62%、18.46%、1.51%和 1.41%；2012 年，相应的占比分别为 77.10%、19.43%、2.07%和 1.41%。2019 年，上述占比分别为 58.6%、35.2%、6.1%和 0.1%。[①] 外商直接投资的出资方式有现金、实物、无形资产、利润再投资及其他方式。2005—2012 年，外商实际投资总额中有 90%为现金；实物出资的占比不断降低，由 2005 年的 6.5%下降到 2011 年的 1.5%；以无形资产投资的占比不断增加，但数值较小，为 0.1%～1.2%。

（3）从行业来看，制造业是外商直接投资金额最多的行业，其次是房地产业，其后是租赁和商务服务业、批发和零售业及信息传输、计算机服务和软件业等。其中，制造业、房地产业的投资占比呈下降趋势；信息传输、计算机服务和软件业，租赁和商务服务业，以及科学研究、技术服务和地质勘查业的投资占比呈增长趋势；交通运输、仓储和邮政业与批发和零售业的投资占比趋于平稳（见表 12－1）。

表 12－1　2005—2020 年外商投资企业在华投资的主要行业分布（金额占比，%）

年份	制造业	房地产业	租赁和商务服务业	信息传输、计算机服务和软件业	批发和零售业	科学研究、技术服务和地质勘查业	金融业	交通运输、仓储和邮政业	电力、燃气及水的生产和供应业
2005	70.4	9.0	6.2	1.7	1.7	0.6	0.4	3.0	2.3

① 2020 年 1 月 1 日，《外商投资法》正式实施，《中外合资经营企业法》《外资企业法》《中外合作经营企业法》废止，同时不再按经营方式对外资进行统计。

续表

年份	制造业	房地产业	租赁和商务服务业	信息传输、计算机服务和软件业	批发和零售业	科学研究、技术服务和地质勘查业	金融业	交通运输、仓储和邮政业	电力、燃气及水的生产和供应业
2006	60.9	12.5	6.4	1.6	2.7	0.8	0.4	3.0	1.9
2007	54.7	22.9	5.4	2.0	3.6	1.2	0.3	2.7	1.4
2008	54.0	20.1	5.5	3.0	4.8	1.6	0.6	3.1	1.8
2009	51.9	18.7	6.8	2.5	6.0	1.9	0.5	2.8	2.3
2010	46.9	22.7	6.7	2.4	6.2	1.9	1.1	2.1	2.0
2011	44.9	23.2	7.2	2.3	7.3	2.1	1.6	2.8	1.8
2012	43.7	21.6	7.3	3.0	8.5	2.8	1.9	3.1	1.5
2013	38.7	24.5	8.8	2.4	9.8	2.3	2.0	3.6	2.1
2014	33.4	29.0	10.4	2.3	7.9	2.7	3.5	3.7	1.8
2015	31.3	23.0	8.0	3.0	9.5	3.6	11.9	3.3	1.8
2016	28.2	15.6	12.8	6.7	12.6	5.2	8.2	4.0	1.7
2017	25.6	12.9	12.8	16.0	8.8	5.2	6.0	4.3	2.7
2018	30.5	16.6	14.0	8.6	7.2	5.0	6.4	3.5	3.3
2019	25.6	17.0	16.0	10.6	6.6	8.1	5.2	3.3	2.6
2020	21.5	14.1	18.4	11.4	8.2	12.4	4.5	3.5	2.2

资料来源：国家统计局。

(4) 从中国吸收的外商直接投资的来源地来看，主要投资来源地对华投资规模基本稳定。2020 年，香港地区、新加坡、英属维尔京群岛、韩国、日本、开曼群岛、荷兰、美国、澳门地区、德国、台湾地区、英国、萨摩亚、瑞士和法国 15 个经济体在华新设企业数合计达 30 871 家，占当年我国新设外商投资企业总数的 80%；实际投资金额达 1 408 亿美元，占我国实际使用外资总额的 94.3%。

(5) 中国吸收的外商直接投资的投资地主要集中在东部沿海地区。从外商企业设立数量看，2012 年，设立在东部地区、中部地区和西部地区的外商企业占比分别为 86.2%、9.3%和 4.4%，其中，江苏、广东、上海、浙江和北京位列前五，合计占全国总数的 70.6%；从实际使用金额来看，东部地区、中部地区和西部地区外商直接投资金额分别占总金额的 82.8%、8.3%和 8.9%，排名前五的江苏、广东、上海、浙江和北京的合计占比为 64.3%。2020 年，东部地区、中部地区、西部地区新设外商投资企业数量占比分别为 88.2%、5.5%、6.3%。2020 年，新设外商投资企业数排名前十的省份分别是广东、上海、江苏、山东、浙江、福建、北京、海南、四川、天津，它们合计占全国总数的 88.1%；从金额上看，排名前十的省份分别是江苏、广东、上海、山东、浙江、北京、天津、福建、四川、辽宁，它们合计占全国的 85%。

(6) 外商在华并购呈现明显增长趋势。外商在华并购金额与项目数在外商投资总量中所占比重较小，但呈现明显增长趋势（见图 12－2)。2016 年和 2017 年，外商并购中国境内企业数量分别占新设立外商投资企业总数的 5.32%和 5.8%，并购金额分别占全年实际使用外资总额的16.01%和11.1%。其并购方式有股权并购和资产并购，其中以并购非国有企业的股权为主。被并购的中国境内企业主要集中在东部地区。2016年和2017年，外商并购东部地区企业的数量分别占并购总企业数量的85.65%、86.2%，并购金额分别占并购总金额的86.9%、83.7%。

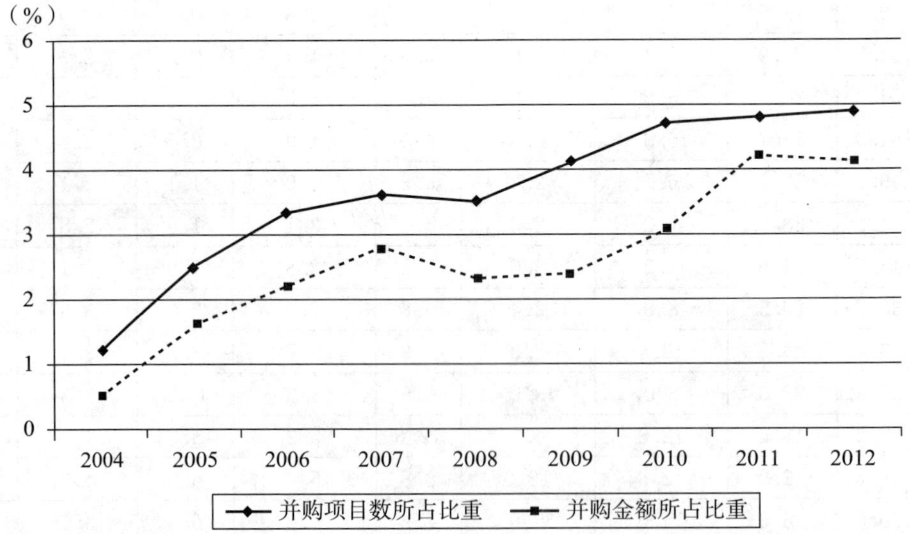

图 12-2　2004—2012年外商在华并购金额与项目数在外商投资总量中所占比重的变化趋势

资料来源：商务部. 中国外商投资报告（2013年），2013.

四、中国利用外商直接投资的作用

（一）促进了中国融入全球生产体系

1979—2021年间，中国吸引了近190个经济体的投资者在华进行直接投资，累计实际使用外资金额达26 207.8亿美元。改革开放初期，建设资金短缺一直是制约中国经济发展的一个主要因素。吸收外资既可以解决国内经济建设资金不足的问题，也可以吸收外国的先进生产技术、管理经验，利用其技术标准、全球营销网络等。中国的一些亏损企业通过与外商合资合作，经营管理、技术开发和市场营销能力明显增强，企业经营状况好转。一些企业通过与外商合资合作，把部分原有的低质量存量资产变成了高质量存量资产，把合资企业生产的产品通过外商的销售渠道销售。还有一些企业增强了与外商的技术合作，增加了人员的跨境交往。这些都促进了中国融入全球生产体系。

（二）推动了中国经济高质量发展

中国对外开放的力度越来越大，外资引进金额占全球的比重呈现逐年增长态势，2020年达到历史最高水平。2005—2020年，这些外商投资企业贡献了25%左右规模以上工业企业产值和利润、约45%的进出口贸易额、20%左右的税收，为5.1%～7.8%的全国城镇就业人口提供了岗位（见表12-2），成为中国经济高质量发展的重要推动力量。

外商投资企业在研发投入和创新成果方面贡献显著。2017 年，外商投资企业研发人员占全国研发人员的比重为 22.5%，研发经费投入占比为 21.6%，有效发明专利数量占比为 17.4%，新产品开发数量占比为 18.8%。全国规模以上工业企业中，外商投资企业新产品经费支出占比为 23.4%，新产品出口占当年规模以上工业企业新产品出口总额的比重高达 50.8%。[①]

表 12-2　2005—2020 年外商投资企业主要经济指标在全国同类指标中的占比（%）

年份	引进外资占全球的比重	规模以上工业企业产值占比	规模以上工业企业利润占比	进出口贸易额占比	税收占比	就业占比
2005	7.6	31.6	28.0	58.5	22.2	
2006	5.2	31.5	27.6	58.9	22.9	
2007	4.4	31.4	27.7	57.8	21.9	
2008	7.3	29.3	27.0	55.1	22.3	
2009	7.7	27.7	29.3	55.2	22.9	
2010	8.2	27.0	28.3	53.8	22.4	
2011	7.7	25.7	25.2	51.1	21.9	6.0
2012	8.1	23.9	22.6	49.0	21.6	6.0
2013	8.5	23.4	23.1	46.1	20.4	7.8
2014	9.2	22.8	24.3	46.1	20.9	7.5
2015	6.7	22.1	24.0	46.3	19.9	6.9
2016	6.5	21.6	24.5	45.8	19.7	6.4
2017	8.3	21.9	24.6	44.8	20.2	6.1
2018	9.6	22.4	23.7	42.6	19.4	6.8
2019	9.2	22.0	25.1	39.9	18.2	5.2
2020	15.0	22.8	28.3	38.7	17.3	5.1

资料来源. 商务部. 中国外商投资报告（2019 年），2019；商务部. 中国外资统计公报（2021 年），2021；何曼青，等（2022）.

（三）促进了社会主义市场经济体制的建立和完善

利用外资对我国经济体制的转轨过程有明显的促进作用。外商投资企业的发展促进了中国经济结构的多元化和传统所有制结构的改变，推动了企业产权的流动和重组，对形成以国有经济为主导、多种所有制经济共同发展的格局起到了积极作用。外商投资企业以市场为导向，完全按照市场机制来经营，采用国际上通行的企业组织形式和先进的内部管理机制，这对于中国传统企业制度的改革和现代企业制度的建立提供了借鉴。外

① 参见我国商务部发布的《中国外商投资报告（2019 年）》。

商投资给中国带来了市场机制和竞争机制以及与此相应的理念，有利于打破垄断，推动国内各种要素市场的发育和形成，推动中国宏观经济管理体制的改革和政府职能的转变，对于建立和完善市场经济法律体制起到了积极的促进作用。

（四）缩小了中国与发达国家经济发展的差距

发展中国家要想缩小与发达国家经济发展的差距，首先要缩小技术差距和知识差距。缩小这些差距的主要途径有三条：一是引进外国直接投资；二是扩大国际贸易；三是获得技术转让和技术许可证。改革开放40多年来，中国与发达国家的差距有了明显的缩小，应当说作为经济增长发动机的外商直接投资在其中起到了重要的作用。

上述分析侧重说明了外资对中国经济的积极影响。然而，外资在华的经营战略也给中国经济埋下了一些安全隐患。据国务院发展研究中心统计，在中国已开放的产业中，每个产业排名前五位的企业大都由外资控制；全国28个主要产业中，外资对21个产业拥有控制权，尤其严重的是，中国大型超市中80%都是外资企业。大型零售超市是产品销售终端，连接着产品的生产与消费，谁垄断了超市，谁就控制了民生的命脉。外资在中资金融机构中的持股比例过高，有的超过国家限制。如中国建设银行首次公开募股（IPO）结束后，外资持股合计达25.745%；花旗银行持有广发银行38%的股权；美国、德国资本分别控股深圳发展银行和华夏银行。[①]

第二节　中国对外直接投资

一、中国对外直接投资发展概况

从中华人民共和国成立初期到1978年前，中国在海外开展的投资活动主要以服务对外贸易为目的，基本属于贸易性的海外投资。这一时期，中国主要在世界主要城市及港口如巴黎、伦敦、汉堡、东京、纽约、香港、新加坡等设立了海外分支机构，设立企业的规模普遍较小，主要从事贸易活动。1978年改革开放后，中国企业对外直接投资的力度不断加大。中共十五大鼓励企业利用国内国外两个市场、两种资源；2000年，十五届五中全会首次提出“走出去”战略；2001年中国将实施“走出去”战略写入“十五”规划；2002年，十六大指出，坚持“引进来”和“走出去”相结合，全面提高对外开放水平；十七大提出要加快培育我国的跨国公司和国际知名品牌。中国企业对外直接投资发展迅速，FDI流量由2002年的27亿美元逐年增长到2016年的1 961亿美元，2017年对外投资下降[②]，2020年又恢复增长（见图12－3）。截至2016年底，中国2.44万个境内

① 丁冰. 简析当前我国利用外资的经济安全问题. 福建论坛（人文社会科学版），2008（9）.

② 针对前几年对外投资中出现的非理性投资倾向以及大额非主业投资、有限合伙企业对外投资、“母小子大”、“快设快出”等类型对外投资中存在的风险隐患，2016年12月6日，发改委、商务部、中国人民银行、国家外汇管理局就当前对外投资形势下加强对外投资监管答记者问，并于2017年8月4日发布了《关于进一步引导和规范境外投资方向的指导意见》。

投资者在全球 190 个国家（地区）共设立了对外直接投资企业（简称境外企业）3.72 万家，年末境外企业资产总额达 5 万亿美元，对外直接投资存量达 13 573.9 亿美元。2020 年底，中国境内投资者增加至 2.8 万家，设立的境外企业为 4.5 万家，年末其资产总额为 7.9 万亿美元，对外直接投资存量达 25 806.6 亿美元。2020 年中国对外直接投资流量首次位居世界第一，存量位居世界第三。

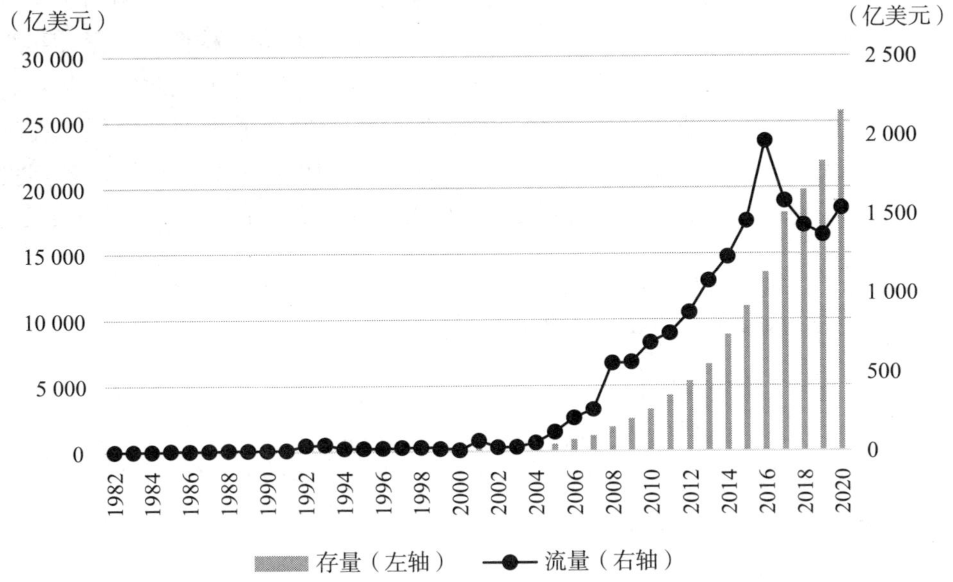

图 12 - 3　1982—2020 年中国对外直接投资存量及流量变化趋势

资料来源：1982—2001 年数据来自 UNCTAD，2002—2020 年数据来自《中国对外直接投资报告（2020 年）》。

二、1979 年以来中国企业对外直接投资的发展历程

1979 年以来，中国企业对外直接投资的发展经历了兴起与渐进发展、缓慢发展、快速发展、稳健发展四个阶段。

（一）兴起与渐进发展阶段（1979—1992 年）

中国的对外直接投资始于 1979 年。1979 年 8 月 13 日，国务院提出了 15 项经济改革措施，其中第 13 项明确提出要出国办企业。1979 年 11 月，中日全资的京和股份有限公司是中国在国外开办的第一家国外合资企业。1980 年 3 月，中国船舶工业总公司、中国租船公司与香港环球航运集团等共同投资 5 000 万美元，合资成立了国际联合船舶投资有限公司。1984 年批准海外投资的企业为 42 家。1985 年原对外经贸部根据国务院指示精神，制定了在国外开办非贸易企业的审批管理办法。新规定指出，只要是经济实体，有资金来源，具有一定的技术水平和业务专长，有合作对象，均可申请到国外开设合资经营企业。1985—1991 年批准海外投资的企业数量分别为 77 家、92 家、124 家、169 家、119 家、157 家和 207 家，1992 年达到 355 家。在这个阶段，中国参与海外投资的企业类型大幅增加，投资的领域进一步拓宽，如三九集团、小天鹅电器公司、TCL、海尔、

华为等先后走出国门参与跨国经营。

（二）缓慢发展阶段（1993—2001 年）

1991 年，原国家计委向国务院递交了《关于加强海外投资项目管理意见》，指出“我国尚不具备大规模到海外投资的条件”，企业的海外投资应该“侧重于利用国外的技术、资源和市场以补充国内的不足”，该管理意见从一定意义上来说制约了中国此后 10 多年的境外投资规模与数量。1993 年，国家决定实行经济结构调整，紧缩银根，让过热的经济软着陆，国家主管部门对新的海外投资实行严格的审批政策，并对各部门和各地方已开办的海外企业进行重新登记，海外投资的发展速度开始放慢。在这个阶段，历年批准境外投资的企业数量没有超过 1992 年。1993—2001 年间，各年批准海外投资企业数量分别为 294 家、106 家、119 家、103 家、158 家、266 家、220 家、243 家和 232 家。

（三）快速发展阶段（2002—2016 年）

2002 年，十六大指出，坚持“引进来”和“走出去”相结合，全面提高对外开放水平。2002 年 10 月，对外贸易经济合作部（现为商务部）颁布《境外投资联合年检暂行办法》和《境外投资综合绩效评价办法（试行）》；2003 年 1 月 1 日，《中华人民共和国中小企业促进法》生效；2004 年 10 月，国家发改委和中国进出口银行下发《关于对国家鼓励的境外投资重点项目给予信贷支持政策的通知》；2004 年 11 月，商务部下发《国别投资经营障碍报告制度》；2006 年 10 月，国务院常务会议原则上通过了《关于鼓励和规范我国企业对外投资合作的意见》，这是自中央提出“走出去”以来第一个全面、系统地规范和鼓励对外投资的纲领性文件，为我国企业海外投资创造了良好的政策环境。2014 年，国家发改委发布《境外投资项目核准和备案管理办法》，商务部出台《境外投资管理办法》，对外投资管理由“核准为主”转变为“备案为主，核准为辅”，对外直接投资管理程序得以进一步简化，便利化程度进一步提高。这些政策措施的出台促进了我国企业到境外投资。2002 年，我国批准的海外投资企业仅为 350 家，但到 2011 年，中国境内投资者共对全球 132 个国家和地区的 3 391 家境外企业进行了非金融类对外直接投资。2016 年，中国对外直接投资流量达到历史最高值。

（四）稳健发展阶段（2017 年至今）

2017 年 5 月，中央全面深化改革领导小组第三十五次会议审议通过的《关于规范企业海外经营行为的若干意见》要求补足制度短板，逐步形成放管结合、风险控制有力的监管体制机制；国务院进一步明确要求加强对外投资备案（核准）报告管理工作，建立健全部门间信息统一归集和共享机制。2017 年 10 月，党的十九大报告提出创新对外投资方式。2017 年底，国家发改委发布《企业境外投资管理办法》；2018 年 1 月 18 日，商务部牵头七部委发布《对外投资备案（核准）报告暂行办法》，调整对外直接投资管理方式，在“备案为主、核准为辅”的基础上推进“鼓励发展＋负面清单”管理方式，明确限制类、禁止类对外投资行业领域，有效引导境内投资主体预期和行为；同时，通过建立分级分类管理体制、实行对投资最终目的地备案（核准）、规范对外投资企业备案（投资）后定期报告制度、采用重点督察和“双随机、一公开”抽查工作相结合的事中事后监管方式，提高对外直接投资管理的力度和效率。这提升了对外投资的便利程度，有利于推进对外直接投资的稳健发展。2017 年以来，世界经济低迷，尤其 2020 年受新冠疫情冲击，世界经济萎缩了 3.3%，外国直接投资较上年减少了近四成，但中国对外直接投资逆势增长，流量达到 1 537.1 亿美元，占全球份额的 1/5，位居全球第一。

三、中国企业对外直接投资的特点

中国企业对外直接投资具有以下特点：

（1）从投资规模看，海外投资发展速度较快，在全球的占比提高较快。2002 年以来，中国对外直接投资持续快速增长，2004—2012 年中国对外直接投资流量在全球 FDI 流量中的占比分别为 0.9%、1.68%、2.7%、1.2%、2.8%、5.1%、5.2%、4.4%和 6.3%；2012 年底，中国 FDI 存量仅相当于美国 FDI 存量的 10.2%、英国的 29.4%、法国的 35.5%、德国的 34.4%、日本的 50.4%。2017 年，中国 FDI 存量位居全球第 2 位，2018—2020 年位居全球第 3 位。

（2）从投资主体看，投资主体向多元化方向发展，国有企业占比下降。这表现在以下方面：2010 年，国有企业、有限责任公司、私营企业在整个境内投资主体中的占比分别为 10.2%、57.1%和 8.2%；2012 年相应变为 9.1%、62.5%和 8.3%。2020 年末，2.8 万家境内投资者中，国有企业、有限责任公司、私营企业的占比分别为 5.3%、34.3%、29.9%；股份有限公司、外商投资企业、港/澳/台商投资企业、个体经营企业、股份合作企业、集体企业、联营企业分别占 12.8%、5.5%、3.9%、2.3%、1.2%、0.4%和 0.2%，中国对外非金融类投资流量中，非公经济控股主体投资规模与公有经济大体相当，分别为 50.1%和 49.9%.

（3）从地区分布看，海外投资企业分布的国家和地区广泛，但不均衡。2004—2020 年，中国对外直接投资主要集中在亚洲，其次是拉丁美洲。2020 年底，中国境内投资者共在全球 189 个国家（地区）设立境外企业 4.5 万家，遍布全球超过 80%的国家（地区），按 FDI 流量统计，流向亚洲、拉丁美洲和欧洲的 FDI 分别占 73.1%、10.8%和 8.3%，流量流入最多的 10 个经济体是中国香港、开曼群岛、英属维尔京群岛、美国、新加坡、荷兰、印度尼西亚、瑞典、泰国和越南。按设立境外企业数量统计，2020 年末，中国有超过 3.4 万家境外企业，主要分布在中国香港、美国、新加坡、德国、英属维尔京群岛、俄罗斯、澳大利亚、日本、越南、开曼群岛、印度尼西亚、马来西亚、加拿大、韩国、泰国、柬埔寨、老挝、印度、英国、缅甸等经济体，中国在这些经济体设立的境外企业数量占中国境外企业总数的 76.4%。

（4）从行业分布看，投资行业相对集中，主要分布在批发和零售业、制造业、租赁和商务服务业。2020 年，投资于批发和零售业的中国境外企业占中国境外企业总数的 27.3%，投资于制造业，租赁和商务服务业，建筑业，信息传输、软件和信息技术服务业，科学研究和技术服务业，农、林、牧、渔业，采矿业，交通运输、仓储和邮政业，居民服务、修理和其他服务业，电力、热力、燃气及水的生产和供应业，房地产业的中国境外企业分别占中国境外企业总数的 19.6%、13%、8.4%、6.6%、5.2%、4%、3%、2.9%、2%、1.8%、1.7%。投资于这些行业的中国境外企业数量超过 2.6 万家，占中国境外企业总数的 59.9%。

(5) 从出资方式看，中国企业对外直接投资的出资方式（或称投资方式）越来越多样化，有的以现汇出资（含企业自有资金和国内贷款），有的以从国外获得的贷款出资，有的以国内机械设备等实物出资，还有的以国内的技术专利或专有技术（含劳务）出资。中国海外投资企业以新建方式投资（含股本投资、利润再投资和其他投资）的较多，近年来以收购与兼并方式投资的比重不断下降。2020 年，新增股权投资占流量总额的 41%，债务工具投资（仅涉及对外非金融类企业）占 12.4%，当年收益再投资占 46.6%。2004 年境外并购流出量占总流出量的 54.4%，2011 年该占比为 31.4%，2019 年和 2020 年分别为 12.6%和 10.7%。出现这种情况的原因是多方面的，例如，企业出于优化结构的考虑参与境外并购，美国以“国家安全”为由遏制中国企业境外并购。

(6) 从母子公司关系看，海外投资企业对国内母（总）公司的依赖较强（中国境外企业中有 95%为子公司或分支机构，只有 5%属于联营公司）。目前，中国部分海外投资企业的业务由国内直接控制，是国内母公司的补充，没有在海外当地形成自己的营销网络和信息渠道；还有一些海外企业缺少海外企业之间以及与当地企业之间的横向联系；一些海外企业还没有树立在海外独立运营的意识，没有自己独立的品牌，没有把整个世界市场作为经营的舞台，以实现在全球范围内进行资源优化配置和产品生产与销售的合理布局。

第三节 中国对外证券投资和证券融资

一、中国对外证券投资概况

中国企业对外证券投资有近 20 年的历史，1986 年中国国际信托投资公司通过国际融资租赁的方式购买了澳大利亚波特兰铝厂 11%的股份，由此开始了中国进入国际市场从事证券投资的历史。据国家外汇管理局统计，2004 年以来，中国居民投资非居民发行的股票、债券、货币市场工具、金融衍生工具等有价证券的投资存量总体呈现逐年增长趋势（见图 12-4），2021 年对外证券投资存量（市值）达到 9 797 亿美元。我国对外证券投资的主要渠道有：境内银行等金融机构投资境外股票和债券；国内居民通过“港股通”等渠道购买境外特别是中国香港股市的股票；合格境内机构投资者投资非居民发行的股票和债券，通过债券通“南向通”投资中国香港债券市场。[①] 从流量上看，2004 年以来，中国对外证券投资流量波动较大，2020 年达到 1 512 亿美元，近 2 年对外证券投

① 国家外汇管理局国际收支分析小组. 2022 年上半年中国国际收支报告. 国家外汇管理局网站，2022-09-29.

资以股本证券为主，债务证券①为辅（见图 12－5）。

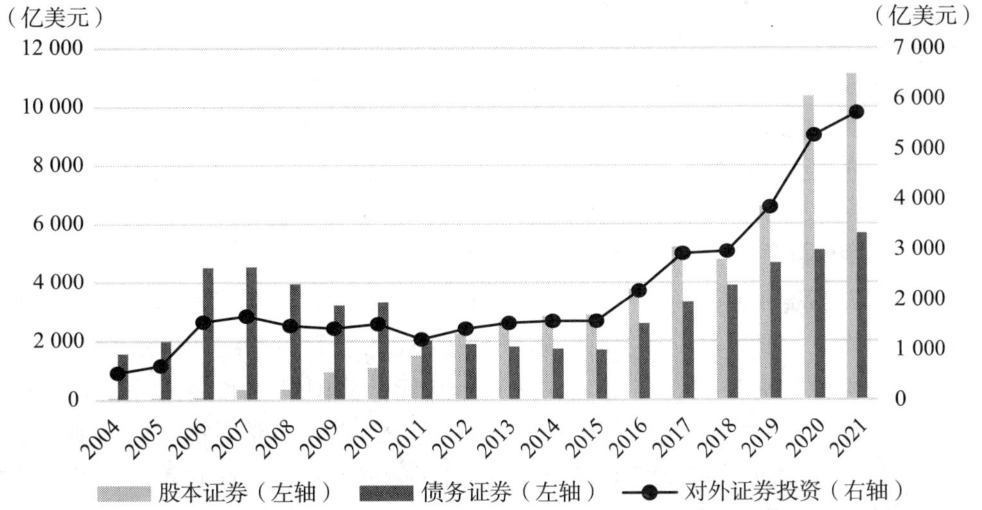

图 12－4 2004—2021 年中国对外证券投资存量变化趋势

资料来源：原始数据来自 2022 年 9 月 29 日国家外汇管理局发布的《2022 年上半年中国国际收支报告》。

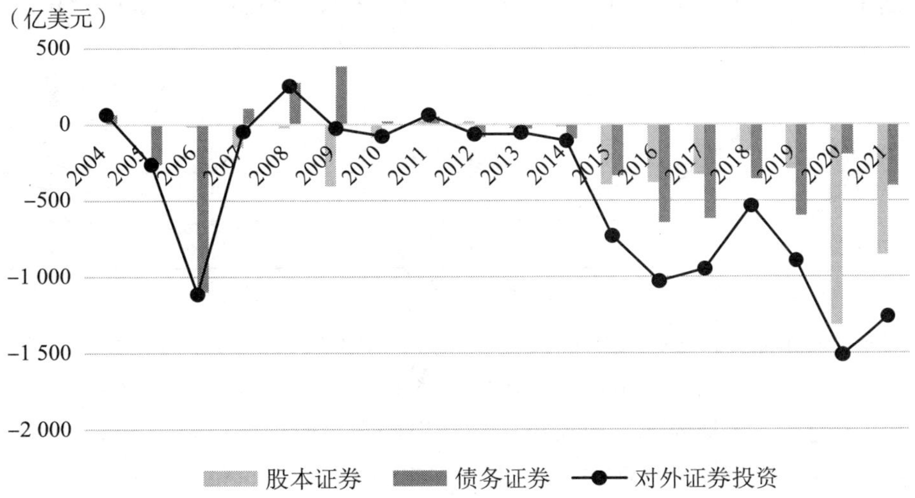

图 12－5 2004—2021 年中国对外证券投资流量变化趋势

说明：我国对外证券投资为正值表示减持对外股权或债券，为负值表示增持对外股权或债券。

资料来源：原始数据来自 2022 年 9 月 29 日国家外汇管理局发布的《2022 年上半年中国国际收支报告》。

二、中国发行国际债券融资现状

中国政府和企业从 20 世纪 80 年代初开始采用发行国际债券的方式从国际资本市场

① 债务证券包括中长期债券、一年期（含一年）以下的短期债券，以及货币市场工具或可转让的债务工具（包括短期国库券、商业票据、短期可转让大额存单等）。

筹资。1982年1月，中国国际信托投资公司在日本债券市场发行了100亿日元私募债券，这是中国国内机构首次在境外发行外币债券；1983年8月，福建投资企业集团公司又在日本东京市场发行了50亿日元私募债券（利率为8.5%、期限为10年）；1984年11月，中国银行在东京公开发行了200亿日元债券，这标志着中国正式进入国际债券市场。1993年9月，财政部首次在日本发行了300亿日元主权外债。1994年1月14日，财政部代表中国政府正式向美国证券交易委员会注册登记发行10亿美元的全球债券，并同时在美国、欧洲和亚洲销售，发行该债券的牵头机构是美林，这是中国首次在美国资本市场发行债券。中国在海外发行债券以公募为主，公募和私募相结合，发行市场由以东京为主，逐步扩大到欧洲、美国、中国香港、新加坡等，国际债券发行量居前的企业有中国海油、中国移动、上海实业、招商局集团等海外上市公司。据统计，在1982—2004年间，中国境内机构在海外发行了美元、日元、欧元、德国马克和港元等币种的债券共137笔（见表12-3）。2007—2011年中国政府及企业海外发行债券的规模分别为163.38亿美元、139.98亿美元、108.27亿美元、102.30亿美元和92.64亿美元，其中中资企业发行债券的规模分别为15.03亿美元、15.09亿美元、15.10亿美元、15.08亿美元和14.96亿美元。

表12-3　1982—2004年中国境内机构海外发行债券情况一览表

币种	发行金额（亿美元）	发行笔数（笔）	债券平均年限（年）
美元债券	162.57	67	8.91
日元债券	10 920	57	7.66
欧元债券	22.75	4	6.375
德国马克债券	16	6	5.5
港元债券	19	3	6.33

资料来源：易宪容，黄瑜琴．中国机构海外债券融资研究．管理世界，2005（8）．

从中国在国际证券市场已发行的债券情况看，中国发行的国际债券有如下特点：

（1）公募和私募相结合。中国发行国际债券是以私募债券的形式起步的，因为私募债券发行程序简单，无须向地方政府报送注册报告与募股说明书，节省了时间。但由于私募债券不能在二级市场上市流通，所以中国同时也发行了审批手续复杂，但能在二级市场上挂牌交易的公募债券。

（2）发行主体多元化。中国发行国际债券的主体既有以政府名义出现的银行和金融机构，也有以政府或银行作为担保的各类企业。此外，除上述境内注册企业发行国际债券融资外，在香港注册的中资公司，如海外发展、粤海投资、越秀投资等也通过发行可换股债券筹集资金。

（3）发行的国际债券种类多样。到目前为止，中国已发行的国际债券种类有扬基债券、武士债券、将军债券、欧洲美元债券、亚洲美元债券、欧洲日元债券、全球债券、可换股债券（在香港市场上发行）等。债券种类多样不仅有利于扩大中国企业的筹资规模，而且可以减少利率和汇率风险。

（4）发行市场分散化。中国国际债券的发行市场已由20世纪80年代的日本扩大到

90 年代以后的欧洲、北美洲和亚洲各国。

利用发行国际债券进行融资，已成为中国利用外资的主要途径。中国政府和企业的国际债券融资对中国基础设施的建设及经济的迅速发展起到了明显的促进作用。

三、中国企业境外上市融资现状

中国企业境外上市融资的历史较短，从青岛啤酒 1993 年 7 月在美国上市算起，中国公司在美国上市仅有 30 余年的历史，但发展速度还算是快的。1993 年 6 月 29 日，青岛啤酒股份有限公司在香港上市，同年 7 月在美国上市。1999 年，侨兴环球在美国纳斯达克市场上市，成为我国第一家在境外上市的民营企业。① 在香港交易所、美国纽约证券交易所、纳斯达克交易所、OTCBB 交易所、伦敦交易所、新加坡交易所等证券市场都有中国企业上市，涉及的行业以信息技术、工业、可选消费和原材料等为主。其中，香港交易所是中国企业海外上市的主战场，此外，信息技术等高科技企业多在美国上市。海外上市是中国企业走向世界的一条重要途径。截至 2007 年 7 月 31 日，中国在境外直接或间接上市的企业共有 747 家，累计在境外发行股票筹资 800 多亿美元。截至 2021 年底，在香港上市的中国境内企业已达到 1 368 家，总市值达 334 337.6 亿港元。② 截至 2021 年 5 月初，中国在美国上市的公司数量为 248 家，总市值高达 2.1 万亿美元（约 13.55 万亿元人民币）。③

（一）中国企业海外直接上市

1. 发行 H 股和红筹股

H 股是指在中国内地注册、在香港上市发行的普通股。红筹股是指在境外注册、在香港上市的股票。1992 年 10 月，中国证券监督管理委员会确定了首批 9 家大型国有企业作为试点单位，在香港发行 H 股并上市。1993 年 6 月 19 日，中国证券监督管理委员会、香港证券及期货事务监察委员会、香港联合交易所、上海和深圳证券交易所在北京联合签署了《监管合作备忘录》，这为中国企业在香港上市奠定了法律基础。据香港交易所统计，从 1993 年 6 月 29 日青岛啤酒股份有限公司最先在香港上市之后，至 2022 年 9 月 30 日，在香港交易所主板发行 H 股和红筹股的内地企业分别为 292 家、169 家，总市值为 94 463 亿港元（见表 12－4）。1993—2022 年 9 月内地企业在香港交易所主板的融资情况见表 12－5；1999—2022 年 9 月内地企业在香港交易所创业板的融资情况见表 12－6。内地企业在香港上市，不仅筹集了大量的资金，而且促进了中国企业的股份制改革和中国股票市场的发展。中国目前虽然对发行 H 股的企业有比较严格的限制，但随着香港的回归及香港和内地经济合作的加强，未来将会有更多的内地企业在香港上市。

---

① 王怡. 民营企业海外上市分析. 对外经贸实务，2007（10）.

② 参见香港交易所发布的 2021 年度市场数据。

③ 开甲财经. 市值 13.6 万亿！248 家在美上市的中概股名单来了. 腾讯网，2021－09－07.

表 12-4 在香港交易所主板和创业板上市的中资企业数量及市值（截至 2022 年 9 月底）

	H股		红筹股	
	主板	创业板	主板	创业板
企业数量（家）	292	16	169	5
总市值（亿港元）	51 889	16	42 574	8

表 12-5 1993—2022 年 9 月内地企业在香港交易所主板的融资情况 单位：百万港元

年份	H股			红筹股		
	首次招股融资额	上市后融资额	总融资额	首次招股融资额	上市后融资额	总融资额
1993	8 141.52	—	8 141.52	950.52	14 128.71	15 079.23
1994	9 879.81	—	9 879.81	1 541.37	11 685.17	13 226.54
1995	2 011.35	980.00	2 991.35	1 569.75	5 103.86	6 673.61
1996	6 834.16	1 037.50	7 871.66	3 427.30	15 581.81	19 009.11
1997	32 037.52	1 046.70	33 084.23	39 394.82	41 589.99	80 984.81
1998	2 072.36	1 480.16	3 552.52	142.38	17 232.47	17 374.85
1999	4 263.69	—	4 263.69	1 985.53	53 191.82	55 177.35
2000	51 750.69	—	51 750.69	44 096.46	249 562.21	293 658.67
2001	5 570.84	497.25	6 068.09	12 060.08	7 021.19	19 081.27
2002	16 873.60	—	16 873.60	20 950.56	31 771.67	52 722.23
2003	46 252.59	592.04	46 844.63	2 962.40	1 930.15	4 892.55
2004	40 016.78	19 229.95	59 246.73	14 548.60	11 816.68	26 365.28
2005	137 184.78	21 493.17	158 677.95	1 037.45	21 352.85	22 390.30
2006	290 026.72	13 796.28	303 823.01	2 763.76	48 004.16	50 767.91
2007	74 773.29	10 952.42	85 725.71	49 592.21	65 381.97	114 974.19
2008	29 488.36	4 618.98	34 107.34	—	223 800.56	223 800.56
2009	114 176.43	7 551.15	121 727.58	8 015.83	69 993.11	78 008.94
2010	138 456.06	152 420.79	290 876.85	6 291.22	49 124.79	55 416.01
2011	51 901.25	37 286.47	89 187.72	5 902.54	54 874.98	60 777.52
2012	63 823.11	59 848.89	123 672.00	1 955.88	38 058.17	40 014.05
2013	89 698.52	45 923.34	135 621.86	3 179.07	63 138.20	66 317.27
2014	119 597.60	73 840.28	193 437.88	8 187.33	356 709.64	364 896.98
2015	209 372.93	121 013.13	330 386.06	3 654.32	141 134.96	144 789.29
2016	130 807.96	19 795.73	150 603.70	25 756.97	56 809.98	82 566.95
2017	61 467.00	39 507.65	100 974.65	—	125 578.39	125 578.39
2018	108 879.21	47 659.98	156 539.19	155.66	49 594.30	49 749.96
2019	50 387.33	25 933.99	76 321.32	3 440.66	22 143.90	25 584.56

续表

年份	H股			红筹股		
	首次招股融资额	上市后融资额	总融资额	首次招股融资额	上市后融资额	总融资额
2020	59 610.58	34 877.71	94 488.28	14 104.75	14 758.97	28 863.72
2021	39 613.83	69 893.68	109 507.5	2015.78	19 184.58	21 200.37
2022*	56 619.06	16 742.47	73 361.53	848.10	11 223.10	12 071.20

说明：2022 年统计数据截至 2022 年 9 月 30 日。

资料来源：香港交易所网站.

表 12-6　1999—2022 年 9 月内地企业在香港交易所创业板的融资情况

单位：百万港元

年份	H股			红筹股		
	首次招股融资额	上市后融资额	总融资额	首次招股融资额	上市后融资额	总融资额
1999	—	—	—	404.24	—	404.24
2000	644.18	—	644.18	—	—	—
2001	763.99	—	763.99	—	—	—
2002	1 059.60	113.00	1 172.60	—	—	—
2003	1 217.91	204.00	1 421.91	—	0.68	0.68
2004	693.60	459.33	1 152.93	92.00	—	92.00
2005	175.48	272.90	448.37	—	39.53	39.53
2006	1 769.21	594.25	2 363.46	—	6.90	6.90
2007	—	1 400.04	1 400.04	—	1 049.61	1 049.61
2008	176.84	1 770.67	1 947.51	—	220.22	220.22
2009	—	223.21	223.21	—	—	—
2010	—	638.72	638.72	—	0.03	0.03
2011	—	—	—	—	86.05	86.05
2012	—	—	—	—	53.82	53.82
2013	—	241.40	241.40	699.20	138.56	837.76
2014	—	—	—	—	525.05	525.05
2015	77.60	255.09	332.69	—	161.33	161.33
2016	—	202.71	202.71	—	97.44	97.44
2017	318.69	317.68	636.37	—	115.06	115.06
2018	—	72.28	72.28	—	—	—
2019	—	—	—	—	39.63	39.63
2020	—	—	—	—	—	—

续表

年份	H股			红筹股		
	首次招股融资额	上市后融资额	总融资额	首次招股融资额	上市后融资额	总融资额
2021	—	67.87	67.87	—	—	—
2022*	—	—	—	—	—	—

说明：2022 年统计数据截至 2022 年 9 月 30 日。

资料来源：同上表。

2. 在美国等地的证券市场公开上市

首次公开上市（initial public offerings，IPO）是中国企业在境外资本市场融资的重要渠道。中国公司在美国以 IPO 方式上市始于 1992 年。① 2006 年，中国公司赴美国 IPO 的数量开始增多，2010 年中国公司在美国 IPO 的数量创历史最高纪录，全年共有 34 家中国公司在美国主要的交易所（包括以下三个交易所：纽约证券交易所、纳斯达克交易所、美国证券交易所）进行 IPO。从 2010 年下半年开始，中国概念股遇到空头（即卖空者、看跌者）的大规模袭击与猎杀，此后中国企业在美国上市的热情减退，2011 年到美国上市的企业仅有 11 家（见表 12-7）。截至 2013 年 11 月 30 日，在纽约证券交易所上市的中国企业累计为 67 家，其中 3 家是转板，其余为 IPO。据纳斯达克交易所的统计，截至 2022 年 11 月 2 日，在美国上市的中国公司（公司名称中含“中国”）共有 214 家，其中，纳斯达克交易所有 181 家，纽约证券交易所有 28 家，美国证券交易所有 5 家。

表 12-7　2006—2011 年中国企业在美国 IPO 的数量　（单位：家）

年份	纽约证券交易所	纳斯达克交易所	合计
2006	3	4	7
2007	18	11	29
2008	3	1	4
2009	5	5	10
2010	22	12	34
2011	7	4	11

资料来源：纽约证券交易所北京代表处发布的 2010 年和 2011 年《中国公司美国 IPO 研究报告》。

根据清科研究中心的统计，2013 年，在 13 个海外市场②，中国企业共完成了 66 起 IPO，共融资 190.13 亿美元。而 EZCapital 的统计显示，2013 年中国创投市场披露的 89 家新上市公司中有 88 家在境外上市，其中，75 家在香港上市，10 家在美国上市，在澳大利亚、中国台湾和伦敦上市的各 1 家。中国公司在上市前一般进行过多轮融资，大部

① 参见纽约证券交易所北京代表处发布的 2010 年《中国公司美国 IPO 研究报告》。

② 分别是纳斯达克交易所、纽约证券交易所、伦敦证券交易所主板、伦敦 AIM、香港交易所主板、香港交易所创业板、新加坡交易所主板、新加坡交易所凯利板、东京证券交易所主板、东京证券交易所创业板、韩国交易所主板、韩国交易所创业板、法兰克福证券交易所。

分上市公司都由多家 VC、PE 投资者投资，这反映了中国 VC、PE 投资的特点，即共同投资比较多。

3. 发行 ADR

美国存托凭证（American depositary receipt，ADR）是指由美国存托银行发行的一种类似股票证书的可转让票据，它代表美国投资者对非美国公司、政府或美国公司的海外子公司发行证券的所有权凭证。具体来讲，在美国发行股票的外国公司将其股票（由承销商）交由本国银行或外国在本国的分支机构保管，并以此为担保通知美国的存托银行发行股票存托凭证供美国投资者购买，美国投资者购买的存托凭证就是外国公司发行股票的凭证，投资者可将存托凭证上市转让或凭以领取股息。如果股票存托凭证是向全球投资者发行的，则称为全球股票存托凭证，即 GDR（global depositary receipt）。

ADR 是因外国投资者在美国发行股票不便及美国投资者上市转让外国公司股票困难而产生的。ADR 的发行避开了美国法律对外国公司股票在注册手续、财务报表、会计准则、信息披露等方面的严格管辖，并为美国投资者购买并转让非美国公司的股票提供了便利。通常，ADR 分为四个级别，即一级 ADR、二级 ADR、三级 ADR 和非参与型 ADR，其中三级 ADR 的级别最高，二级 ADR 次之。非参与型 ADR 和一级 ADR 只能在柜台交易市场交易，二级 ADR 可在美国证券交易所上市，三级 ADR 既可发行新的证券，也可在美国证券交易所上市。1994 年 4 月 28 日，中国证券监督管理委员会和美国证券交易委员会签订了《中美合作监管备忘录》，由此开始了两国在股票投资领域的合作。1994 年 8 月 4 日，中国山东华能国际电力公司以 ADR 方式在美国纽约证券交易所挂牌上市，成为改革开放后第一家在美国上市的中国本土企业。山东华能国际电力公司发行的 ADR 属于三级 ADR，当时山东华能国际电力公司共发行 2 337.4 万股（约合 11.687 亿普通股），每股发行价格为 14.25 美元，共筹资 3.33 亿美元。此后，中国有些公司将已发行的 B 股或 H 股转为 ADR 形式在美国上市，如上海证券交易所上市的“轮胎橡胶”“氯碱化工”“二纺机”以及深圳证券交易所上市的“深深房”，不过它们发行的 ADR 只能在柜台市场交易。也有的公司是在全球配售过程中将在美国发行的部分以 ADR 的形式配售上市，如上海石化股份有限公司等。上海石化股份有限公司于 1998 年 8 月在香港 H 股上市的同时，将 50%的 H 股转为 ADR、GDR。从此，中国企业将 B 股和 H 股转为 ADR 在美国发行，成为中国证券市场与国际接轨的又一途径。截至 2022 年 11 月 2 日，美国纳斯达克交易所的 ADR 市场共有 76 家中国上市公司。

4. 在 OTCBB 市场上市

OTCBB 即场外柜台交易系统，又称公告栏市场，是由纳斯达克交易所的管理者全美券商协会（NASD）所管理的提供即时报价、成交价和成交量等信息的柜台证券交易实时报价服务系统。OTCBB 具有典型的第三层次市场的特征，具有零散、规模小、上市程序简单以及费用较低等特点，旨在为不能在纳斯达克交易所、纽约证券交易所或美国证券交易所挂牌交易的证券提供报价交易，也有人说它属于“未上市证券市场”。在 OTCBB 市场上市的证券包括在全国、区域和国外发行的股票（foreign equity issues）、认购权证、基金单位、ADR 以及直接参与项目（direct participation programs，DPP）

等。据OTCBB统计，截至2014年4月20日，在美国OTCBB市场上共有602家中国企业（公司名称中含“中国”）参与证券交易。

此外，截至2022年11月2日，美国粉单市场有559家中国公司（含中国香港）。粉单市场是比OTCBB市场低一级的柜台交易市场，在该市场交易的证券包括：因不再满足上市标准而从纳斯达克交易所或其他交易所退市的证券；为避免成为“报告公司”而从OTCBB市场退到粉单市场的证券；至少有一家做市商愿意为其报价的其他证券。

（二）中国企业海外间接上市

中国企业海外间接上市主要有两种方式，即买壳上市和造壳上市。

1. 买壳上市

买壳上市是指一家或几家公司联合以现金或交换股票的形式收购另一家已在海外证券市场上挂牌上市的公司的部分或全部股权来取得上市地位。中国企业通过买壳上市融资始于1984年初，但为数很少。20世纪90年代以后，通过该方式上市的中资公司有所增加，目前已达到30多家。例如，首钢在1992年收购了香港东荣钢铁公司51%的股权后，将公司更名为香港首钢国际公司，并募股集资达18亿港元。通过买壳上市融资不仅可以增强公司的实力，而且可以避开一些东道国对外国公司上市的严格限制，还可以节省大量时间。目前，虽然到海外买壳上市的中国企业必须经过中国证券监督管理委员会的批准，但买壳上市仍不失为中国企业国际化的一条最优途径。

2. 造壳上市

造壳上市有两种具体做法：一是一些企业通过在国际证券市场所在国或地区注册成立一家控股公司，对境内企业进行控股，然后境内企业间接以控股公司的身份申请上市；二是境内企业与已上市的外国公司合并，通过增发新股或换股上市。第二种做法实际上是中外合资企业海外上市的一种基本模式。例如，中国玉柴国际有限公司的注册地点在百慕大，新加坡丰隆公司持有该公司29.3%的股权，1994年12月上市时，该公司在纽约证券交易所的统计中被列为新加坡公司，但实际上，中国玉柴国际有限公司是广西玉柴机器集团资本运作的产物，因此从严格意义上来说也是一家中国企业。像这样“造壳上市”的中国公司还有不少。

第四节　案例研究

案例一

美国摩托罗拉公司在中国的投资

（一）基本案情

美国摩托罗拉公司（下称摩托罗拉）是全球最大的提供集成通信解决方案和嵌入式电子解决方案的公司，也是手机、无线电、商用GSM和CDMA的技术领导者。摩托罗拉原名 Galvin 制造公司，总部设在美国，1928 年成立时只有 565 美元现金、价值 750 美元的工具和第一个产品设计稿；1947 年，改为现名摩托罗拉；2007 年，摩托罗拉的手机业务排名世界第三，位居诺基亚与三星之后。经过 80 多年的发展，摩托罗拉拥有企业移动解决方案部、宽带及移动网络事业部和移动终端事业部三大业务部门，2010 年的全球销售额高达 228.23 亿美元，2011 年在《财富》500 强企业中位列第 427 位。2011 年 1 月，摩托罗拉正式分拆为摩托罗拉移动和摩托罗拉解决计划两个独立的公司。2012 年 2 月，摩托罗拉移动由谷歌公司收购，交易总金额约为 125 亿美元。联想在 2014 年 1 月宣布将以 29 亿美元的价格从谷歌手中收购摩托罗拉的智能手机业务，但摩托罗拉移动大部分专利组合继续由谷歌公司持有。

摩托罗拉自 1992 年在中国首次投入 1.2 亿美元起，不断增加投资金额。截至 2007 年底，摩托罗拉在中国的实际投资已达 38 亿美元，成为中国电子领域最大的外商制造企业，其中研发投资累计已达 8 亿美元。1993—2006 年，摩托罗拉（中国）电子有限公司累计实现销售额 581.78 亿美元，累计实现出口额 417.09 亿美元，在中国的累计采购金额为 246.85 亿美元。到 2006 年底，摩托罗拉在中国共有 1 家控股公司、3 家独资公司、5 家合资企业、18 个研发中心和 25 家分公司，员工超过 1 万人。2007 年，摩托罗拉在中国的业务已占其全球业务的 24%，在中国的手机产量占其全球手机总产量的 75%。

摩托罗拉在中国的长期战略是：(1) 继续在华投资和技术转移，发展本地制造和研发，为中国提供先进的通信解决方案；(2) 继续在华执行人才本土化计划，发展和培养一个出色的本土管理团队；(3) 继续与本地合作伙伴合作，建立完善的供应链体系；(4) 继续促进与本地合作伙伴的合资企业和合作项目的发展，随着中国不断融入国际市场，在中国寻找新的市场机遇。摩托罗拉在中国的近期战略是巩固中国作为摩托罗拉的世界级生产和研发基地的地位，全力提升中国公司在摩托罗拉全球价值链中的地位，在中国首先实现“无缝移动通信”，积极履行企业社会责任。近年来，摩托罗拉在华的大规模、系列化、长期化投资战略表明了其加快本土化、提升中国市场重要性的意图。

摩托罗拉在华投资分为四个阶段：

第一阶段为 1987—1992 年。随着中国改革开放的深入，在 1986 年中国政府出台鼓励外商投资的政策之后，摩托罗拉公司于 1987 年进入中国，先在北京设立了办事处。1987 年夏天，时任中国电子工业部部长李铁映出访美国。在摩托罗拉公司总部参观期间，摩托罗拉总裁表示，希望到中国投资，但条件是只建立独资企业。而中国当时还没有允许外商搞独资企业的政策，于是双方开始正式谈判。直到 1992 年，邓小平发表南方谈话后，中国才出台有关外企在中国设立独资企业的政策。1992 年，摩托罗拉公司在天津注册成立第一家独资公司——摩托罗拉（中国）电子有限公司，主要生产寻呼机、手机、对讲机、无线通信设备、半导体、汽车电子等，产品销售到中国和世界其他市场。该合作项目堪称中美合作样板，也奠定了摩托罗拉在中国的市场地位。

第二阶段为 1993—2001 年。摩托罗拉在建立独资企业的同时，还积极与中国企业开展合资合作。在此阶段摩托罗拉在中国的合资企业有 5 个，即上海摩托罗拉通信产品有限公司、上海连创创业投资有限公司、杭州东信移动电话有限公司、杭州摩托罗拉移动通信设备有限公司和广州金鹏移动通信系统有限公司。这些合资企业主要生产手机、

GSM及CDMA设备、对讲机、智能卡及系统集成等高科技产品。随着与中国方面的合作不断扩大，摩托罗拉在中国站稳了脚跟，并且开始把本土化作为发展的目标。1998年4月，摩托罗拉将北亚中心由香港迁至北京。2000年8月，摩托罗拉在中国追加投资160亿元人民币，建设摩托罗拉天津半导体集成生产中心和摩托罗拉亚洲通信产品生产基地，此举使摩托罗拉成为中国最大的外商投资企业。摩托罗拉中国公司本土管理人员占比达到了90%，员工的本土化率接近百分之百。

第三阶段为2002—2004年。在中国入世之前，摩托罗拉专门在中国召开了一次董事会，在此次董事会上明确了：在中国入世后，摩托罗拉将继续保持在中国市场的本地化投资战略。2002年6月，摩托罗拉正式发布了未来5年的“2+3+3”发展战略：第一个数字“2”代表两个基地，即把中国建设成世界级的生产基地和研发基地；第二个数字“3”代表三个新业务方向，即数字集群业务、半导体业务和宽带业务；第三个数字“3”表示三个目标，即到2006年，在华年产值达到100亿美元，在华累计投资总额达到100亿美元，在未来5年内累计从中国采购100亿美元。

第四阶段为2005—2011年。这个阶段摩托罗拉加强了在中国的研发力量，如建立杭州研发中心、湖南创新中心、与华为合作的上海UMTS联合研发中心以及北京的无线宽带中国研究中心等。同时，摩托罗拉还积极开发新业务。2006年7月，摩托罗拉公司在上海成立全球首家旗舰店；2007年9月，摩托罗拉（中国）财务有限公司在天津滨海新区成立；2007年11月，摩托罗拉中国创新园区投入使用。2008年2月，摩托罗拉收购浙江大华数字科技有限公司和杭州晶图微芯技术有限公司旗下与数字有线机顶盒产品相关的资产，增强了数字有线机顶盒的产品组合。随着摩托罗拉在华业务的飞速发展，摩托罗拉还积极投身社会慈善、环境保护与教育等公益事业。到2007年底，其援建的希望小学达100所，帮助约15 000名失学儿童重返校园。

随着全球业务的收缩，2012年，摩托罗拉开始剥离在华业务并削减员工，如出售天津的摩托罗拉全球最大手机工厂，裁撤北京、成都等地的员工。

（二）案例分析

纵观摩托罗拉在华投资和发展的历程可知，摩托罗拉已从营销本地化、制造本地化向研发本地化和投资管理本地化发展。其发展经历了设立办事处、投资建厂，到设立研发机构，再到并购国内企业等阶段，获得了巨大成功。摩托罗拉的成功源于高超的技术研发能力，得益于中国的政策导向和税收优惠，也得益于中国广阔的市场与丰富的劳动力资源以及良好的综合投资环境，还得益于“双赢”战略。然而，随着摩托罗拉全球业务的衰落，中国业务也不能独善其身，其经营失败的原因值得人们去思索。

案例二

海尔集团的国际化战略

（一）基本案情

1984年12月，海尔集团的前身青岛电冰箱总厂正式成立，经过30年的发展，海尔集团已从当年一家员工不足800名，销售收入仅380万元，亏损却高达147万元的集体小厂，一跃成为一家集科研、生产、贸易和金融于一体的大型国际化企业集团，并且正朝着“世界500强”的目标不断奋进。目前，海尔集团已经发展成为在全球建立了29个制造基地、8个综合研发中心、19个海外贸易公司、全球员工总数超过8万人的世界第一大白色家电制造商和中国最具价值品牌的企业。

从1984年创业至今，海尔集团先后经历了名牌战略发展阶段、多元化战略发展阶段、国际化战略发展阶段、全球化品牌战略发展阶段四个发展阶段。2012年12月，海尔集团进入第五个发展阶段：网络化战略发展阶段。海尔集团与阿里巴巴集团达成战略合作，联手打造全新的家电及大件商品的物流配送、安装服务等整套体系及标准。据世界著名消费市场研究机构欧睿国际（Euromonitor）公布的2013年全球家电市场最新调查数据，海尔集团2013年品牌零售量占全球市场的9.7%，第五次蝉联全球第一。按制造商排名，海尔集团大型家用电器2013年零售量占全球11.6%的份额，首次跃居全球第一。同时，在冰箱、洗衣机、冷柜等分产品线市场，海尔集团的全球市场占有率继续保持第一。目前，海尔集团累计申请专利17 508项，其中发明专利7 598项，海外专利3 299项，居行业首位。截至2013年6月，在自主知识产权的基础上，海尔集团累计提报了84项国际标准，其中28项国际标准已经发布实施；海尔集团主导和参与了350项国家行业标准的编制、修订，其中305项已经发布，并有10项获得了国家标准创新贡献奖。

在创新实践中，海尔探索实施的“OEC”管理模式、“市场链”管理及“人单合一”发展模式引起了国际管理界的高度关注。目前，已有美国哈佛大学、南加州大学、日本神户大学等的商学院专门对此进行案例研究，海尔“市场链”管理还被纳入欧盟案例库。

海尔集团的国际化经营大致可以划分为四个阶段，即1984—1990年的国内创牌蓄势阶段、1991—1996年的以贸易为先导开拓国际市场阶段、1997—1998年的探索性海外投资阶段和1999年以后的全球化发展阶段。经过近10年的探索，海尔集团正式形成了成熟的国际市场战略，也就是“三个1/3”战略：在全球销售额中国内生产国内销售占1/3，国内生产国外销售占1/3，国外生产国外销售占1/3。

1996年，海尔集团经过长期酝酿，决定与印度尼西亚莎保罗有限公司共同建立印度尼西亚海尔·莎保罗有限公司，这标志着海尔集团首次实现了生产国际化，海尔集团的跨国经营也随之进入了海外直接投资的新阶段。随后，海尔集团在菲律宾、马来西亚、南斯拉夫和伊朗等地相继建立了海外工厂。这一阶段的海外直接投资大多属于探索性质，但它们为海尔集团随后进军欧美市场积累了宝贵的经验。1999年3月，海尔集团投资3 000万美元在美国南卡罗来纳州的坎姆顿建立了第一个海外海尔工业园——美国海尔工业园，在美国初步实现了设计、生产、销售“三位一体”的本地化经营模式。以此为标志，海尔集团的海外直接投资彻底摆脱了为出口服务的目的，真正进入国际化阶段。随后，海尔集团又在巴基斯坦建立了第二个海外海尔工业园，并继续扩大在中东和亚太地区的海外直接投资规模。2005年1月，在英国，海尔冰箱被*Ethical Consumer*杂志评为最畅销产品；在德国，科隆市政府和亚琛市政府的一次滚筒洗衣机大批量采购招标中，海尔滚筒洗衣机经过多轮竞争，最终击败了众多著名国际品牌，赢得了两市市政府的大批量订单。2005年7月，海尔集团以“感恩百万”为主题，参与日本世博会中国馆活动，通过与日本消费者零距离接触，进一步扩大了海尔品牌在日本的知名度和美誉度。2007 年 8 月，海尔集团在德国法兰克福著名的 Westhafen（西港）大厦举行了 Haier Day 主题展览活动，该活动吸引了来自德国和瑞典等北欧国家的主要客商的参加，引起了德国媒体的广泛关注，德国著名电视台 WWTV 对此做了全面报道。

海尔集团海外直接投资的本地化战略概括起来可以归纳为“三位一体”和“三融一创”战略。所谓“三位一体”，指的是在国外实现当地设计、当地生产和当地销售；所谓“三融一创”，指的是在东道国当地融资、当地融智、当地融文化和创本地化名牌。

海尔集团的国际化战略中还有一个全球十大经济区投资战略，指的是将全球市场划分为十个有较大国际影响力的经济共同体，在每一个经济共同体内选点建设工厂，以便在这些工厂的当地化率达到 60%以后，将产品输送到共同体的其他成员国，争取获得关税等方面的优惠待遇，实现更快的发展。这十大经济区分别是：北美洲 2 个（北美自由贸易区和墨西哥、委内瑞拉、哥伦比亚三国集团）；南美洲 2 个（南锥体和安第斯集团）；中美洲 1 个（中美洲共同市场）；亚洲 2 个（东盟和海湾合作组织）；欧洲 2 个（欧盟和东欧）；非洲 1 个（南部非洲发展共同体）。目前海尔集团已先后在乌克兰、伊朗、巴基斯坦、孟加拉国、意大利、马来西亚、菲律宾、印度尼西亚、美国、越南等国或地区设立工厂。

海尔集团在海外投资建厂时一直遵循着“先有市场，再建工厂”以及“盈亏平衡点”策略。也就是说，海尔集团进行对外直接投资的顺序是：发展出口→建立营销网络→树立品牌→达到盈亏平衡点→投资建厂。按照这一顺序，海尔集团是否在当地投资建厂取决于市场是否已经接纳海尔这一品牌。

海尔集团在国际化过程中还提出了“先难后易”的思想，其中比较有代表性的是其“先难后易”的出口战略。一般来说，企业进行国际化经营都是采取“先易后难”的战略，一点一点地积累经验，发展壮大。然而，海尔集团产品出口的战略却是“先难后易”，即首先以发达国家为目标市场，将产品出口到发达国家，争取创出名牌，然后以高屋建瓴之势打开发展中国家市场，从而实现既创品牌又占领市场的目的。这表明海尔集团并不单纯是走渐进式道路，而是根据自身的名牌战略以及自身优势，适当地进行跨越式发展。

（二）案例分析

海尔集团的成功是民族的骄傲。探究其成功的原因，有学者认为这是张瑞敏先生个人的成功，是实施品牌战略、服务战略和不断创新的结果，也是实施 OEC（日事日毕，日清日高）基础管理的结果。在海尔集团成功的足迹中，对国际化业务的成功拓展是其成功不可缺少的一步。贯彻和实施国际化发展战略是海尔集团海外直接投资成功的关键原因。从海尔集团的国际化发展历程中可以看出，海尔集团的国际化战略大致可以归纳为三大战略：“三个 1/3”战略、本地化战略和全球十大经济区战略。

复习思考题

1. 简述中国利用外商直接投资的发展历程。

2. 中国利用外商直接投资的特征有哪些?
3. 简述改革开放以来中国对外直接投资的发展历程。
4. 简述中国企业开展对外直接投资的可能性与条件。
5. 中国对外直接投资有哪些特征?
6. 中国企业海外融资的渠道有哪些?
7. 请简要分析摩托罗拉在中国投资的主要动机和方式。
8. 海尔集团实施了哪些国际化战略? 其具体内容分别是什么?

专业名词中英文汇编

第一章

国际投资 international investment
资本输出 capital export
国际金融机构 international financial institution
国际投资学 international investment
国际间接投资 international indirect investment
外国直接投资（国际直接投资）foreign direct investment（FDI）
实业投资 industry investment
金融投资 financial investment
主权财富基金 sovereign wealth fund
非股权投资 non-equity investment

第二章

跨国公司 transnational corporation（TNC）
数字跨国公司 digital MNEs/TNCs
归核化 refocusing
跨国化指数 transnationality index（TNI）
战略联盟 strategic alliance
母公司 parent company
分公司 branch

子公司 subsidiary
避税港/避税天堂 tax haven
私募股权基金 private equity fund
投资中转 trans-shipping of investments
投资迂回 round-tripping of investments
联络办事处 liaison office
人力资本投资 human capital investment
国际直接投资协调 coordination for international direct investment
国际投资协定 international investment treaty（IIT）
双边投资协定 bilateral investment treaty（BIT）
区域投资协定 regional investment treaty
多边投资协定 multilateral agreement on investment（MAI）
国家投资政策 national investment policy
国际投资保护主义 international investment protectionism
特殊目的实体 special purpose entity（SPE）
东道国 host country
母国 home country
国有化和征收 nationalization and expropriation
市场准入 market access
国民待遇 national treatment
投资自由化 investment liberalization
投资便利化 investment facilitation

《与贸易有关的投资措施协定》Agreement on Trade-related Investment Measures（TRIM）

《多边投资担保机构公约》（也称《汉城公约》）Convention Establishing the Multilateral Investment Guarantee Agency（MIGA）

《关于解决国家和他国国民之间投资争端的公约》（也称《华盛顿公约》）Convention on the Settlement of Investment Disputes between States and Nationals of Other States

第三章

国际直接投资动机 motive of international direct investment
垄断优势理论 monopolistic advantage theory
内部化理论 theory of internalization
产品生命周期理论 theory of product life cycle
比较优势理论 theory of comparative advantage
国际生产折中理论 eclectic theory of international production
所有权优势 ownership-specific advantages
内部化优势 internalization-specific advantages

区位优势 location-specific advantages
小规模技术理论 theory of small scale technology
投资发展周期理论 investment development cycle theory

第四章

非股权形式 non-equity mode
股权投资 equity investment
并购 mergers and acquisitions（M&A）
跨境并购 cross-border mergers and acquisitions
绿地投资 greenfield investment
国际合资企业 international equity joint ventures
国际合作企业 international contractual joint ventures
国际独资企业 wholly foreign-invested enterprises
中外合作经营企业 sino-foreign contractual joint ventures
中外合资经营企业 sino-foreign equity joint ventures
中外合作开发 sino-foreign joint exploration
外资企业 foreign-invested enterprise
外商投资股份有限公司 shareholding companies with foreign investment
合同制造与服务外包 contracted manufacturing and service outsourcing
特许经营 franchising
横向国际直接投资 horizontal FDI
纵向国际直接投资 vertical FDI
混合国际直接投资 conglomerate FDI
横向跨境并购 horizontal cross-border M&A
纵向跨境并购 vertical cross-border M&A
混合跨境并购 conglomerate cross-border M&A
杠杆并购 leveraged buy-out（LBO）
国家安全审查 national security review
订单农业 contract farming
许可经营 licensing
管理合同 management contract
战略联盟 strategic alliances

第五章

投资环境 investment climates
硬环境 hard environment
软环境 soft environment
加权等级评分法 weighted grading method

第六章

风险投资 venture capital
首次公开上市 initial public offering (IPO)

第七章

国际税收 international tax
税收管辖权 tax jurisdiction
国际双重征税 international double tax
国际税收协定 international tax treaty
国际税收筹划 international tax planning
国际避税 international tax avoidance
国际逃税 international tax evasion
国际避税地 international tax heaven
转移价格 transfer price

第八章

基本面分析 fundamental analysis
技术分析 technological analysis
艾略特波浪理论 Elliott wave theory
市净率法 price-to-book method
市盈率法 price-earnings ratio method
贴现现金流法 discounted-cash-flow method
剩余收益估值法 residual income valuation method
现代证券投资组合理论 modern portfolio theory
外国债券 foreign bond
欧洲债券 Eurobond
全球债券 global bond
优先股 preferred share
投资基金 investment fund
开放型基金 open-end fund
封闭型基金 closed-end fund
股票基金 equity fund
债券基金 bond fund
货币市场基金 money market fund
指数基金 index fund
衍生证券投资基金 derivative securities investment fund
公募基金 publicly offered fund

私募基金 privately offered fund
在岸基金 onshore fund
离岸基金 offshore fund
金融远期 financial forwards
金融期货 financial futures
金融互换 financial swaps
金融期权 financial option

第九章

标准差 standard deviation
方差 variance
期望收益率 expected rate of return
相关系数 correlation coefficient
资本资产定价模型 capital asset pricing model（CAPM）
资本市场线 capital market line（CML）
证券市场线 security market line（SML）
套利定价理论 arbitrage pricing theory（APT）
弱式有效市场 weak-form efficient market
半强式有效市场 semistrong-form efficient market
强式有效市场 strong-form efficient market
有效市场假说 efficient market hypothesis（EMH）

第十章

柜台交易市场 OTC
粉单市场 pink sheets board
另类投资市场 alternative investment market（AIM）
国际货币市场工具 international money market instruments
国际债券与票据 international bonds and notes
纽约证券交易所 New York Stock Exchange（NYSE）
纳斯达克证券交易所 National Association of Securities Dealers Automated Quotations（NASDAQ）
东京证券交易所 Tokyo Stock Exchange（TSE）
创业板市场 growth enterprise market
国际证券市场 international securities market

第十一章

非系统风险 non-systemic risk
市场风险 market risk

信用风险 credit risk
流动性风险 liquidity risk
操作风险 operation risk
系统风险 systemic risk
合格的境外机构投资者 qualified foreign institutional investor（QFII）

第十二章

利用外商直接投资 utilizing foreign direct investment
研究与开发 research and development（R&D）
对外直接投资 outward FDI
美国存托凭证 American depositary receipt（ADR）

主要参考文献

一、中文文献

[1] 安迪·樊. 融资：奔向风险投资市场. 北京：石油工业出版社，2012 (10).

[2] 巴曙松，王文强，陈华良. 证券行业的净资本监管体系及其制约因素. 证券日报，2004-10-12.

[3] 蔡昌，曹晓敏，蔡一炜. 数字企业国际避税与反避税研究：以亚马逊公司避税案为例. 会计之友，2022 (2).

[4] 曹凤岐，等. 证券投资学. 2 版. 北京：北京大学出版社，2000.

[5] 曹海珍. 中国债券市场发展评析. 中央财经大学学报，2003 (9).

[6] 查尔斯·J. 科拉多. 投资学基础：估值与管理（第 3 版）. 北京：北京大学出版社，2007.

[7] 陈觥，陈策. 雷曼兄弟破产的反思. 财会月刊，2009 (29).

[8] 陈继勇，等. 国际直接投资的新发展与外商对华直接投资研究. 北京：人民出版社，2004.

[9] 陈骏俊. 国际金融衍生品监管比较研究及对我国相关立法的启示. 南京财经大学，2009.

[10] 陈游. 美国金融危机对我国证券公司风险管理的启示. 金融与经济，2008 (11).

[11] 陈友邦，秦志敏. 证券投资. 2 版. 大连：东北财经大学出版社，2010.

[12] 陈峥嵘. 后危机时代国际投行的发展动向、发展趋势及其启示. 科学发展，2010 (5).

[13] 陈峥嵘. 美林证券的风险管理之道. 金融博览，2008 (8).

[14] 成向阳. 论金融衍生工具的国际监管. 中国政法大学，2004.

[15] 储俊. 金融衍生工具风险及其管理探析. 浙江金融，2010 (2).

[16] 戴永红，秦永红. 从印度的经验看中国证券市场国际化的战略选择. 南亚研究季刊，2010 (1).

[17] 戴志敏. 证券投资学：理论、实践与案例分析. 杭州：浙江大学出版社，2009.

[18] 丁凤楚. 世界三大证券市场监管体制比较：兼论我国《证券法》对证券市场监管体制的构建. 社会科学，1999 (7).

[19] 封媛媛. 银行业务的比较与启示. 生产力研究，2010 (11).

[20] 冯光. 中国债券市场发展模式研究. 西南财经大学，2006.

[21] 高翔. QFII 制度：国际经验及其对中国的借鉴. 世界经济，2001 (11).

[22] 高晓梅. “双 Q”制度：我国证券市场国际化的模式选择. 发展论坛，2002 (12).

[23] 格里·格瑞，帕特里克·古萨蒂斯，兰德·伍瑞奇. 股票价值评估：简单、量化的股票价值评估方法. 北京：中国财政经济出版社，2004.

[24] 郭凌威，卢进勇，郭思文. 改革开放四十年中国对外直接投资回顾与展望. 亚太经济，2018 (4).

[25] 国家外汇管理局国际收支分析小组. 2021 年中国国际收支报告. 国家外汇管理局网站，2022-03-25.

[26] 国家外汇管理局国际收支分析小组. 2022 年上半年中国国际收支报告. 国家外汇管理局网站，2022-09-29.

[27] 韩双林，马秀岩. 证券投资大辞典. 哈尔滨：黑龙江人民出版社，1993.

[28] 何曼青，朱福林，孙宇. 利用外资这十年：成就、趋势与困难. 中国外资，2022 (17).

[29] 胡润敏. 我国证券公司风险管理存在的问题与对策. 金融理论与实践，2008 (4).

[30] 扈春香，隋嘉滨. 改革开放以来中国股票市场的发展和变迁. 边疆经济与文化，2010 (3).

[31] 黄达，刘鸿儒，张肖. 中国金融百科全书：下. 北京：经济管理出版社，1990.

[32] 黄达，刘鸿儒，张肖. 中国金融百科全书：上. 北京：经济管理出版社，1990.

[33] 黄汉权. 风险投资与创业. 北京：中国人民大学出版社，2001.

[34] 简婷. 金融衍生工具及其风险管理研究. 北京交通大学，2006.

[35] 江小涓. 中国的外资经济. 北京：中国人民大学出版社，2002.

[36] 蒋殿春，唐浩丹. 数字型跨国并购：特征及驱动力. 财贸经济，2021 (9).

[37] 蒋卫平. 雷曼兄弟“REPO 105”粉饰财务报告事件分析. 证券市场导报，2010 (8).

[38] 康荣平，等. 中外企业跨国战略与管理比较. 北京：中国商务出版社，2009.

[39] 康荣平，柯银斌，董磊石. 海外华人跨国公司成长新阶段. 北京：经济管理出版社，2009.

[40] 李芳，谢胜强. 证券公司风险管理研究述评. 经济研究导刊，2009 (28).

［41］李淑芳，肖欢明. 证券投资案例分析. 北京：中国物资出版社，2010.

［42］李想. 企业衍生品交易内部控制系统优化建议：基于瑞银集团23亿美元巨亏案的分析. 财会月刊，2012（1）.

［43］李晓文. 开放背景下金砖四国证券市场国际化联动的研究. 南开大学，2009.

［44］林康. 跨国公司与跨国经营. 北京：对外经济贸易大学出版社，2008.

［45］刘凤敏. 从雷曼兄弟回购105看实质重于形式. 中国商界（下半月），2010（3）.

［46］刘建香. 风险投资的投融资管理及发展机制研究. 上海：上海交通大学出版社，2012.

［47］刘曼红，胡波. 风险投资理论：投资过程研究的理论发展和前沿. 国际金融研究，2004（3）.

［48］刘萍萍. 风险投资运作机理研究：基于契约机制与人力资本的视角. 北京：对外经济贸易大学出版社，2009.

［49］刘泽云. 巴塞尔协议Ⅲ、宏观审慎监管与政府财政角色安排. 财政部财政科学研究所，2011.

［50］卢进勇，等. 国际服务贸易与跨国公司. 北京：对外经济贸易大学出版社，2002.

［51］卢进勇，等. 中外跨国企业融资理念与方式比较. 北京：中国商务出版社，2009.

［52］卢进勇，杜奇华，闫实强. 国际投资与跨国公司案例库. 北京：对外经济贸易大学出版社，2005.

［53］卢进勇，杜奇华. 国际经济合作. 2版. 北京：对外经济贸易大学出版社，2013.

［54］卢进勇，刘恩专. 跨国公司理论与实务. 2版. 北京：首都经济贸易大学出版社，2012.

［55］卢进勇，余劲松，等. 国际投资条约与协定新论. 北京：人民出版社，2007.

［56］卢进勇. “走出去”战略与中国跨国公司的崛起. 北京：首都经济贸易大学出版社，2012.

［57］卢进勇. 入世与中国利用外资和海外投资. 北京：对外经济贸易大学出版社，2001.

［58］卢进勇. 中国企业海外投资政策与实务. 北京：对外经济贸易大学出版社，1994.

［59］鲁桐. 中国企业跨国经营战略. 北京：经济管理出版社，2003.

［60］罗猛. 金融衍生品风险监管改革及展望. 金融理论与实践，2009（10）.

［61］马春光. 企业国际化经营与管理. 北京：中国对外经济贸易出版社，2002.

［62］马强. 论雷曼兄弟的破产对我国企业优化内控体系的启示. 经济视角，2010（2）.

［63］毛盼盼，黄会英. 论我国企业内部控制的改进：基于雷曼兄弟破产分析. 企业技术开发，2010（5）.

［64］尼尔·胡德，斯蒂芬·扬. 跨国企业经济学. 北京：经济科学出版社，1994.

［65］裴长洪. 中国国际商务理论前沿（6）. 北京：社会科学文献出版社，2011.

［66］彭维刚. 全球企业战略. 北京：人民邮电出版社，2007.

［67］蒲斌，蒲杰. 论金融衍生工具的风险及影响. 中国商界，2010（9）.

[68] 钱特木尔，王健. 浅谈中国债券市场现状. 中国经贸，2010 (22).

[69] 任梅春，韩萍. 关于风险度量方法 VaR 的文献综述. 科技信息，2006 (11).

[70] 商务部国际贸易经济合作研究院，中国驻德国大使馆经商处，商务部对外投资和经济合作司. 对外投资合作国别（地区）指南：德国（2021 年版）.

[71] 商务部国际贸易经济合作研究院，中国驻法国大使馆经商处，商务部对外投资和经济合作司. 对外投资合作国别（地区）指南：法国（2021 年版）.

[72] 商务部国际贸易经济合作研究院，中国驻加拿大大使馆经商处，商务部对外投资和经济合作司. 对外投资合作国别（地区）指南：加拿大（2021 年版）.

[73] 商务部国际贸易经济合作研究院，中国驻美国大使馆经商处，商务部对外投资和经济合作司. 对外投资合作国别（地区）指南：美国（2021 年版）.

[74] 商务部国际贸易经济合作研究院，中国驻日本大使馆经商处，商务部对外投资和经济合作司. 对外投资合作国别（地区）指南：日本（2021 年版）.

[75] 施光耀. 中国证券百科全书：第二卷：股票投资卷. 太原：山西经济出版社，2000.

[76] 帅晋瑶. 证券投资基金的风险管理. 中国科学技术大学，2006.

[77] 宋林峰. 1990 年代拉美 6 国管理短期资本流动的政策比较和启示. 拉丁美洲研究，2003 (2).

[78] 孙长宇，张铁伟. 新兴证券市场国际化的比较与经验借鉴. 中国集体经济，2011 (2).

[79] 谭小芬，钟伟. QFII：理论框架、经验借鉴及其制度设计. 中国外汇管理，2002 (9).

[80] 田丽娜，李端生. COSO 风险管理框架的理念创新与我国证券公司风险管理的提升. 工业技术经济，2008 (1).

[81] 万喆. 瑞银交易丑闻凸显监管漏洞 欧洲金融体系加固工程徒劳无功. 环球财经，2011 (11).

[82] 王军. 全球证券交易所并购浪潮及影响. 中国金融，2012 (4).

[83] 王开国. 新兴市场国家和地区证券的开放与金融危机：兼议中国证券市场开放的路径选择. 经济研究，2001 (10).

[84] 王林生，范黎波. 跨国经营理论与战略. 北京：对外经济贸易大学出版社，2003.

[85] 王美涵，李儒训，耿汉斌. 财务百科全书. 沈阳：辽宁人民出版社，1993.

[86] 王明涛. 证券投资风险计量理论评述. 经济经纬，2003 (5).

[87] 王益民. 投资融资与资本市场化运作全书. 北京：九州图书出版社，1998.

[88] 王志诚，周春生. 金融风险管理研究进展：国际文献综述. 管理世界，2006 (4).

[89] 王志乐. 跨国公司中国报告 (2012). 北京：中国经济出版社，2012.

[90] 魏振瀛，徐学鹿，郭明瑞. 北京大学法学百科全书 · 民法学 · 商法学. 北京：北京大学出版社，2004.

[91] 萧莺. 全球证券交易所四大发展趋势. 中国金融，2012 (4).

[92] 肖新华. 证券公司自营业务风险管理研究. 中南大学，2010.

[93] 谢联胜. QFII 的进入与台湾证券市场的对外开放. 证券市场导刊，2001 (2).

［94］谢世飞. 股票价值评估方法的发展演变. 商业时代，2010（11）.

［95］熊玉莲. 金融衍生工具法律监管问题研究. 华东政法学院，2006.

［96］修长新. 四种衍生金融工具的风险特征. 中国外汇管理，2000（9）.

［97］徐旭永，崔永梅，张金鑫. 华晨汽车海外上市退市始末. 财务与会计，2008（14）.

［98］许弘林. QFII 在我国证券市场的实践与影响研究. 复旦大学，2007.

［99］许运凯. 双"Q"机制：证券市场走向成熟和开放的制度创新. 国泰君安研究，2002－05－13.

［100］薛求知. 当代跨国公司新理论. 上海：复旦大学出版社，2007.

［101］薛旭娜. 浅析雷曼兄弟破产原因及启示. 中国商界（下半月），2009（1）.

［102］闫实强. 浅析部分文献关于投资发展周期理论表述与应用的谬误. 亚太经济，2011（5）.

［103］杨海明，王燕. 投资学. 上海：上海人民出版社，1998.

［104］杨济航. 投资银行的业务范围与经营模式. 东方企业文化，2010（2）.

［105］杨昕，于洋. 外资介入对新兴证券市场的机会和挑战. 中国证券报，2002－11－08.

［106］姚尔强，于凤坤. 投资基金理论与实务. 北京：中国审计出版社，1999.

［107］叶有明，王钊. 猎杀？中国概念股危机. 上海：复旦大学出版社，2011.

［108］阴秀生. 金融资产转移：证券公司风险管理的新视角. 中国总会计师，2009（1）.

［109］余莉娜. 新巴塞尔协议与中国商业银行风险管理研究. 武汉理工大学，2005.

［110］余永定. 中国应从亚洲金融危机中汲取的教训. 金融研究，2000（12）.

［111］苑德军，任志宏. 强化中国资本市场功能的理论思考. 财贸经济，2002（3）.

［112］岳蓉. 中国风险投资的运行机制研究. 华中科技大学，2013.

［113］岳云飞，党君鹏. 证券公司风险管理研究. 管理观察，2009（10）.

［114］张东生. 中国债券市场：发展与创新. 中国社会科学院研究生院，2000.

［115］张继德. 雷曼兄弟公司破产过程、原因和启示. 中国管理信息化，2009（6）.

［116］张琳琳. 证券市场下方风险测度模型及市场风险的实证研究. 吉林大学，2007.

［117］张明，郑英. 透视新一轮资本管制浪潮. 中国金融，2011（9）.

［118］张茉楠. 资本流动管制有望成为新兴经济体新工具. 发展研究，2011（7）.

［119］张庆，钟伟. "双 Q"制度及其对外汇管理的影响. 中国外汇管理，2002（5）.

［120］张昕，孟翡，张继行. 德国外资安全审查机制：特征、影响及我国应对举措. 国际贸易，2022（8）.

［121］张玉明. 证券投资学. 北京：清华大学出版社，北京交通大学出版社，2007.

［122］张云华. 内部控制目标导向的选择：基于雷曼兄弟破产案件的思考. 商业会计，2009（4）.

［123］赵玲华，王林. 汇率风险管理手册. 北京：中国轻工业出版社，2006.

［124］郑良芳. 华尔街时代的终结：从雷曼兄弟的覆灭谈起. 经济观察，2010（4）.

［125］中华人民共和国商务部，中华人民共和国国家统计局，国家外汇管理局. 2020 年度中国对外直接投资统计公报，2021.

［126］中华人民共和国商务部，中华人民共和国国家统计局，国家外汇管理局. 2012

年度中国对外直接投资统计公报. 北京：中国统计出版社，2013.

[127] 中华人民共和国商务部. 中国外商投资报告（2017—2019）.

[128] 中华人民共和国商务部. 中国外资统计公报（2019—2021）.

[129] 周寅，张东明. 浅析韩国证券市场. 辽东学院学报（社会科学版），2011（1）.

[130] 朱顺泉. 公司金融财务学. 北京：清华大学出版社，2011.

[131] 朱玉旭，田守芬. 证券投资风险评估方法评述. 预测，1998（2）.

[132] 祝瑞敏，李长强. 证券业净资本监管规则国际比较. 新金融，2010（4）.

二、英文文献

[1] Bhagwati, Jagdish. *International Factor Mobility*. The MIT Press, 1983.

[2] Bhagwati, Jagdish. *Political Economy and International Economics*. The MIT Press, 1991.

[3] Buckley, Peter J. and Casson, M. *The Future of Multinational Enterprises*. Macmillan Press Ltd., 1976.

[4] Cornelius, Peter K. "The Internationalization of Emerging Stock Markets." *Intereconomics*, May/June 1994.

[5] Dunning, J. H. *International Production and the Multinational Enterprises*. Allen&Unwin, 1981.

[6] Fatouros, A. A. *Transnational Corporations: The Legal Framework*. Routledge, 1994.

[7] Feldstein, Martin. *International Economic Cooperation*. The University of Chicago Press, 1988.

[8] Hill, Charles W. L. *International Business: Competing in the Global Marketplace*. Fifth Edition. McGraw-Hill Companies, Inc., 2005.

[9] Hymer, S. H. *The International Operation of National Firms: A Study of Direct Investment*. Cambridge: MIT Press, 1976.

[10] Lecraw, Donald J. *Transnational Corporations and Business Strategy*. Routledge, 1993.

[11] Porter, Michael E. *Competitive Advantage of Nations*. The Free Press, 1990.

[12] Qiang Christine Zhenwei, Liu Yan, Steenbergen Victor. An Investment Perspective on Global Value Chains. World Bank, 2021.

[13] Reilly, Frank K. and Norton, Edgar A. *Investments*. Fourth Edition. The Dryden Press, Harcourt Brace College Publishers, 1995.

[14] Robock, Stefan H. and Simmonds, Kenneth. *International Business and Multinational Enterprises*. Fourth Edition. Richard D. Irwin, Inc., 1989.

[15] United Nations Conference on Trade and Development. World Investment Report, 1991 - 2022.

教学支持说明

1. 教辅资源获取方式

为秉承中国人民大学出版社对教材类产品一贯的教学支持，我们将向采纳本书作为教材的教师免费提供丰富的教辅资源。您可直接到中国人民大学出版社官网的教师服务中心注册下载——http://www.crup.com.cn/Teacher。

如遇到注册、搜索等技术问题，可咨询网页右下角在线 QQ 客服，周一到周五工作时间有专人负责处理。

注册成为我社教师会员后，您可长期根据您所属的课程类别申请纸质样书、电子样书和教辅资源，自行完成免费下载。您也可登录我社官网的"教师服务中心"，我们经常举办赠送纸质样书、赠送电子样书、线上直播、资源下载、全国各专业培训及会议信息共享等网上教材进校园活动，期待您的积极参与！

2. 高校教师可加入下述学科教师 QQ 交流群，获取更多教学服务

经济类教师交流群：809471792

财政金融教师交流群：766895628

国际贸易教师交流群：162921240

税收教师交流群：119667851

3. 购书联系方式

网上书店咨询电话：010－82501766

邮购咨询电话：010－62515351

团购咨询电话：010－62513136

中国人民大学出版社经济分社

地址：北京市海淀区中关村大街甲 59 号文化大厦 1506 室　100872

电话：010－62513572　010－62515803

传真：010－62514775

E-mail：jjfs@crup.com.cn